histoire de l'Espagne

ANNE DULPHY

histoire de l'Espagne

Collection dirigée par
Serge Berstein et
Pierre Milza

HATIER

pour Valérie Decker,
belle au bois dormant

I.S.B.N. 2-218-03825-0
Dépôt légal 92 01 12

Sommaire

Introduction

« La Méditerranée, au-delà de ses divisions politiques actuelles, c'est trois communautés culturelles, trois énormes et vivaces civilisations, trois façons cardinales de penser, de croire, de manger, de boire, de vivre... En vérité, trois monstres toujours prêts à montrer les dents, trois personnages à interminable destin, en place depuis toujours, pour le moins depuis des siècles et des siècles. Leurs limites transgressent les limites des États, ceux-ci étant pour elles des manteaux d'arlequin, et si légers ! » Cette analyse bien connue de F. Braudel, qui fait de l'opposition de trois univers, l'occidental, l'islamique, le grec, le fil rouge de l'histoire méditerranéenne, nous introduit au cœur du passé et du présent espagnols. Entre 711 et 1492, terme ultime, c'est en effet au travers de la péninsule Ibérique qu'est passée la frontière entre « les ennemis complémentaires » que sont l'Occident et l'Islam. Et de citer ce remarquable symbole qu'est l'église gothique de Santa Cruz, construite par Charles Quint à l'ombre de la forêt de piliers de la grande mosquée de Cordoue...

L'affrontement des civilisations, leur recouvrement, peuvent-ils être des clés d'analyse qui traversent le temps ibérique, de part et d'autre d'*Al Andalus* ? « Est-ce un hasard si la conquête foudroyante de l'Islam a été acceptée facilement à la fois par le Proche-Orient et par le double domaine de Carthage, l'Afrique du Nord et une partie de l'Espagne ? », se demande F. Braudel. Il ne peut que constater que les contrées qui avaient subi durant l'Antiquité la loi punique et son art de vivre étaient mieux préparées à recevoir l'empreinte musulmane, ce même si – aussi fortes que soient ces « complicités initiales » – l'Espagne, une fois libérée de cet « emprisonnement multiséculaire », retrouva intactes ses attaches avec l'Europe occidentale. Ses enclaves chrétiennes du nord ne l'ancrent-elles pas dans ces *europeenses* qui se sentent unis face à l'envahisseur musulman, comme le manifestent pour la première fois les chroniques mérovingiennes qui relatent la bataille de Poitiers en 732 ?

Il n'en demeure pas moins que la situation géographique exceptionnelle de l'Espagne, « finisterre » européen aux longues façades maritimes, ses liens historiques avec l'Islam, justifient en premier lieu ses constantes tentations extra-européennes : l'aventure impériale américaine fut le synonyme de la puissance espagnole du XVIe siècle, non seulement européenne mais mondiale. H. Stierlin souligne, dans l'ouvrage qu'il vient de consacrer à *l'Essor ibérique*, à quel point la conquête outre-Atlantique est la poursuite de l'élan reconquérant : « il existe une continuité dans l'histoire de l'Espagne... : c'est la même démarche qui anime l'esprit de Croisade sur les chemins de Saint-Jacques dans la lutte contre l'infidèle et la volonté de convertir les peuples surgissant à l'autre bout du monde. » 1492, année de la prise de la Grenade nasride, dernière enclave musulmane, et de la découverte de l'Amérique par Christophe Colomb, 1492, « bilan du passé... porte sur un avenir éclatant. » De même les nombreuses croisades nord-africaines ont-elles manifesté, jusqu'aux premières décennies du XXe siècle, combien l'Espagne est demeurée liée à un continent dont le détroit de Gibraltar, « porte marine », ne la sépare que de quelque vingt kilomètres.

Ces conditions géographiques et historiques ont d'autre part alimenté une abondante réflexion sur l'identité espagnole, qui prend aussi sa source dans la diversité des ethnies venues se fondre dans le creuset ibérique : Ibères, Celtes, Phéniciens, Hispano-Romains, Byzantins, Goths, Arabes, Berbères et Juifs... En dépit de cette sédimentation ethnique, l'État espagnol des Rois Catholiques n'a-t-il pas voulu définir la nation par l'exclusion, d'abord religieuse puis raciale ?

« L'Espagne qui touche à l'Afrique... n'est pas faite pour les mœurs européennes. Le génie de l'Orient y perce sous toutes ses formes et il est fâcheux peut-être qu'elle ne soit pas restée moresque ou mahométane. » La plume de Théophile Gautier se fait pourtant ici l'écho d'une légende noire de l'Espagne qui la rejette hors du concert de l'Europe avancée. Notons que celle-ci s'est alimentée d'autres clichés réducteurs : l'importante minorité juive, quoique convertie à la fin du XVe siècle, n'a-t-elle pas « sémitisé » l'Espagne, aux dires d'Erasme ? L'Inquisition n'en a-t-elle pas fait la patrie de l'obscurantisme et du fanatisme, pour les Français éclairés du XVIIIe siècle ? La couleur locale des mœurs et des coutumes, un dépaysement orientalisant pour les romantiques du XIXe qui, au demeurant, seront sensibles aux mirages ibériques ? Le franquisme, le sanctuaire d'une des dernières dictatures européennes ?

Les historiens péninsulaires, quant à eux, ont eu à déterminer la personnalité ibérique en prenant acte de cette spécificité. Ainsi Americo Castro fait-il de la symbiose entre chrétiens et musulmans dans la péninsule l'acte de naissance de l'Espagne. Il ne faut pas exclure l'apport hébraïque à cette constitution de la mentalité espagnole, car « si l'histoire de l'Europe peut se comprendre sans qu'il soit nécessaire de situer les Juifs au premier plan, celle de l'Espagne, non. » A l'opposé, C. Sánchez Albornoz et R. Menéndez Pidal croient en l'existence d'une communauté hispanique préalable à la monarchie wisigothique – qui lui donne pourtant sa première expression politique – et contemporaine de la domination romaine ; c'est elle qui fut démembrée par la conquête musulmane, d'où la création temporaire des royaumes chrétiens à la périphérie de la péninsule : c'est elle qui réapparaît dans l'État espagnol unifié, à l'exclusion du Portugal.

Cette dernière thèse ne fait pas que nier l'empreinte essentielle laissée par sept siècles de présence musulmane. Elle insiste sur la permanence de l'ancienne *Hispania* dans le processus d'unification du territoire ibérique. Or la formation d'un État espagnol fut particulièrement lente – c'est une autre originalité de cette histoire nationale. Aussi A. Domínguez Ortiz estime-t-il que l'on ne peut concevoir l'histoire de l'Espagne qu'à partir du XVIIe siècle, au terme d'un processus long et continu, où, hormis sans doute la parenthèse wisigothique, l'apparition des bases pour une identification culturelle et historique, à la faveur de la *Reconquista* ou du règne des Rois Catholiques, a précédé l'unification politique. Auparavant, il faut parler des Espagnes. Ensuite, il faut continuer à individualiser les « nations » catalane et basque. Quant à la force de résistance des régionalismes à l'État central, l'importance des particularismes, faut-il même les souligner ?

Ces éléments constitutifs de l'histoire espagnole ont certainement leur clé dans la géographie. Ainsi constate-t-on une nouvelle fois l'importance de cette « histoire quasi immobile, celle de l'homme dans ses rapports avec le milieu qui l'entoure, une histoire lente à couler et à se transformer », mise en valeur par F. Braudel, même si nous nous contenterons ici de décrire modestement l'espace espagnol. Péninsule atlantique de forme massive – Strabon ne l'assimilait-il pas à une peau de bœuf étalée ? –, isolée par la frontière naturelle des Pyrénées de son voisin français, l'Espagne ne forme pas pour autant une unité géographique. Comme l'a fait remarquer P. Chaunu, elle « se décline au pluriel ». Elle est marquée par le contraste flagrant entre les hauts plateaux de l'intérieur, de pénétration difficile, et les longues façades maritimes, ouvertes aux influences et aux dominations étrangères qu'a notamment véhiculées la Méditerranée, « plaine liquide ». La Meseta est un vaste massif ancien érodé, « océan pétrifié » pour Azorín, soulevé à l'ère tertiaire, et traversé de trois chaînes montagneuses : les monts Cantabriques l'isolent au nord et culminent dans les pics d'Europe à plus de deux mille mètres ; la sierra Morena constitue un rebord méridional d'environ mille mètres, frontière avec l'Andalousie ; enfin, les sierras intérieures, celles de Guadarrama et de Gredos, créent un compartimentage du socle, qui oppose le nord élevé à la partie sud, en pente douce vers la vallée du Guadalquivir, et deux stades de la Reconquête, Vieille et Nouvelle Castille. Les barrières montagneuses récentes aux deux extrémités du territoire, les Pyrénées et la chaîne Bétique (qui comprend le point culminant de la péninsule, le mont Mulhacen, à 3 482 m), ne contribuent pas à aérer le relief, marqué par une altitude

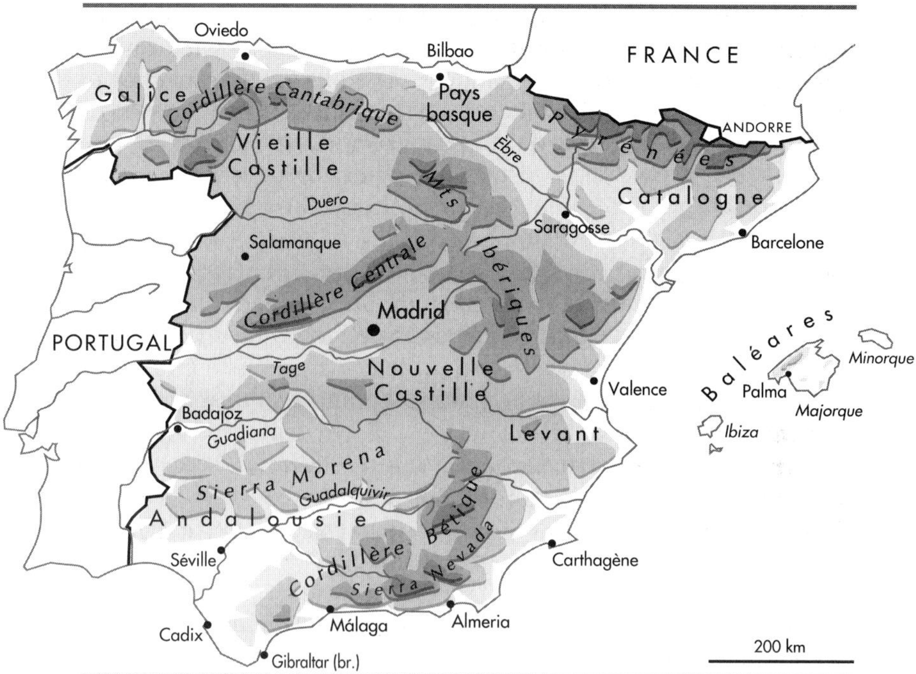

L'Espagne physique

moyenne élevée : 56 % des 580 000 km² – superficie un peu supérieure à celle de la France – sont compris entre 400 et 1 000 mètres ; Madrid, située à 668 mètres, est la capitale la plus haute d'Europe. L'Ebre et le Guadalquivir sont les deux seules grandes voies de pénétration, la première ouvrant sur la Méditerranée, la seconde sur l'Atlantique comme les autres fleuves, le Douro, le Tage et le Guadiana.

Aussi l'expression de mosaïque espagnole a-t-elle fait recette, d'autant qu'à ce compartimentage géographique, s'est greffé le poids de l'histoire et particulièrement de la Reconquête : celle-ci, qui a progressé du nord vers le sud, le « *far south* », a dessiné des bandes longitudinales selon les modalités de repopulation, riches de conséquences pour la structure socio-économique ; à cet axe, multiplicateur selon P. Chaunu, se superpose un axe méridien fédérateur, qu'ont suivi les royaumes espagnols pour constituer leur territoire. J. Ortega y Gasset ne va-t-il pas jusqu'à parler d'une *España invertebrada* ?

Quant au climat, il est essentiellement méditerranéen, à l'exception notable de la façade septentrionale océanique et de la dégradation continentale perceptible en Castille. Le proverbe castillan, « neuf mois d'hiver, trois mois d'enfer », traduit l'alternance de froids rigoureux et de chaleurs accablantes. Le reste du territoire ibérique subit avec plus ou moins de force le handicap de la sécheresse et de l'aridité. Aussi l'Espagne offre-t-elle plusieurs visages, de la gravité, l'âpreté et l'austérité de la Meseta à la douceur et la nonchalance de l'Andalousie, « Orient sans venin, Occident sans action » selon F. Garcia Lorca.

L'Espagne humide comprend la Galice, « la patrie des nuages » du bénédictin Feijoo, les Asturies, les pays basque et cantabrique (l'origine n'en remontrait-elle pas au celte Kent-Aber, coin de l'onde ?), une partie de la Navarre et des Pyrénées. En pays basque (Biscaye, Guipúzcoa et Alava) et en Navarre, les paysages sont verts, riants, grâce à une polyculture intensive et un riche élevage bovin, parsemés de hameaux. San Sebastian, Bilbao et Santander sont les grands centres des provinces basques, enrichies par les activités traditionnelles que furent la pêche et l'exploitation du fer. Pampelune est le cœur de la Navarre, sous domination française, directe ou indirecte, du XIIIe au début du XVIe siècle. En revanche, les Asturies et la Galice, pauvres, furent les terres d'émigration. Gijon et La Corogne en sont les ouvertures maritimes. Oviedo fut l'étape asturienne de ces « mille et mille et mille étoiles qui font de Saint Jacques le chemin », selon l'adage du XVe siècle ; Saint-Jacques-de-Compostelle, ce « *far west* » galicien, « capitale sacrale de l'Occident européen » pour A. Dupront.

La Meseta est le domaine du *secano* et de la monoculture céréalière, au point de mériter le surnom de *tierra del pan*, après avoir été marquée par le conflit entre élevage transhumant et agriculture. Un réseau urbain étoffé s'est constitué à l'occasion de la Reconquête, quelque peu étouffé en Nouvelle Castille par le poids de Madrid, une fois celle-ci promue au rang de capitale, au XVIe siècle, tandis que Burgos, Salamanque ou Valladolid dominent en Vieille Castille. Il faut enfin distinguer dans l'intérieur deux régions originales : l'Estrémadure est particulièrement défavorisée, sans pour autant généraliser le cas des Hurdes de la *Terre sans pain* de L. Buñuel ; ses sols siliceux, attribués aux ordres militaires lors de la Reconquête, n'autorisent que les élevages ovin et porcin. Les palais de Merida, Badajoz et Plasencia, témoignent que nombreux sont les *conquistadores* qui s'en sont échappés par l'aventure océane. Quant à la Manche, elle offre ses étendues désertes aux rêves de Don Quichotte, le chevalier à la Triste Figure.

L'Aragon est, quant à lui, centré sur le bassin de l'Ebre et sur la ville de Saragosse, qui prit peu à peu dimension de métropole régionale. La Catalogne est le moteur des Espagnes périphériques : agriculture prospère dans le cadre d'exploitations familiales centrées sur des belles fermes, les *masies* ; précocité du développement d'un capitalisme marchand puis manufacturier qui la place, avec Barcelone, à l'avant-garde de la modernité économique. Les plaines du littoral méditerranéen, long de plus de deux mille kilomètres mais étroit, sauf entre le cap de Gata et le delta de l'Ebre, ont longtemps été délaissées – peu sûres ou insalubres –, au profit des montagnes. Petit à petit, néanmoins, l'occupation humaine et agricole est descendue des collines, comme en témoignent les cultures en terrasses. Les *huertas* de Valence ont été irriguées dès l'époque romaine, mais ce sont surtout les occupants musulmans qui furent à l'origine de l'agriculture soignée et luxuriante qui donne à ces régions, « mère(s) de tous les fruits » pour reprendre la célèbre formule d'Isidore de Séville, l'aspect d'un jardin florissant. Carthagène et Valence sont les grandes villes du Levant. Quant à l'Andalousie méridionale, l'Afrique des romantiques, c'est la zone par excellence de la trilogie agricole méditerranéenne – blé, olivier et vigne – dans le cadre des *cortijos*, ces grands domaines exploités par des journaliers mis en place lors de la Reconquête. Aussi est-elle terre d'émigration contemporaine malgré l'importance et le charme des cités, Séville, Malága, Grenade, Cordoue ou Cadix, où fleurent encore les parfums d'*Al Andalus*.

Cette présentation géographique nous conduit à une double problématique. En premier lieu, celle des liens qui unissent l'Espagne au long de son histoire à l'ensemble européen dont, géographiquement, elle est, dans sa diversité, un condensé. Salvador de Madariaga ne l'appelle-t-il pas « Europe en miniature » ? Cette ligne d'analyse est pour nous d'un intérêt primordial, dans la perspective de cette collection qui a justement pour but de replacer chacune des nations concernées par l'ouverture du grand marché unique de 1992 dans le concert historique de l'Europe. Or, il est certain – et nous l'avons évoqué sous un angle précis dès l'abord – que l'histoire médiévale et moderne de l'Espagne se place sous un éclairage original : précocité de l'unification territoriale péninsulaire avec la monarchie wisigothique – quand l'heure européenne est au repliement et à l'émiettement des pouvoirs –, source d'un nationalisme hispano-gothique ; spécificité de l'occupation musulmane et du brillant foyer califal ; destin unique de la Reconquête qui contribue néanmoins à renouer les fils européens d'une histoire singulière (n'est-ce pas l'un des moyens de la première unification européenne, sous les auspices de la religion chrétienne, comme le rappelle K. Pomian ?) ; explosion de l'espace ibérique hors du continent européen au XVIe siècle enfin, encore que la puissante Espagne ait dans le même temps assumé la première place en Europe... « L'Espagne... pendant un millénaire... s'est développée comme une île », note donc H. Stierlin. L'hégémonie européenne sous Charles Quint et Philippe II, puis le déclin impérial au XIXe siècle, qui a rompu les liens avec l'outre-mer, ont eu paradoxalement le même résultat : pleinement réinsérer l'Espagne dans l'Europe. C'est le balancement même qui caractérise l'histoire espagnole, entre isolement national et œcuménisme européen, entre « casticisme » et « européisme », comme le décrit R. Menéndez Pidal.

« *Finis terrae* » de l'Occident, l'Espagne n'en est pas moins une et multiple, nous l'avons souligné. Cela nous permet d'introduire la dialectique entre centre et périphérie qui traverse toute l'histoire espagnole. Elle est celle d'une alternance entre la volonté d'unification centralisatrice et la tendance centrifuge des franges littorales, isolées par la géographie. Parfois l'impulsion vient du centre : l'Espagne wisigothique, précocement unifiée au regard du reste de l'Europe, est centrée sur Tolède et les *campos gothicos* ; la Reconquête a marqué l'esprit castillan et assis la prééminence du centre, dont émanera l'État national, et le choix de Madrid pour capitale par Philippe II en est la claire illustration. Mais le déclin ibérique à partir du XVIIe siècle a plus affecté le centre que les périphéries, et a donc modifié durablement l'équilibre péninsulaire : déjà, les dominations punique et romaine, centrées sur les littoraux, étaient demeurées périphériques ; il en avait été de même d'*Al Andalus*, limitée à l'Andalousie ; surtout, les périphéries ont anticipé la modernité économique. Les revendications nationalistes en Catalogne et en pays basque n'ont-elles pas dû leur âpreté à la contradiction entre avance économique et domination politique ? N'est-ce pas la clé des rivalités entre Madrid et Barcelone ?

Aussi devrions-nous longtemps parler des Espagnes ! Si l'Espagne vient trop tôt sous notre plume, la faute en reviendra à la force de l'habitude et de la facilité...

A la dimension du monde

L'Espagne antique

L'Ibérie avant Rome

Le peuplement de l'Espagne a été précoce. Ses sols gardent témoignage des industries paléolithiques, tout comme plusieurs sites manifestent l'apparition d'un art rupestre pré-religieux aux exigences naturalistes et esthétiques. C'est en 1868 qu'a été découverte la célèbre grotte d'Altamira, mais les peintures pariétales ne le furent qu'en 1879 par Maria, la petite fille de cinq ans de l'archéologue Marcelino de Santuola qui explorait la caverne. Il fallut attendre vingt ans et des découvertes analogues en Dordogne pour que les spécialistes authentifient cet art pictural de l'âge de la pierre taillée : bisons, chevaux, biches et sangliers, peints à l'ocre naturel et au noir de charbon végétal au Magdalénien moyen (– 13 000 à – 11 000), s'ébattent sur un espace de 17 mètres sur 9, « Chapelle Sixtine de l'art quaternaire » selon l'expression de Salomon Reinach. Il est aujourd'hui désigné sous le nom d'art franco-cantabrique en raison de sa parenté avec des cavernes de Biscaye, Narvarre, pays cantabre et asturien – voire Andalousie – pour l'Espagne, Pyrénées et Dordogne pour la France. A. Leroi-Gourhan a démontré, dans un ouvrage passionnant sur la *Préhistoire de l'art occidental*, qu'au-delà d'une apparence conventionnelle, ces peintures figuratives sont en fait un système de représentation symbolique du monde vivant. Les sujets peints se répartissent en deux groupes, l'un masculin (celui des chevaux), l'autre féminin (celui des bisons, des bovinés), en fonction desquels les autres figures ont été organisées. Les bisons et les chevaux prédominent au centre des meilleurs panneaux, tandis que cerfs et autres bouquetins sont rejetés à la périphérie. On constate aussi de savantes combinaisons entre ces groupes animaliers et des signes abstraits (claviformes, quadrangulaires, barbelés...), qui, par leur symbolisme sexuel, leur sont complémentaires. Ainsi peut-on conclure à la symbolique religieuse de cette préhistoire de l'art, qui disparut avec le paléolithique lui-même.

La grande césure de la préhistoire est en effet marquée par la révolution néolithique. L'Occident européen subit alors l'influence de plusieurs courants qui confluent en ce « bout du monde » et lui permettent de s'identifier : ainsi vers – 3 000, le littoral atlantique se couvre-t-il de monuments mégalithiques dont les plus anciens sont les dolmens asturiens. Les peintures pariétales du Levant espagnol mêlent des figures humaines abstraites aux représentations animalières. La civilisation almérienne de Los Millares, enfin, dont la prospérité fut fondée sur de riches gisements minéraux, une métallurgie remarquable et un important commerce oriental dès le troisième millénaire, fait transition avec l'âge des métaux : sa nécropole renfermait 75 sépultures mégalithiques recouvertes de tumulus ronds entourés par un double cercle de pierres, et a livré un riche matériel. C'est dans cette même région que se développa vers – 1500 la civilisation d'El Argar, l'un des plus grands foyers européens du bronze ancien. On ne connaît pas bien, en revanche, les liens entre ces complexes almériens et celui des vases campaniformes, caractérisés dans le centre et l'ouest de l'Espagne, comme dans le reste de l'Europe de l'Ouest, par un type de céramique, peu décorée et de forme simple : on peut supposer que ces peuples ont contribué à diffuser les techniques métallurgiques qu'ils maîtrisaient, les vestiges dans leurs tombes l'attestent.

Le fond primitif de la population à l'époque protohistorique nous est évoqué par les textes anciens, avares de détails sur ces « barbares ». Seul Strabon décrit pour nous la Gaule méridionale et l'Hispanie, mais en les comparant à la métropole afin de démontrer les bienfaits de la civilisation romaine. L'archéologie fournit en revanche un apport capital, mais parfois lacunaire, pour les périodes les plus reculées.

Un bison noir et rouge du plafond d'Altamira.

Le Nord et le Levant furent les voies de passage des Ibères. Leur origine pose problème : Caucasiens, puisque Strabon y atteste l'existence d'une tribu d'*Iberi* ? Africains plus probablement, chassés par des modifications climatiques au Sahara, et présents dès le néolithique et l'âge de bronze pour diffuser les constructions mégalithiques et l'art métallurgique dans l'Europe océanique. Installés du sud du Portugal au delta du Rhône, ils sont surtout connus pour avoir développé une civilisation originale en Andalousie à partir du VIe siècle. Leur particularisme tribal (*Turdetani* du Guadalquivir, *Bastetani* de l'Est andalou, *Constetani* d'Elche...) n'était transcendé que par les liens religieux manifestes dans les grands sanctuaires aux ex-voto remarquables, comme ce guerrier à cheval aux mains ouvertes pour la prière, sculpté au milieu du premier millénaire : citons Cerro de los Santos dont le temple regroupe l'ensemble le plus spectaculaire de la statuaire ibérique, Elche,

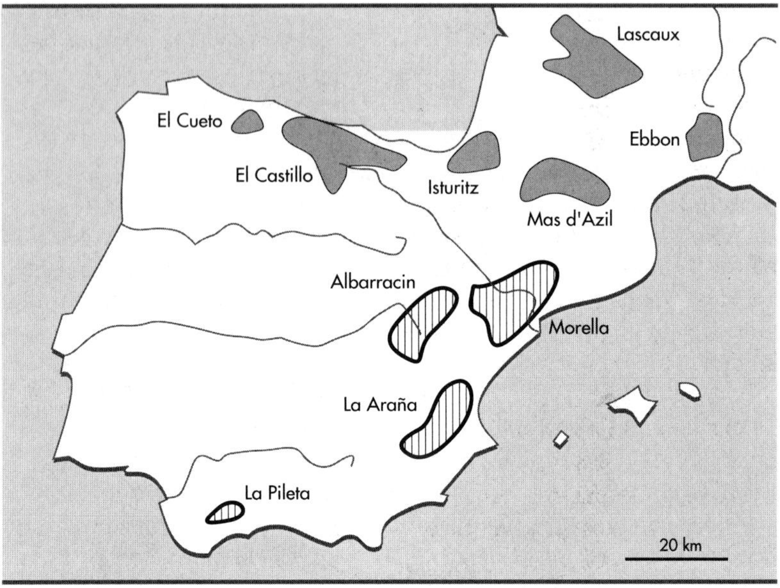

Les premiers foyers de civilisation

Art franco-cantabrique
Art du Levant

Despenaperros... Ces peuples ont une société aristocratique dominée par un chef auquel les guerriers sont liés jusqu'à la mort par des liens de fidélité, la *fides iberica*. Leur structure militaire est par ailleurs attestée par les places fortes sur les hauteurs que les Romains eurent bien du mal à conquérir, Osuna ou Carmona en Andalousie, Sagonte dans la région de Valence.

Mais le reste du territoire espagnol – plateau central, nord – relève d'une autre sphère culturelle, celle des Celtes et des Celtibères. Les Indo-Européens sont en effet apparus dès le début du premier millénaire, comme en témoignent les champs d'urnes funéraires de Catalogne, mais les migrations les plus denses eurent lieu avec La Tène I, deuxième âge du fer durant le troisième quart de ce même millénaire. Le terme de Celtibères, apparu pour la première fois chez Timée, semble désigner des Celtes ibérisés : l'Espagne est un cul-de-sac qui contraint les groupes à se fondre. Ainsi, si la Meseta est le domaine des Celtes, comme les *Vettones* et les *Carpetani*, les zones atlantiques constituent-elles celui des Celtibères. Comment évoquer en quelques éléments la culture celtique d'Espagne ? Rappelons les nécropoles et leurs offrandes (armes de fer, ornements d'argent et d'or...), les typiques taureaux de pierre au milieu des pâturages, dont on ne sait s'ils protégeaient le bétail, la structure sociale clanique, de type indo-européen, les grands *oppida* comme Numance... Mais il faut réserver une place à la civilisation des *castros*, aux bourgs fortifiés, dans l'Ouest et le Nord-Ouest, qui a subi l'influence ibérique méridionale tout autant que celte.

Toutefois cette analyse du fond primitif de population n'a de pertinence qu'en relation avec les facteurs extérieurs de civilisation, les influences méditerranéennes avant même la conquête romaine, qui poursuivent cette sédimentation.

La colonisation grecque fut assez tardive en cette extrémité du monde occidental : les Rhodiens en furent les précurseurs, qui fondèrent *Rhodè* (Rosas) en Catalogne, bientôt suivis par les Samiens et surtout les Phocéens après 630. Hérodote affirme ainsi que le Samien Colaios a découvert à cette date une « place de commerce encore inexplorée », Tartessos, grâce aux vents favorables. Quand aux Phocéens, ils lancèrent leurs longs vaisseaux à rameurs, les pentécontères, à l'assaut de la Méditerranée occidentale pour s'y tailler un empire commercial. Leurs avant-postes en Espagne, *Ofiousa*, la terre des serpents, qu'ils abordaient en suivant le déclin du soleil, furent *Mainekè* (Torre del Mar) et *Hemeroskopeion* (Denia) en Andalousie, *Emporion* en Catalogne : le site nous est bien connu grâce aux fouilles archéologiques ; le premier établissement – la Paléopolis – fondé en 580 sur la petite île aujourd'hui occupée par Saint-Martin de Ampurias fut délaissé en 500 pour la nouvelle cité – la Néapolis – sur le continent ; celle-ci connut son plus grand développement au IIIe siècle – les fouilles ont mis à jour l'enceinte rectangulaire des remparts – et assurait sa prospérité par des échanges avec les indigènes qui avaient créé un bourg, *Indica,* tout proche. De fait l'influence grecque fut fondamentale dans la péninsule. Penchons-nous ainsi sur l'art figuratif ibérique : G. Mansuelli voit dans l'anthropomorphisation de la dévotion locale, apparente dans les statues votives déjà évoquées, une assimilation de l'art grec. L'œuvre la plus célèbre de l'art ibérique, la Dame d'Elche, découverte en 1897 sur la hauteur de la Alcudia, est ainsi visiblement influencée par la sculpture grecque mais la composition géométrique, la parure monumentale de style ibérique s'y opposent au classicisme du visage.

Selon Hérodote, le roi Arganthônios de Tartessos a tenté d'établir dans son royaume une colonie phocéenne pour échapper au monopole phénicien, mais la cité ionienne fut alors vaincue par les Perses en 546, et ses habitants durent se replier dans leurs colonies. Cet épisode nous intéresse parce qu'il nous ramène à la colonisation phénicienne, autre apport extérieur de civilisation en Espagne.

« Ayant réussi dans leurs entreprises, les Phéniciens accumulèrent de grandes richesses et ils résolurent de naviguer sur la mer qui s'étend en dehors des colonnes d'Hercule et qu'on appelle l'Océan. Tout d'abord, ils fondèrent en Europe, près du passage des Colonnes, une ville à laquelle ils donnèrent le nom de Gadir. » Voilà ce que Diodore de Sicile nous transmet. *Gadir*, ou *Gades* (Cadix) – terme phénicien qui signifie lieu protégé, enclos –, ce belvédère sur l'Océan qui reçut la visite de ceux qui, comme Polybe, voulaient le comparer à la Méditerranée. La ville aurait été fondée dès – 1100 dans le royaume de Tartessos que les auteurs anciens situent à l'embouchure du Guadalquivir. Mais aucune fouille n'a permis d'y trouver de vestige d'une civilisation tartessienne. Faut-il la mettre en rapport avec l'exploration de la fabuleuse contrée de Tarshish dont parle l'Ancien Testament ? « Les vaisseaux de Tarsis ramèneront du lointain tes fils, et avec eux leur argent et leur or » prophétise Isaïe. Il semble en fait que les Orientaux et les Grecs aient donné ce nom aux régions occidentales riches en métal où ils pouvaient s'approvisionner ; tel était le cas de cette basse vallée de la Baetis : *Gades* y a sans doute été un entrepôt centralisant les minerais à expédier en Méditerranée orientale, alimentant ainsi un trafic assez prospère entre Tyr et son comptoir pour avoir donné naissance à une formule générique, ce même si la colonie se développa surtout sous domination carthaginoise.

La dame d'Elche, découverte en 1879 près d'Alicante ; la date en est controversée, du Vᵉ au IIᵉ siècle av. J.-C.

Quant au mythe tartessien, serait-ce le souvenir de la culture qui y fleurit à l'époque néolithique et à l'âge du bronze ?

Les Phéniciens s'implantèrent sur d'autres sites du littoral méridional : Malaga dès le IXe siècle, peut-être, et *Sexi* (Almunecar). Mais l'expansion phénicienne en Espagne fut surtout postérieure à la fondation de Carthage, *Qart Hadasht*, la ville nouvelle, en 814, devenue capitale au VIe siècle. La volonté de contrôle des principales routes maritimes explique la multiplication des points d'appui : Sardaigne et Sicile forment avec la métropole le triangle punique ; le détroit de Gibraltar est contrôlé par la création de nouveaux sites espagnols comme Abdera et *Baria* (Villaricos) ; les Baléares servent d'escale dès le VIIe siècle, *Mago* (Mahon) prenant même et conservant le nom de la grande famille des Magonides. Expansions phénicienne et grecque en Méditerranée occidentale ne pouvaient toutefois que se porter ombrage, aussi cet antagonisme fut-il tranché par la bataille navale d'Alalia en 535 avant J.-C. Le partage des sphères d'influence entraîna l'absorption des établissements grecs de la côte andalouse dans la colonisation phénicienne. Celle-ci se limita en fait durant plusieurs siècles à l'occupation d'une étroite bande territoriale au sud de l'Espagne, suffisante pour la mainmise économique que recherchait Carthage : l'Espagne livra ses minerais, servit de base de départ aux expéditions lointaines en quête de métaux précieux, vers les « îles de l'étain » de l'océan Atlantique, par exemple, pour n'en citer qu'une. Par là même, l'influence culturelle des Phéniciens est sans rapport avec celle des Grecs, encore qu'ils aient transmis leur alphabet aux peuples ibériques.

Il fallut attendre l'issue de la première guerre punique (264/241 avant J.-C.) qui, au IIIe siècle avant notre ère, mit fin à l'hégémonie maritime carthaginoise en Méditerranée occidentale, pour que la cité punique, en compensation des annexions de la Sardaigne et de la Sicile par Rome, transforme sa conquête espagnole en véritable empire. Elle comptait en effet sur les richesses ibériques pour opérer un redressement financier et entretenir une armée permanente. L'initiative en revint à Hamilcar Barca en –237 : il s'empara de tout le sud de la péninsule, atlantique puis méditerranéen, et fonda *Akra Leuké* (Alicante), mais fut tué en –229 lors du siège d'*Heliké* (Elche). Son gendre Hasdrubal poursuivit sa politique en fondant Carthagène en –228 : *Carthago Nova, Qart Hadasat*, autrement dit nouvelle capitale, ce qui conduit certains historiens à se demander si cette fondation n'impliquait pas le dessein d'un nouveau transfert de la capitale de l'empire punique. Quoi qu'il en soit, la ville fut le point de départ des expéditions d'Hannibal – avant d'être le plus grand port espagnol de l'époque romaine. Celui-ci porta la conquête jusqu'au Tage et y mit en place un État de type hellénistique, conforme à l'éducation qu'il avait reçue. Il le fonda sur des alliances avec les chefs locaux (Hasdrubal tout comme Hannibal épousèrent la fille de l'un d'entre eux), l'enrôlement de mercenaires et l'installation de garnisons, la perception de tributs. En –221, Hannibal prit l'initiative d'attaquer Sagonte, conscient du danger représenté par Rome qui apparaissait de plus en plus comme la première puissance méditerranéenne. Les termes de l'accord de –226 par lequel les Carthaginois s'engageaient à ne pas dépasser l'Ebre n'étaient pas violés car Sagonte était bien au sud de ce fleuve, mais Rome ne pouvait que répliquer à cette agression délibérée contre son alliée. La seconde guerre punique (218/201 avant J.-C.) connut deux théâtres d'opérations essentiels, les péninsules italienne et ibérique, et fut avant tout une guerre d'usure. Aucun des deux belligérants ne mésestima l'importance de l'Espagne où les événements tournèrent tout d'abord à l'avantage des Carthaginois : c'est en –211 qu'ils réduisirent à néant l'armée romaine qui, sous la conduite des deux Scipions, s'était enfoncée jusqu'à la Baetis. La prise de *Carthago Nova* en –209 par Cornelius Scipion renversa toutefois le cours des opérations jusqu'à la perte de la Bétique en –206. En –205, la puissance carthaginoise est anéantie en Espagne, que Scipion peut quitter pour aller en Afrique détruire Carthage.

L'*Hispania* romaine

Les IIIe et IIe siècles avant J.-C. sont marqués par l'expansion de Rome qui s'implante en Méditerranée occidentale et renverse au profit de ce bassin unifié les rapports de force. En

Espagne, elle se substitua à Carthage, créant deux provinces, l'Ultérieure et la Citérieure, centrées sur les bassins du Guadalquivir et de l'Ebre. La conquête des tribus indigènes s'avéra extrêmement dure et ajouta ses ravages à ceux des conflits puniques. La domination carthaginoise avait en effet respecté les autonomies locales et les traditions guerrières des tribus hispaniques pour les utiliser à ses propres fins en recrutant des mercenaires. Les Romains ont aussi contre eux l'esprit d'indépendance et l'indomptable courage des Espagnols. Au total, les butins, fruits des pillages systématiques, distribués aux soldats romains, la mise en esclavage des vaincus, les ravages des campagnes... mirent à mal l'Espagne et furent l'occasion d'un important transfert de richesses vers Rome. Caton l'Ancien puis Sempronius Gracchus parvinrent à pacifier les deux provinces, mais les révoltes reprirent en – 155 et furent si durement réprimées que les peuples ibériques se rassemblèrent sous la conduite d'un chef celtibère, Viriathe, pour tenir tête à Rome durant une dizaine d'années. Leurs troupes ne furent vaincues qu'en – 133 par Scipion Emilien après le très dur siège de Numance ; pour éviter de tomber entre les mains des Romains, les habitants de l'*oppidum* préférèrent se suicider. Les nombreux triomphes hispaniques inscrits dans les fastes du siècle suivant montrent toutefois que les campagnes continuèrent à se succéder dans cette région coûteuse en soldats. Elle servit même de refuge aux pompéiens, vaincus à *Munda* (Rondilla) en 45. La pacification du Nord-Ouest ne fut en définitive menée à bien que par Auguste qui réduisit à merci les Cantabres et les Astures entre – 25 et – 19. On retrouve dans ces combats le même acharnement belliqueux et la tactique de la guérilla déjà propre aux Espagnols. Dès lors, la péninsule Ibérique était pleinement soumise à la *pax romana* et devait lui demeurer fidèle.

L'*Hispania* fut désormais un des plus beaux fleurons de l'empire romain. La présence romaine avait pourtant été fragile à ses débuts ; les effectifs des corps expéditionnaires étaient relativement faibles dans un pays peu peuplé (on a pu évaluer cette population à trois millions d'habitants au IIIe siècle avant J.-C. pour friser six millions à l'époque augustéenne), au territoire néanmoins étendu et éloigné de l'*Urbs*. Les contacts avaient donc été difficiles à établir jusqu'à la chute de Numance. La solidarité ibérique à la dissidence de Sertorius, chevalier romain qui y organisa la résistance contre Sylla de 88 à 72 avant J.-C., prouve toutefois que les milieux provinciaux accueillirent favorablement les idées sociales agitées dans la capitale. De plus, les Romains trouvèrent sur les littoraux une civilisation avancée grâce aux implantations grecque et carthaginoise, une population apte au service militaire et sensible au culte du chef, avec laquelle ils perçurent des parentés.

L'assimilation, qui succéda donc à la conquête, commença par l'insertion administrative. Sous Auguste, l'Ultérieure, ancienne terre punique pacifiée et prête à la vie civique, devint la Bétique sénatoriale, qu'un proconsul dirigea de Cordoue. Seule la Lusitanie océanique en fut détachée en raison des particularités de son peuplement, et soumise à une administration impériale avec pouvoirs militaires. Tel fut aussi le cas de l'ancienne Citérieure, désormais Tarraconaise, lentement conquise au Nord-Ouest. A partir des Flaviens, une seule légion, la VII Gemina à *Legio* (León), suffit à la protéger. Cette tripartition s'avéra stable, même si ce dernier ensemble était peu homogène, regroupant la Meseta, le littoral méditerranéen et la Galice ; celle-ci, d'abord gérée par des procurateurs spécialement affectés à ce district minier et résidant à Astorga, fut bientôt rattachée à la Lusitanie dans sa partie asturienne. Le découpage diocésain de Dioclétien en prit acte, puisque celui d'Espagne comprit la Bétique, la Carthaginoise, la Tarraconaise, la Lusitanie et la Galice, outre la Maurétanie tingitane de l'autre côté du détroit de Gibraltar.

L'un des buts majeurs de la conquête romaine a sans aucun doute été la volonté de mainmise sur les richesses de la péninsule. Les mines ibériques avaient déjà attiré les Phéniciens et les Grecs ; il n'en fut pas autrement des Romains pour qui Espagne et Bretagne (les îles Britanniques actuelles) furent les grandes provinces minières. Strabon s'extasie devant la « richesse stupéfiante » de la Turdétanie : « En aucun lieu de la terre, on n'a pu voir jusqu'à présent ni l'or, ni l'argent, ni le cuivre, ni le fer être produits en quantités si grandes et avec une telle qualité. » Rome exploita les gisements de plomb argentifère et de cuivre de Carthagène et de la sierra Morena, l'étain et le fer du Nord-Ouest cantabrique, ainsi que les vallées aurifères de la Guadiana et du Guadalquivir. L'ancien Tarsis retrouva sa prospérité en raison de l'exceptionnelle concentration de minerais précieux : les deux gisements les plus importants étaient déjà *Onuba* (Huelva) pour le fer et le cuivre et *Sisapo* (Almaden) pour le mercure. L'exploitation, monopole d'État, en était confiée à des particuliers qui exportaient la production sous forme de lingots estampillés ; celle-ci prit de telles proportions qu'elle fut qualifiée de « *ruina montium* » par Pline l'Ancien. Le potentiel de fabrication industrielle demeura en revanche réduit, hormis le stade de l'élaboration locale et courante et la transformation des produits agricoles.

L'évolution économique majeure de l'Espagne romaine tint en effet à son insertion dans l'économie agricole méditerranéenne par la multiplication des échanges. Écoutons toujours Strabon : « La Turdétanie... est un pays étonnamment fortuné. Elle qui produit de tout, et en grande quantité, voit encore ses bienfaits du sort doublés par son exportation... On exporte de Turdétanie du blé et du vin en grande quantité, ainsi qu'une huile dont l'excellence égale l'abondance. » Rapprochons ce témoignage des riches domaines impériaux du bassin du Guadiana : le *latifundium* de La Cocosa tirait de ces mêmes productions une richesse dont témoignent dix hectares de bâtiments et de belles mosaïques. Les campagnes espagnoles étaient donc dominées par la trilogie méditerranéenne, à l'exception bien sûr du revers océanique sur lequel nous avons peu de renseignements ; la diffusion par les Romains de leur habitude de consommer du vin, l'exportation de leur propre production, amenèrent le développement de grands vignobles en Bétique et en Tarraconaise, qui finirent par concurrencer leurs modèles en Italie même et en Occident au début de l'Empire. Il en fut de même pour l'olivier : les vallées du Genil et du Guadalquivir se spécialisèrent dans la production d'une huile réputée pour sa qualité. La carte de diffusion des amphores ibériques, à la forme pansue caractéristique, au col large et court, démontre l'ampleur de cette exportation jusqu'en Germanie et en Bretagne, par le biais de la plaque tournante gauloise. Le *garum*,

Cette scène de foulage de raisin, appelée « mosaïque de l'automne », est un des joyaux de l'ornementation conservée à la *Casa Romana* près de Merida.

condiment tiré du poisson, essentiel à la nourriture romaine, fut fabriqué sur les côtes orientale et méridionale de l'Hispanie puis commercialisé par des sociétés de Carthagène. La petite ville de Cilniana, située sur la *via Herculae* menant de cette dernière à Cadix, en tenait sa prospérité. Cette intégration au monde économique romain se traduisit par une mutation des campagnes. Les conditions d'exploitation furent certes très variables : lorsque l'agronome Columelle brosse dans son *De re rustica* le tableau du domaine idéal, il s'inspire des propriétés de plusieurs centaines d'hectares de son oncle en Bétique, plus aisément gérables que les *latifundia* d'Estrémadure. Mais il faut aussi compter avec la moyenne propriété des vétérans, auxquels on distribue des lots d'une centaine d'hectares, et avec le microfundisme de la Catalogne viticole. La mutation majeure tint toutefois à la généralisation de la *villa* dans ces riches régions agricoles.

Ce sont, dans la première moitié du premier siècle de notre ère, les empereurs julio-claudiens qui rationalisèrent l'approvisionnement de l'*Urbs* en créant le service de l'annone, avec ses bureaux provinciaux dans les régions qui comme l'Espagne s'avérèrent indispensables à cet égard. Sa mise en place avait eu pour préalable la constitution d'un réseau de voies de communication : Auguste avait présidé à la construction d'un vaste quadrilatère routier à la périphérie de l'Espagne, complété par une diagonale transibérique reliant *Emerita* à *Caesaraugusta.* Tibère a poursuivi ces voies vers l'intérieur dans la direction des districts miniers, voulant désormais donner une utilité économique et commerciale à un réseau créé à des fins militaires. En 120, la *via Domitia* gauloise reliait l'Espagne à l'Italie au travers des Pyrénées. Les artères fluviales étaient aussi utilisées pour acheminer les productions à exporter vers les ports : les plus importants, *Gades*, *Carthago Nova* et *Tarraco*, alimentaient les axes majeurs d'échanges maritimes vers la métropole, mais il ne faut pas négliger le poids du cabotage.

Le rôle des Empereurs dans la promotion d'une Espagne romaine fut fondamental et passa par la diffusion du modèle civilisateur qu'est la cité. Certaines fondations de colonies eurent lieu dans la foulée de la conquête républicaine, comme *Italica* près de Séville à l'initiative de Scipion ou *Pompaelo* (Pampelune) à celle de Pompée, mais les créations les plus nombreuses relèvent de César et d'Auguste. Ils multiplièrent les colonies de vétérans, notamment en Bétique : citons *Ursa*, l'actuelle Osuna alors *Colonia Genetiva Iulia*, *Hispalis* (Séville), *Astigi* (Ecija) ou *Tucci* (Tejada). La Tarraconaise fut aussi concernée, avec *Caesaraugusta* (Sarragosse), *Barcino* (Barcelone) ou *Acci* (Guadix), ainsi que la Lusitanie, comme en témoignent *Pax Iulia* (Beja) ou *Emerita Augusta* (Merida). De nombreuses communautés regroupées dans les traditionnels *oppida* reçurent le droit latin, voire le droit de cité romain comme *Gades*. Des villes nouvelles destinées à devenir des centres de romanisation des peuplades soumises furent enfin créées : *Bracara Augusta* (Braga), *Asturica Augusta* (Astorga) ou *Lucus Augusti* (Lugo). Selon les auteurs anciens, le nombre de cités est donc considérable en Bétique et dans la vallée de l'Ebre dès le premier siècle après J.-C. : Vespasien concéda le droit latin à tous les municipes espagnols en 74 et y favorisa la promotion des élites coloniales, comme il le fit dans les autres provinces les plus romanisées.

C'est alors que le père de Trajan devint patricien : issu d'une famille installée à *Italica*, celui-ci fut en 98 le premier empereur né dans une province de l'Empire ; il dut en partie sa désignation à des Espagnols, Julius Servanius et Licinius Sura, qui commandèrent en Germanie et Pannonie, ce qui atteste l'insertion des élites hispaniques au point de former un clan sénatorial. Le Sénat est en effet devenu un ordre social ouvert : César le premier a permis l'entrée de Gaulois et d'Espagnols ; cette tendance s'est ensuite accentuée, les élites locales de Bétique et de Tarraconaise, indigènes ou immigrées, venant siéger à Rome. Sous le règne de Trajan, les milieux ibériques accaparent les honneurs et les fonctions les plus élevées. Cet empereur espagnol a laissé un excellent souvenir, il suffit de citer l'adage d'Eutrope : « plus heureux qu'Auguste et meilleur que Trajan ». S'il ne négligea pas les provinces, entreprenant de nombreuses réfections de routes en Espagne, y construisant le pont d'Alcantara sur le Tage selon les indications de l'architecte Lacer, il privilégia néanmoins la métropole. Son successeur et petit-neveu par alliance, Hadrien, était lui aussi natif d'*Italica*. Il renonça à cette politique italique pour s'attacher à la promotion des provinces, son monnayage l'atteste. Dès lors, l'essor municipal ne passa plus par des créations ex nihilo, mais par l'octroi de promotions juridiques aux communautés indigènes comprenant dans leurs rangs des notables capables d'en faire fonctionner les institutions : au IIe siècle tous les habitants d'*Italica* obtiennent la citoyenneté romaine et bénéficient de l'activité de bâtisseur d'Hadrien.

La ville est en effet le lieu par excellence où rayonne la civilisation gréco-romaine. Elle est le vecteur de l'assimilation pour les élites locales, ce n'est plus à démontrer ; cela se traduit par la diffusion du latin, par l'exercice des magistratures municipales et de fonctions administratives régionales, source de promotion individuelle dans l'ordre équestre et sénatorial, par la pratique de l'évergétisme... La dimension politique de la romanisation s'exprima aussi dans le culte impérial : sa première manifestation dans une province de l'Occident eut lieu spontanément lorsque la ville de Tarragone – que de nombreux historiens comparent à bien des égards à Lyon, la métropole des Gaules – dédia un autel à l'empereur Auguste qui y séjournait en 25 avant J.-C. ; le culte gagna d'autres cités, Merida, Braga et Lugo dans le Nord-Ouest récemment conquis, avant même que Tibère ne l'organise en l'honneur de son prédécesseur ; il prit toute son ampleur sous les Flaviens quand de nombreuses cités de Bétique, tout comme Tarragone, multiplièrent les dons de statues à l'Empereur ; un temple, construit en 104 par l'architecte Lacer à Alcantara, fut consacré aux Empereurs divinisés et au César vivant. Cette ferveur spontanée est attribuée à l'existence du culte du chef, la *devotio iberica*, dans les tribus indigènes, et fut favorisée par les Empereurs : le culte rendu par Trajan à l'Hercule de *Gades*, honoré par les Phéniciens dans le sanctuaire de Melqart désormais romanisé, le voyage d'Hadrien en 121-122, ne purent qu'accroître le loyalisme des Espagnols. Notons que cette tradition romaine d'assimiler les divinités locales, l'*interpretatio romana*, passa par l'adéquation entre les dieux indigènes et leurs homologues latins : le rôle de Saturne est ainsi rempli par Jupiter, qui reçoit des dédicaces et une iconographie empreintes de traditions locales. On y voit la preuve d'une romanisation rapide des élites tout comme des auxiliaires militaires incorporés sous les Flaviens en raison du tarissement du recrutement italien. Ces cohortes de Cantabres, d'Astures, de *Celtiberi*, de *Lusitani*..., peu romanisées à leur recrutement, adoptent le mode de vie romain durant leur service et en sont les relais.

La ville, microcosme de Rome, diffuse un modèle, des usages, en bref étend la romanisation de ses habitants. L'urbanisme en est un moyen des plus clairs. La plupart des villes d'Espagne se sont adaptées au cadre indigène préalablement délimité ; tel est le cas de Tarragone, « le balcon de la Méditerranée », issue d'un *oppidum* indigène. Merida est en revanche le meilleur exemple de la création ex nihilo à destination de vétérans : le *cardo* NE-SO y est toujours repérable dans la *calle* Santa Eulalia, traversé perpendiculairement par le *decumanus*. Quoi qu'il en soit, l'espace aménagé ou restructuré s'organise autour du forum, centre de la vie de la cité, souvent fermé comme à *Belo,* et entouré des symboles du pouvoir : la basilique, la résidence du gouverneur – improprement appelée « maison d'Auguste » à Tarragone –, le capitole, celui de *Belo* étant particulièrement renommé en raison de la tripartition de son espace. Ces centres monumentaux furent parfois remaniés pour incorporer les temples impériaux, ainsi Tarragone, Merida ou *Conimbriga* (Coïmbre). Merida accueillit de même un sanctuaire pour le culte oriental de Mithra, de nombreux ports celui d'Isis, tant la ville est le lieu de convergence des influences. La survie de certains cultes indigènes a par ailleurs pu faciliter cette introduction des croyances orientales par un processus mal connu d'assimilation.

La parure monumentale témoigne aussi de la vie de l'esprit et du corps, essentielle à la civilisation gréco-romaine ; ainsi les thermes et les gymnases ; les lieux de spectacle : Merida comprenait à l'est de la cité un vaste espace prévu dès l'origine, où se juxtaposent un cirque, un amphithéâtre avec un bassin pour les naumachies, un théâtre à *orchestra* semi-circulaire ; comme les autres cités ibériques d'importance, Tarragone s'est pourvue des uns et des autres à la périphérie de l'ancienne et de la nouvelle agglomération. Enfin, outre les enceintes de Carmona et Tarragone, demeurent des réalisations romaines les beaux témoins que sont les aqueducs, construits au début de l'Empire pour régler un approvisionnement d'eau rendu plus délicat par la sécheresse : Ségovie, Tolède, Tarragone et enfin Merida, le plus bel ensemble de trois aqueducs en Occident.

La participation à la vie de la cité, si intense dans certaines régions de l'*Hispania*, le Levant méditerranéen et la Bétique, est garante de la romanisation, patente dans l'unification des statuts de tous les habitants de l'Empire en 212 par l'édit de Caracalla. Elle ne signifia pas pour autant disparition de la culture et de la société indigène, avant tout rurales. Les régions occidentales, à la périphérie de l'auréole de romanisation, nous sont mal connues. On y trouve néanmoins trace, jusqu'au premier siècle de notre ère, de structures claniques, de même qu'y perdure un décor funéraire traditionnel, solaire ou animalier.

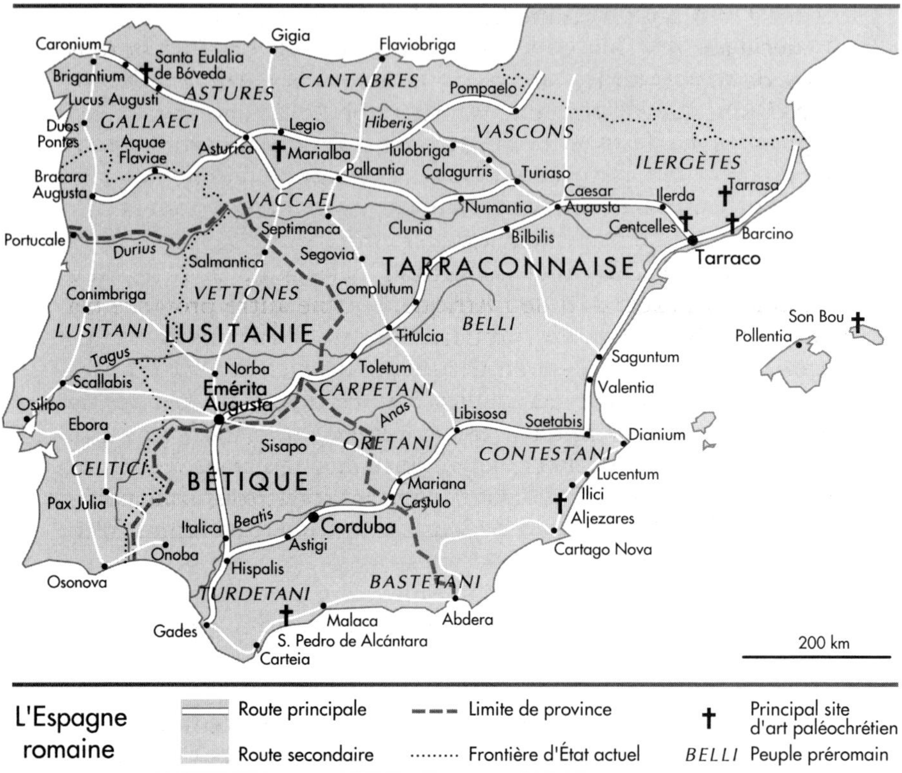

L'Espagne romaine

L'Hispanie n'en est pas moins intensément romanisée à la fin du Haut Empire : l'acculturation passa par la précocité de l'enseignement latin. L'initiative en revient à Sertorius qui créa dès 79 avant J.-C. à *Osca* (Huesca) une école pour former à l'éducation romaine les fils des notables indigènes. Sur cette base, un réseau d'établissements se diffusa rapidement, et jusqu'à de modestes bourgades, preuve de cette « démocratisation de la culture » dont parle S. Mazzarino. Est-ce la source de la brillante participation des Espagnols à la vie littéraire romaine ? Les Annaei, l'historien Sénèque le Père (55 av. J.-C.-39 apr. J.-C.), le philosophe Sénèque le Fils († 65), sont originaires de Cordoue, comme Lucain (39-65) et Pomponnius Mela (Ier siècle apr. J.-C.) qui leur sont apparentés et témoignent tous deux de leur époque, l'un par l'épopée, l'autre par la description. L'agronome Columelle (Ier siècle apr. J.-C.) naquit à *Gades*, le poète Martial (40-104) à *Bilbilis* en Tarraconaise qu'il quitta pour écrire ses *Épigrammes* à Rome. Le rhéteur Porcius Latro († 4 av. J.-C.) est aussi espagnol, comme Quintilien (30-95), avocat, professeur de rhétorique et précepteur des enfants de Domitien, qui a façonné les derniers siècles de la littérature romaine. A l'exception de l'Afrique, aucune autre province n'a tant contribué à la vie intellectuelle de l'*Urbs*, mais il faut reconnaître que c'est justement là que tous ces Espagnols ont fait leurs études, ont vécu leur vie et leur carrière. Le rhéteur Fronton, ami de l'empereur Marc Aurèle, lui-même issu d'une famille originaire de Bétique, est bien le protecteur de sa cité d'origine, Martial doit y finir sa vie ; au total, tous sont pourtant avec évidence les représentants d'une littérature plus « romaine » que « provinciale ».

« Dieu considère avec bienveillance les Espagnols » (Prudence 348-415)

Poursuivre cette analyse vers le IIIe siècle conduit à dresser un tableau en totale opposition avec l'âge d'or de la paix impériale. Certains historiens s'interrogent toutefois sur l'existence d'une « dépression flavienne » dès le IIe siècle : ils l'attribuent à une urbanisation artificielle, source de prélèvements excessifs sur l'économie provinciale dont la richesse essentielle, les mines, ne profite qu'à l'État et à une étroite couche sociale. Le déclin des dédicaces impériales dans la seconde moitié du IIe siècle serait donc dû, dans cette hypothèse, à l'appauvrissement plus qu'à la désaffection.

Le règne de Marc Aurèle manifeste déjà les germes du déséquilibre qui conduiront à la crise du *dominium mundi*. L'Empire est encerclé par les barbares au IIIe siècle ; l'Espagne est épargnée par ces périls, mais subit le contrecoup de la désorganisation étatique. Les provinces se replient en effet sur elles-mêmes. Les nécessités de la défense en justifient la décentralisation, et de 260 à 274, Bretagne, Gaule et Espagne organisent le combat occidental dans le cadre de l'« Empire gaulois » ; les populations espagnoles n'en restent pas moins fidèles à Rome. L'érosion des grands courants d'échanges les pénalise toutefois, la crise économique étant d'autant plus précoce que les régions sont intégrées et développées. Le dynamisme de la vie municipale s'atténue, avant de reprendre sous les restaurations dioclétienne et constantinienne.

La « conversion » de Constantin a jeté les bases de l'Empire chrétien. Les origines de la christianisation de la péninsule nous échappent en revanche. Saint Paul s'adresse en ces termes aux Romains lorsqu'il leur écrit de Corinthe vers 57-58 : « J'ai un vif désir d'aller chez vous, quand je me rendrai en Espagne... Je partirai pour l'Espagne en passant par chez vous. » On ignore en fait la part exacte de Paul dans l'évangélisation de l'Occident ; prisonnier deux ans en Palestine à partir de ces mêmes années, puis deux nouvelles années à Rome en semi-liberté, il meurt entre 62 et 67. C'est dans ce laps de temps qu'il aurait donc pu se rendre à Ampurias, Carthagène ou Tarragone qui le revendiquent. Nous reviendrons plus loin sur les interrogations que posent les origines jacobites de l'introduction du christianisme en Espagne. Saint Irénée de Lyon puis Tertullien attestent sa vigueur dès la fin du IIe siècle. En revanche, les Africains eurent sans aucun doute un rôle primordial dans les missions espagnoles vers le milieu du IIIe siècle : c'est l'évêque Cyprien de Carthage qui nomme ceux de Merida, d'Astorga, de Saragosse ; le martyr saint Cucufat de Barcelone aurait aussi cette origine... C'est justement la géographie des persécutions qui nous renseigne sur les voies de pénétration du christianisme : Augure, Euloge et Fructueux, l'évêque, sont mis à mort à Tarragone en janvier 259, lors de la grande persécution de Valérien. Saint Saturnin a évangélisé Pampelune avant de mourir attaché à la queue d'un taureau. La persécution de Dioclétien au début du IVe siècle concerna les villes côtières de la Méditerranée, Barcelone, Tarragone et Valence, et les centres des grandes vallées fluviales : Saragosse et Calahorra pour la vallée de l'Ebre, la plus anciennement christianisée d'Espagne, Séville et Cordoue, Merida, Tolède... J. Fontaine, dans son ouvrage sur l'art préroman péninsulaire, montre la coïncidence entre ces bassins d'évangélisation et les régions majeures de formation de l'art paléochrétien hispanique, dont les principales manifestations sont comme de coutume la basilique, le baptistère et le *martyrium*. N'évoquons que quelques exemples parmi l'ensemble des monuments paléochrétiens : le mausolée à coupole de Centcelles, dont la mosaïque à trois couronnes historiées illustre la variété de l'iconographie chrétienne, est un des fleurons du groupe du Nord-Ouest de l'Espagne. Le concile d'Elvire du début du IVe siècle atteste la vitalité de la religion chrétienne en Bétique – 28 des 33 communautés recensées –, mais peu de traces demeurent de ses riches ensembles architecturaux : citons la basilique à double abside de San Pedro de Alcantara, à Vega de Mar. Le dernier ensemble artistique est celui du Nord-Ouest de la péninsule : le paganisme, sur la base des panthéons indigènes, y résista fermement, et Martin, évêque de Braga, doit encore prêcher au VIe siècle contre la survivance des superstitions rurales. Des communautés chrétiennes vivantes y sont pourtant attestées dès le IIIe siècle à León et à Astorga ; elles sont à l'origine de la transformation d'un nymphée en l'église Santa Eulalia de Boveda ; quant au sanctuaire martyrial de Marialba, les treize tombes honorées sont peut-être celles des treize martyrs de la famille de saint Marcel de León. Le pape espagnol saint Damase Ier (366-384) fut particulièrement sensible au culte de ces martyrs.

La paix de l'Église, une fois révolus les temps sombres des persécutions, permit bien sûr à partir du IVe siècle l'épanouissement de la foi chrétienne des Espagnols. Ils participèrent pleinement aux grands débats théologiques qui divisèrent la Chrétienté : une hérésie originale y apparut, le priscillianisme, à la fois gnostique et ascétique, vivement condamnée par plusieurs conciles avant que l'usurpateur Maxime ne mît à mort son théoricien en 386. L'arianisme fut toutefois la querelle théologique majeure – portant sur la Trinité –, et des évêques hispaniques l'alimentèrent, de l'arien Potamius de Lisbonne au rigoriste Grégoire d'Elvire. Mais l' « expert en matière ecclésiastique », comme le dit H.-I. Marrou, fut Ossius de Cordoue. Celui-ci a vécu centenaire, de 256 à 357 ; il participa au concile d'Elvire en 309, puis fut le principal conseiller religieux de l'empereur Constantin de 311 à 325, contribuant donc à la définition de l'orthodoxie au concile de Nicée qui condamna l'arianisme. Les Espagnols participèrent enfin à l'essor d'une littérature chrétienne. Dès 330, un prêtre, Juvencus, transcrit les Évangiles en trois mille hexamètres. Prudence fut surtout le chantre de la « renaissance théodosienne » ; après cinquante ans de vie bien remplie comme avocat et haut fonctionnaire, puisqu'il fut conseiller de l'empereur Théodose, il se consacra à Dieu qu'il défendit par la poésie : le *Liber Peristepharon* célèbre les couronnes des martyrs espagnols. « Dieu considère avec bienveillance les Espagnols », voilà la synthèse qu'en tire le poète. Sur les instances de saint Augustin, le polygraphe Paulus Orosius, autre clerc ibérique, écrivit pourtant vers 415-417 un traité *Adversum Paganos* pour réfuter l'idée que les malheurs du temps étaient dus à l'impiété chrétienne. Bossuet s'en inspirera dans son *Discours sur l'Histoire universelle.*

C'est à l'époque de Théodose – cet empereur issu d'une famille chrétienne d'Espagne, qui rompit définitivement avec le paganisme en en interdisant les cultes – que les Huns entrèrent en contact avec l'Empire : ils poussaient devant eux un flot de peuples barbares, dont les Goths, qui traversèrent jusqu'à l'Espagne un monde romain en pleine déliquescence. Les autorités impériales parvinrent toutefois à maintenir leur domination sur les régions les plus romanisées du pourtour méditerranéen au cours du IVe siècle, tandis que Théodose admettait par le *foedus* ou traité de 382 l'existence d'une enclave wisigothique au sud du Danube. La pression gothique redevint aiguë au début du Ve siècle : en 410, comme le dit saint Jérome, « la Ville qui a conquis l'Univers (fut) à son tour conquise ». Si l'événement fut ponctuel, il manifeste qu'une nouvelle ère va s'ouvrir dans un bassin méditerranéen désormais divisé. C'est l'acte de naissance de l'Espagne.

L'Espagne wisigothique

Les royaumes barbares

Les Goths, ces peuplades germaines des steppes lointaines, participèrent donc à la grande migration barbare du IVe siècle, induite par les mouvements des Huns. Les Wisigoths, branche originaire de la mer Noire, furent parmi les premiers à passer dans l'Empire par la zone balkanique, en 376 ; une fois parvenus au bassin méditerranéen, ils jouirent à nouveau les premiers d'un *foedus* collectif quand leur fut concédé en 418 le royaume dit de Toulouse, traité renouvelé en 453. Leur domination était donc centrée sur l'Aquitaine, même s'ils pénétrèrent en Espagne en 415, précédés de la vague des Alains rejetés en Lusitanie, des Vandales installés en Bétique – d'où son nom d'Andalousie, *Vandalousia* –, et des Suèves en Galice : les barbares s'étaient en effet répartis la péninsule comme un butin en 411. L'Occident se barbarise : Rome eut recours aux Germains amis pour avoir raison des peuples originaires d'Asie centrale. Le Wisigoth Wallia combattit ainsi les Alains et les Vandales qui se dirigèrent vers l'Afrique du Nord en 416-429. Les Suèves en profitèrent pour s'étendre vers le sud de l'Espagne ; ils mirent en place un Etat d'une extrême brutalité : l'archéologie témoigne des dégats que subirent les villes des régions qu'ils dominaient. Théodoric II (453-466), grand roi wisigoth, ramena en 456 leur royaume aux frontières de la Galice, où ils demeurèrent jusqu'à leur absorption en 585. Ce roi qui lisait Virgile, ami de Sidoine Apollinaire, se mit aussi au service de

Rome pour combattre l'anarchie rurale des Bagaudes à ses frontières de Gaule et d'Espagne, tout comme son père Théodoric Ier (418-451) avait apporté son aide dans la lutte contre Attila, mourant au combat des champs Catalauniques. Euric (466-484) rompit en revanche avec Rome en étendant sa domination territoriale ; il porta le royaume d'Aquitaine à son apogée. Son fils Alaric II (484-507) eut à se défendre contre la poussée des Francs au sud de la Loire ; il fut défait et tué par Clovis à la bataille de Vouillé. Avec le secours des Ostrogoths, les Wisigoths se replièrent sur l'Espagne et transportèrent leur capitale à Tolède en 554 sous le règne d'Athanagild (554-567) ; celui-ci était parvenu à contenir la progression des Byzantins qui s'étaient implantés au sud de l'Espagne et grâce auxquels il l'avait pourtant emporté sur un prétendant rival au trône. Le frère et successeur d'Athanagild, Léovigild (573-586), fut l'« *Unificador nacional* » : il annexa le royaume suève et refoula le danger byzantin, désormais cantonné à une enclave côtière de Denia à Cadix jusqu'à sa disparition sous les coups de Sisebut (612-621).

De même que ses successeurs, il fut à même de contenir la menace basque : ces peuples issus des Vascons devaient leur originalité à la conservation de traditions protohistoriques comme le langage, l'*eskuara* – qui n'appartient pas à la famille indo-européenne et est la plus vieille langue d'Europe –, le clan matrilinéaire, et la croyance païenne en Jaungoikoa, le Maître du Ciel ; Martin de Braga, dans son *De correctione rusticorum*, fulminait au milieu du VIe siècle contre les cultes panthéistes et leurs manifestations variées. Or, après avoir conquis la Gascogne, les Basques parvinrent à repousser pour un temps l'offensive wisigothique.

N'est-il pas enfin intéressant, à cet égard, de noter que les Wisigoths avaient adopté une ère spécifique, en avance de trente-huit ans sur l'ère chrétienne ? Elle débutait donc en – 38, date à laquelle l'ensemble du territoire ibérique aurait été pacifié par les Romains, ces Romains dont les Wisigoths se sentaient les héritiers.

Sur les bases de cette unification territoriale, unique dans l'Europe de ce temps, la monarchie de Tolède occupe une place éminente parmi les divers États barbares. Le mérite de cette restauration de l'institution royale revient encore à Léovigild, qui tend ainsi à rompre avec l'instabilité antérieure. De 526 à 552, quatre règnes se sont terminés par un meurtre ; comme l'a dit Fustel de Coulanges, le pouvoir wisigothique a été « une monarchie absolue tempérée par l'assassinat ». Or Léovigild s'inspira des modèles impériaux : comme les Romains, il fonda des villes, *Reccopolis* en l'honneur de son fils en 578, et *Victoriacum* (Victoria), en 581, pour marquer son succès sur les Vascons. L'émission de monnaies fut autant un vecteur de propagande royale que l'affirmation d'une puissance financière ; il y était représenté avec diadème et manteau de pourpre car, comme le rapporte Isidore de Séville, « il fut le premier parmi les siens à siéger sur un trône, revêtu du vêtement royal » à la façon byzantine. La désignation de ces rois reposait sur une élection par l'assemblée des guerriers. Certains associèrent leur fils à leur pouvoir afin qu'ils leur succèdent, sans pour cela que l'élection ne perde son rôle. La composition de l'assemblée fut même précisée : aristocrates laïcs et ecclésiastiques.

L'aristocratie était en effet au service de la royauté : sont rassemblés à la cour les comtes palatins responsables du fonctionnement administratif central et provincial – les découpages des Romains ont été maintenus –, les comtes militaires et les fidèles. Le roi Ervige (680-687) créa une garde, les *gardingos* – appelés aussi bucellaires, mangeurs de biscuits, car le meilleur pain leur était réservé – qui, contre un serment de fidélité et des prestations de service, recevaient des terres et bénéficiaient de privilèges juridiques : cette maison du roi est certainement à l'origine de la vassalité dans le Nord de l'Espagne après la chute des Wisigoths, et manifeste le poids croissant du lien individuel dans la définition du pouvoir. Néanmoins cette aristocratie fut une des principales sources d'instabilité du royaume.

C'est la cour qui contribue à l'établissement des lois. Après Euric qui publie en 476 un code de droit romain marqué d'éléments germaniques, puis Léovigild, Chindaswinth (642-653) entreprit une troisième rédaction achevée sous Recceswinth (653-672) : le *Liber judiciorum* ou *Forum judicium* est l'aboutissement de l'unification juridique et fait l'éloge de la loi à la manière byzantine. Par ce code, la territorialité des lois succède à leur personnalisation, système selon lequel les Wisigoths étaient jusqu'alors régis par leur droit coutumier, les populations hispaniques par le droit romain. Il porte à son apogée l'unification du royaume wisigoth, et servira de base à la pratique judiciaire de l'Espagne médiévale chrétienne.

Les Wisigoths sont une minorité en Espagne, peut-être 80 000, quelques soldats disséminés dans la péninsule, à l'exception des concentrations de la Meseta, les *campos goticos*. Ils forment pourtant l'essentiel de l'aristocratie, fière de son passé transmis par des épopées orales, et de ses traditions. Demeurent vivaces les solidarités au sein de la famille large, la *Sippe*, qui déclenchent des vengeances privées, les faides ou *faida*, dont on cherche à diminuer les effets par les compensations financières. Un Wisigoth assassin doit par exemple payer 300 sous en or pour le meurtre d'un homme entre vingt et cinquante ans, quand il a le plus de valeur : celle d'un être humain augmente effectivement entre un et dix ans pour atteindre son maximum à l'âge adulte ; les vieillards, les femmes, autres que vierges ou veuves, en ont peu. Le mariage est un élément majeur de la vie sociale, où la femme est un pion d'autant plus important sur l'échiquier des alliances entre lignages qu'elle détermine le degré de noblesse ; comme dans toutes les sociétés barbares, c'est la consommation de l'union qui la rend valable, traduite par le *Morgengabe*, le don du matin, douaire remis à l'épouse par son mari, ce qui lui garantit sa sécurité et lui octroie une marge de manœuvre. L'éducation maintient enfin l'agressivité et la violence comme valeurs de référence, si elle comprend aussi le droit, la médecine, les lettres classiques. Voilà ce que rapporte un programme d'éducation du VIIe siècle attribué à Isidore de Séville et écrit à l'usage d'un jeune prince : « Lorsqu'il commence à devenir adolescent... qu'il se tienne virilement debout, le corps robuste, les muscles solides. Puisqu'un cœur fort doit commander un corps lui-même vigoureux, que la paresse et le plaisir de l'oisiveté ou de l'opulence... ne l'inclinent pas à l'indolence ou au luxe mais que la vertu l'entraîne comme une maîtresse à un travail noble et interrompu... Il devra non seulement lancer le javelot ou monter à cheval, mais s'exercer à la course et au saut, s'affronter sur la palestre avec ses égaux, parcourir les bois, débusquer les bêtes fauves... Il obtiendra ainsi la gravité de l'âge mûr, l'opiniâtreté, l'endurcissement, la constance et la sagesse accompagnée de la quadruple source des vertus : à savoir la prudence, la justice, le courage et la maîtrise de soi. » La chasse demeure alors une passion : croyons-en Sidoine Apollinaire qui nous montre Théodoric II chassant à cheval les oiseaux au moyen d'un arc.

Cette aristocratie wisigothique s'est greffée sur une société hispano-romaine à laquelle elle reste totalement étrangère jusqu'à la fin du VIe siècle : les sénateurs romains appartiennent néanmoins à la même minorité privilégiée et s'y unissent par le mariage – quand Léovigild eut unifié la société en levant l'interdiction du *connubium*, le mariage mixte, dans son Code révisé –, lui apportant ainsi un mode de vie à la romaine. Leur puissance se fonde sur de grands domaines fonciers, mais n'a pas d'expression politique. Les paysans libres, les *rusticani*, ont assez bien accueilli les Germains en raison de la désorganisation totale du monde romain, ravagé et démembré, et de la pression fiscale qu'ils y subissaient. Si l'Espagne continue à produire du blé, du vin, de l'huile, leur existence demeure néanmoins assez précaire. Ainsi l'esclavage est-il alimenté par les miséreux incapables de payer les indemnités judiciaires dues à leurs victimes pour des délits même mineurs ; ces esclaves des grands domaines ont des conditions d'existence que résume bien l'usage d'un mot du genre neutre, *mancipium*, pour désigner leur état. De même leur mariage est-il décidé par leur maître, clerc ou laïc, à l'arbitraire duquel ils sont soumis, qui emploie à leur sujet un terme signifiant accouplement animal, *contubernium*. La crise de l'économie esclavagiste qui se développe à la fin du VIe siècle s'explique ainsi. Les évasions se multiplièrent à tel point que le roi Egica (687-700) proclama à la fin de son règne une loi selon laquelle tout individu suspect pouvait être arrêté et torturé afin de lui faire avouer son éventuelle servitude ; la communauté villageoise dans laquelle il avait trouvé refuge était jugée complice et punie de deux cents coups de fouets.

L'Espagne maintint enfin les structures commerciales existantes, utilisant pour le marché intérieur et les contacts avec la

Gaule, les voies romaines. Merida, les ports des côtes orientale et méridionale, vivaient d'importants échanges avec les Byzantins et l'Afrique. Le *Liber judicorum* parle de produits de luxe venant d'au-delà des mers.

Ces premiers constats permettent de comprendre pourquoi les historiens défendent la thèse de la continuité entre monde romain et monde barbare. C'est H. Pirenne qui s'en est fait le défenseur dans son célèbre ouvrage posthume *l'Islam et les Carolingiens*. Pour lui les envahisseurs ont été à la fois trop longtemps en contact avec l'Empire et trop peu nombreux pour avoir rompu la communauté de civilisation antique. Qu'en est-il de l'Espagne considérée comme le plus brillant des royaumes barbares au plan culturel ?

« Tu es la plus belle, ô sainte et heureuse Espagne »

C'est en ces termes lyriques qu'Isidore de Séville, le prélat lettré des VIe et VIIe siècles, la célèbre : « Parmi toutes ces terres qui s'étendent de l'Occident jusqu'à l'Inde, tu es la plus belle, ô sainte et heureuse Espagne, mère des nations, toi qui illumines non seulement l'Océan mais aussi l'Orient. Tu es l'honneur et l'ornement du monde, toi, la part la plus illustre de la terre, où fleurit la gloire féconde du peuple goth. »

Divers éléments déjà évoqués nous permettent de l'affirmer : l'Espagne n'a pas eu conscience d'un démembrement intellectuel de la Romanité. Les milieux aristocratiques romains sont restés fidèles à la culture classique et ont transmis cet attachement aux nobles goths qui, comme tous les barbares, demeuraient fascinés par la référence impériale. En fait, la lenteur de pénétration d'un flux d'invasion atténué en ce bout de l'Occident a facilité cette intégration, alors que toute vie culturelle a disparu dans des zones plus exposées. L'Espagne wisigothique conserve une civilisation de l'écrit ; elle reste attachée à ses auteurs du Bas Empire, Juvencus, Prudence ou Orose. Les aristocrates sont éduqués dans la culture classique. Au VIIe siècle, ils possèdent encore dans leur bibliothèque des ouvrages de littérature profane, de droit et de médecine. L'évêque de Merida put organiser un secours médical charitable, ce qui témoigne du maintien d'une culture technique. La cour de Tolède acquiert un grand rayonnement intellectuel, tous les lettrés s'y retrouvent : le roi Euric est entouré de rhéteurs, Sisebut lui-même laisse plusieurs œuvres, une vie de saint Didier de Vienne, un poème astronomique pastichant Lucrèce, et une lettre au premier prince lombard converti au catholicisme, le fortifiant dans sa foi.

Cette synthèse culturelle connut son âge d'or à partir de la fin du VIe siècle, quand la conversion au catholicisme des monarques wisigoths permit la fusion sociale entre les Hispano-Romains et les Goths. Malgré la condamnation de l'arianisme au concile de Nicée, ces derniers, comme la plupart des peuples germaniques, adhéraient à cette hérésie trinitaire qui nie la divinité du Christ. Ils avaient en effet été évangélisés au IVe siècle par un descendant de captifs chrétiens, Wulfila (311-383), qui fut ordonné par l'évêque arien Eusèbe de Nicomédie : de la chrétienté gothique arienne, le mouvement de conversion avait gagné de proche en proche les peuples danubiens, dont les Wisigoths. C'est par ailleurs sous l'impulsion du même Wulfila que le gothique était devenu une langue écrite, avec un alphabet inspiré du grec, pour traduire la Bible ; elle disparaît néanmoins dès le VIe siècle, le latin régnant sans partage en Espagne face au gothique cantonné à l'état de dialecte oral. Des ardoises récemment découvertes montrent qu'au VIIe siècle, et même pour les documents humbles, le latin est seul utilisé.

La conquête wisigothique entraîna donc la coexistence de deux pratiques cultuelles, mais dans une tolérance relative. Toutefois, la menace des Francs catholiques conduisit à un premier raidissement des Wisigoths ariens : lorsque la reine Clothilde, fille de Clovis, va à la messe, le roi Amalaric (510-531) ordonne qu'on lui jette à la tête « du fumier et diverses autres ordures ». La reconquête de Justinien est une autre de ces menaces extérieures qui modifie la politique religieuse de l'État wisigothique. « Lieutenant de Dieu sur terre », l'empereur byzantin voulut restaurer l'unité catholique dans le bassin méditerranéen en combattant l'arianisme, aussi s'implanta-t-il dans le Sud de l'Espagne au milieu du VIe siècle.

Les catholiques, et à leur tête le prince Hermenegild qui s'était converti après avoir épousé une princesse mérovingienne, Ingonde, y cherchèrent refuge face à Léovigild qui tentait depuis le concile de Tolède de 580 de construire l'unification nationale autour de l'arianisme. Assiégé dans Séville, le prince se rendit en 585 et fut exécuté. Pourtant « dès le début de son règne, Reccared se convertit... à la foi catholique et ramena au culte de la vrai foi toute la nation gothique, effaçant ainsi la souillure qui venait d'une erreur enracinée », nous rapporte Isidore de Séville. Cette conversion du second fils et successeur de Léovigild, Reccared, en 586, officialisée au concile de Tolède de 589, est traditionnellement vue comme l'origine de la fusion sociale en Espagne. Certains historiens pensent plutôt qu'elle prend acte de l'émergence spontanée de celle-ci après la dernière tentative d'une minorité d'aristocrates pour préserver leur identité nationale wisigothique. Quoi qu'il en soit, Léandre de Séville eut une influence certaine dans cette conversion ; tel avait déjà été le cas pour Hermenegild, ce qui avait conduit Léandre à s'exiler à Constantinople où il fut en contact avec le futur Grégoire le Grand qui lui dédia ses célèbres *Moralia in Job*. Une fois devenu pape, entre 590 et 604, celui-ci devait entretenir de bonnes relations avec l'Espagne de Reccared, à l'image de son intérêt pour les potentialités religieuses du monde barbare occidental. Les Suèves, rattachés au royaume en 585, étaient eux aussi catholiques, le roi Charriaric ayant été converti en 556 par Martin de Braga.

586 marque certainement la mise en place d'une monarchie théocratique, liant le trône et l'autel sur le modèle byzantin. Parmi tous les royaumes barbares, l'Espagne fut en l'occurrence totalement originale. Les princes participent à l'œuvre divine en imposant « par la terreur de la discipline ce que les prêtres sont impuissants à faire prévaloir par la parole ». Voilà comment Isidore de Séville définit la collaboration des deux pouvoirs en une même tâche spirituelle. Il tenta au début du VIIe siècle de substituer à l'assemblée élective des guerriers le collège épiscopal réuni en concile, puisque le roi tient son pouvoir de Dieu : le système fonctionna correctement jusqu'en 675. Quoi qu'il en soit, les conciles furent l'institution la plus

Santa Comba de Bande, sanctuaire wisigothique du VIIe siècle, construit suivant un plan en croix grecque.

importante de l'Espagne wisigothique : convoqués par le roi qui donne valeur civile à leurs décisions et les rend exécutoires, ils sacralisent le lien entre le peuple et le monarque. « Il mérite le nom d'apôtre celui qui en remplit l'office » ; à ce titre et à partir de 638, le roi wisigoth est le premier roi d'Occident à être sacré, puis après 672, à l'avènement de Wamba (672-680), à recevoir l'onction comme les rois de l'Ancien Testament. Lorsque les difficultés sociales et politiques se multiplièrent à la fin du VIIe siècle, l'Église fut garante de la solidité de l'État : quinze conciles, portant autant sur la politique que sur la foi, eurent ainsi lieu entre 633 et 702.

Au plan religieux, les conséquences de cette unification nationale autour de la foi poussèrent l'Espagne à se refermer sur son Église : tout en reconnaissant la primauté romaine, l'archevêque de Tolède prétendit au rang de patriarche. S'il n'obtint le titre de primat qu'en 647, il en exerça la fonction bien avant. Une liturgie originale, plus riche que le rite romain, marque ce particularisme espagnol : c'est le IVe concile de Tolède qui l'a unifiée, ce qui lui doit d'être surnommée « l'office d'Isidore et de Léandre » par les chrétiens tolédans qui vécurent sous domination musulmane et lui donnèrent toute son ampleur. Depuis lors, elle est donc dite liturgie mozarabe, nous y reviendrons. Rappelons enfin la ferveur de la célébration de sainte Léocadie à Séville ou de sainte Eulalie à Merida, la dévotion à la Vierge... Elles sont en accord avec l'épanouissement du christianisme ibérique ; l'Espagne compte six provinces métropolitaines, Narbonne, Tarragone, Séville, Tolède, Merida et Braga, regroupant au VIe siècle 69 évêchés, l'équivalent de nos paroisses urbaines. Le poids politique de ces évêques manifeste éloquemment la cléricalisation de la société. De ces centres urbains, l'encadrement ecclésiastique se diffuse vers les campagnes par le biais des propriétaires terriens dont les chapelles privées deviennent paroisses rurales. Ayons garde de n'oublier les ermites, Valère de Bierzo ou Nanctus, et les monastères. Ceux-ci sont nombreux, Agali près de Tolède dont Ildefonse fut abbé, Cauliana près de Merida, Saragosse, Séville, Biclar en Catalogne, Asan en Aragon, fondé par saint Emilien, Dumio et Braga par Martin... Ils se rattachent souvent à la règle de saint Augustin qui aurait été introduite par des réfugiés africains, Donat à Valence ou Nanctus à Merida. L'influence orientale fut aussi essentielle, par Martin de Braga, originaire de Pannonie, mais qui avait eu la révélation de sa vocation en Palestine et introduisit la spiritualité des Pères du désert. La floraison des règles locales contribue enfin à la diffusion du monachisme : Léandre de Séville a conçu l'organisation d'un monastère féminin pour sa sœur, Fructueux de Braga privilégie la solitude du cénobite à Compludo, Isidore de Séville l'esprit communautaire du moine qui travaille, prie et étudie. L'épanouissement de la spiritualité monachiste fut par ailleurs telle que là est la source essentielle du recrutement épiscopal, en Espagne comme dans tout l'Occident.

Cette présentation est inséparable du renouveau de la culture ecclésiastique qu'analysent pour nous les études de

P. Riché. Les grands monastères que nous venons d'évoquer ont tous des bibliothèques si riches que les moines y sont les plus lettrés d'Occident. Tel est notamment le cas de celui fondé par Martin de Braga en pays suève. Les écoles antiques qui avaient disparu au IVe siècle réapparaissent au VIe en écoles monastiques et épiscopales, créées au concile de Tolède de 527 ; le christianisme, religion savante, doit suppléer à la carence de la formation classique dont il a tout d'abord bénéficié, ainsi que l'a montré H.-I. Marrou : les futurs clercs sont instruits aux textes sacrés, et reçoivent le jour de leur ordination un livre afin qu'ils ne portent pas atteinte par leur ignorance aux divins sacrements car « l'ignorance est la mère de toutes les erreurs et doit être évitée surtout chez un prêtre de Dieu ». Le modèle fut adapté aux enfants destinés à la vie laïque dans les écoles paroissiales. Même Valère, l'ermite du Bierzo dans les Asturies, apprend le Psautier aux enfants ; attestant cette action pédagogique, nous avons encore un commentaire simple des Psaumes.

Comment brosser un tableau de la culture wisigothique sans laisser toutefois la première place à Isidore de Séville ? La renaissance isidorienne s'est certes épanouie sur les prérenaissances du VIe siècle dans l'Espagne périphérique de la Bétique et de la Carthaginoise, après l'atonie de la fin de l'Empire. J. Fontaine montre comment elle a fleuri dans cette ville de Séville ouverte aux influences étrangères, et qui devint au VIIe siècle le premier foyer culturel ibérique. Cette rénovation est donc fondée sur la réorganisation du savoir à destination des clercs – pour réformer une Église catholique délitée par la domination arienne, grâce à des moyens intellectuels comme l'a fait Cassiodore pour l'Italie ostrogothique –, des intellectuels et des laïcs – pour égaler la culture byzantine. Léandre de Séville l'initia par son école et sa bibliothèque, la plus riche d'Occident. Son frère Isidore (570-636) la conduisit à son apogée. Issu d'une famille hispano-romaine de Carthagène, il fut élevé et éduqué par son frère le moine Léandre, évêque de la métropole de Bétique en 576. Il lui succèda en 600 pour devenir « la gloire de l'Espagne et le pilier de l'Église ». Son action intellectuelle fut perçue par ses contemporains comme une restauration de la culture hispano-romaine. Ses écrits sur la géographie, la science du langage ou la numérologie chrétienne, témoignent de son érudition. Son souci de la connaissance historique apparaît dans la *Chronique majeure* qui reprend les six âges augustiniens depuis l'origine, ou dans *l'Histoire des Goths, des Vandales et des Suèves* : l'héritage romain y est trouvé dans l'unité hispanique et catholique dont il loue les réalisations avec patriotisme. Ce nationalisme hispano-gothique dont Isidore se fit l'interprète sera, notons-le, un des aliments de la future Reconquête contre l'occupant musulman. M. Banniard qualifie enfin ses *Étymologies* d'« œuvre exceptionnelle dans l'histoire de la culture occidentale et tout à fait exceptionnelle dans l'Europe du VIIe siècle » : il s'agit de vingt livres faisant la somme de toutes les connaissances connues en son temps, une encyclopédie à la manière des érudits antiques mêlant sciences sacrées et profanes. Ses travaux sont alors connus dans tout l'Occident, même si le relatif isolement de l'Espagne wisigothique empêcha cette synthèse culturelle d'avoit tout le rayonnement possible. La place d'Isidore dans le paradis de Dante, qui vantera son « esprit ardent », est donc à l'image de son rôle dans la genèse de la culture européenne. Son encyclopédie fut dans toutes les bibliothèques médiévales jusqu'au XIIIe siècle, quand elle fut supplantée par les *Sommes* de saint Thomas d'Aquin. Isidore fit des émules dans son propre pays, quand la floraison intellectuelle sévillane se diffusa vers la ville royale de Tolède : toute une génération de lettrés tolédans se distingua, représentés par leurs trois évêques de la seconde moitié du VIIe siècle, Eugène, Ildefonse et Julien. A cette exception toutefois, et à celle du monde ecclésiastique, la fin du royaume wisigoth connut un certain étiolement culturel. J. Fontaine a pu l'attribuer à la part d'illusion que comprenait cette restauration de la culture antique ; les conditions matérielles et sociales n'étaient pas telles qu'une culture vivante à l'antique puisse perdurer. Néanmoins l'Empire romain avait lancé son chant du cygne.

Cette période dont nous avons tenté de montrer la richesse au-delà de l'apparent éloignement – les Espagnols ne parlent-ils pas du « *tiempo de los Godos* » comme nous disons « vieux comme Hérode » ? – a néanmoins fait figure de mythe dans une Espagne où elle est la première manifestation d'une unification politique, juridique et religieuse. Les hommes de la Reconquête, du Siècle d'Or, s'en réclamèrent. L'Espagne n'en a conservé que peu de mots et de toponymes sauf au nord de la Meseta ; l'anthroponymie est en revanche plus fournie (Rodrigo, Bernardo, Enrique, Arnoldo...). L'art wisigothique a été étudié par J. Fontaine malgré les difficultés matérielles que présentent la destruction des constructions du Sud par les Almohades, la rareté des fouilles... Même *Reccopolis* est devenu un village abandonné, un *despoblado* ! On a longtemps réduit l'expression artistique de cette époque à la tradition germanique, en tirant argument de l'importance de la métallurgie ainsi que d'une architecture qui dériverait de celle d'églises de bois. On en a fait ensuite une simple transcription des modes byzantines. J. Fontaine démontre qu'il s'agit en fait d'un art de synthèse à partir d'une sédimentation d'influences. Il souligne que cette création artistique part du même type de démarche que la création intellectuelle, où les « remplois » sont des citations. La fréquence du recours au remploi, « ferment au sein de l'œuvre nouvelle, qui à son tour réactualise l'héritage du passé » selon la définition qu'en donne H. Stierlin, pose d'emblée l'art wisigothique dans l'héritage romain. Mais les racines hispaniques y sont aussi manifestes dans les décors géométriques, solaires et astraux ; à leur arrivée, les Wisigoths ont en effet trouvé un art indigène revivifié par le déclin de l'emprise romaine, et ont assimilé cet art romain tardif d'autant plus facilement qu'ils avaient certainement été influencés par les modes romaines dès leurs premières migrations. Enfin, l'orfèvrerie et les décors géométriques témoignent d'une empreinte byzantine qui n'eut pas la reconquête justinienne pour seul vecteur : les fréquents voyages d'Espagnols à Constantinople, la médiation des foyers italien ou africain l'ont accrue dans la seconde moitié du VIe siècle. L'église de San Pedro dc la Navc manifeste clairement cet amalgame des « traditions locales, enseignements latins et échos de l'Orient ». Les fondations royales des « Champs Gothiques », San Juan Baptista de Baños et San Antolin de Palencia, sont très représentatives de cet art à « la noble simplicité et la grandeur silencieuse », sobrement sculpté. Les chapiteaux étaient en effet décorés d'une sculpture

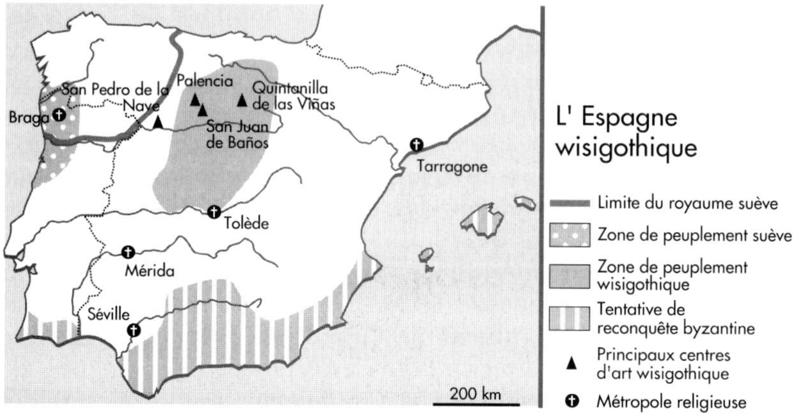

spiritualisée, parfois même d'un décor historié dont c'était la première expression, remarquable, avant l'apogée de l'art roman. Tous ces sanctuaires présentent l'originalité d'être encadrés de petites salles – sacristie, salle du trésor – semblables aux annexes rectangulaires des absides des églises syriennes. Ils étaient enfin ornés de somptueuses couronnes votives suspendues au-dessus des autels ou de reliquaires ; probables répliques des couronnes royales, elles étaient offertes par les rois à l'issue de leur sacre, à l'imitation des souverains byzantins. Comment mieux concilier une manifestation de piété et l'affirmation d'une puissance royale fondée sur la foi ? En 1859 un paysan découvrait dans son champ proche de Tolède, à la suite d'un glissement de terrain, un ensemble de merveilles d'orfèvrerie connu sous le nom de trésor de Guarrazar ; parmi celles-ci, la couronne de Recceswinth revient aux techniques germaniques par les incrustations de grenats et de verroteries, mais les pendentifs et la croix à cabochons relèvent de l'art byzantin. Probablement l'ensemble a-t-il été caché dans la panique qui précéda l'arrivée des envahisseurs berbères après la défaite du roi Rodrigue à la rivière Guadalete, près de Xérès, en juillet 711.

La faible résistance du royaume wisigothique a justement suscité un vaste débat historiographique. Si la thèse de l'anéantissement de l'État wisigoth sous les seuls coups de l'adversaire

Couronne votive de Recceswinth, en or, pierreries et métaux.

est aujourd'hui dépassée, le rôle à cet égard de la politique menée à l'encontre des Juifs est diversement apprécié. Rappelons que la tradition juive espagnole veut que le peuple juif ait quitté Jérusalem quand Nabuchodonosor détruisit le royaume de Juda en 586 avant notre ère, pour fuir jusqu'à l'extrême Occident qu'est Séfarad, l'Espagne hébraïque. Son installation fut plus probablement liée au commerce méditerranéen, ce avant même la diaspora. Assez nombreux en ville, donc, notamment à Merida et sur la côte orientale, leur culte et leur autonomie étaient toujours reconnus selon la loi romaine pourvu qu'ils s'abstiennent de faire du prosélytisme. Le durcissement à leur encontre débuta sous le règne de Sisebut pour aboutir à une persécution à la fin du VIIe siècle. Ainsi Recceswinth leur interdit-il la pratique de leurs rites. Puis, sous le règne d'Ervige, le concile de Tolède XII prescrivit en 681 l'abjuration sous un délai d'un an ; le non-respect de cette décision devait entraîner la confiscation des biens ou l'exil, et toute une série de châtiments corporels était prévue pour sanctionner la poursuite de la pratique du judaïsme dans l'entre-deux. Egica, enfin condamna les derniers Juifs espagnols à l'esclavage, tandis que leurs enfants leur étaient enlevés, ce pour avoir conspiré avec l'ennemi extérieur. Si cette accusation, reprise par certains historiens, est certes polémique, il semble pourtant que les Juifs aient assez bien accueilli les musulmans.

Quoi qu'il en soit, le royaume wisigothique s'est certainement affaibli économiquement dans cette lutte interne. Pourquoi l'avoir déclenchée ? Par leur existence même, les Juifs espagnols s'opposent certes à l'unification totale de la société en une cité de Dieu sur terre. Mais cette politique n'a-t-elle pas été surtout une « loi de panique », selon l'expression de P. Bonnassie, face à la désagrégation de l'État wisigothique ? La crise de l'économie esclavagiste a déjà été évoquée. Le recours à la violence et à l'assassinat dans les luttes politiques, les complots nobiliaires fréquents dans la seconde moitié du VIIe siècle, manifestent l'atomisation de la société en une anarchie préféodale. La décomposition interne du royaume wisigoth, si elle explique la quête forcenée de l'unité religieuse, ouvrit la route aux Berbères.

Mais, auparavant, le royaume wisigoth n'avait-il pas fourni à la Chrétienté médiévale une doctrine du pouvoir royal fondée sur le sacre et l'onction d'un nouveau David au pouvoir incontestable... s'il ne fut pas incontesté ? Surtout, n'avait-il pas contribué à l'apparition d'un esprit national espagnol ?

L'Espagne musulmane : *Al Andalus*

Musulmans, *muwallâdûn* et mozarabes

Tous les historiens s'accordent pour voir dans la date de 711 une césure majeure de l'histoire ibérique. Par la conquête musulmane, l'Espagne entre dans une sphère culturelle étrangère au monde intellectuel européen. Par ailleurs, comme l'affirme Henri Pirenne, « l'avance rapide et imprévue de l'Islam... a eu pour conséquence de séparer définitivement l'Orient de l'Occident, en mettant fin à l'unité méditerranéenne. Des pays comme l'Afrique et l'Espagne, qui avaient continué à participer à la communauté occidentale, gravitent désormais dans l'orbite de Bagdad... La Méditerranée occidentale, devenue un lac musulman, cesse d'être la voie des échanges et des idées qu'elle n'avait cessé d'être jusqu'alors. » Si, dans sa dernière partie, cette thèse est aujourd'hui nuancée, nous le verrons, l'avancée musulmane n'en a pas moins marqué l'essentiel du territoire ibérique de l'empreinte d'une brillante civilisation.

En 711, Tarik ibn Ziyad, un chef militaire d'origine berbère, peut-être appelé par les fils du roi wisigoth Witiza (700-708) pour chasser leur rival, le nouveau roi Roderic, pénétra en Espagne par le détroit de Gibraltar dont le rocher porte dorénavant son nom, *Djabal al Tarik*. Ses troupes s'emparèrent la même année de Cordoue et de Tolède, tandis que le gouverneur arabe d'*Ifrikiya*, Mousa ibn Noçayr, prenait Séville et Merida. En 713, il proclamait dans l'ancienne ville royale la souveraineté du calife omeyyade de Damas, et dominait en moins de cinq ans l'ensemble de la péninsule ; la conquête fut poursuivie en Narbonnaise jusqu'au coup d'arrêt décisif (?) de Charles Martel à Poitiers en 732. La domination arabe en Espagne ne se limita toutefois qu'au sud d'une ligne Coïmbre/Saragosse/Salamanque, en raison de la résistance de la Galice et des Asturies où se réfugièrent de nombreux aristocrates wisigoths ; quelques clercs s'exilèrent aussi vers le royaume carolingien à la renaissance intellectuelle duquel ils contribuèrent par leurs travaux et les manuscrits qu'ils avaient emportés. Les combats de Charlemagne aux frontières furent tout d'abord vains, on connaît les mésaventures de l'arrière-garde de son armée à Roncevaux en 778. En 795, il parvint néanmoins à créer la marche d'Espagne, point d'appui du Nord chrétien. Mais ceci est une autre histoire qui appartient à la geste de la Reconquête !

Les premières années d'installation de ces nouveaux conquérants furent délicates – vingt gouverneurs se succédèrent pour tenter de réprimer l'agitation berbère et les luttes intestines entre Arabes ! – et nécessitèrent l'envoi de renforts syriens ; ce sont eux qui accueillirent 'Abd al-Rahmân, rescapé du massacre de la dynastie des Omeyyades par les Abbassides en 750, et le proclamèrent émir devant les chefs locaux en 756 dans la mosquée de Cordoue, en fait une partie de l'église Saint-Vincent convertie au culte musulman. *Al Andalus* demeure donc officiellement dans la mouvance du califat – qui s'intéresse plus à l'Orient qu'à l'Afrique, désormais –, et ne fait que jouir d'une réelle autonomie. C'est à l'époque d''Abd al-Rahmân II (822-852) que l'émirat profita de l'émiettement général du monde musulman pour organiser un État vraiment indépendant, avec une autorité fermement établie, une administration centralisée sous la direction d'un *hâdjib*, imitation du vizir abbasside, une unification religieuse autour du mélikisme, doctrine rigoriste enseignée par Malik ibn Anas à Médine.

L'assimilation des diverses composantes sociales fut toutefois le problème majeur de l'émirat. Les immigrants arabes se sont les premiers installés dans les villes les plus importantes et les zones rurales les plus fertiles, les vallées et les littoraux.

Leurs aristocrates détenaient par ailleurs le pouvoir, mobilisant les charges militaires et gouvernementales ; fidèles aux formes de vie tribales et à la structure éclatée de la société arabe traditionnelle, « où l'équilibre socio-politique, perpétuellement remis en cause et perpétuellement reconstruit, se réalise par un jeu subtil d'oppositions et d'alliances entre des groupes mus par la solidarité tribale, la vengeance et l'honneur » – comme le rappelle P. Guichard –, ils étaient en constante insubordination. Les Berbères étaient plus nombreux, notamment dans l'Est de l'Andalousie et les zones montagneuses, mais se limitèrent dans cette première période à des activités intellectuelles. Leurs clans se regroupaient autour d'un site défensif naturel, un *hisn,* et continuaient à vivre en fonction des structures sociales traditionnelles. La coïncidence entre le terroir et le lignage se retrouve dans la toponymie ; *Banu*, « descendant de », suivi du nom de l'ancêtre paternel, donne Benidorm, Benicassim... Au total, l'occupation s'est faite dans une anarchie difficilement contenue et al-Hâkam a pu dire qu'il avait cousu son royaume avec son épée !

L'arabisation de la société fut pourtant rapide et réelle, malgré les rébellions indigènes de Merida ou de Tolède. Celle d'Omar ibn Hafsun est fréquemment évoquée. Issu d'une famille arabisée, il devint d'abord chef de bande à partir de sa forteresse de Bolastro, à la suite d'un meurtre, puis regroupa autour de lui les mécontents en une rébellion qui, à la faveur de la désorganisation de l'émirat, s'étendit à l'essentiel du Sud de l'Andalousie à la fin du IXᵉ siècle. Il fallut en 899 sa conversion au christianisme, qui lui fit perdre l'appui des *muwallâdûn* – les convertis –, et la restauration étatique, pour que son fils doive se rendre en 927.

L'évolution semble inéluctable. L'arabe devint si vite la langue de communication courante que dès le début du IXᵉ siècle, le latin, qui avait survécu à l'invasion wisigothe, cesse d'être utilisé et compris sauf des milieux savants. Les populations conquises utilisent aussi un dialecte oral roman qui dérivera vers l'espagnol. Il est bien connu qu'on dénombre dans la langue actuelle au moins quatre mille emprunts linguistiques à l'arabe, essentiellement dans le vocabulaire militaire (*alcazaba, atalaya, tambor*...), agricole (*acequia, aceituna, zanahoria*...), commercial et artisanal enfin (*aduana, barrio*...), sans omettre l'onomastique : Guadalajara, Calatayud, Guadalquivir...

La culture de l'Islam a fasciné les conquis : de nombreux lettrés ibériques vont suivre un enseignement juridique et religieux dans la capitale de l'*Ifrikiya*, Kairouan, ou les cours de Malik ibn Anas (710-795) à Médine, pour se faire ensuite les propagateurs de sa doctrine. Les chrétiens n'y échappent pas, si l'on en croit le tableau dressé par Alvaro de Cordoue en 840 : « Mes coreligionnaires aiment à lire les poèmes et les romans des Arabes ; ils étudient les écrits des théologiens et des philosophes musulmans, non pour les réfuter, mais pour se former une diction correcte et élégante. Où trouver aujourd'hui un laïc qui lise les commentaires latins sur les saintes Écritures ? Qui d'entre eux étudie les Évangiles, les prophètes, les apôtres ? Hélas ! tous les jeunes chrétiens ne connaissent que la langue et la littérature arabe ; ils... proclament partout que cette littérature est admirable. Parlez-leur, au contraire, des livres chrétiens : ils vous répondront avec mépris que ces livres-là sont indignes de leur attention. Quelle douleur ! Les chrétiens ont oublié jusqu'à leur langue, et sur mille d'entre nous, vous en trouverez à peine un seul qui sache écrire convenablement une lettre latine à un ami. Mais, s'il s'agit d'écrire en arabe, vous trouverez une foule de personnes qui s'expriment dans cette langue avec la plus grande élégance, et vous verrez qu'ils composent des poèmes préférables, sur le point de vue de l'art, à ceux des Arabes eux-mêmes. » L'insertion dans la séduisante civilisation musulmane se manifeste aussi par l'arabisation des comportements et des mœurs.

Les conversions multiples ne peuvent dès lors nous surprendre. Elles auraient atteint leur maximum au début de l'époque califale, au Xe siècle, de sorte que les convertis seraient devenus majoritaires au XIe, avec une forte présence dans le Sud et l'Est de la péninsule. Ils sont appelés les *muwallâdûn*, les adoptés, et constituent la masse des sujets de l'émirat. Ils ne paient pas l'impôt de capitation dont sont redevables les infidèles.

Quant aux non-musulmans, ils ont reçu le nom de *mu'ahidûn*, ceux qui ont passé un pacte ; les croyants des religions du Livre sont en effet les *dhimmî*, les protégés. Le « pacte d'Omar », sans doute un condensé des diverses conventions existantes rédigé à la fin du VIIIe siècle, leur garantit le respect de leurs droits ainsi que la protection. En contrepartie, le protégé se soumet à l'autorité, paie un tribut, le *djizya,* et accepte son infériorité : il ne portera pas d'arme, se distinguera par son costume, ne construira pas de maison plus haute que celles des occupants, ne montera pas de cheval ou de mule, ne fera pas de prosélytisme mais subira sans broncher celui de l'Islam... « Nous imposons ces conditions à nous-mêmes et à nos coreligionnaires ; celui qui les rejette ne sera pas protégé. » En Espagne, les *dhimmî* sont les Juifs et les mozarabes. Les communautés juives sont réapparues avec la conquête musulmane. Elles sont attestées à Lucena, « la ville des Juifs », mais aussi dans la plupart des grandes cités. Protégés, les sujets juifs du calife doivent seulement être reconnaissables par la rouelle ou le turban jaune. A cette condition et à celles du Pacte, ils mènent une vie totalement libre, et se signalent par une grande créativité intellectuelle : le karaïsme, qui refuse le Talmud pour n'accepter que la lecture des rouleaux de la Loi divine, leur est ainsi dû et concurrence le traditionnel rabbinisme. On dit même qu'Hasdaï ben Shaprut, ce savant juif qui transféra son centre d'études de Mésopotamie en Espagne, fut conseiller et médecin d''Abd al-Rahmân III, ainsi que mécène d'intellectuels hébraïques. Une part de ce récit est peut-être légendaire, mais il correspond à une réalité crédible. Seule la période dominée par Almanzor fut plus délicate, et poussa quelques-uns à s'exiler dans les États du Nord.

L'étymologie du terme mozarabe est contestée (il viendrait d'un mot arabe qui signifie celui qui s'arabise), mais c'est par lui que sont désignés tous les catholiques qui ont alors vécu sous domination musulmane. Ils sont mal connus de nous, à l'exception des domaines proprement religieux. Tout au plus savons-nous qu'ils étaient nombreux à Cordoue, Tolède, Séville et Merida, et que des communautés rurales se sont maintenues autour de Tolède et de Malaga. De fait, durant le premier demi-siècle d'hégémonie arabe, les gouverneurs furent absorbés par les luttes intestines entre les nouveaux arrivants. Les populations indigènes purent donc continuer à vivre sous des structures inchangées, tant administratives que religieuses. Sous l'autorité du primat, ils purent conserver l'essentiel de leurs églises et monastères. Six basiliques et dix-huit centres monastiques sont ainsi attestés pour Cordoue et sa *sierra* au IXe siècle. Certains nobles wisigoths se firent vassaux des occupants, poursuivant ainsi la féodalisation en marche dans la période antérieure et ajoutant à l'émiettement ibérique. La constitution de l'émirat entraîna incontestablement un durcissement de la politique à leur égard : 'Abd al-Rahmân confisqua ces fiefs, s'appropria la moitié de l'église Saint-Vincent de Cordoue qui n'avait pas encore été transformée en mosquée, favorisa les mariages mixtes afin que les fils de père musulman soient élevés dans l'Islam ; désormais les mozarabes étaient gérés par un responsable communautaire, et les conflits relevaient du « *cadî* des chrétiens ». Son successeur al-Hâkam Ier (796-822), sur les bases d'un mélikisme plus dur pour les minorités religieuses, accrût l'oppression fiscale. C'est durant cette période que le mouvement de conversion prit son essor. L'Église catholique était quant à elle divisée : elle connut la fermentation religieuse qui caractérisait les régions occidentales islamisées, et subit d'autant plus facilement l'attrait du monothéisme unitariste de l'Islam que l'arianisme avait déjà suscité une réflexion théologique sur la Trinité. A titre d'exemple, citons l'hérésie adoptionniste, qui faisait revivre les déviances trinitaires de l'arianisme, et eut le primat Eliphand de Tolède pour propagateur – le Christ ne devrait sa nature divine qu'à Dieu le Père qui la lui a confiée par adoption – ; elle eut pour conséquence de permettre aux églises chrétiennes du Nord de s'émanciper de la tutelle tolédane. Mais la société mozarabe était surtout partagée entre les chrétiens indifférents, qui subissaient la magie de la civilisation islamique au point d'en adopter les mœurs, même la polygamie, et une élite. Celle-ci, consciente de la marginalisation de la communauté chrétienne, de sa désorganisation tant intellectuelle que morale – Alvaro de Cordoue nous l'a montré –, se sentait proche des premiers chrétiens : à la lecture de

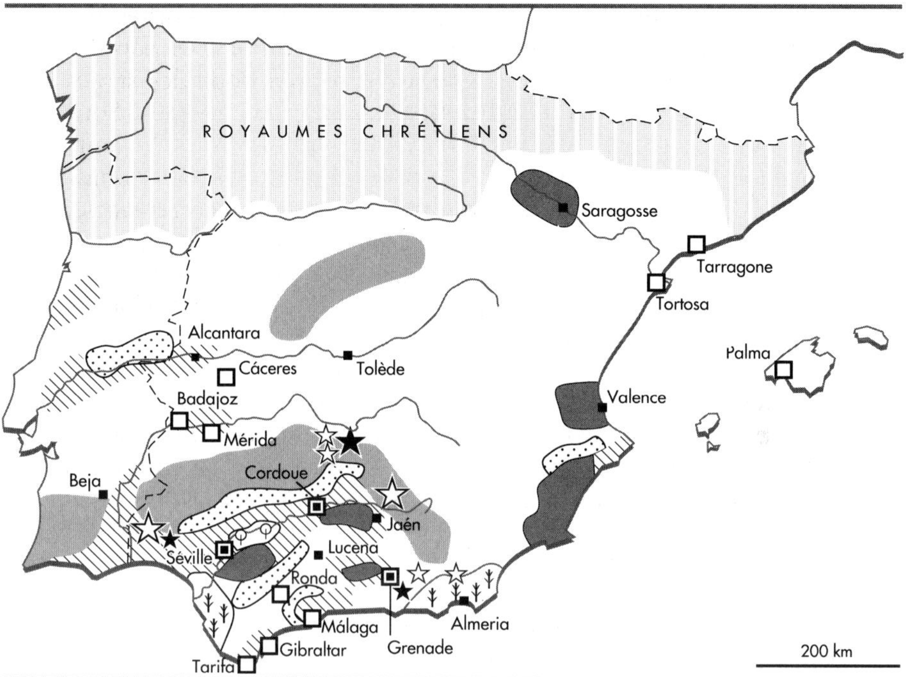

L' Espagne musulmane

Agriculture et silviculture
Céréales
Vigne
Canne à sucre
Arboriculture fruitière
Coton
Forêt exploitée

Mines
Métaux rares ou précieux
Autres métaux

Principal centre d'industrie et d'artisanat
Principal site d'architecture musulmane

l'œuvre hagiographique de Prudence, elle retrouvait l'hostilité croissante dont elle était l'objet. C'est sur ces bases que se développa le mouvement spirituel des martyrs volontaires de Cordoue entre 851 et 859. Une cinquantaine de mozarabes cordouans proclama publiquement sa foi pour subir le martyre ; *l'Enseignement aux martyrs* d'Euloge en fait l'apologie. Luimême, archevêque de Cordoue, fut martyrisé en 859, comme en témoigne Alvaro de Cordoue. En 925 encore, un jeune prisonnier galicien, Pélage, proclame sa foi pour sauver sa virginité ;

la nonne et poétesse allemande Hroswitha de Gandersheim le célébra dans sa *Passion*. Toutefois, à l'exception du clerc Euloge, du laïc Alvaro, converti d'origine juive, la population mozarabe pâtit de son faible niveau culturel. De son art, ne subsistent que peu de traces : sa liturgie spécifique, qui demeure encore aujourd'hui vivace à Tolède, a repris « l'office d'Isidore et de Léandre » et lui a donné son plein épanouissement. Sa richesse a même ébloui les musulmans, comme le chancelier d''Abd al-Rahmân V, al-Maqqari. J. Fontaine parle éloquemment à son propos de « mosaïque », en raison de l'accumulation de diverses expériences historiques et religieuses, depuis la primitive Église espagnole, qui en fait l'originalité. Pour ce qui est de l'architecture, ne demeurent dans la zone musulmane que l'Église rupestre de Bobastro, la forteresse naturelle d'Omar ibn Hafsun, et Santa Maria de Melque dans la province de Tolède. Les autres sanctuaires ont disparu avec nombre de lieux de culte paléochrétiens sous les coups des émirs almohades qui anéantirent ainsi un demi-millénaire d'histoire.

L'apogée de l'Islam andalou, ou « l'ornement du monde »

'Abd al-Rahmân III eut un règne exceptionnellement long, de 912 à 961, et brillant. Après avoir pacifié le pays, il instaura un encadrement étatique qui ne repose plus, désormais, sur le clan et la clientèle dynastiques – l'antagonisme tribal s'estompant par ailleurs avec l'hispanisation –, mais sur une aristocratie de service composée de Berbères – ils ont désormais accès aux charges politiques –, d'Arabes, de Maghrébins et de fonctionnaires d'origine servile. Ceux-ci étaient plus souvent européens qu'africains : ces esclavons avaient été capturés par les pirates ou au cours de guerres, ou étaient les victimes franques et slaves du trafic d'esclaves dont la plaque tournante était Verdun pour l'Occident ; par la « route des esclaves » de la vallée du Rhône, ils parvenaient au grand centre de rassemblement qu'était Cordoue avant d'être envoyés dans tout l'Orient par Almeria. Leurs marchands, pour la plupart juifs, sont assez bien connus, et ceux de Lucena s'étaient fait une spécialité de ce trafic comme de celui des eunuques. L'administration et l'armée étaient ouvertes à ces esclaves, une fois affranchis, tout comme dans l'ensemble du monde musulman. Les services administratifs sont centralisés sous les ordres du gouvernement central dirigé par le *hâdjib* ; la chancellerie règle les rapports avec l'administration provinciale des *valis*, les gouverneurs. *Al Andalus* subit donc totalement l'hégémonie d'‘Abd al-Rahmân III qui, en 929, se proclame calife, Défenseur de la foi et Commandeur des croyants. Ainsi se pose-t-il en souverain puissant face aux Abbassides de Bagdad et aux Fatimides qui venaient de créer un califat en *Ifrikiya*. Il acquiert ainsi une dignité religieuse, et s'instaure défenseur de l'orthodoxie sunnite en luttant contre le shi'isme fatimide. Cet apogée dura sur tout le Xe siècle, sous le califat d'al-Hâkam II (961-976) puis sous celui de son fils, Hishâm II. Dans ce dernier cas toutefois, le calife, en raison de son jeune âge, avait été dépouillé de tout son pouvoir par le vizir du palais Ibn Abî ‘Amir. Celui-ci parvint à vaincre les Arabes qui s'étaient rebellés à la suite de son coup de force en s'appuyant sur de nouveaux arrivants berbères, poursuivit la politique maghrébine des Omeyyades visant à leur assurer un « cordon sanitaire » les protégeant des Fatimides, et s'illustra surtout face aux royaumes chrétiens. Son raid le plus célèbre le conduisit en 997 à la prise de Saint-Jacques de Compostelle. Il doit à ces coups d'éclat son surnom de Victorieux, al-Mansûr, qui devint Almanzor pour les chrétiens. Il faut noter que cette évolution qui dépouille le calife de la réalité du pouvoir temporel pour ne plus lui laisser que la prééminence spirituelle est commune aux trois califats islamiques. Il n'en demeure pas moins que cet État califal centralisé fait sortir l'Espagne du lot commun aux autres pays d'Europe, où s'affirme le morcellement féodal.

Cette époque fut aussi celle où la civilisation d'*Al Andalus* fut la plus brillante. Cordoue est une ville immense, plus importante même que les métropoles fatimides de Kairouan ou du Caire, et donc sans commune mesure avec les cités occidentales. Son million d'habitants probable ne peut se comparer qu'à Bagdad ou à Constantinople. Sa population comprend l'aristocratie palatine mais aussi une importante minorité mozarabe, juive et servile. Les émirs y résident depuis 719, après s'être d'abord installés à Séville. La grande mosquée a été édifiée par 'Abd al-Rahmân Ier en 785-788 : elle reprenait le plan de celle de Jérusalem mais comprenait aussi, comme celle de Damas, deux étages de colonnes superposées. Ses successeurs l'agrandirent en lui ajoutant un grand minaret et des travées supplémentaires, jusqu'à al-Hâkam II qui lui a donné sa forme symbolique définitive et ajouta les superbes coupoles nervées. Al-Mansûr a enfin greffé toute une aile supplémentaire. Les historiens de l'art qui ont étudié ce magnifique édifice – où les colonnes polychromes donnent l'illusion d'une forêt infinie – ont souligné la fréquence des influences byzantines : mosaïques, arc en fer à cheval déjà utilisé par les Wisigoths puis arc lobé, claveaux alternés de pierre et de brique. Il semble bien qu''Abd al-Rahmân ait souhaité ce rapprochement avec Byzance, elle-même en lutte avec les Fatimides et les Abbassides, pour marquer l'indépendance omeyyade, et la mosquée de Cordoue est la seule, en dehors des sanctuaires omeyyades en Syrie, à bénéficier du raffinement byzantin. Finalement, il est possible de tenir le même raisonnement que pour les réalisations wisigothiques : les racines hispaniques sont vivaces, tout comme l'empreinte des arts byzantin et oriental. Il existe donc bien un art islamique d'Espagne et les bases en sont posées à la mosquée de Cordoue.

'Abd al-Rahmân III quitta pourtant l'Alcazar de Cordoue pour fixer sa résidence à Madinat al-Zahra : les ruines – car elle fut détruite par les Berbères en 1013 – nous prouvent éloquemment qu'il ne s'agit pas d'un palais mais d'une véritable ville princière créée par le calife pour sa favorite, Zahra, sur la rive droite du Guadalquivir à huit kilomètres de Cordoue. A l'intérieur d'un rectangle d'un kilomètre et demi sur sept cents mètres, les bâtiments s'étageaient sur trois niveaux : le palais califal sur la terrasse supérieure, au-dessous, des jardins et des kiosques, en bas, enfin, la mosquée et les bureaux de l'administration califale qui y avait été transférée. Les *Annales palatines* de l'historien andalou du XIe siècle, Ibn Hayyan, et les chroniqueurs arabes se font écho de la majesté de l'ensemble : treize ans de construction qui ont constamment occupé dix à douze

La grande mosquée de Cordoue : la voûte lobée et nervurée en forme d'étoile enserre la petite coupole centrale avec légèreté.

La forêt infinie des colonnes polychromes de la nef, surmontées d'arcs en fer à cheval où alternent claveaux blancs de pierre et rouges de brique.

mille ouvriers et ont coûté le tiers du revenu annuel de l'Espagne ; emploi de quatre mille colonnes antiques de marbre précieux ; recours à des mosaïstes et des sculpteurs byzantins ; orientalisme de la volière exotique, de la ménagerie, du harem de six mille femmes... La vie de cour y a été somptueuse, marquée d'un protocole fastueux et d'un grand renom intellectuel : al-Hâkam y avait constitué une bibliothèque de 400 000 volumes afin de disposer de toutes les connaissances disponibles en langue arabe (d'autant que la substitution du papier, invention chinoise, au parchemin l'y aida en stimulant les ateliers de copistes) ; des savants étrangers qui fuyaient le shi'isme s'y réfugiaient – pharmacologues, astronomes, astrologues, agronomes, arithméticiens... – et, avec leurs confrères espagnols, faisaient de Cordoue le « siège de la science ». Comme le chanteur iraquien Ziriyâb, puis le poète bagdadien al-Mouhannad ou l'historien Ahmed ibn Mohammed al-Râzî, ils y ont apporté des modes orientales qui se sont généralisées : hauts bonnets de soie ou turbans, burnous, cuisine...

Il y eut d'autres palais en Espagne. Un grand nombre d'entre eux se situent dans les capitales des entités régionales qui apparurent au XIe siècle. La mort d'Ibn Abî 'Amir en 1002, puis de son fils en 1008, entraînèrent en effet la fin du califat en 1038, après une période d'anarchie due à la lutte pour le pouvoir entre factions rivales. Des petits États centrés sur une capitale le remplacèrent, ceux des vingt-trois *mulûk al-tawâ'if* ou *reyes de taifas* – de *taifa* parti, faction, bande. Ces principautés reprenaient les institutions califales adaptées à leur échelle ; elles étaient dirigées par des chefs militaires berbères en Andalousie, des fonctionnaires du califat sur la côte, des aristocrates provinciaux dans l'intérieur, voire des membres de l'élite lettrée. P. Guichard qualifie cette époque d' « âge d'or des lettrés et des poètes » : ces cours sont brillantes, et leur éclat est encore accru par la position privilégiée des *fuqaha*, ces lettrés docteurs de l'Islam qui occupent le sommet de la hiérarchie administrative après des études de lettres, ou les postes de *câdis* et *imams* après avoir reçu un enseignement religieux. Or la mobilité est réelle entre ces deux hiérarchies, mais aussi entre les États, qui cherchent à attirer les savants par leur mécénat tout autant que les juristes et les hauts fonctionnaires. Denia rayonne par les docteurs en lecture coranique qui y sont rassemblés par le prince esclavon Mudjahid et les controverses qu'il y organise. Grenade s'attache même en 1027 les services de Samuel ibn Nagrela, un juif andalou dit Ha Naguib, celui qui dirige. Il le fait effectivement pour la bureaucratie et les armées du *taifa*, tout en étant un remarquable poète. De cette époque, l'art laisse des témoignages de sa virtuosité ornementale : de l'Aljaferia de Saragosse, édifié au XIe siècle dans cette capitale alors florissante, ne demeure certes que le flamboiement des arcs polylobés, « véritable dentelle de pierre », et la mosquée. Mais les Alcazabas de Malaga et Almeria sont parvenus jusqu'à nous. L'Alcazar de Séville a été transformé après la Reconquête et témoigne surtout de l'art mudéjar, mais il nous rappelle que le renom de cette capitale supplantait alors presque celui de Cordoue. L'Alhambra de Grenade, « la Rouge », construit au XIVe siècle en des matériaux fragiles mais préservé par les Rois Catholiques, est le plus ancien palais musulman intégralement conservé et le dernier reflet de cet empreinte artistique : il est célèbre pour ses jardins, ses deux cours – le patio des Myrtes sous la tour de Comarès et le patio des Lions –, et ses diverses salles merveilleusement sculptées de motifs en stalactites. Le rayonnement de ces *taifas* fut donc réel, et il nous faut nous garder du jugement partisan des nostalgiques de l'émirat, des adeptes des futures dynasties berbères, ou de l'impression laissée par les progrès de la Reconquête !

Les villes elles-mêmes pourraient être des témoins si l'évolution de l'urbanisme n'avait le plus souvent détruit les centres musulmans, sans doute proches des *madinas* maghrébines. La civilisation de l'Islam est urbaine avant tout, et les cités, construites en Espagne à l'emplacement des anciens noyaux urbains wisigothiques, présentent des caractères semblables dans l'ensemble du monde musulman : la mosquée, les édifices gouvernementaux, le lacis anarchique des ruelles, refermées sur elles-mêmes par l'occupation gentilice de petits quartiers, les maisons typiques, et enfin le *suq*. Si les marchés des productions encombrantes comme le bétail se trouvaient hors des remparts, le centre commercial intra-muros était le point focal de la cité, proche de la mosquée. Les rues étaient, selon la tradition, spécialisées par activité commerciale et artisanale, et des bâtiments plus solides regroupaient les échanges de produits de luxe et d'objets précieux. Mais l'animation y était aussi due aux petits métiers des rues, et à son économie complexe et monétarisée manifeste dans le *suq al-çaghâ,* le marché aux changes. L'économie urbaine ainsi centralisée était gérée par un contrôleur, le *sahib al-suq*, dont la charge était essentielle puisque le *suq* canalisait les productions nationales, tant artisanales (citons le papier de Jativa, les soieries de Valence et Jaen, les céramiques, les cuirs...) qu'agricoles.

L'itinéraire du géographe andalou al-Idrisi – dont le planisphère est l'encyclopédie géographique du Moyen Age – menait au XIIe siècle son lecteur de ville en ville, au travers de riantes campagnes parsemées de villages fortifiés sur les hauteurs et de grosses bourgades dans les plaines. Suivons aujourd'hui les pas de P. Guichard, qui consacre une étude à « la révolution agricole » qui bouleversa la physionomie rurale de l'Espagne musulmane. Malgré l'image traditionnelle d'un monde rural exploité et dominé – et si le paysan est effectivement au dernier rang de l'échelle sociale –, son niveau de vie semble avoir été plus correct que dans le reste du monde musulman ; la découverte de céramiques de qualité et de patios ornés d'*azuleros* dans les bourgs ruraux de Cieza et Castellar d'Alcoy tendrait du moins à le prouver. La fréquence et la variété des céramiques (« califales », dont les décors verts et bruns ressortent sur un fond blanc ; « africaines », leur sobre décor stylisé sur fond unicolore évoquant le rigorisme des dynasties berbères) trouvées en milieu rural séparent par ailleurs la civilisation musulmane des zones chrétiennes qui en sont dépourvues, au point que P. Guichard peut parler de frontière culturelle. L'analyse de la structure sociale peut aussi justifier les nuances à apporter au cliché de l'exploitation rurale : les colons des grands domaines, qui devaient de fortes redevances aux propriétaires conformément aux contrats de métayage, bénéficiaient toutefois des formes d'association et de solidarité nécessaires à l'irrigation. Enfin, la probable fréquence de la petite et moyenne propriété a encore ajouté à la cohésion de la communauté rurale.

Les campagnes andalouses sont en effet un monde plein et fertile, même certaines régions du Sud actuellement délaissées. Si les productions céréalières demeurent les plus fréquentes, l'introduction de nouvelles techniques agricoles, ou leur perfectionnement, a par ailleurs rompu le temps long de ce monde rural ; l'irrigation à grande échelle, dans les huertas méridionales (plaine de Valence et de Murcie, vallées andalouses...), mais aussi villageoise, la minutie des pratiques agraires, ont permis de diversifier les cultures et de les spécialiser : au printemps, on refertilise le sol par une jachère labourée qui retient l'humidité ; en été, on cultive des espèces exigeantes en chaleur, le sorgho, les légumes ; certaines régions choisissent l'économie jardinière (l'artichaut, la laitue, l'aubergine... qu'il nous ont laissés) ou fruitière (le figuier, le grenadier, l'oranger, l'abricotier, l'amandier...), d'autres la monoculture (les mûriers, originaires de Chine, sur le Levant ainsi que les plantes textiles, le safran entre Tolède et Valence, les oliveraies vers Séville). De ce tableau rapide, se dégagent néanmoins l'exceptionnelle maîtrise du temps et des techniques, la rationalisation économique des campagnes musulmanes. Elles sont en effet insérées dans un marché national et international : malgré ses divisions politiques, le bassin méditerranéen est unifié au plan économique. Dès l'émir 'Abdallah (888-912), l'Espagne avait créé des colonies dans les ports du Maghreb à des fins commerciales. La politique du califat, hostile aux Fatimides, confirma ensuite cette implantation. On a pu parler d'un « lac musulman » traversé d'intenses échanges : les produits espagnols, les esclaves européens, sont acheminés à Tortosa, Denia et surtout à Almeria ; de là, ils gagnent l'Afrique du Nord pour être répartis vers l'Orient. Ces ports sont aussi essentiels, bien sûr, pour les importations orientales. Enfin, le *direm* d'or joue le rôle de monnaie internationale.

La domination des Almoravides ne devait pas modifier cet état de fait. Ces nomades berbères, qui conquirent le Maghreb avant de gagner l'Espagne pour unifier les deux territoires en un Empire de 1086 à 1147, étaient les adeptes d'une stricte orthodoxie religieuse et de la lutte contre les ennemis de l'Islam. Leur art manifeste leur goût de la simplicité et du puritanisme, même si leur cour de Cordoue se laissa gagner par les fastes andalous. La seconde dynastie berbère des Almohades, *al-Muwahhidûn*, les partisans de l'unicité divine, qui, comme leur nom l'indique donc, sont nés d'un mouvement réformateur, réagirent contre cet amolissement et régnèrent au Maghreb et en Espagne de 1130 à 1269. Ils ne modifièrent rien dans les structures sociales de l'Espagne telles qu'elles viennent d'être présentées, mais durent affronter la progression de la Reconquête catholique. Combattants de l'Islam, ils le furent aussi à l'intérieur de leur Empire qu'ils rêvèrent totalement unifié autour de la foi en Allah. « Depuis la fondation de mon Empire, il n'y a plus tolérance ni clientèle pour les Juifs ni pour les chrétiens, et il ne reste sur toute la terre des musulmans d'Occident ni synagogue ni église. » Voilà ce que déclare l'émir almohade Yakub al-Mansûr à la fin du XIIe siècle. La situation des mozarabes devint très difficile, leurs églises et monastères furent pour la plupart rasés. C'est à cette époque que les moines se réfugièrent dans les États chrétiens du Nord, y transposant leur art et leur spiritualité. Les Juifs andalous durent faire de même.

Que reste-t-il de l'Espagne musulmane ? Les historiens ont été divisés sur la spécificité hispanique de cette période. Il est certain que les Arabes eux-mêmes établissaient alors une hiérarchie entre l'Orient et l'Occident musulmans, en raison justement des assimilations ethniques accrues par le règne d''Abd al-Rahmân III. Ibn Abî 'Amir en termina le processus en rompant les dernières attaches tribales : il remplaça une solidarité arabe par une nouvelle *'asabiya* andalouse. *Al Andalus* est donc un creuset où se sont fondus divers peuples et leurs cultures. Ainsi les mozarabes ont-ils veillé dès les IXe et Xe siècles à traduire en arabe les Évangiles, les Psaumes et les auteurs espagnols de la primitive Église ou de la renaissance isidorienne. De même se sont-ils mis à proscrire les représentations de la Vierge et des saints de leurs sanctuaires. C'est par les savants arabes, comme Averroès (1126-1198), ou juifs, comme Avicebron (1020-1058) ou Maïmonide (1135-1204) de Cordoue – Cordoue, l' « ornement du monde où coulent les sept fleuves de la sagesse » que célèbre Hroswitha –, que les chrétiens connaîtront nombre d'auteurs anciens et saint Augustin. Les échanges sont en effet nombreux entre *Al Andalus* et le monde franc, l'Empire ottonien ou même les États chrétiens du Nord de la péninsule : ambassades, relations commerciales ou voyages ne doivent pas être occultés par les faits de guerre.

Mais avant d'en venir à la Reconquête, il faut évoquer la controverse qui divise le monde historique : l'Espagne musulmane est-elle plutôt espagnole ou plutôt musulmane ? La question a été levée au début du XXe siècle par des auteurs qui ont affirmé l'hispanité de la population de la péninsule au travers des dominations romaine, wisigothique et musulmane. Selon cette théorie, un musulman espagnol se sentait plus proche d'un chrétien du Nord de la péninsule que d'un croyant en Allah originaire d'Afrique du Nord ou d'Orient. C. Sánchez-Albornoz s'est fait le chantre d'un *homo hispanicus* qui s'est chargé d'assimiler wisigoths et musulmans trop peu nombreux. Cette théorie, selon laquelle la domination musulmane n'a pas entraîné de rupture dans le développement historique de la péninsule, a suscité un réel débat historiographique. Tous les historiens s'accordent sur le fait que les Andalous ont eu conscience de leur spécificité au sein du monde musulman. A. Castro estimait pourtant dès la première moitié du XXe siècle que la domination musulmane avait forgé l'originalité ultérieure de l'Espagne, par la coexistence notamment de trois religions et de leur culture, la transformant en une société pluraliste. Les historiens actuels tendent plutôt à replacer cette période dans le contexte musulman qui l'englobe. Le débat n'est pas tranché ! Demeure l'incontestable originalité ibérique : premier pays européen à être soumis à l'Islam, c'est aussi le seul État à s'en être libéré.

L'Espagne de la Reconquête

Les royaumes chrétiens

En 711, les troupes de Tarik le Berbère écrasaient celles du roi Roderic à la bataille du Guadalete et soumettait la population indigène. En 1492, les Rois Catholiques recevaient la capitulation de la dernière enclave musulmane, le royaume de Grenade. Huit siècles avaient donc été nécessaires à une Reconquête qui ne débuta vraiment qu'au XIe siècle, à la faveur de la décomposition du califat omeyyade, encore accrue par l'attaque des Almoravides au sud de la péninsule. Cette dynastie berbère, tout comme celle des Almohades, parvint néanmoins à la stopper. Avant le XIIe siècle, peut-on parler de succès chrétiens durables ?

La geste de la *Reconquista* s'inscrit pourtant dès les premiers jours de l'occupation islamique. Selon la tradition, des aristocrates wisigoths auraient fui devant les envahisseurs ; en 718, ils auraient élu l'un des leurs, Pelayo ou Pélage, fils d'un dignitaire du roi Egica, comme premier monarque du royaume chrétien des Asturies. Le délai entre les deux événements semble explicable par la probable capture de ce dernier, prisonnier à Cordoue entre 712 et 717 environ. Le réduit cantabre, au terroir impénétrable et compartimenté, où chaque val vit refermé sur lui-même, n'avait connu qu'une occupation romaine limitée en raison de son relief et de son isolement ; de la même façon, les Arabes se contentèrent tout d'abord d'occuper les grandes vallées de cette citadelle naturelle, avant que le nouveau royaume chrétien ne soit fortifié en 722 par la victoire de Covadonga, premier succès chrétien sur les Maures, devenu pour la légende les prémices lointaines de la Reconquête. Pelayo assura sa domination sur l'ensemble de son territoire en chassant le gouverneur musulman Muzuna, avant de fixer sa capitale à Cangas de Onis. Sur cette base, où la légende se mêle à l'histoire en un écheveau complexe, fut constituée la monarchie asturienne et élaboré le concept de Reconquête. Alphonse Ier le Catholique (739-757) lui donna son premier éclat, unifiant une partie de la Galice à son territoire, et lançant des raids vers la vallée du Douro et les Champs Gothiques. Il serait à l'origine de l'idée de frontière en ayant créé un glacis désertifié aux marches de son royaume ainsi conquises. « Il transforma en un désert ce qu'on appelle les Champs Gothiques, jusqu'au fleuve du Duero, et étendit le royaume chrétien », nous rapporte effectivement la *Chronique d'Albelda*. Alphonse II le Chaste (791-842), quant à lui, élabora celle d'une conquête suivie d'un repeuplement. Il hérissa les zones frontalières, agrandies vers l'Est, de forteresses tenues par des comtes. C'est de ces lointains châteaux que la Castille tient son nom, « *Castilla de los castillos* ». Alphonse III le Grand (866-911) poursuivit la même politique et le manifesta avec éclat en plusieurs offensives : vers la Galice, totalement dominée à la fin du IXe siècle, vers le Sud, réoccupant León en 854, et à l'Est, en Castille et en Rioja. Le Douro est atteint en 912, et les zones reconquises systématiquement parsemées de châteaux et de monastères.

La monarchie asturienne conduisit parallèlement un affermissement politique, à l'initiative d'Alphonse II : celui-ci a recréé la monarchie wisigothique, s'instaurant son héritier avec la caution des clercs de l'entourage royal, et le manifestant par la légitimité issue du sacre. Diverses chroniques royales, dont l'une rédigée par Alphonse III lui-même, théorisent cette filiation gothique. Oviedo, la « nouvelle Tolède », est le centre où la cour et les bureaux s'inspirent des usages wisigoths : le *Forum Judicium* est remis en usage et survivra jusqu'au XIIIe siècle. C'est surtout un foyer intellectuel et artistique de renom en raison du mécénat princier : les rois appellent des artistes pour construire

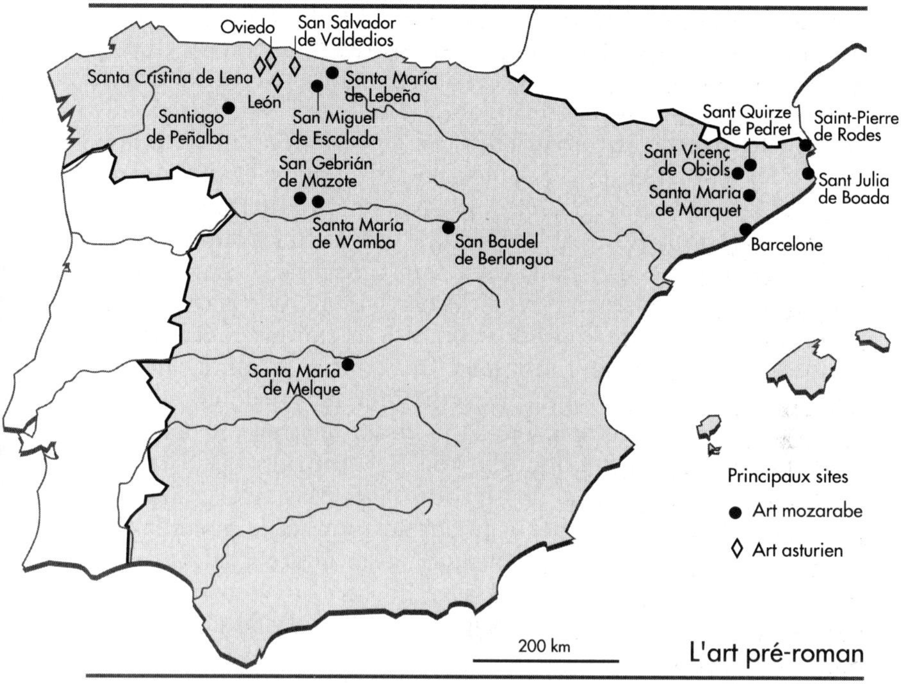

palais et sanctuaires. Ne nous sont malheureusement parvenus que des vestiges de cette « ville des églises et des évêques » alors si renommée : le palais royal, la basilique Saint-Sauveur, l'église Sainte-Marie ne nous sont connus dans leur état originel que par les descriptions des *Chroniques*, en raison des « restaurations » ultérieures (comme pour San Tirso reconstruite au XVIIe siècle) ou des destructions révolutionnaires. Ne subsistent finalement que la Camara Santa, petite chapelle à étages destinée à abriter des sépultures royales et un trésor de reliques (dont la célèbre croix des anges, labarum reproduisant la croix miraculeuse apparue dans le ciel de Covadonga), et Saint-Julien des Prés, Santullano, ample sanctuaire à trois nefs, le plus grand édifice préroman conservé dans la péninsule. Mais l'art asturien étudié par J. Fontaine ne se limite pas à Oviedo : l'émerveillement de « voir en un si minuscule espace toute la perfection et la grandeur que l'art pouvait déployer en un grand temple » est justifié au mont Naranco. Les églises voûtées de San Miguel de Lillo et de Santa Cristina de Lena, aux frontières du roman, le palais royal ensuite transformé en église Santa Maria, sont des chefs-d'œuvre de l'art asturien, dont ils représentent au mieux les tendances majeures, l'alliance du raffinement et de la rusticité par l'intégration de petites réalisations architecturales dans le cadre naturel. Ramire Ier (842-850) se retira avant sa mort dans le palais qu'il s'était ainsi fait construire, remarquable d'imagination constructive et décorative. La dernière réalisation, San Salvador de Valdedios, en 893, manifeste déjà, par des jalousies notamment, l'influence mozarabe qu'allait amener l'exode de moines du Sud, en particulier de Cordoue, vers ces zones frontières du Nord. Des îlots de mozarabie ont ainsi été installés par la protection du roi aux confins des Champs Gothiques, à San Cebrian de Mazote, Santa Maria de Wamba ou Santa Maria de Lebena. Mais ils ont surtout contribué à la diffusion d'un nouveau style artistique, nostalgique d'*Al Andalus* : San Miguel de Escalada est le seul fleuron qui demeure de la couronne de monastères qu'Alphonse III avait fait construire autour de sa nouvelle capitale. Ses faibles dimensions, celles des joyaux orientaux, le fractionnement de son espace, sont les meilleures illustrations de l'art mozarabe. Un triplet de trois arcades à courbe mauresque, poursuivi devant les nefs latérales par des arcs en fer à cheval à des hauteurs différentes, barre ainsi l'entrée de l'aire sacrée ; l'isolement de la zone liturgique évoque donc plus la *qibla* d'une mosquée que le chœur d'une église. Dans les autres sanctuaires mozarabes, la tripartition de l'espace a été mise en relation avec la liturgie, dans son aspect musical notamment, et la distribution de la communauté en trois groupes (les célébrants dans l'abside, les clercs et les moines dans le transept, et les fidèles dans la nef). « Ils chantaient les chœurs sacrés dans le triple sanctuaire : l'un des chœurs chantait, mais l'autre psalmodiait un répons et le troisième louait d'un Gloria le Dieu trinitaire... », rappelle l'*Antiphonaire de León*. La décoration raffinée s'inspire de l'art omeyyade (arc outrepassé, *alfiz* encadrant les portes, voûtes nervées...), mais assume aussi tout l'héritage hispanique. A ce titre, cette floraison artistique du Xe siècle peut être considérée comme le sommet du préroman espagnol.

Les rois se constituèrent aussi une bibliothèque en commandant des manuscrits : celui des *Étymologies*, conservé à l'Escurial, la *Bible de la Cava* leur sont dus. On pense même que le thème ornemental de la croix, accompagnée de *Pax, Lux, Rex, Lex*, est une sorte d'ex-libris instauré par Alphonse III. Ils fondent enfin des monastères, dont San Toribio de Liebana, ou Santo Dominguo de Silos, qui reçoit la bibliothèque d'Ordono II comme Saint-Sauveur avait bénéficié de celle d'Alphonse le Grand... C'est à Liebana que vécut le moine Beatus dont les *Commentaires de l'Apocalypse*, écrits en 786, ont fait de ce texte l' « Évangile des espérances chrétiennes », ainsi que le démontre H. Stierlin dans son ouvrage, *le Livre de feu, l'Apocalypse et l'art mozarabe*. L'*Apocalypse* répondait en effet aux aspirations de résistance spirituelle des chrétiens face à la Bête triomphante, le califat, comme il l'avait fait pour la primitive Église en butte aux persécutions. Cordoue fut identifiée à Babylone, Mahomet au faux prophète, la prostituée ivre de sang à la tyrannie musulmane. Cette interprétation politique fonde la place exceptionnelle du texte de saint Jean dans la liturgie mozarabe, puisqu'il devait être lu en totalité au cours d'une messe entre Pâques et la Pentecôte ; elle explique aussi la fréquence des manuscrits, dits *Beatus*, superbement enrichis d'enluminures stylisées et violemment contrastées, pour rendre avec force la lutte religieuse du Bien et du Mal absolus dans un espace rendu intemporel et mystique par l'absence de toute perspective. Où l'esprit de rébellion des mozarabes pouvait-il trouver plus forte et belle expression que par la plume des chrétiens du Nord, dont l'exubérance éblouissante et expressionniste prédit le succès de la Reconquête ? Euloge de Cordoue leur rendit visite – de même qu'aux grands centres clunisiens de Navarre –, quand il tenta en vain de passer les Pyrénées pour se rendre dans l'Empire carolingien ; il en rapporta nombre de manuscrits ignorés d'*Al Andalus*, *l'Enéide*, les poésies de Juvénal et d'Horace, et la *Cité de Dieu*. L'Espagne musulmane n'est pas le seul phare culturel de la péninsule, les rois asturiens tiennent à le faire savoir. Aussi font-ils de leur nouvelle capitale, León en

912, un grand centre urbain et, tout comme Oviedo, un foyer de diffusion des cultures antique et ecclésiastique. J. Fontaine va même jusqu'à affirmer que la diversité des héritages assimilés en peinture et orfèvrerie asturiennes, de plus en plus nombreux au fur et à mesure de l'affirmation de la monarchie, est significative. Certes, elle répond parfaitement à la sensibilité de l'Espagne préromane, attentive à tous les courants de l'art méditerranéen, nous l'avons constaté à plusieurs reprises ; mais elle correspond tout autant à l'idéologie royale : les rois sont les *reyes católicos*, les mandataires de Dieu, et à ce titre, leur nationalisme chrétien se réclame de tout l'héritage ibérique.

Le prestige religieux du royaume passe avant tout, néanmoins, par la référence à Saint-Jacques-de-Compostelle. C'est dès 722 que des clercs de l'entourage royal racontent qu'un cavalier lumineux, monté sur un cheval blanc, a sauvé les chrétiens à Covagonda en semant la panique parmi les Maures. Saint Jacques, mais pourquoi lui ? Se répandit durant l'Antiquité tardive – et malgré le silence des *Actes des Apôtres* – la conviction que les « saints compagnons du Christ », selon la formule d'E. Mâle, s'étaient répartis la terre afin d'y diffuser la Bonne Nouvelle. Il semblerait que c'est au VIIIe siècle que l'Espagne fut attribuée à Jacques le Majeur, fils de Zébédée et de Salomé. Les origines jacobites de l'évangélisation ibérique demeurent sujettes à caution, de même que l'ont été longtemps les reliques qui y ont été découvertes. En 1884, une bulle du pape Léon XIII les authentifiait au regard de la foi. La démarche du croyant n'est pourtant pas antithétique à celle de l'historien. « En ce même temps, le roi Hérode mit la main sur quelques membres de l'Église pour les maltraiter. Il fit mourir par le glaive Jacques, frère de Jean », rapportent les *Actes* pour l'année 43. Or, on pensa en avoir trouvé le tombeau à Compostelle vers l'an 800. Une abondante littérature tente d'expliquer par quel prodige ; l'hypothèse la plus probable part d'une phrase des *Catalogues Apostoliques*, qui explique que l'apôtre a été enterré en Achaïe, « *in Achaia marmarica* » ; par déformation, elle serait devenue « *in arca marmorica* », dans un tombeau de marbre, ce qui a pu conduire à l'assimilation avec la nécropole de Compostelle (qui viendrait peut-être de *compostum*). Certains se demandent même si celle-ci ne serait pas la tombe de Priscillien... Quoi qu'il en soit, on se préoccupa d'expliquer ce retour du corps de Jacques du lieu de son martyre, Jérusalem, à celui de sa prédication. Les lettres apocryphes du pape Léon, au milieu du IXe siècle, parlent du long trajet du bateau des disciples qui emportent le corps du saint défunt vers la Galice, par mer et sous la conduite d'un ange. En 844, saint Jacques vint encore à la rescousse des rois chrétiens : Ramire Ier, au soir du premier jour de combat à Clavijo contre l'émir 'Abd al-Rahmân II, vit le saint apparaître pour lui prédire la victoire. La légende veut même qu'il ait combattu à la tête des troupes chrétiennes. L'apôtre est devenu *Matamore*, le tueur de Maures, et il est le support spirituel de la Reconquête. Il n'est pas étonnant que la monarchie asturienne, héritière de la théocratie wisigothe, soit à l'origine de cette transformation religieuse de la *Reconquista* en croisade et de ce patriotisme mystique. En 899, la hiérarchie ecclésiastique consacra le sanctuaire construit à l'initiative d'Alphonse III, où les reliques furent transportées, et dès cette époque le *Martyrologue* de Florus de Lyon parle de pèlerins.

La décision de transférer la capitale à León manifeste aussi le rééquilibrage du royaume et ses prétentions à la Reconquête ibérique : en 907, Alphonse III prend le titre d'Empereur d'Espagne. Ces rêves se fanèrent bien vite néanmoins : le comté de Castille gagne son autonomie en 943, puis une indépendance totale en 960, sous la conduite de Fernan Gonzalez établi à Burgos ; la noblesse du León se révolte, le roi Ordono III (951-956) doit solliciter l'aide du calife, puis le raid d'Almanzor en 987 punit les velléités d'émancipation de Bermude II (984-999). En 997, le sac de Saint-Jacques-de-Compostelle sonne le glas de ces premières espérances.

Celles de la Navarre furent plus ambiguës. Le début nous en est mal connu : c'est à Pampelune, libérée par Pelayo, que s'installa une dynastie fondée par Inigo Arista († 851), et dont les descendants régnèrent jusqu'en 1234. Le roi basque et ses successeurs immédiats menèrent – tout comme leurs voisins musulmans convertis de Saragosse, les Banu Qasim, et l'ensemble des *muwallâdûn* des frontières – une politique de bascule entre l'alliance avec les Asturiens chrétiens et le rapprochement avec les Musulmans. Ainsi furent-ils épargnés à la fin du Xe siècle par les raids d'Almanzor, qui épousa même la fille du roi Sanche III Abarca († 994).

C'est de Navarre, avant l'instauration de la monarchie basque, que Charlemagne partit vers l'Espagne musulmane en 778. C'est par là qu'il reflua, et l'on sait que le désastre de Roncevaux est aujourd'hui attribué à une attaque basque destinée à venger le sac de Pampelune par les troupes franques. Les Sarrasins de la *Chanson de Roland* ne sont qu'un mythe de l'épopée ! Charlemagne, en revanche, est bien venu dans le Nord de la péninsule, appelé par les *muwallâdûn* de Saragosse et les Catalans. Sa tentative ne fut guère couronnée de succès, faut-il insister ? Elle créa toutefois les germes de la Marche d'Espagne dans les Pyrénées et en Catalogne, d'autant que Gérone et Urgel la rallièrent spontanément en 785. Louis le Pieux conduisit en 801 une armée surtout composée d'Espagnols émigrés, dont son chef le Goth Bera, à la prise de Barcelone. Les comtés catalans sont alors incorporés à l'Empire carolingien et lui sont d'autant plus fidèles, après quelques difficultés, qu'ils vivent dans l'insécurité : subissant les razzias des pirates, les attaques dans les vallées accessibles, les habitants se sont repliés dans les antiques *oppida*, les sites rupestres, et les très hautes vallées, aussi peuplées qu'elles le seront au XIXe siècle. Les communautés rurales soudées sous la protection des comtes subissent la précarité de ces conditions de vie. Or l'affaiblissement franc a distendu ces liens essentiels à leur survie : en 985, la Catalogne subit un raid d'Almanzor, Barcelone est détruite, ses habitants prisonniers sans que le roi franc ne réponde à leur appel désespéré. Par le fait, les Catalans sont indépendants mais isolés à la veille de l'an mil, à l'image des autres enclaves chrétiennes.

Sur ces bases dont on ne peut que relever la fragilité, les royaumes chrétiens vont s'affirmer. Il faut tout d'abord faire un sort au comté de Catalogne dont la situation est particulière en raison de sa marginalité. Ni française, ni espagnole, elle est occitane. Pour la retracer dans ses aspects majeurs, le mieux est de se reporter au tableau complet dressé par P. Bonnassie. C'est entre le Xe et le XIIe siècle que se mettent en place certaines des caractéristiques qui assureront l'originalité de la région catalane au sein de la péninsule Ibérique. La précocité de son essor économique en est une : abandonnée à son sort par ses envahisseurs, elle dut en effet assurer sa survie. Elle le fit par des défrichements précoces sur les pentes pyrénéennes descendant vers le littoral (alors zone de chasse pour l'aristocratie), à leur maximum de 850 à 950. A titre de comparaison, l'Europe occidentale n'en connut la vague qu'au XIIe siècle, voire au XIe. La révolution agricole consécutive à l'an mille porta alors sur l'intensification et la diversification des productions catalanes, viticulture, céréaliculture et arboriculture. La relative richesse qui s'ensuivit est perceptible dans l'équipement en outillage à partir du Xe siècle. Alors que les forges se multipliaient dans les villages, même les petites exploitations achetaient haches, faux et faucilles, et finissaient par posséder plus de matériel qu'un domaine royal carolingien un à deux siècles plus tôt... Mais si la Catalogne put compter sur ses paysans, elle le put aussi sur ses soldats : al-Mansûr avait le premier requis les services de mercenaires catalans ; l'habitude de recourir à ces soldats bien équipés devint bientôt générale dans *Al Andalus*. Ainsi 3 000 Catalans eurent-ils leur part au déclin du califat omeyyade : ils participèrent au sac de Cordoue sous la conduite de Muhammad al-Mahdi et purent en rapporter un butin appréciable. Prises de guerre et soldes fournirent la base d'une économie monétarisée. Barcelone devint la première place européenne de l'or quand elle se mit à fabriquer sa propre monnaie après 1020 pour faciliter ses contacts économiques privilégiés avec l'Orient islamique et le Maghreb ; elle contribua à réintroduire l'usage de la monnaie en Occident. Elle s'affirma aussi peu à peu comme le centre de gravité du commerce entre le Nord des Pyrénées et l'Orient. Mais cette nouvelle prospérité modifia les structures sociales. La Catalogne devint terre féodale, non par imitation de la France carolingienne et capétienne, mais en raison de la nécessité des alliances dans un climat social tendu par l'enrichissement des chevaliers et la constitution de milices privées. Les fiefs furent la rétribution des services rendus par les vassaux incorporés dans les réseaux de clientèle. Le comte de Barcelone domina ainsi peu à peu les comtés catalans avoisinants, et Raymond-Béranger Ier (1035-1076) avait alors la réputation d'être l'homme le plus fortuné d'Occident. Il avait eu l'idée d'acheter la paix des *taifas* voisins de Lerida, Tortosa et Saragosse : il en tira par an près de dix mille *mancusos*, les dinars musulmans, et accrut donc encore la circulation monétaire. Quant aux paysans, ils perdirent la jouissance de leur petite propriété pour devenir, à partir du XIe siècle, serfs des seigneuries. Les cinq « *mal usos* », ou droits seigneuriaux, créaient une des formes les plus dures du féodalisme européen. Cette mutation sociale est par conséquent la rançon du succès.

Le rayonnement artistique en est en revanche la vitrine. La Catalogne, carrefour des influences françaises et italiennes, fut un des foyers primitifs de l'architecture romane, et on ne peut y compter les chefs-d'œuvre : Sant Pere de Roda, l'abbatiale de Santa Maria de Ripoll et son portail, le cloître de la Seu d'Urgell, de Sant Cugat del Valles... sont quelques fleurons du « blanc manteau d'églises » dont elle s'est couverte, pour reprendre la formule de Raoul Glaber. On a pu parler d' « euphorie constructive » à leur propos. L'art roman a particulièrement rayonné dans la peinture, celle des frontaux d'autels ou des magnifiques fresques. Le Christ en majesté y est représenté entouré des prophètes, des mages, des apôtres, des vieillards de l'Apocalypse ; la Vierge Marie symbolise fréquemment l'Église. Sur les murs latéraux des sanctuaires, les scènes de la Genèse ou de l'Apocalypse sont tout aussi remarquables. Il est toutefois possible de distinguer plusieurs écoles, écho des cheminements mystérieux de diverses influences : le maître de Tahull reprend, par exemple, l'art des mosaïstes byzantins ; la décoration de Sant Climent en témoigne avec son célèbre Christ Pantocrator, dont l'irréalisme et le hiératisme traduisent la transcendance éternelle de la divinité. Ce modeste village pyrénéen peut être considéré comme un des plus hauts lieux de la peinture romane puisqu'il comprend aussi l'église Santa Maria dont les fresques sont dues au maître de Maderuelo. Le maître de Pedret appartient à cette mouvance de l'art mozarabe diffusé par les exilés d'Andalousie dans l'ensemble des royaumes chrétiens du Nord, et la parenté avec l'enluminure mozarabe éclate dans la vivacité des couleurs et la pureté des traits ; les fresques de San Quirce ont été visiblement influencées par l'art copte.

Le Christ *Pantocrator* de l'abside de Sant Climent de Tahull atteste les influences byzantines dont le maître de Tahull s'est fait l'interprète (Barcelone).

Soulignons enfin que ces sanctuaires étaient encore enrichis d'une superbe statuaire polychrome ! Le rayonnement intellectuel local fut moindre, en revanche, à l'exception de celui des centres monastiques au XIe siècle, quand le centre de gravité de la région ne s'était pas encore déplacé vers les villes du littoral : le monastère de Ripoll, par exemple, s'épanouit sous l'abbé Oliva (1008-1046) ; celui-ci en a enrichi la bibliothèque de traités anciens et de traductions arabes, développé l'école monastique, accru le rayonnement culturel en France. Gerbert d'Aurillac, le futur pape Sylvestre II (999-1003) qui y fit ses études, en est un témoin. Au plan profane, Alphonse Ier fut certes en 1150 ce roi poète à qui est dédié le *Roman de Jaufre* quand Barcelone rayonne de tout son éclat. Mais le catalan n'a pas encore d'expression écrite ; à peine émerge-t-il au Xe siècle, tandis que le nom même de Catalogne se crée au XIIe. Le comté est plutôt un foyer de diffusion : il reste fidèle à la civilisation antique de l'écrit et se réclame de la tradition wisigothe ; il se fait l'écho de la richesse de la culture arabe à partir du XIe siècle. Encore reste-t-il pourtant très isolé jusqu'au XIIe, à l'écart des grands enjeux ibériques de l'époque et donc des préoccupations de Reconquête.

Tel ne fut pas le cas de la Navarre, pour qui l'an mille est marqué par le règne de Sanche le Grand (1004-1035). Il domine tout le Nord de la péninsule, de la zone cantabrique aux Pyrénées centrales, et aurait reçu l'allégeance de la Castille et du royaume de León. A sa mort, la grande Navarre est certes divisée : la Castille indépendante échoit à Ferdinand qui prend le titre de roi ; la partie orientale forme le nouveau royaume d'Aragon sous la conduite de Ramiro ; la Navarre elle-même revient au fils aîné Garcia. Mais la Navarre tient de ce règne ses caractéristiques majeures : loin de se lancer dans la Reconquête, Sanche le Grand s'est préoccupé de tirer avantage de la situation de carrefour de son royaume pour l'affermir. Aussi l'a-t-il ouvert à l'influence française aux plans culturel et religieux ; à la liturgie mozarabe, il préféra le rite romain. Il favorisa par ailleurs le monachisme bénédictin : l'abbaye San Salvador de Leyre, centre spirituel du royaume, en est un foyer de diffusion, tout comme San Juan de la Pena en Aragon ou San Zacarias, « lumière de l'Occident ». La réforme cistercienne y trouva ensuite une terre d'accueil : Leyre y est convertie, les monastères d'Iranzu, d'Irache, de La Oliva et de Fitero sont créés par les moines blancs qui défrichent et irriguent de vastes propriétés. Saint Bernard le leur avait bien dit : « Vous verrez vous-même que l'on peut tirer du miel des pierres, et de l'huile des rochers les plus durs », et il ne faisait pas seulement allusion aux épines spirituelles ! Cette faveur royale à l'ordre cistercien ne se démentit pas, et le roi Pierre II d'Aragon (1196-1213) s'en fait l'écho quelques décennies plus tard : « Entre les différents ordres qui sont la parure de l'épouse du Christ, il n'en est pas de plus remarquable, ni de plus doux dans le Seigneur que l'ordre de Cîteaux, car ses adeptes se distinguent des autres ordres par d'étonnantes vertus, et avancent avec plus d'empressement sur la voie de la vraie religion apostolique. » Le roi navarrais aménagea aussi le pèlerinage de Saint-Jacques-de-Compostelle, créant des hospices, attirant les pèlerins, favorisant ainsi les échanges et la croissance urbaine le long des routes. Après le désastre de 997, le culte reprit en effet une fois passé l'an mille et connut un essor fondé sur l'idée de croisade. Ce sont souvent des clercs français qui avaient été appelés pour occuper des sièges épiscopaux, fonder ou réformer des abbayes ; ils contribuèrent à remplacer l'ancienne concurrence des sanctuaires de pèlerinage par la collaboration, en organisant des itinéraires : le *Liber Sancti Jacobi,* rédigé au XIIe siècle, en est le meilleur témoignage. Les abbés clunisiens présents dans tout le Nord de la péninsule jouèrent notamment un rôle majeur : les moines noirs de Leyre, Irache, Najera, Silos, Arlanza, Cardena, Sahagun ou Fromista, accueillent les pèlerins le long du « *camino francès* ». Nous suivrons bientôt leurs traces ! Bien que le royaume de Navarre ait ainsi contribué à l'essor du pèlerinage, le *Liber Sancti Jacobi* en a peu apprécié les habitants, les accusant de tous les vices. Ne dit-il pas qu' « en les écoutant parler, on croirait entendre des chiens aboyer » ?

Le royaume de Navarre fut affermi en 1134 par le roi Garcia Ramirez le Restaurateur (1134-1150), après une soixantaine d'années de domination aragonaise. Il est dès lors centré sur Pampelune et la vallée de l'Ebre, le second pôle commercial du royaume, par la vertu des progrès de la Reconquête, nous y reviendrons. Il nous faut toutefois le présenter quelque peu avant qu'il ne quitte la mouvance ibérique du fait de la domination des « dynasties françaises » à partir du milieu du XIIIe siècle. Nous en connaissons bien les structures sociales. L'encadrement politique passe par la féodalité : les chevaliers gardent la ligne de châteaux qui marquent l'extension maximale du territoire navarrais ; ils sont châtelains, *alcayt* ; parmi eux, sont choisis les riches hommes qui remplissent les charges essentielles au plan militaire ainsi que les offices royaux. L'encadrement de la terre passe par la grande propriété nobiliaire et ecclésiastique : nous avons parlé des défrichements cisterciens ; mais le chapitre de la cathédrale de Pampelune en possédait le plus vieux quartier, la Navarreria, et les terres alentour. La Navarre au lendemain de l'an mille, une zone carrefour donc, dont une des originalités tient à l'ouverture des frontières, au nord comme au sud, frontières élargies dès 1040 par la reprise de la Reconquête à la faveur de la division de l'Espagne des *taifas.*

Les grands siècles de la *Reconquista* : « *Santiago y cierra España* »

Malgré la division ibérique, la Reconquête put en effet débuter réellement en raison de l'égal émiettement d'*Al Andalus*. La volonté d'affirmation de chacun des États, la pression démographique indéniable sur de petits territoires où l'équilibre est rompu par l'afflux des réfugiés, le zèle religieux... composent la mosaïque des diverses motivations. Les modalités en varièrent selon les cas et les périodes. La Reconquête, à partir de 1040, devint l'affaire de la Chrétienté tout entière, l'équivalent occidental de la Croisade grâce à la propagande clunisienne et à l'attention pontificale qui se manifesta à partir d'Alexandre Ier (1061-1073) : c'est ce dernier qui accorda aux reconquérants les indulgences bientôt concédées aux croisés en Terre Sainte. Entre 1063 et 1120 environ, plus de vingt expéditions françaises vinrent en aide aux chrétiens espagnols. Nombre de leurs évêques, souvent issus du Midi, occupèrent les sièges épiscopaux des zones reconquises, à l'image de ce Bernard de Sédirac qui transforma, de sa propre initiative, la mosquée de Tolède en cathédrale et peupla son chapitre de clercs aquitains. La mutation de l'armée, qui abandonna la tradition romaine et wisigothe de l'infanterie pour la cavalerie plus apte aux coups de main, les « algarades » de Castille, fut aussi décisive. Pour ce faire, León et Castille en appelèrent aux cadets de l'aristocratie,

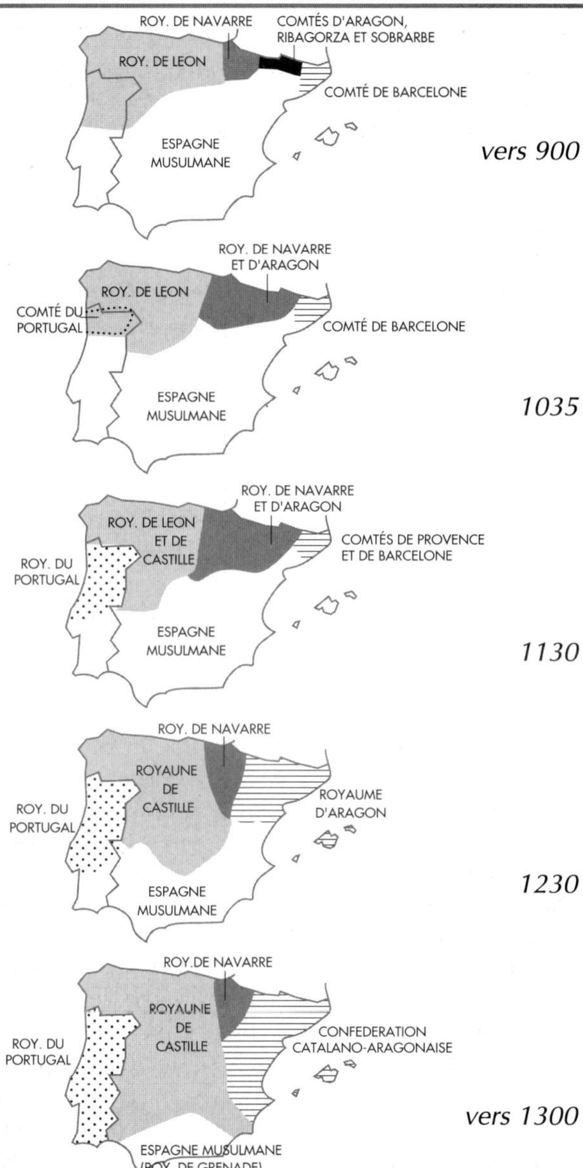

Les étapes de la Reconquête

les *infanzones,* et aux *milites,* les paysans aisés qui pouvaient s'offrir l'équipement. Aragon et Navarre préférèrent l'*honor* ou *tenencia*, service militaire de quatre-vingt dix jours des barons, compensé par une jouissance temporaire de bénéfices.

Il est habituel de distinguer trois étapes. La première, de 1040 à 1150, est castillane. Ferdinand en est roi depuis 1037, date à laquelle il s'empare aussi du León par son mariage avec Sancha, l'héritière de cette dynastie ; désormais, les deux entités sont réunies sous une même couronne. Ses troupes se lancèrent dans de spectaculaires chevauchées, mais s'attachèrent surtout à progresser vers le Sud. Nous négligerons en effet la poussée vers l'Ouest, manifeste dans l'autonomie accordée en 1137 au comté du Portugal. Les Castillans occupèrent la région comprise entre le Douro et la Cordillère centrale : vide, ce « *far south* », désormais Vieille Castille, fut repeuplé par des « *concejos* », municipalités qui recevaient des *fueros* ou chartes de fondation. Celles-ci, à l'image du *fuero* de Sepulveda, qui, concédé dès novembre 1076, servit de modèle, mentionnaient les conditions d'installation, précisaient les devoirs des nouveaux habitants et garantissaient leurs droits. Pour beaucoup, ils étaient issus des régions les plus au nord, la Reconquête ayant occasionné un vaste mouvement de population depuis les refuges montagneux surpeuplés du Nord vers le Sud, qui alimenta la *población*. La société de la « frontière » regroupait des colons libres de toute dépendance seigneuriale et égaux entre eux. Ainsi s'est enracinée une classe de propriétaires libres, les *pecheros*. Leurs activités pastorales étaient entrecoupées des combats nécessaires à leur survie, sous la conduite du châtelain qui commandait le district militaire comprenant l'agglomération.

Au sud de la Cordillère centrale, la situation était bien différente, car la Nouvelle Castille était densément peuplée de mozarabes et de *muwallâdûn* et comprenait d'importants centres urbains. En 1085, Tolède est occupée ; la prise de l'ancienne capitale des Wisigoths conduit le souverain à se proclamer « *Imperator totius Hispaniae* », restaurateur de son unité. Alphonse VI de Castille (1072-1109), avant de pénétrer à l'intérieur de la ville, avait négocié un pacte avec ses habitants, garantissant aux musulmans le respect de leurs propriétés et cultes. N'avait-il pas pris aussi le titre d' « Empereur des deux religions » ? Les mozarabes, malgré le choix du rite romain par le concile de Burgos en 1080, recevaient six paroisses. L'occupation urbaine était par ailleurs réorganisée en quartiers selon les origines ethniques et religieuses. Dans le reste de la région, Alphonse VI créa des seigneuries et des villes chargées de sa défense.

La fin de cette période fut toutefois plus délicate pour la Reconquête castillane, et ces événements illustrent combien le cliché d'une progression chrétienne semblable à un flux, face au reflux musulman, est erroné : c'est en 1086 que les Almoravides débarquent en Espagne pour combattre au nom de l'Islam ; le 23 octobre 1086, l'armée castillane est défaite à Zalaca, dans la province de Badajoz. Elle l'est à nouveau en 1108, alors qu'elle tente en vain d'enrayer la progression musulmane vers Tolède. Les Castillans sont rejetés au nord du Tage, mais, bien vite, reprennent l'ancienne ville royale, malgré les difficultés dynastiques qui ont suivi la mort d'Alphonse VI.

Les autres royaumes chrétiens ne furent pas inactifs, pourtant, dans la seconde moitié du XIe siècle. Navarre et Aragon, unis entre 1076 et 1134, se frayent un passage vers l'Ebre et prennent Saragosse en 1118 puis Tudela en 1121. Huesca reconquise supplante Jaca comme capitale de l'Aragon, puis Saragosse prend le relais. Le roi Alphonse Ier le Batailleur concéda un *fuero* des Maures à la population musulmane, essentiellement des convertis par la « paix de l'Islam » apportée par les Banu Qasim. Leur autonomie confessionnelle et administrative, sous la tutelle de l'*alfaqui*, leur était garantie par le paiement d'une indemnité de rachat, la *pecha*. Dans le même temps, le roi accorda un *fuero* des Juifs. On dit qu'il aima particulièrement sa bonne ville de Tudela, où trois communautés dynamiques se mirent à son service. A sa mort à Fraga contre les Almoravides, la Navarre reprit son indépendance ; les frontières acquises à cette date, et confirmées par le traité de 1207, sont définitives. Le roi d'Aragon, Ramiro Ier, s'allia de son côté avec la Catalogne en promettant de marier sa fille Pétronille au comte de Barcelone, Raymond-Béranger IV : c'est ce dernier qui devint roi d'Aragon dès 1137, tandis que Ramiro, que l'on avait été chercher au monastère de San Pedro al Viejo de Huesca, alors qu'il venait d'être nommé évêque mais n'avait pas eu le temps d'être intronisé, afin de régler le problème dynastique causé par la mort de son frère, reprenait l'habit. Il ne l'avait quitté que le temps de se marier et d'assurer une descendance à la maison d'Aragon, ce qui s'appelle servir le trône et l'autel ! Cette péripétie dynastique est riche de conséquences géopolitiques : l'Aragon se tourne vers la mer et communique à la Catalogne ses visées sur les terres musulmanes. La confédération progressa vers la basse vallée de l'Ebre, prenant Tortosa et Lerida en Nouvelle Catalogne.

Ces prouesses militaires ne doivent pas, néanmoins, occulter la rapacité des conquérants, ni le fait que depuis l'émiettement d'*Al Andalus* entre les roitelets, la péninsule n'est plus coupée en deux : bien au contraire, elle est plus que jamais terre d'échanges. Les Catalans avaient eu l'idée, nous l'avons vu, de marchander la paix avec les taifas contre le paiement de tributs ou « *parias* ». Les autres royaumes chrétiens leur emboîtèrent le pas, au prix parfois de luttes intestines. Rodriguo Diaz de Vivar, né en 1040 à Burgos, est le type même de ces aventuriers : envoyé par Alphonse VI collecter les parias dus par la dynastie sévillane, il fut disgrâcié en 1081. Il se mit alors au service du roi de Saragosse, Mutamin, et perçut jusqu'à 12 000 mancusos annuels comme protecteur et chef des mercenaires chrétiens : son surnom de Cid, qui vient de l'arabe seigneur, témoigne de ces combats en faveur des Maures, qui l'amènent à repousser une tentative de Reconquête de Saragosse. On le surnomme aussi *Campeador*, le champion. Revenu au service de la Castille, il devint seigneur de Valence en 1094. Il y mena avec Chimène la vie d'un véritable souverain, accumulant une fortune colossale, et mourut en 1099 en tentant en vain de repousser une offensive musulmane. On le voit, l'épopée *El cantar de mio Cid* a pour le moins idéalisé cet aventurier sans scrupule, en faisant le héros de la Reconquête !

En 1146, les Almohades passent en Espagne. Ils conquièrent les villes du Sud, tandis que les chrétiens progressent au Nord : les Castillans arrivent aux portes de l'Andalousie en s'emparant de la région comprise entre Tage et Guadiana ; les

Leonais pénètrent en Estrémadure ; les Aragonais dilatent leur territoire au sud de l'Ebre jusqu'à la haute vallée du Turia et prennent Teruel en 1170. Bien que les avancées les plus remarquables au XIIe siècle soient donc aragonaises, il va de soi que ce sont les Castillans, de par leur position centrale, qui vont prendre de plein fouet le choc berbère : en janvier 1195, près d'Alarcos, Alphonse VIII (1158-1214) est battu. L'événement a un retentissement considérable dans la Chrétienté où la ferveur reconquérante était retombée ; en 1209, Innocent III lance un appel à la Croisade et des milliers de chevaliers affluent, mais le temps d'un éclair. Le choc n'est pas moins grand dans la péninsule, mais plus durable : l'archevêque de Tolède, Jimenez de Rada, peut déplorer que son pays soit celui « des cinq royaumes ». C'est ensemble que Alphonse VIII de Castille, Pierre II d'Aragon (1196-1213) et Sanche VII le Fort de Navarre (1194-1234) affrontent les Almohades à Las Navas de Tolosa le 15 juillet 1212. Cette victoire de la Chrétienté ibérique unie lui ouvre la porte de l'Andalousie : l'essentiel est fait.

La Reconquête du Sud espagnol progresse désormais comme une vague sans rencontrer d'obstacle. Les Leonais poursuivent leur progression en Estrémadure, jusqu'à leur union définitive avec les Castillans en 1230. La traversée de l'Andalousie et de la Murcie par Ferdinand III (1230-1252) est jalonnée de la prise de toutes les grandes cités, dont Cordoue en 1236, Carthagène en 1246 et Séville en 1248. Le repeuplement andalou est marqué par le *repartimiento*, la répartition autoritaire par les agents du roi des terres conquises entre les soldats selon leur hiérarchie. Avec la conquête de Cadix en 1263, la couronne de Castille est le plus vaste État ibérique, riche de trois millions d'habitants, situé de plus à son centre de gravité. C'est encore elle qui écarte définitivement tout danger musulman éventuel par la victoire de la rivière Salado en 1340.

Aragon et Catalogne ont été tentés par le rêve français. La défaite de Muret en 1213, où meurt Pierre II, les ramène aux réalités ibériques. Sous la conduite de Jacques Ier le Conquérant (1213-1276), ils s'emparent des Baléares de 1229 à 1235, grâce à la flotte qu'il avait armée, du Levant et de Valence en 1238.

La Reconquête a donc pris fin à la moitié du XIIIe siècle. Ne peut-on mieux la résumer que par les deux monarques qui l'ont menée à terme comme une Croisade ? Élevés par les Templiers, tous deux étaient fort pieux, mais aussi âpres combattants. Ferdinand III, pour n'en peindre qu'un, a bénéficié du soutien général de l'Église dans son entreprise : la papauté concède des indulgences aux combattants, le tiers des dîmes lui est versé, des moines mendiants suivent les troupes... Il sera canonisé par Clément X au XVIIe siècle. Son épitaphe est rédigée en quatre langues – latin, castillan, hébreu et arabe – car il était respecté de ses sujets comme de ses adversaires.

Les Espagnes de la Reconquête au XIIIe siècle

L'Espagne a été fortement marquée par la Reconquête, c'est une banalité de le dire, mais le XIIIe siècle espagnol manifeste clairement cette originalité dans l'Occident chrétien.

Les royaumes ibériques sont les seuls où vivent de fortes minorités non chrétiennes. Dans l'ensemble de la péninsule demeurent des communautés de musulmans, ou mudéjars, particulièrement nombreuses dans la vallée de l'Ebre et le Levant. Regroupés dans des *morerias* au sein des villes – la capitulation des cités d'importance étant suivie, pour des raisons de sécurité, de l'exode de ses habitants musulmans –, ils s'administraient eux-mêmes et jouissaient d'une totale autonomie contre paiement d'un tribut. La Reconquête n'avait donc entraîné ni expulsions durables, ni conversions forcées. Bien plus, les rois considéraient cette diversité comme une richesse ; Ferdinand III, le roi saint, s'intitule « roi des trois religions » ; son fils, Alphonse X le Sage, a même projeté de construire à Murcie un centre culturel commun aux chrétiens, juifs et musulmans. L'impact de la culture islamique est fondamental, aux plans tant artistique que culturel : Raymond Lull, poète et philosophe catalan, écrit en catalan, en latin ou en arabe ; les mots d'origine arabe sont par ailleurs fréquents dans la langue castillane, faut-il le rappeler ? La culture islamique fascine. Le *mudejarismo*, cette interpénétration culturelle entre arabes et chrétiens, fréquente à la frontière entre les XIIe et XIVe siècles, en

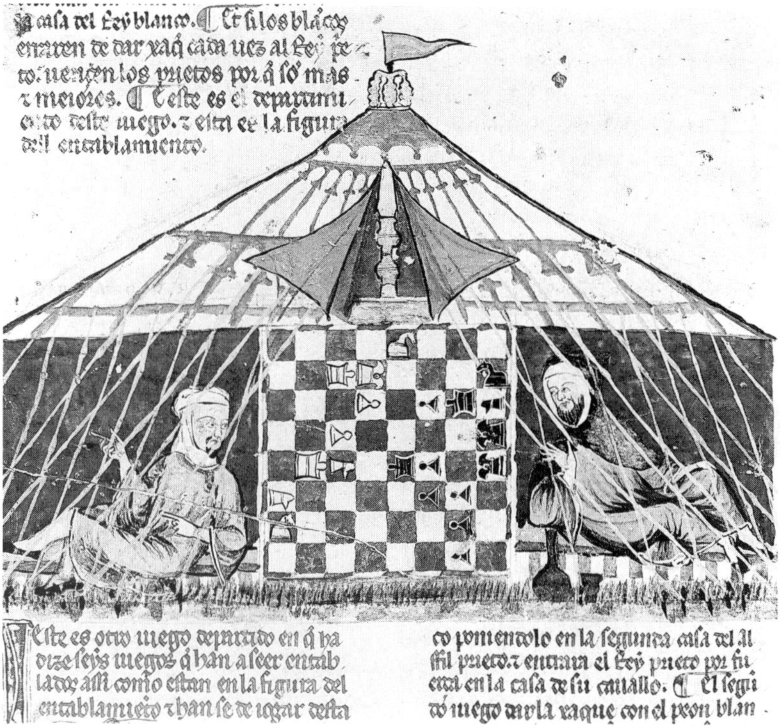

Miniature de 1282, représentant deux Arabes jouant aux échecs, extraite du *Livre des Jeux* d'Alphonse X le Sage (1254-1284).

est la traduction : maurophilie des comportements de vie ; emprunts de la littérature à des traditions et des thèmes musulmans ; surtout, il est à l'origine de l'art mudéjar. Les églises en sont remarquables par leurs grands clochers de brique, carrés ou octogonaux, sculptés de décors géométriques et d'arcatures aveugles, souvent rehaussés de mosaïques émaillées, des minarets en bref comme celui de la cathédrale de Teruel. Les synagogues de Cordoue et Tolède (Santa Maria la Blanca, construite au XIIIe siècle, El Transito, édifiée en 1366) subirent aussi cette empreinte.

Pourtant, les historiens espagnols actuels nuancent fortement ce tableau : ils distinguent l'imprégnation culturelle indéniable du sort d'une population minoritaire, et font la part de la réalité et des statuts, fort libéraux il est vrai, qui avaient été concédés. Le cas de la prise de Tolède n'est-il pas éclairant ? Bien vite, le système élaboré lors de la chute de la ville, qui maintenait donc les structures existantes, fut démantelé sous la pression des clercs français et de nouveaux arrivants. Partout, la pression de la société chrétienne se fit insistante : l'Islam, dépouillé de ses structures urbaines par la généralisation progressive du *repartimiento* à toutes les cités reconquises en Andalousie et en Murcie, survivait bien, mais dénaturé. Les mudéjars se virent par le fait privés de l'organisation culturelle, sociale et économique qui était la leur. Les élites préférèrent souvent choisir l'émigration vers le royaume de Grenade, conservatoire de la civilisation andalouse. Les populations des seules communautés importantes, celles de la vallée de l'Ebre et de Valence – qui avaient été isolées de l'Islam espagnol par l'avancée de la Reconquête – restèrent, quant à elles, attachées à une tradition musulmane désormais nostalgique. Leurs conditions de vie furent néanmoins bien différentes selon les régions : B. Leroy rappelle qu'ils ont été jusqu'au XVIe siècle des Navarrais comme les autres, paysans ou artisans totalement insérés dans la société ; ils furent en revanche soumis dans la région levantine à un lourd régime seigneurial, à l'esclavage aux Baléares.

L'autre minorité ne distingue pas en revanche l'Espagne des autres États européens, à ceci près qu'elle vit en parfaite intelligence avec peuple et souverains espagnols (ce jusqu'au milieu du XIVe siècle). Les Juifs y sont les intermédiaires entre la culture hispano-musulmane et la culture chrétienne, à laquelle ils ont apporté l'essentiel de la science médicale et astronomique arabe. Ils s'exprimaient en effet en hébreu, en arabe, ou en *aljamiado* ou judéo-espagnol, l'espagnol écrit en caractères hébraïques, et étaient donc prédisposés à ce rôle de médiateur. L'école de traduction de Tolède, qui regroupait plusieurs intellectuels juifs autour de l'archevêque Raymond, a ainsi transmis après sa création en 1165 les écrits d'Aristote et d'autres penseurs grecs en les traduisant de l'arabe ; le plus célèbre de ces traducteurs était Abraham ben David, « Avendent ». Les Juifs ibériques participaient aussi au monde politique : ils étaient nombreux dans les royaumes du Nord où ils s'étaient réfugiés pour fuir les Almohades. Selon la légende, ils auraient constitué l'aile gauche de l'armée d'Alphonse VI de Castille à Zalaca, « la bataille des turbans jaunes ». Celui-ci sollicite les avis de Josef ibn Ferrusel, « Cidiello », qui est aussi son médecin. Alphonse VII plaça même à Calatrava un de ses proches conseillers, Jeuda ben Erza, lui-même d'une grande famille cordouane exilée d'abord à Tolède, pour accueillir les réfugiés et les diriger vers les communautés du Nord. En Aragon et en Catalogne, certains remplissent des charges gouvernementales. En 1283, les Cortes imposent bien au roi de leur interdire d'exercer un pouvoir sur les chrétiens ; ils en demeurent néanmoins conseillers ou financiers. Ces « Juifs de cour » lèvent les taxes en Navarre, y sont diplomates ou médecins royaux. Il faut souligner ce rôle essentiel dans l'ensemble de l'Espagne médiévale. Ne négligeons pas non plus celui des médecins, qui s'étaient faits une spécialité d'un domaine négligé par les chrétiens : plutôt que d'en évoquer les hauts faits, opérations ou soins, rappelons que le patronyme Alraquim dérive d'*Al Hakim*, médecin en arabe, ce qui confirme que tel était déjà le cas à l'époque andalouse. Ils ne représentent toutefois pas l'essentiel des communautés auxquelles les reconquérants ont accordé des *fueros* ; urbaines ou villageoises, les *juderias* sont administrées par leurs propres conseillers élus, et comprennent une infrastructure sociale qui leur est propre, une école talmudique et une synagogue par quartier. L'importante communauté de Tolède en a dix et Tudela trois. Leurs habitants exercent toutes les activités, si la finance est traditionnellement reconnue. Ils sont donc le miroir de la société ibérique dans son ensemble.

Celle-ci garde l'empreinte de la Reconquête, ses mutations en témoignent. Le XIIIe siècle est dans l'ensemble de l'Europe celui de l'essor urbain : les vieilles cités progressent ; de nouvelles se créent, resserrent les mailles du réseau urbain des pays anciennement urbanisés – comme dans le Nord chrétien – et se développent dans les pays neufs. La péninsule s'insère dans le mouvement général mais avec ses modalités propres. Les villes de la frontière et des *tierras nuevas* sont fondées sur les nécessités de la défense. Dans ces régions septentrionales, nous l'avons dit, la colonisation se fit à partir de nouveaux noyaux urbains souvent édifiés sur le site d'anciennes cités romaines, les *concejos*, entourés de remparts, auxquels avaient été octroyées des chartes de franchise. Les habitants vivent égaux sous la seule autorité royale ; les paroisses les regroupent selon leur origine ethnique, et la plupart de ces cités comprennent un quartier franc. Leur sécurité est assurée à cheval par les plus riches d'entre eux ; mais les artisans *peones* participent aussi aux combats : ils en rapportent des butins, ou accroissent ainsi leurs terroirs communaux aux dépens de la « *tierra de nadie* » abandonnée de part et d'autre de la frontière par sécurité ; ces nouvelles terres deviendront les *extremos* où le bétail pourra paître. Ces villes en guerre ne peuvent être que dominées par l'aristocratie militaire des *caballeros villanos*. Leur vie économique s'organise autour d'activités agro-pastorales : Soria, Sepulveda, Avila, tirent ainsi de l'élevage transhumant des moutons, activité pionnière par excellence, la matière première d'un artisanat textile. Les bergers transhumants avaient le choix entre quatre drailles ou *cañadas*, d'anciennes voies romaines, pour conduire leur troupeau vers la Cordillère centrale, et l'organisation de ces trajets entraîna au XIIIe siècle l'institution de la *Mesta de los pastores*. C'est alors que, la Reconquête s'achevant, cette fonction guerrière s'effaça derrière l'essor du commerce et des foires régionales ; la présence d'un artisanat local, longtemps contesté, suffisait à couvrir l'essentiel des besoins régionaux. Ainsi ces villes de la frontière retrouvent-elles alors la fonction traditionnelle que les cités des royaumes chrétiens n'avaient jamais quittée, et manifestent avec éclat leur nouvelle prospérité dans la construction d'importants sanctuaires romans. Ces centres économiques, Soria, Ségovie, Avila, Salamanque, Zamora, deviennent des foyers d'art, attirant des artistes français qui apportent leurs traditions mais sont aussi à l'origine d'un renouvellement. L'un des plus originaux s'exprime dans les *cimborrios*, les tours-lanternes des cathédrales de Salamanque (la Tour du Coq) ou de Zamora. Ces tours, à la croisée du transept, ont été mises en parallèle avec la coupole précédant le *mirhab* de la mosquée de Kairouan, mais présentent aussi d'étonnantes parentés avec les clochers limousins...

Avila, « la ville des pierres et des saints ». Cette remarquable enceinte médiévale comprend des murs de granit de 12 mètres de haut et 88 tours.

L'essor n'est pas moins important dans les vieilles régions chrétiennes. Il se fonde sur la fonction ecclésiastique et hospitalière, en relation avec le développement du pèlerinage de Saint-Jacques-de-Compostelle, nous y reviendrons. Celui-ci entraîna même la création de nouvelles cités le long des routes, comme Puente la Reina, aux parcelles découpées perpendiculairement à la voie, ce que les géographes appellent les villes-rues. D'autres le sont sur un cours d'eau (Najera) ou aux abords d'un monastère (Sahagun). Il va sans dire que cette intense circulation a contribué à leur prospérité commerciale, comme à celle des villes anciennes ainsi revivifiées.

La richesse des ports de la côte catalane n'est pas moins importante, bien au contraire. Un renversement total de conjoncture s'est en effet manifesté avec l'achèvement de la conquête. Il est loin le temps du « lac musulman » dont Ibn

Khaldoun nous transmet une image caricaturale : « Les chrétiens ne pouvaient pas faire flotter quoi que ce soit sur la Méditerranée, pas même une simple planche. » Le chroniqueur catalan Bernat Desclot lui fait écho par cette boutade de la fin du XIIIe siècle : « Maintenant même un poisson n'ose pas plus qu'une galère ni nulle autre embarcation se risquer sur les flots sans un sauf-conduit du Roi d'Aragon... » Ce royaume est en effet devenu par l'alliance avec le comté de Barcelone une puissance maritime de premier plan : l'essor urbain sur tout le littoral, dont témoignent Lerida ou Tortosa, manifeste ce dynamisme commercial, dont Barcelone est le centre décisionnel et financier. Les Catalans commercent avec tout l'Orient musulman et y occupent une place prééminente. En 1291, le traité de Monteagudo partage l'Afrique du Nord – où les Catalans ont des comptoirs, les *fondouks* – en zones commerciales entre Castille et Aragon, la Tunisie revenant au second et le Maroc au premier. Barcelone est donc le grand centre redistributeur des produits orientaux, à son apogée aux XIIIe et XIVe siècles. Son artisanat transforme le corail et les cuivres importés, mais travaille aussi le textile, ce qui lui permet d'exporter ses productions drapières. Les échanges vivent aussi du blé aragonais, ainsi que du trafic et du rachat des esclaves. Les milieux d'affaires sont cosmopolites, la participation juive et musulmane importante ; la spécialisation des tâches entre le navigateur, l'armateur et le marchand n'y progresse que lentement. Ce patriciat urbain représente une force économique et sociale incontestable ; son dynamisme collectif s'affiche dans la loge du Consulat de la Mer et dans la Bourse de commerce construite en 1339, la première en Espagne. Il ne faut néanmoins pas omettre le fait que les colonies italiennes présentes dans ces ports jouent un rôle majeur, par l'introduction notamment des techniques d'association et d'assurances maritimes, de la lettre de change... Les Génois sont les plus nombreux dans les ports catalans. Ne dit-on pas « un Génois, c'est-à-dire un marchand » ?

La côte cantabrique et asturienne n'est toutefois pas en reste, et les ports d'Avilès et de Santander, auxquels des *fueros* urbains ont été concédés vers 1150, connaissent au XIIIe siècle un réel développement. Autour de Santander, ceux de la côte cantabre sont alors assez importants pour se regrouper en ligue, la *Hermandad de la Marina*. Si la côte catalane domine la Méditerranée, la côte atlantique a la haute main sur les échanges avec l'Angleterre et les Flandres où ses marchands sont actifs.

Au sud de la Cordillère centrale, nous l'avons vu, les colons s'installaient dans une zone peuplée de Maures et de mozarabes, où la civilisation urbaine d'*Al Andalus* avait connu son plein épanouissement. Aussi n'eut-on pas recours au repeuplement tel qu'il avait fonctionné au XIe siècle ; ces régions éloignées des points focaux des royaumes, densément peuplées, nécessitaient la mise en place d'un système défensif préalablement à toute occupation. Certains historiens avancent aussi, pour expliquer cette mutation, les libertés mêmes des villes royales, jugées peut-être excessives avec le recul de quelques décennies... Les reconquérants conservèrent donc les structures urbaines existantes, alcazar, *suq*... Ils se contentèrent, si l'on peut dire, de réorganiser l'habitat en créant des quartiers ethniques, avec des *morerias* ou *aljamas* musulmanes. Le reste de la ville était attribué selon le système du *repartimiento*, par lequel d'immenses patrimoines furent par ailleurs répartis entre les seigneuries laïques et ecclésiastiques chargées de la défense et de la mise en valeur de la région, aux dépens de la propriété et de la condition paysannes. Les *concejos* étaient alors étroitement soumis à la domination seigneuriale. L'économie du Sud de la péninsule se focalise toujours autour des huertas littorales où la production est intense et variée. Séville, Cadix, Puerto de Santa Maria... sont le contrepoids méridional du pôle commercial septentrional, d'autant mieux situé qu'il correspond au carrefour des routes méditerranéennes et atlantiques. L'essor est à venir ! Mais le XIIIe siècle a donc vu les Espagnes se couvrir d'axes commerciaux nombreux entre des cités prospères.

Toutes ces cités étaient administrées par des conseillers élus, sous la présidence du *juez* aidé des magistrats urbains, les alcades. L'essor des villes, qui les conduisait à dominer les campagnes alentour et à entraîner dans leur orbite les communautés secondaires, ce que Séville réussit pour les villes andalouses, les fit revendiquer leur autonomie. Cette époque est en effet dans tout l'Occident celle de la définition des statuts urbains. La plupart parvinrent facilement grâce à leur charte à diminuer la tutelle royale ; ce fut plus délicat pour les cités sous domination seigneuriale, qui comptent en leur sein un représentant du seigneur au pouvoir réel ; c'est particulièrement le cas des cités castillanes auxquelles le roi envoya même dans la seconde moitié du XIIIe siècle des inspecteurs, bientôt convertis en représentants permanents, les *corregidores*. Dans toute l'Europe, l'aristocratisation de ces gouvernements municipaux est nette : des *caballeros villanos*, des hommes nouveaux issus des milieux marchands, les accaparent au risque de créer des tensions sociales. Voyons Barcelone : la haute bourgeoisie marchande, soit quelques dizaines de familles, se réserve la moitié des sièges. Ces *ciutadans honrats* cooptés manifestent leur prééminence par les somptueux hôtels qu'ils se font construire en ville et les grandes propriétés terriennes qu'ils se constituent. Ils sont à l'origine de la Maison de la Commune, construite au XIVe siècle, qui comprend une loge pour les réunions des marchands et une salle pour les séances du conseil, la salle des Cent. Raymond Lull s'est fait écho de la plasticité sociale catalane : « *Amable fill, si est ergullos e est sabater, tu volras esser draper ; e com seras draper, volras esser burgues ; e com seras burgues, tu volras esser cavaller et de cavaller, volras pujar a comte* » [1].

L'Espagne reconquérante est une société de combat. Par là même, les combattants, cavaliers, y occupent une place prééminente, au plan social d'abord. La haute noblesse est « *de estirpe goda* », de souche gothique, comme on le dit encore au XVIIe siècle ; ce sont les lignages de *ricos hombres* que comprend chaque royaume. Le service armé qu'a exigé la Reconquête a contribué à leur agréger les chevaliers, cadets des grandes familles, ces *infanzones* distingués par l'adoubement des simples *caballeros villanos*, qui, roturiers, bénéficiaient toutefois des mêmes privilèges d'exemption fiscale. De plus en plus, ces derniers constituaient l'oligarchie urbaine, nous l'avons dit. Quant

1. en susbtance : Cher fils, si tu es entreprenant et instruit, tu voudras être drapier ; et lorsque tu seras drapier, tu voudras être bourgeois ; et lorsque tu seras bourgeois, tu voudras être cavalier, et de cavalier, tu voudras être anobli.

au monde nobiliaire ainsi défini par l'exemption, il connaissait une grande diversité de fortune : la petite noblesse des hidalgos, *hijos de algo*, « fils de quelque chose », descendait souvent de ces caballeros roturiers, ce qui prouve que sa frontière inférieure était aisément perméable. Sa catégorie supérieure pouvait en revanche se glisser parmi les *ricos hombres*, couche sociale caractérisée par son ouverture ; la plupart – particulièrement nombreux dans les anciens royaumes chrétiens du fait de la Reconquête – vivaient toutefois à la campagne sans se distinguer des paysans autrement que par la chevalerie.

La chevalerie a donc gagné par la *Reconquista* ses lettres de noblesse, aux plans social et littéraire. J. Le Goff et F. Cardini ont analysé dans l'ouvrage collectif sur *L'homme médiéval* combien la Reconquête et les Croisades ont mis en valeur l'éthique chevaleresque, déjà exaltée comme *militia Christi* par la réforme grégorienne ; leur combat est désormais une lutte spirituelle contre le mal, à l'image des allégories qui représentent les vertus, en lutte contre les vices, sous l'habit du chevalier. La contre-offensive chrétienne du XIe au XIIIe siècle a ouvert un champ nouveau à leur esprit d'aventure. Leurs prouesses sont rapportées et diffusées en langue vulgaire par une littérature épique dont *El cantar de mio Cid* est un des fleurons. Ces épopées, à la fois chrétiennes et nationales, manifestent la conjonction établie entre la spiritualité et la gloire militaire : un « christianisme de guerre » est apparu avec ses saints en armes, son sens du miracle et ses sanctuaires. Comment mieux évoquer saint Jacques *Matamore* sur la tombe duquel bon nombre de chevaliers français plongés dans l'aventure ibérique vont se recueillir avant de regagner leurs pénates ? Cette éthique trouve sa théorisation dans le florilège des traités chevaleresques et dans l'œuvre de Raymond Lull, le *Livre de l'ordre de Cavayleria*, qui devient le livre de chevet de la noblesse européenne. Les hidalgos espagnols eurent du mal à se débarrasser de cet imaginaire ; ils cherchèrent l'aventure dans les *tercios*, incapables de se définir autrement que par leur épée, et dans la conquête océane. Quand le temps de la domination mondiale ne fut plus qu'un souvenir pour l'Espagne, ils eurent à se battre contre les moulins comme Don Quichotte et à vaincre leur nostalgie.

Le clergé a tout autant subi cette emprise reconquérante. Les ordres religieux et militaires se sont multipliés en Terre Sainte comme en Espagne : c'est le roi d'Aragon, Alphonse Ier le Batailleur, qui eut l'idée d'avoir recours aux ordres militaires croisés, tout en fondant les premiers ordres purement ibériques. A sa mort, il prévoyait même dans son testament de léguer son royaume en trois parties égales aux ordres militaires du Temple, de l'Hôpital et du Saint-Sépulcre ! C'est par ailleurs à l'influence de l'un de ces derniers que l'on attribue l'église de Vera Cruz, construite à l'extérieur des murs de Ségovie selon un plan qui, à l'image de la rotonde du Saint-Sépulcre à Jérusalem, permettait la circumambulation autour des reliques de la Vraie Croix. Quant aux ordres ibériques, ce sont celui de Calatrava, créé en Castille en 1164, des frères de Caceres, fondé en 1170 et bientôt appelé ordre de Santiago, de San Julian del Pereiro qui devint en 1218 ordre d'Alcantara, qui eurent tous un rôle majeur dans la Reconquête du XIIe siècle : garde de forteresses stratégiques, conquête et repeuplement. L'esprit de croisade de ces guerriers mystiques les a aussi conduits à racheter des prisonniers chrétiens de *dar al-Islam*. L'ordre des Mercédaires fondé à Barcelone au début du XIIIe siècle suivit cet exemple : la Mare de Deu de la Mercè est vénérée dans la capitale catalane et c'est sous ce nom qu'elle en est devenue la patronne au XVIIIe siècle. Mais la Reconquête a surtout été pour le clergé la première occasion d'assumer la direction spirituelle et militante de la société ibérique vers une vaste croisade politique et religieuse.

Cette direction, la monarchie en a pris la plus grande part. Les nécessités d'une lutte multiséculaire, la coupure avec le monde septentrional alors même que la préféodalisation était en marche, l'ont préservée de l'émiettement du pouvoir que la féodalisation a généré dans les autres contrées européennes. La Catalogne seule a connu la féodalité, mais le comte de Barcelone est parvenu à regrouper les liens de vassalité autour de lui dès le milieu du XIe siècle. La haute noblesse s'est bien entourée d'une *militia* à cheval, mais l'a récompensée par des soldes ou des bénéfices temporaires ; à la vassalité, elle a préféré se constituer un important réseau de clientèle, les *criados*. Les contacts avec les chevaliers francs à la faveur de la Reconquête n'ont fait qu'introduire un vocabulaire et des rituels féodaux, plaqués sur des réalités aux antipodes.

La monarchie en a profité pour s'affirmer plus précocement qu'ailleurs en Europe occidentale. Sur la base de la renaissance du droit romain et de l'héritage wisigoth, le roi de Castille est reconnu comme monarque absolu de droit divin, ce à quoi ne parvient pas celui d'Aragon. Le *Libro de las siete partidas*, compilation du droit romain de 1260, exalte cet absolutisme castillan et unifie le droit du royaume. L'institution essentielle au gouvernement était la *Curia*, l'assemblée qui, créée au XIIe siècle, regroupait les officiers palatins, la famille royale et quelques membres de la haute noblesse. Ouverte à des consultants « spécialistes », elle devenait *Curia extraordinaria* réunie devant le peuple. Or, en raison de l'évolution économique et sociale, de l'entreprise reconquérante menée de conserve, il devint nécessaire d'associer noblesse et clergé au processus décisionnel. Le roi prit l'habitude, dès le XIIe siècle en Castille, au XIIIe en Aragon, de réunir des assemblées ou Cortes, où siégeaient des représentants de la noblesse – divisée entre *ricos hombres* et chevaliers en Aragon –, du clergé et, à partir du XIIIe, des villes. La représentation urbaine joue dès lors, par les pétitions qu'elle soumet à l'avis royal, un rôle capital dans une institution qui n'a sans doute qu'un poids consultatif en Castille, mais dont l'accord devient indispensable pour la levée des subsides. Aux XIIIe et XIVe siècles, le système est à son apogée, et l'on peut parler d'un gouvernement conjoint du roi et des Cortes. Le roi est par ailleurs aidé par une autre émanation de la *Curia extraordinaria* au XIVe siècle, le *Consejo real*, où le poids du patriciat urbain rompu à la conduite des affaires devient déterminant. C'est dans l'impact différent de ce dernier que réside l'évolution divergente du pouvoir dans les deux couronnes ; en Aragon, son importance, fondée sur le commerce, explique l'équilibre institutionnel établi par le *Privilegio general* de 1283 entre le monarque et les institutions représentatives, qui reçoit le nom de pactisme : le premier doit avoir l'accord des secondes pour toute décision législative ou exécutive. En 1287, le droit de déposer un roi qui ne respecterait pas le *Privilegio general* était même accordé au pays aragonais.

La diversité est donc à bien des titres le premier héritage de la Reconquête. Certes, une conscience hispanique diffuse commence à se frayer un chemin au travers des obstacles du morcellement politique ; elle passe avant tout par la promotion de la langue vulgaire des États au rang d'expression littéraire, – le catalan pour Raymond Lull, par exemple –, intellectuelle – à l'initiative d'Alphonse X, les traducteurs de Tolède préfèrent le castillan au latin pour faciliter la vulgarisation de leurs travaux, et c'est en cette même langue qu'est rédigée la *Chronique générale*, à l'ambition universelle, premier grand monument de l'histoire espagnole –, et juridique – pour le *Libro de las siete partidas*. C'est en effet à la fin du XIIIe siècle que les princes, suivant en cela les théoriciens thomistes, font de la promotion d'une langue commune à la « nation » médiévale un des supports de leurs États en voie d'affermissement. Voici l'Espagne lancée dans un processus à son terme sous les Rois Catholiques, quand la promotion croissante du castillan sera une traduction du centre de gravité du pouvoir ibérique. Pour autant, l'unification linguistique est encore loin, même si les multiples dialectes antérieurs ont fini par se fondre en quelques langues, le castillan bien sûr, mais aussi le galicien, le catalan et le basque... Néanmoins la Castille, qui a joué le rôle majeur dans la Reconquête, exerce déjà une incontestable prééminence. Sa société terrienne est dominée par une noblesse puissante, à laquelle souhaite s'intégrer une bourgeoisie peu nombreuse, et par une monarchie absolutiste. Elle subit peu les influences extérieures, à l'encontre des Espagnes périphériques du Nord où la société est par ailleurs plus diversifiée.

H. Focillon a affirmé que le Moyen Age avait été « local et européen ». Par de nombreux traits, la péninsule s'insère dans la communauté occidentale. Ses préoccupations intellectuelles sont celles de son époque. Alphonse X (1252-1284), par son mécénat intellectuel ou sa promotion du castillan, en est l'archétype. Ses *Cantigas de Santa Maria*, quoiqu'en galicien, appartiennent ainsi à la vogue de la poésie courtoise chantée par les troubadours, et sont attachants par la ferveur mariale qui s'en dégage. Ce sont aussi des chefs-d'œuvre de l'enluminure gothique. Son surnom de Sage est la version médiévale de

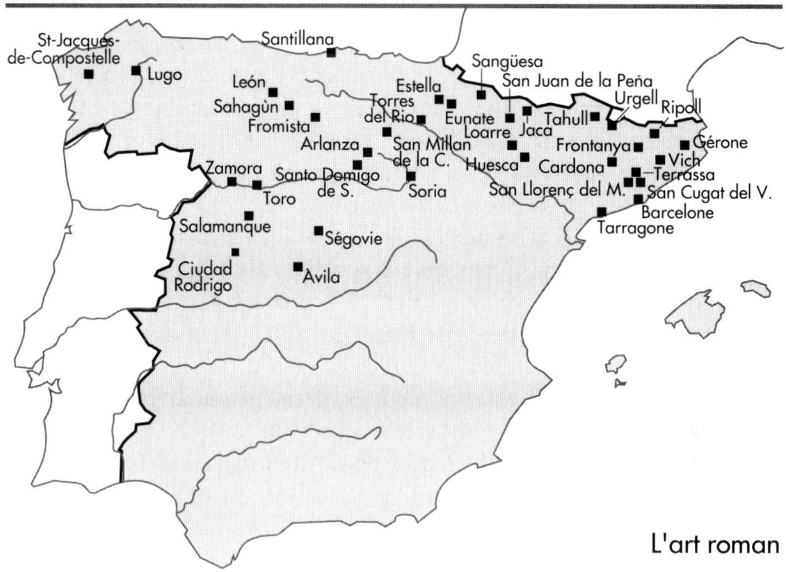
St-Jacques-de-Compostelle
Lugo
Santillana
León
Sahagùn
Fromista
Arlanza
Estella
Torres del Rio
San Millan de la C.
Sangüesa
San Juan de la Peña
Eunate
Loarre
Jaca
Tahull
Urgell
Ripoll
Frontanya
Gérone
Huesca
Cardona
Vich
Terrassa
San Llorenç del M.
San Cugat del V.
Barcelone
Tarragone
Zamora
Santo Domigo de S.
Toro
Soria
Salamanque
Ségovie
Ciudad Rodrigo
Avila
L'art roman

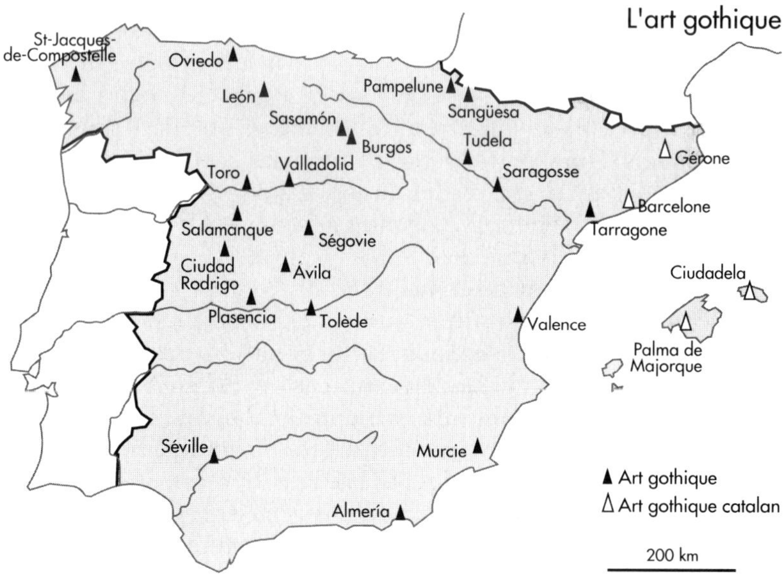
L'art gothique
St-Jacques-de-Compostelle
Oviedo
León
Pampelune
Sangüesa
Sasamón
Burgos
Tudela
Toro
Valladolid
Saragosse
Gérone
Barcelone
Tarragone
Salamanque
Ségovie
Ciudad Rodrigo
Ávila
Plasencia
Tolède
Valence
Ciudadela
Palma de Majorque
Séville
Murcie
Almería
Art gothique
Art gothique catalan
200 km

savant ; il obéit en cela au stéréotype des *Miroirs des Princes*, fréquent à la fin du XIIe siècle et au-delà, « *rex illiteratus quasi asinus coronatus* » – un roi sans culture est un âne couronné ! Humaniste avant l'heure, celui qui eut l'initiative de travaux intellectuels aussi divers que les Tables Alphonsines en astronomie, la traduction du Coran et de la Cabale..., est un symbole de l'Espagne médiévale pluriculturelle.

L'art rattache donc les Espagnes à la communauté occidentale. Le roman n'avait connu une réelle diffusion qu'en Catalogne et sur les routes de Saint-Jacques-de-Compostelle, les royaumes chrétiens puis les frontières de la Reconquête s'étant ouverts à cet art européen par la médiation des pèlerins et des clunisiens. L'art gothique fut introduit par les ordres mendiants à partir du début du XIIIe siècle. En Galice, en Castille, les grands sanctuaires de Burgos, Tolède ou León adoptent vite ce nouveau style – sous l'influence d'architectes français, comme les maîtres Martin et Henri, qui ont entrepris les grands travaux achevés par des Espagnols –, tandis que les modes traditionnels de décoration et de construction subsistent par ailleurs. La cathédrale de Burgos s'inspire du plan de Saint-Étienne de Bourges, celle de Tolède de Notre-Dame de Paris, celle de León s'associe au style champenois. La sculpture gothique humanisée et majestueuse y prend son essor, de même que la peinture des frontaux et retables, d'autant plus en valeur que l'art du vitrail est ici peu développé au regard de la France. La Catalogne et les Baléares sont aussi converties, mais le style gothique qui s'y développe – à Barcelone dans la cathédrale et l'église Santa Maria del Mar, à Gérone ou à Palma –, au XIVe siècle, est propre aux régions méditerranéennes, comme le prouvent quelques traits distinctifs : nef unique aux contreforts intérieurs enserrant les chapelles latérales, ouvertures réduites, faveur accordée au volume plutôt qu'à l'élévation (les différentes voûtes, lorsqu'elles existent, sont hissées à un même niveau afin de créer l'illusion d'un espace unique, ce qui, réduisant la lumière, crée des jeux en demi-teinte). La pureté des lignes, la sobriété du décor, évoquent le dépouillement cistercien apparent dans la magnifique abbaye de Poblet. « Qu'est-ce que Dieu ? Il est longueur, largeur, hauteur, profondeur. »

Le clocher-minaret de l'église de Teruel, typique de l'art mudéjar ave ses briques et ses arcatures aveugles, date du XIIIe siècle.

La religion contribue à unifier l'Occident. La centralisation romaine se manifeste par le déclin de la liturgie mozarabe, sanctionnée par la cérémonie du 22 mars 1071 au monastère de San Juan de la Pena, puis officialisée au concile de Burgos en 1080. Cette minorité culturelle s'effaça dans le creuset ibérique (en 1055, le respect du dimanche avait été imposé à tous, aux dépens du vendredi, choisi par les mozarabes par contamination de l'Islam ; l'écriture et le comput wisigothiques furent aussi abolis), non sans une certaine difficulté, cependant, puisqu'elle continua à s'exprimer en arabe jusqu'au XIIIe siècle, pour le moins. Les clunisiens, les cisterciens, les clercs « *francos* » ont mis fin à l'isolement ibérique par une véritable politique de « normalisation » culturelle. « L'Espagne médiévale a cessé d'être cette île culturelle, plus tournée vers ses racines wisigothiques que vers l'Occident, plus préoccupée de retrouver son identité à travers la tradition isidorienne que de participer aux grandes réformes monastiques, plus avide d'effacer l'affront de la conquête musulmane que de se ranger dans le concert des nations situées dans le sillage de Rome et de la Papauté », peut affirmer H. Stierlin. Dans le même temps, l'orthodoxie triomphe des hérésies, notamment du catharisme qui a toutefois peu rayonné dans la Catalogne espagnole. « Dieu suscita l'esprit de saint Dominique et lui donna la force et la faveur de la divine prédication. A sa vue, toute la secte des hérétiques trembla, tandis que tressaillit de joie toute l'Église des fidèles. » La bulle de canonisation de saint Dominique, en 1234, rend hommage à la lutte contre l'hérésie : Dominique de Guzman, chanoine castillan, accompagnait en 1203 l'évêque Diègue d'Osma dans une mission diplomatique quand il constata les succès du catharisme en Aquitaine. En 1206, les deux hommes décidaient de parcourir la région pour une prédication itinérante, dans l'humilité et dans l'ascèse, en tentant de convertir les cathares par des controverses publiques. En 1215, Dominique fonde l'ordre mendiant des Frères prêcheurs qui adapte l'apostolat au milieu urbain en plein essor. Cette canonisation exalte aussi la nouvelle sainteté méditerranéenne fondée sur la pauvreté et le renoncement : « suivre nu le Christ nu ». La foi recouvre aussi l'Espagne maure où l'on se soucie de convertir : comme l'affirme Grégoire IX à propos de la croisade en 1230, « aux yeux du Rédempteur, il est aussi bon d'amener ces Infidèles à confesser le Verbe Saint que de réprimer par les armes la perfidie des Sarrasins. » Humbert de Romans, maître général des Dominicains, fonde des écoles de langue orientale à Barcelone, Valence, Murcie... Le dominicain catalan Raymond Marti y joue un rôle éminent. Raymond Lull, franciscain du tiers ordre, fonde un centre du même genre à Majorque. Or, nous le savons, ces « écoles de langue » sont propres à l'Espagne médiévale multiculturelle : les traductions à partir du grec, de l'hébreu et de l'arabe y permirent d'enrichir le patrimoine culturel de l'Occident. Exit donc la Reconquête !

Le croisé était un pèlerin des plus remarquables. Mais tout homme médiéval est par essence religieuse un « *homo viator* ». Saint-Jacques-de-Compostelle appartient donc au patrimoine occidental. Terminons ce chapitre en mettant nos pas dans les traces des marcheurs de Dieu, ces si nombreux pèlerins du XIIIe siècle (une moyenne de 200 000 à 500 000 par an). Le pèlerinage s'est surtout développé à partir du XIe siècle sous l'influence clunisienne. C'est en 1025 que l'évêque clunisien Dalmace transféra le siège épiscopal d'Iria Flavia – El Padron, où saint Jacques aurait débarqué pour évangéliser l'Espagne – à Compostelle ; en 1120, sous l'évêque Diego Gelmires, le sanctuaire devint archevêché. En 1179, le pape Alexandre III octroie par ailleurs un jubilé assorti d'une indulgence plénière au pèlerinage, chaque année où la fête de Saint-Jacques tombera un dimanche. Compostelle égale désormais Rome et Jérusalem. Il n'est donc pas étonnant de voir tout d'abord les Français se presser sur les routes, à l'image de Guillaume d'Aquitaine en 1137, ou de leur roi Louis VII en 1154. Ils sont rejoints à la fin du siècle par les Européens du Nord sur les routes qui traversent la France vers la Galice : la *via Turonensis* part théoriquement de Saint-Martin de Tours, mais les pélerins y affluent de Paris et du Nord ; la *via Lemovicensis* de la Madeleine de Vézelay ; la *via Podensis* du Puy. Toutes trois se rejoignent en pays basque et passent en Espagne par le col de Roncevaux où un hospice fut édifié en 1132 à proximité du rocher tranché par Roland. La *via Tolosana* ou voie romieuse rencontre les précédentes à Puente la

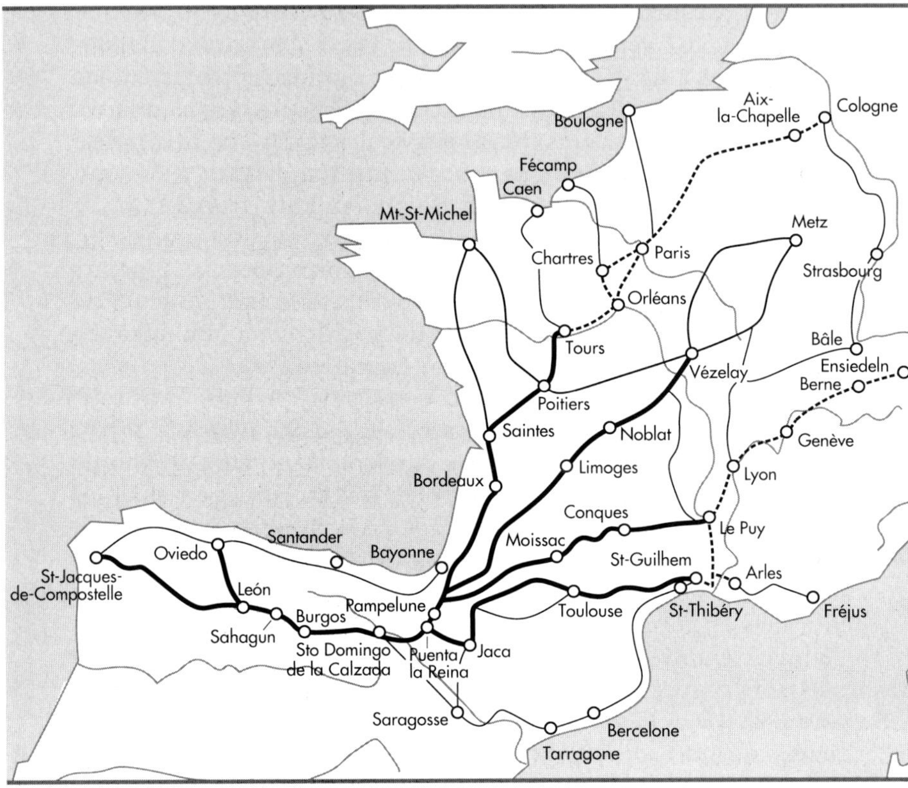

Les chemins de Compostelle

Chemin principal
Chemin traditionnel
Chemin secondaire

Reina ; elle franchit les Pyrénées par le Somport où l'hospice Sainte-Christine accueille les pèlerins. La « révolution de la charité », selon l'expression de J. Chelini et H. Branthomme, que fut dès le XIIe siècle la multiplication des hospices, en avait en effet jalonné la route. Avant le point de rencontre, les jacquets avaient prié au sanctuaire roman de San Salvador de Leyre, « centre et cœur de mon royaume » pour Sanche le Grand, puis traversé Sangüesa : c'est là que saint François, y séjournant à l'occasion de son pèlerinage à Saint-Jacques vers 1212-1213, a fondé le premier couvent des Frères mineurs en Espagne ; le majestueux portail roman de Santa Maria la Real est par ailleurs une parfaite illustration de cet art du pèlerinage qui se développe à la charnière des XIe et XIIe siècles ; un sculpteur bourguignon, Léger, y a apporté les traditions romanes de sa région, sculptant des statues-colonnes dont la plus étrange est sans conteste celle de Judas pendu. C'est à Puente la Reina, ville type de la Rue, que débute le « *camino francés* », long de deux cents lieues et qui serpente en Navarre, en Castille, en León, pour aboutir enfin au « finisterre », terme du voyage. Toutes ces régions se sont couvertes de sanctuaires romans et, s'il est hors de question de les parcourir toutes, comment ne pas évoquer certaines étapes : « *Estella la bella* », selon l'adage du XVe siècle ; Burgos et sa richesse romane et gothique ; Fromista et son monastère bénédictin, véritable « bijou roman » ; Sahagun, León enfin, son monastère roman de San Isidoro et sa cathédrale gothique... ? Certains romieux avaient fait des détours vers les grands sanctuaires ibériques, Montserrat, Guadalupe et Oviedo, car « qui va à Saint Jacques et ne passe pas à Saint Sauveur se rend chez le disciple et délaisse le Seigneur ». Puis c'était enfin l'extrême Ouest et Compostelle ; le premier qui l'apercevait et criait « Montjoie ! » était sacré roi du pèlerinage. La cathédrale romane de Saint-Jacques, consacrée en 1105, est le monument le plus parfait de l'art roman ibérique : sa grande nef principale, ainsi que le transept tout aussi vaste, sont entourés du déambulatoire et de bas-côtés sur lesquels se greffent des chapelles radiales ; cet ensemble architectural – complété d'un système de circulation en hauteur, au niveau des tribunes – permet les grands rassemblements, tandis que les chapelles garantissent le recueillement ; c'est le plan parfait des églises de pèlerinage. Le portail de la Gloire sculpté en 1188 par le maître Mathieu, lui ajoute sa majesté. Le pilier central en est creusé par les mains de tous les jacquets espagnols et européens qui, en y apposant les doigts, marquaient leur arrivée au sanctuaire. Saint Jacques y est représenté en pèlerin, avec ses attributs que sont le bourdon, la besace et la coquille compostellane, devenue au milieu du XIIe siècle l'emblème du pèlerinage. Mais il est aussi chevalier *Matamore* dans le sanctuaire.

L'apogée des « Rois Catholiques » : l'Espagne à la dimension du monde

Aragon et Castille unis triomphent des crises de la fin du Moyen Age

La mort d'Alphonse X le Sage (1252-1284) ouvrit en Castille plusieurs décennies d'instabilité politique et sociale : ses héritiers s'affrontèrent d'abord en un âpre combat pour la couronne, puis les minorités des rois Ferdinand IV (1295/1301) et Alphonse XI (1312/1325) nécessitèrent des régences ; enfin, Pierre le Cruel (1350-1369) vit se dresser contre lui un fils bâtard d'Alphonse XI – son propre père mort de la peste à Gibraltar en 1350 –, Henri de Trastamare, aidé de compagnies étrangères dont la plus connue est pour nous celle de Bertrand Du Guesclin. L'issue de cette guerre civile qui a ravagé le royaume a marqué les esprits : en 1369, les deux frères s'affrontèrent en un corps à corps au couteau à l'initiative de Du Guesclin, et Pierre le Cruel fut tué. Henri de Trastamare s'installa sur le trône castillan – et avec lui une branche cadette de la dynastie régnante – sous le nom d'Henri II.

Les historiens s'accordent pour voir en lui le résultat et l'instrument d'une révolution nobiliaire. Les anciens lignages s'éteignent : la fréquence de l'endogamie, la « restriction au mariage » pour le seul fils aîné en favorisent la disparition naturelle. La crise du XIVe siècle les a ruinés ; leurs revenus fonciers n'ont pu, bien sûr, que pâtir de la cherté des produits fabriqués et importés et des fluctuations monétaires, sans que la pratique de *l'encomienda* – la mise en tutelle de monastères, affaiblis économiquement, dont ils perçoivent les revenus – ou l'institution du majorat – la transmission aux aînés du lignage d'une part inaliénable du patrimoine – ne puissent vraiment l'empêcher. La peste les a décimés. La guerre civile les a parfois brisés. On évalue ainsi à 4 % le nombre d'anciens lignages de la haute noblesse qui subsistent à l'époque trastamare, alors même qu'une nouvelle noblesse parvenue devient l'assise sociale du régime, qui récompense ainsi ses partisans ou les ralliés de longue date : la famille royale, cela va sans dire, mais aussi les soldats hidalgos et la noblesse de service, se voient ainsi gratifiés de vastes propriétés ou de seigneuries foncières et juridictionnelles (c'est ainsi que les historiens espagnols qualifient la maîtrise par les Grands de tous les droits régaliens sur la principauté administrée, qu'ils leur aient été concédés ou qu'ils les aient usurpés), appelées *estados*, et constituent de nouveaux lignages de haute noblesse militaire et fonctionnariale. Ces libéralités furent poursuivies jusqu'au règne d'Henri IV (1464-1474). Ce dernier les accrût même en concédant aux nobles une partie des droits de douane, ou en leur permettant de percevoir directement l'*alcabala*, la taxe sur les transactions généralisée après 1340, à charge pour eux de reverser au Trésor ce qui excéderait le montant de leurs pensions... L'affaiblissement de la monarchie trastamare sur ce siècle favorisa par conséquent la montée de la puissance politique de cette haute noblesse parvenue, qui regroupe une cinquantaine de familles seulement, parfois apparentées. On appelait *ricos hombres* l'ancienne noblesse de service ; ces nobles intéressés par le profit et le pouvoir deviennent les *Grandes* ou les *Titulos*, les Grands ou les Titres, qui contrôlent d'immenses principautés territoriales et sont à la tête de fortunes colossales. Prenons pour exemple les Velasco, qui exercent leur influence sur les provinces de Burgos, Logrono, Palencia et Avala, ou les Pacheco qui font de même sur 25 000 km^2 !

La moyenne noblesse, si elle est loin de compter de tels revenus, connut elle aussi une ascension réelle qui témoigne de la poussée aristocratique qui traverse l'ensemble de la société castillane aux XIVe et XVe siècles. Parvenant à arrondir sa fortune en accaparant les terres désertées du fait de la famine et des pestes, elle adopta un mode de vie nobiliaire, vivant de rentes ou de fonctions auprès des Grands et du roi. Son hégémonie sur les villes provinciales était incontestable, les charges municipales devenant héréditaires ; elle se manifestait matériellement par de belles demeures aux remarquables « tours de l'hommage », humainement par les réseaux de clientèle qu'elle se constituait – y incorporant souvent des hidalgos ruraux désargentés.

Ces difficultés dynastiques et ces bouleversements sociaux ont donc stoppé la Reconquête castillane aux portes de Grenade pour deux siècles ! Quant à la couronne d'Aragon, elle préférait regarder vers la mer depuis qu'elle avait incorporé la Catalogne. Jacques Ier (1213-1276) est à l'origine de l'expansion maritime vers les Baléares, poursuivie en Sardaigne, et même en Grèce, au début du XIVe siècle. Alphonse V le Magnanime (1416-1458) maintint cette vocation maritime en s'installant en Italie et en conquérant le royaume de Naples aux dépens de la maison d'Anjou en 1443. A sa mort, ce territoire revint à son fils Ferrante, tandis que Jean II (1458-1479), son frère, recevait une couronne d'Aragon recentrée sur la péninsule.

Il faut cependant insister sur le changement dynastique de 1412 qui avait amené sur le trône d'Aragon une branche cadette de la dynastie trastamare et comprenait, par là même, des ferments d'unité ibérique. La sentence arbitrale de Caspe avait en effet tranché la vacance causée par la mort sans héritier de Martin Ier l'Humain (1395-1410) en privilégiant le neveu de ce dernier, Ferdinand – dit d'Antequera depuis une expédition victorieuse contre les Maures – ; celui-ci, fils du roi Jean Ier de Castille, était régent de ce royaume depuis 1406 en raison de la minorité du roi Jean II (1406-1454) et y avait solidement implanté ses fils. Ces infants d'Aragon, véritables maîtres de la Castille, furent toutefois combattus après 1420 par la noblesse castillane conduite par Alvaro de Luna, un parvenu bien vite devenu homme de confiance d'un roi faible et indécis, et furent chassés à l'issue d'une guerre civile qui dura dix ans. Les tentatives du parti aragonais, appuyé sur la noblesse désormais hostile au favori – qui tentait de construire les bases d'un pouvoir royal fort, indépendant des clans aristocratiques –, furent ensuite vaines entre 1437 et 1445. Le ministre de Jean II fut néanmoins renversé et exécuté en 1453 ; il n'avait pu s'appuyer sur une classe moyenne qui aurait pu contrebalancer la puissance politique, économique et sociale des lignages nobles. Le temps n'est pas encore à l'unité, mais bien à la discorde ! L'installation d'une dynastie castillane sur le trône d'Aragon – elle y succédait à la lignée catalane – n'avait pas été mieux accueillie par la Catalogne. Celle-ci regrettait bien sûr le déplacement du centre de gravité à l'intérieur de la couronne d'Aragon qui en découlait. Elle n'approuvait pas non plus la politique extérieure de prestige que menait la monarchie dans l'ensemble du bassin méditerranéen, alors même que la conjoncture économique avait commencé à se retourner en sa défaveur dès 1420. Foyer d'une puissante industrie drapière à son apogée dans la première moitié du XIVe siècle, elle voyait sa production concurrencée par les draps anglais. Pôle monétaire de la péninsule, elle voyait disparaître sa monnaie d'argent, et connaissait un endettement croissant. Centre d'échanges et de redistribution pour toute la Méditerranée, elle voyait son grand commerce maritime s'effondrer dans une proportion de cinq à un, entraînant dans sa chute l'artisanat destiné à l'exportation et les constructions navales. Deux factions s'affrontèrent à Barcelone pour tenter de remédier à un désastre qui atteint son maximum vers 1450 : la Busca, « la paille », qui, regroupant les corporations de marchands et d'artisans, réclamait des mesures protectionnistes ainsi qu'une dévaluation de la monnaie pour réduire les dettes et relancer les affaires ; la Bisca, « la poutre », qui, représentant les grands marchands et les *ciutadans honrats*, désirait au contraire la stabilité afin de garantir leurs placements. La Busca, victorieuse, en appelle au roi. Les paysans catalans, en lutte contre les *mal usos*, en appellent aussi au roi ; les nobles réclamaient en effet leurs droits avec d'autant plus d'âpreté que le déclin démographique avait diminué leurs rentes foncières et entraîné une redistribution de fait des terres libres entre les paysans ; les seigneurs de ces derniers s'étaient alors souvenus de la *remensa* qui obligeait les paysans voulant quitter leur exploitation à en obtenir le droit du seigneur contre les espèces sonnantes et trébuchantes de leur rachat. Regroupés en syndicats, les paysans s'opposèrent donc aux propriétaires seigneuriaux, auxquels ils proposèrent de racheter les droits par une indemnité forfaitaire. Il est intéressant de faire ici état de la thèse de P. Vilar à propos de la guerre civile qui a opposé la Catalogne au roi Jean II d'Aragon entre 1462 et 1472 ; il a montré que les difficultés dynastiques n'en sont que le prétexte. Certes, nombreux furent en Catalogne et en Navarre ceux qui pensèrent que l'infant Charles, prince de Viane (fils de Jean II par son mariage avec Blanche de Navarre, il avait été en conflit avec son père au point d'être emprisonné, puis relâché grâce au soutien de ces deux régions), avait dû sa mort en septembre 1461 à un empoisonnement fomenté par le roi son père et sa nouvelle épouse castillane. Mais la guerre civile vient surtout de cette conjonction de difficultés, tant économiques que sociales, urbaines que rurales, qui menacent de toutes parts des oligarchies catalanes en plein désarroi, jusqu'à en rendre responsable un roi « étranger ». Le conflit ne fit bien sûr que précipiter le déclin régional : il dévaste les campagnes, grève les finances, favorise la concurrence étrangère et celle du nouveau pôle économique de la couronne d'Aragon, Valence. Désormais cette ville, la plus peuplée de la péninsule avec sans doute 70 000 habitants à la fin du XVe siècle contre 40 000 en 1400, en est aussi le premier port et la capitale financière. Par ailleurs, la sentence royale de Guadalupe, du 21 avril 1486, libérait les paysans de la servitude par l'abolition des mauvaises coutumes. L'oligarchie catalane n'était donc parvenue sur aucun point à bloquer l'évolution en cours.

Elle témoigne bien, en revanche, du bouleversement général de la société ibérique aux XIVe et XVe siècles sous l'assaut des épidémies et des famines. Ces dernières ont affecté la péninsule dès la première moitié du XIVe siècle, les aléas climatiques ayant causé une série de mauvaises récoltes, sources de pénurie, selon le mécanisme des crises économiques et démographiques d'Ancien Régime précocement analysé par les historiens : les difficultés agricoles entraînent une baisse des ressources alimentaires, et donc une augmentation des prix qui accroît encore les difficultés qu'ont les pauvres à se procurer les denrées vivrières de base ; leurs organismes affaiblis sont alors les premières victimes des épidémies. Ce cercle vicieux scande l'ensemble du XIVe siècle d'une succession de crises de mortalité que P. Chaunu a appelé « le cortège de saisons des morts » : celle de 1301 aurait causé la disparition du quart des Castillans selon les *Chroniques* de Ferdinand IV ; la terrible disette de 1333, la « *mal any primer* », la mauvaise première année, fit passer de vie à trépas un cinquième des Barcelonais...

Mais ces désastres du début du siècle s'effacent devant la peste noire qui a tué le tiers de l'humanité selon le chroniqueur Froissart. J.N. Biraben, dans son livre célèbre sur *Les hommes et la peste en France et dans les pays européens et méditerranéens*, rappelle que c'est à partir de cette épidémie que le terme générique de *pestis* s'applique précisément à cette maladie à charbons et à bubons. Ramenés d'Orient par les caravanes, le long des routes commerciales, puis par l'entremise des bateaux génois, les germes mortels se répandirent dans les ports méditerranéens en 1348, avant de se généraliser à l'Europe occidentale. La mortalité n'est pas précisément chiffrée, mais on a pu évaluer qu'elle a frappé un à deux tiers de la population et a particulièrement ravagé la couronne d'Aragon. Le désarroi est total, les récits en témoignent et forment une même lamentation dans tout l'Occident. Les morts sont si nombreux en ville qu'on ne suffit plus à les enterrer dans des cimetières surchargés – et c'est comme un écho du *Livre de la Sagesse*, « ... les forces des vivants ne suffisaient plus à enterrer les morts » ! Les corps jonchent donc les rues, parfois abandonnés par des familles désemparées qui fuient la contagion ; pour l'homme médiéval, cette rupture de la solidarité familiale n'est pas la moindre des conséquences de l'épidémie ! Les campagnes se vident, et s'y multiplient les villages perdus, les *despoblados,* dont l'existence ne nous est connue que par les archives et les photographies aériennes qui en témoignent encore aujourd'hui.

Les épidémies de peste réapparurent à de nombreuses reprises tout au long du siècle. Sept vagues déciment la population de Valence entre 1348 et 1401, neuf l'ensemble de la couronne d'Aragon. Ainsi, entre la peste de 1348 qui a tué 50 % des Juifs de Tudela et 75 % des Maures des Cortes – ces chiffres, certes partiels, n'en sont pas moins significatifs ! – et la « peste des jeunes » de 1361, deux générations navarraises ont-elles pratiquement disparu... La ville de Barcelone est une des rares à offrir une documentation assez importante pour avoir permis aux historiens d'étudier les ravages apportés par l'épidémie tant qu'elle a concerné l'Occident, de 1348 à la fin du XVIIe siècle, 1654 en l'occurrence : entre ces deux dates, trente-trois vagues pestilentielles ont dévasté la capitale catalane, étendues sur 49 ans durant lesquels la mortalité normale était au moins multipliée par deux. Cette ville est toutefois originale en raison de l'importance précocement prise, dès le XVIe siècle, par des mesures préventives systématiques, et de la relative brièveté des épisodes épidémiques. Le fait que la population n'y rattrape qu'au XVIe siècle le chiffre de 1348 n'en est que plus évocateur ! De fait, rares furent les initiatives de repeuplement et lente la récupération démographique. Il fallut attendre le XVe siècle pour l'ensemble de la péninsule, et même l'époque des Rois Catholiques pour la Catalogne.

Le traumatisme social d'une pareille ponction démographique ne pouvait qu'être énorme ! Nous avons déjà évoqué les guerres des *remensas* en Catalogne. Les luttes anti-seigneuriales, pour les mêmes raisons, furent aussi particulièrement aiguës à Majorque et en Castille, où les nobles accaparèrent les terres communautaires pour pallier leurs propres difficultés. La moyenne noblesse s'est en effet appauvrie, alors qu'en revanche les grands seigneurs andalous, en reprenant les terres libres, parviennent à se constituer *haciendas* et *cortijos*, affermés ou exploités par des *brasseros*, des journaliers. La hiérarchie nobiliaire ne peut que s'accentuer, en ces temps difficiles, et les pauvres se multiplier. L'étude des institutions charitables de Valence a montré la mutation de l'image du pauvre itinérant. Jusqu'aux années du milieu du XIVe siècle, le mendiant étranger y est accueilli et secouru avec bienveillance parce qu'on reconnaît en lui un « pauvre de Dieu ». Après cette date, en revanche, devant l'afflux des miséreux, la méfiance l'emporte ; ces derniers ne peuvent demeurer que trois jours en ville, après avoir obtenu une autorisation de mendier manifestée par la bulle de plomb aux armes de la cité qu'ils sont mis en demeure d'arborer. Il faut toutefois souligner qu'à l'égard du pauvre local, la charité privée s'est développée, par le biais de fondations pieuses – le premier asile d'aliénés d'Espagne, l'hôpital des Innocents, est ainsi créé à Valence en 1409 – et de l'assistance ecclésiastique. B. Bennassar n'a-t-il pas démontré, nous y reviendrons, qu'aucun pays n'a autant que l'Espagne résisté à la conception bourgeoise de la pauvreté ? L'indigent y conservera, pour au moins trois siècles, sa fonction sociale et religieuse de l'époque médiévale.

Le rejet des minorités fut plus radical. Dans la péninsule Ibérique comme dans tout l'Occident, le Juif fait souvent figure de bouc émissaire face aux phénomènes épidémiques. B. Leroy nous apporte à cet égard nombre de précisions dans son *Aventure séfarade* : ne colporte-t-on pas, alors, que cent chrétiens meurent de peste pour un seuf Juif, fils d'un peuple déicide et profiteur, par ailleurs responsable de la tuerie en ayant empoisonné l'eau des puits ? Nul ne sait en effet comment expliquer les épidémies ni comment les combattre. La population, dans son désarroi, se laisse influencer par les « prophéties » fréquentes dans cette atmosphère apocalyptique et, gagnée d'autant plus facilement à l'hostilité que la crise politique et économique est aiguë en arrière-plan, s'en prend aux *juderias*. 1391 est dans ce contexte une date charnière : c'est alors qu'une violente émeute ravage le quartier juif de Séville avant de gagner l'Andalousie et l'Aragon. On estime, sans grande certitude, entre 5 000 et 10 000 le nombre de morts lors de ces pogroms, ou *matanzas*, qui ruinèrent les *aljamas*. De tels mouvements se reproduisirent à plusieurs reprises, pour conduire aux mesures discriminatoires prises par les Cortes de Valladolid en 1412 ; elles enfermaient les Juifs dans leur quartier, entravaient leurs relations avec les chrétiens, leur rendaient difficile toute pratique religieuse. Coup de semonce après une longue ère de coexistence, cette législation cessa rapidement d'être mise en pratique. Seule la tolérante Navarre demeurait une oasis de paix, et pour plus d'un siècle, même si elle-même fut agitée de tels mouvements d'exclusion. Si les gouverneurs créent en 1330 à Pampelune un quartier où les Juifs doivent obligatoirement résider, c'est bien pour les protéger des pillages qui se sont multipliés. Toutefois la méfiance et la volonté de ségrégation n'en sont pas absentes, comme le manifeste la première mesure discriminatoire prise dans le royaume, en 1340, l'interdiction qui leur est faite de travailler le dimanche ; elle sera toutefois mal appliquée.

Dans ce contexte propre à l'Occident, la péninsule doit sa spécificité à la rupture alors effective avec l'ouverture culturelle et religieuse de l'Espagne médiévale, pays des trois cultures et des trois religions. Comme ils ont converti les Maures à l'issue de la Reconquête, les chrétiens tentent de ramener les Juifs à la vraie foi. N'évoquons que quelques exemples : l'insistance mise sur la passion du Christ dans la spiritualité chrétienne à partir du XIIIe siècle se traduit dans les prédications de Vincent Ferrier qui leur sont destinées ; la poursuite de la croisade sur le sol même de l'Occident, dans la foulée de saint Dominique, passe par de nombreuses disputes théologiques entre rabbins et clercs. En conséquence, la première vague de conversions juives se produisit en 1391 sous le double effet de cette action spirituelle et des exactions commises à leur encontre. Ainsi le grand rabbin de Burgos, Salomon ha-Levi, devint-il Pablo de Santa Maria, bientôt chancelier de Castille et évêque de cette même ville, remarqué pour son zèle de nouveau chrétien : il écrivit en 1432 un *Scrutinium Scriptarum,* expression achevée de l'antijudaïsme chrétien. Il en fut de même de Jérome de Santa Fe, opposé en 1412 et 1414 à plusieurs rabbins lors de la dispute de Tortosa qui déclencha un nouvel essor des conversions. Seul Alonso de Cartagena, fils du premier, chercha dans son *Defensorium Unitatis Christiana* à réfuter l'antisémitisme, en montrant comment le Nouveau Testament est l'aboutissement de l'Ancien. Ces *conversos* s'assimilèrent facilement, devenant parfois dignitaires de l'Église catholique, ces exemples le prouvent : douze des vingt-deux sièges épiscopaux du royaume de Castille furent même un temps entre les mains de membres de la famille ou de proches de Salomon ha-Levi. Les convertis issus des milieux aisés conservaient bien sûr leur statut social et leurs hautes fonctions administratives ou financières, et parvinrent même à accéder à la noblesse. L'hostilité des vieux chrétiens n'en fut que plus vive et se teinta dès lors d'une connotation raciale, puisque la religion ne faisait plus barrière. Bien plus, dans nombre de cas, une conversion aussi rapide, sous la pression des faits, ne pouvait que demeurer superficielle pour ceux qui se sentaient toujours juifs de cœur et continuaient à judaïser en secret. Quant aux communautés juives survivantes, riches de quelque 75 000 personnes, elles se réfugièrent dans de petites villes, pour tenter de survivre, ou s'exilèrent en Navarre. Le processus était engagé, qui mena à l'expulsion de 1492 à laquelle nous consacrerons un développement ultérieur.

Les mentalités, la vie religieuse, portent aussi l'empreinte de la peste, dans la péninsule comme dans tout l'Occident. Rien n'en témoigne mieux que le renouveau des pèlerinages de ces flagellants, qui, de ville en ville, tentaient d'apaiser la colère divine par leurs macérations. Ces pratiques religieuses, quelles qu'en soient les déviations, illustrent bien l' « immense appétit du divin », pour reprendre la formule de L. Febvre, qui travaille cette fin du Moyen Age. Certes la quête du salut n'est pas chose nouvelle, mais l'omniprésence de la mort l'a transformée en obsession pour le chrétien des XIVe et XVe siècles, d'autant qu'au même moment les turbulences de l'institution pontificale faisaient vivre à l'Église catholique un véritable drame interne. Après avoir été en « captivité à Babylone », selon la formule alors en usage pour désigner l'exil papal en Avignon entre 1309 et 1367, « la robe sans couture déchirée » divisa la Chrétienté. Ainsi appelait-on le Grand Schisme créé, de 1378 à 1417, par la présence rivale de deux papes, l'un à Rome, l'autre en Avignon auquel Castille et Aragon se sont respectivement ralliés en 1381 et 1387. Chaque pape regroupait autour de lui son obédience, divisant les forces spirituelles, dédoublant les hiérarchies. Deux Églises s'étaient formées, qui se déchirèrent pendant trente ans, allant jusqu'à s'accuser d'hérésie et à s'affronter à coups de croisades armées, comme celle que le duc de Lancastre mena pour Urbain VI contre la Castille. Comment ne pouvait-on être frappé de cette coïncidence entre le Schisme et les malheurs du temps ? C'est pourquoi la prédication des ordres mendiants, en langue vulgaire, utilisa ces peurs pour les transformer en méditation sur la pénitence et le salut, afin d'amener chaque laïc à rechercher la sainteté ou à s'approcher de cette référence ; c'est alors, en effet, que le modèle du saint s'émancipe de l'état ecclésiastique pour investir l'état laïc. Saint Vincent Ferrier en est l'archétype, lui que Francisco Ribalta a peint devant l'apparition de Jésus ; né à Valence en 1350 et mort à Vannes en 1419, il s'est attelé à cette tâche, en Aragon, en France et en Italie, tout en priant pour la fin du Schisme. Pour lui comme pour tous les autres prédicateurs itinérants, il s'agit de frapper l'opinion en l'impressionnant, la faisant prendre conscience de son péché et de son désir de repentir, la reconquérir en bref. Ainsi prêchait-il dans les cimetières, juché sur une estrade en bois, organisant un cycle de sermons enrichis d'*exempla,* sortes de paraboles faisant image et accessibles à tous. La méditation conduite sur l'Antéchrist, la nécessaire conversion des Juifs, la perfectibilité de la vie morale par le mépris des vanités et corruptions de ce monde, décrites avec virulence et verdeur, conduisaient l'auditoire à se préparer aux fins dernières. Aussi Vincent Ferrier était-il entouré de confesseurs, mais aussi de pénitents se flagellant, tandis que la fin des sermons s'accompagnait souvent d'un autodafé, le *rogo della vanita*, où étaient jetés atours, jeux de cartes et de hasard, images licencieuses ou impies... La vieille tradition des danses macabres d'origine musulmane s'intégra dans cette obsession de la mort et du corps défunt, dans cette angoisse du jugement, en soulignant la vanité des distinctions sociales face à la Grande Faucheuse. « Vers la mort nous nous hâtons, cessons de pécher, cessons de pécher ! » Cette invite de la danse macabre du monastère bénédictin de Montserrat, au XIVe siècle, fait écho à la représentation iconographique du « dit des trois vifs et des trois morts » du cimetière des Saints-Innocents à Paris : « on nous a vus ce que vous êtes, on vous verra ce que nous sommes ». J. Pérez, dans son ouvrage fondamental sur *Ferdinand et Isabelle*, montre qu'un siècle après, la méditation sur la mort reste dans la même tonalité ; il cite à cet égard un extrait des strophes composées par Jorge Manrique en l'honneur de son père – mort, comme ce sera aussi son cas, au service des Rois Catholiques :

Nos vies sont comme les fleuves
qui vont finir dans cette mer
qu'est la mort ;
c'est là que les seigneuries vont

tout droit à leur terme et à leur ruine :
là, les fleuves abondants
là, les autres, moyens et les plus petits :
et une fois arrivés, tous sont égaux,
ceux qui travaillent de leurs mains
et les riches.

La pratique testamentaire – cette « comptabilité de l'au-delà », selon J. Chiffoleau – fait écho à cette même présence obsidionale de la mort ; partout en Occident, un nombre très élevé de messes est demandé par le fidèle testateur à l'heure de sa mort, afin que cette accumulation influe sur son Jugement individuel ; des messes d'anniversaire, de requiem, prépareront pour leur part le Jugement dernier. Cette mathématique de la fin, de même que la théâtralisation dans un convoi mortuaire devenu spectacle, expriment l'angoisse de toute une Europe décimée. La compassion pour le Christ douloureux et souffrant s'y rattache. Mais la dévotion passe aussi par le culte de la Présence réelle, particulièrement développé en Espagne, et la recherche d'intercesseurs : le culte marial, comme celui des saints sous la protection desquels se plaçaient les confréries, exprimaient un même appel au secours. Le pèlerinage de Saint-Jacques-de-Compostelle accueille toujours un grand nombre de pèlerins, issus essentiellement des régions septentrionales de l'Europe, qui parcourent en foule le *camino francés* ; toutefois, les premiers balbutiements de la *devotio moderna*, cette spiritualité nouvelle selon laquelle la vie du chrétien se déroule au plus profond de lui-même, alimentée par la méditation et l'oraison, mettront bientôt à mal cette piété traditionnelle.

Les XIVe et XVe siècles ont été ceux de l'apparition de l'État, constitué notamment autour d'une Église nationale. Or la péninsule Ibérique manifeste à ce titre une précocité certaine. Nous avons déjà souligné que la Reconquête avait polarisé les forces vives de la religion péninsulaire, en accentuant donc le repliement national. Le pape Clément VI en avait montré les excès à Alphonse XI de Castille. « Est-ce que le bienheureux Jacques, qui fit luire dans les Espagnes la lumière de la vérité évangélique et connaître le sacrement du Saint Baptême, naquit en Espagne ? » Toujours est-il que la Reconquête avait mis cette dernière à l'écart des tentatives réformatrices du pontificat au XIIIe siècle. Il fallut en effet attendre le concile de Valladolid en 1322 pour que les décrets de Latran IV (1215) y pénètrent. C'est à partir de cette date que furent réformés les ordres réguliers. L'impulsion fut parfois purement interne, comme au couvent de la Salceda ou au monastère cistercien de Piedra, en Aragon... Mais l'action royale fut décisive, et c'est par son entremise que cette action réformatrice était très avancée vers 1450 dans la péninsule, alors qu'elle restait à faire dans la plupart des pays européens. Le roi Jean Ier de Castille fonda trois chartreuses suivant la règle austère de saint Bruno, ainsi que le monastère bénédictin de San Benito de Valladolid à partir duquel se diffusa la réforme d'un ordre en pleine décadence. Il créa enfin l'ordre des hiéronymites qui, sous le patronage de saint Jérome, voulaient être à la fois ermites, savants et prêtres ; nombre de confesseurs et conseillers du roi, souvent aristocrates, en furent issus. Le plus célèbre de ces monastères est celui de Sainte-Marie de Guadalupe, mais comment oublier celui de Yuste où Charles Quint vécut la fin de sa vie sous l'habit de moine ? La vie du clergé séculier présente en revanche les mêmes tares que le reste de la chrétienté occidentale : absentéisme ou choix d'un remplaçant rémunéré, méconnaissance du dogme, relâchement des mœurs, d'où une médiocre vie religieuse dans les campagnes. La situation religieuse de la péninsule Ibérique doit au total sa particularité au droit de patronage accordé précocement aux souverains. C'est au XIe siècle qu'Urbain II avait permis aux reconquérants de désigner les titulaires des églises sises dans les zones reconquises. Malgré les conflits entre les Rois Catholiques et la papauté, ce privilège, encore étendu au XVe siècle, devait finalement être confirmé en 1523. Certes, les règles canoniques souffraient de cette concession à des laïcs du droit de nommer des prélats sans recours à l'autorité spirituelle. Pourtant, l'extension de l'Empire espagnol, tout comme la quête de l'unité religieuse sur les bases de l'unification politique, allaient aboutir à la création d'une église d'État fondée sur un « nationalisme de l'orthodoxie », selon l'expression de F. Rapp. Isabelle et Ferdinand ne seront-ils pas appelés les Rois Catholiques ?

C'est en effet à l'issue de ces deux siècles agités de turbulences – *el tiempo de las turbaciones*, comme on les qualifiera à l'époque des Rois Catholiques – que les Espagnes commencent à s'unifier pour entrer d'un même pas dans la période, un siècle environ, de 1479 à 1598, et trois grands règnes, qui vit s'affirmer leur hégémonie sur le monde. Cette unification avait été préparée, nous l'avons vu, par l'avènement d'une dynastie castillane sur le trône d'Aragon, et il est certain qu'elle scelle le destin espagnol qui aurait tout aussi bien pu se faire autour du Portugal. Elle fut effective quand Isabelle, l'héritière de Castille, épousa Ferdinand, l'héritier d'Aragon, en 1469, avec une fausse bulle pontificale de dispense pour cousinage – confirmée a posteriori –, et sans l'autorisation du roi castillan. Sans entrer dans les détails de la succession dynastique, il faut avoir présent à l'esprit que le roi Jean II de Castille s'était marié deux fois : de sa première union, naquit le futur Henri IV (1454-1474), le premier avec ses enfants dans l'ordre de la succession. Or, quoique surnommé, par des chroniqueurs peu tendres, *El Emplazado*, l'impuissant, en raison de son homosexualité et de l'absence de consommation de son premier mariage, celui-ci eut une fille, Jeanne, du second en 1462, reconnue dans un premier temps comme héritière. Les nobles castillans obtinrent toutefois en 1464 que celle qu'ils nommaient *La Beltraneja* soit écartée de la succession au trône sous le prétexte d'une naissance illégitime, la reine ayant accordé de coupables privautés au favori Beltram de la Cueva... Le roi céda, sans admettre néanmoins l'illégitimité, espérant sans doute que l'union de Jeanne avec l'infant Alphonse, issu du second mariage de Jean II avec Isabelle du Portugal, serait une compensation. Or la mort d'Alphonse en 1468 déjoua ces espérances, et ne demeurèrent que Jeanne et Isabelle, la sœur d'Alphonse, comme prétendantes au trône. Cette dernière eut l'habileté de refuser le pouvoir qui lui fut immédiatement proposé par les factions nobiliaires, certaines de pouvoir manipuler sans problème cette princesse de dix-sept printemps, et de justifier ses prétentions à écarter Jeanne du trône, non par des secrets d'alcôve, mais en soulignant que l'union de ses parents n'était pas légitime puisqu'ils n'avaient pas obtenu la dispense nécessaire pour cousinage. Le roi Henri IV récompensa sa prudence en la faisant héritière de la couronne, ce que manifestait son nouveau titre de princesse des Asturies. A la mort de ce dernier, en 1474, Isabelle fut donc proclamée reine ; elle ne fut vraiment reconnue qu'en 1479, après que la rébellion des nobles appuyés par le roi Alphonse IV du Portugal, futur époux de Jeanne, eut été vaincue. On a pu remarquer que même après cette date, alors donc que le danger était désormais inexistant, Isabelle manifesta une grande intransigeance à l'égard de Jeanne, lui interdisant toute sortie du couvent où elle s'était réfugiée : n'est-ce pas la meilleure preuve a posteriori de la légitimité de la princesse, ce qui ferait d'Isabelle une usurpatrice au strict plan dynastique ? Cette même année 1479, Ferdinand devenait roi d'Aragon, le deuxième du nom. En janvier 1475, la sentence arbitrale de Ségovie avait précisé les droits de chacun des époux ; dès avril, cependant, Isabelle avait octroyé à Ferdinand un pouvoir absolu sur la Castille, ce que ce dernier imita pour l'Aragon l'année de son avènement, instituant ainsi cette pratique originale que fut le « gouvernement conjoint ». Selon la formule du chroniqueur Hermando del Pulgar, les deux souverains forment désormais « une seule volonté en deux corps ». En fait, il est d'autant plus difficile d'attribuer telle décision à l'un ou à l'autre que tous les actes sont paraphés de leur double signature.

Il est néanmoins tentant de présenter un peu mieux ceux à qui le titre de Rois Catholiques fut octroyé par le pape en 1494, deux ans après qu'ils eussent terminé la Reconquête en s'emparant de la dernière enclave musulmane en terre ibérique, le royaume de Grenade. Ferdinand et Isabelle avaient redonné sa magie à l'idée de croisade, et la chute de l'émirat fut le point de départ des expéditions en Afrique du Nord, pour assurer la sécurité en Méditerranée occidentale et, qui sait, retrouver le royaume mythique du Prêtre Jean ! Machiavel, dans *Le Prince*, donne un portrait flatteur de Ferdinand dont il loue justement les « hautes et magnanimes entreprises... dignes de mémoire » : « De petit roi, il est devenu par gloire et renommée le premier roi de la Chrétienté... Au commencement de son règne il assaillit le pays de Grenade ; et fut cette entreprise le fondement de ses états. D'abord il la fit tout à son aise, sans crainte d'être empêché, occupant par elle les esprits des barons de Castille, lesquels, vaquant à cette guerre, ne pensaient à aucune nouveauté. Cependant il acquérait autorité et puissance sur eux, qui ne s'en doutaient nullement. Il put entretenir des troupes aux dépens de l'Église et du peuple, jetant les fondements... de son armée, laquelle depuis lui a acquis honneur... [Il] a toujours ourdi et brassé choses grandes, lesquelles ont toujours tenu les esprits de ses sujets en attente, admiration et anxiété de leur succès. Et il savait fort bien faire sourdre une guerre de l'autre, de manière que jamais il n'a donné à ses sujets loisir, entre l'une et l'autre, de lui faire fâcherie. » Olivares le proposait encore au XVIIe siècle comme modèle à Philippe IV : « C'est le roi des rois ». Le biographe des Rois Catholiques, Hermando del Pulgar, le décrit, moins éloquemment, maître de lui, fort de son bon sens et de sa piété, aimant les sports et la chasse... ainsi que les femmes ! De la reine, il met en valeur les qualités politiques que sont la pondération, une forte volonté, une étonnante capacité de dissimulation : n'a-t-elle pas décidé d'épouser Ferdinand d'Aragon, après en avoir elle-même négocié les conditions, organisé dans le secret la cérémonie à Tolède – afin de créer une situation irréversible –, ce qui avait conduit son futur époux à entrer clandestinement en Castille, accompagné seulement de six personnes déguisées en marchands ? Son intelligence politique est manifeste, et fait d'elle un incontestable « homme d'État », d'autant qu'elle sut tirer les conséquences de ce qu'elle avait observé : du spectacle d'une monarchie bafouée par les factions nobiliaires, elle tira la nécessité primordiale de restaurer l'autorité monarchique ; de sa propre éducation certainement négligée – ce dont elle se soucia puisqu'elle décida adulte d'apprendre le latin –, elle comprit l'intérêt de surveiller celle des infants... En 1821, Clemencin argua même de ces qualités politiques pour attribuer dans son *Éloge d'Isabelle* tous les mérites du règne à cette dernière ! Le « gouvernement conjoint » rend pourtant difficile d'attribuer à l'un ou à l'autre le mérite de telle ou telle décision, nous l'avons dit, même s'il semble que Ferdinand a eu la haute main sur la politique étrangère, Isabelle sur les responsabilités intérieures.

Avec son époux, elle s'attacha à construire l'État, sans pour autant qu'une unification nationale et politique ne soit entreprise. L'unité ibérique demeure fondée sur une union personnelle et dynastique, qui maintient institutions, coutumes et frontières des royaumes qui la composent, parmi lesquels la Castille prend son envol aux dépens de l'Aragon. Plus peuplée – elle compte trois millions d'habitants, soit trois pour un seul Aragonais, rapport qui passera de quatre à un au XVIe siècle –, plus prospère, alors que la Catalogne peine à émerger des crises qui viennent de l'affecter, en bref plus dynamique, la Castille devient et demeurera longtemps le centre des Espagnes, au regard duquel le reste de la péninsule compte peu.

Il n'en reste pas moins que l'Espagne parle d'une seule voix, avec d'autant plus de prestige que, dès avant la fin des guerres de succession et le rétablissement de l'ordre interne, plus ou moins effectif vers 1480, les monarques se sont attelés à l'instauration d'un pouvoir fort : chronologiquement, elle est délimitée par les Cortes de Madrigal en 1476 et de Tolède en 1480. C'est au cours de la première session que fut créée la *Santa Hermandad,* « union sacrée » des villes contre le banditisme et les exactions des armées privées, fléaux des campagnes au crépuscule d'une période troublée ; mais cette organisation, bien plus importante qu'une simple gendarmerie rurale puisqu'elle fut maintenue jusqu'en 1498, fut en fait l'esquisse d'une armée permanente et l'occasion d'amorcer la réforme qui allait fournir au trône son assise financière et les moyens de la politique qu'il ambitionnait. Cette restauration financière fut poursuivie en 1480 par l'épuration des abus trop criants dans l'octroi des rentes et des pensions nobiliaires. Les ressources des grands ordres militaires revinrent enfin à la couronne dès que Ferdinand s'en fit nommer grand maître. Il fut néanmoins nécessaire de faire confirmer par la papauté, de laquelle ces ordres dépendaient, ces privilèges qui conciliaient intérêt financier et avantage politique – l'incorporation de ces états dans l'État qu'étaient ces immenses territoires aux revenus importants, souvent contrôlés par la noblesse.

Le versant le plus visible de l'affermissement étatique tient toutefois dans la mise en place d'institutions de gouvernement efficaces et centralisatrices. Le Conseil royal, décidé en 1480, avait été créé par les Cortes de Valladolid en 1385 comme instance judiciaire, mais un rôle délibératif lui avait aussi été octroyé au plan politique. Réorganisé, il devint le principal vecteur gouvernemental, aucune limite n'étant fixée à sa compétence. Par ailleurs, si haute noblesse et clergé continuent à y avoir accès de droit, seuls les membres nommés par les monarques ont voix décisive ; ce *Concejo Real* contribua donc à mieux définir les rapports de force entre noblesse et monarchie. Cette instance – bientôt imitée par des conseils spécialisés, celui de Galice, des Indes – fut le premier pas vers le mode de gouvernement particulier à l'Espagne moderne, le système polysynodique. La mise en place de moyens de contrôle régional se devait de compléter la pyramide gouvernementale, ainsi la royauté acquit-elle un droit de regard sur la nomination des *regidores*, ces responsables urbains issus de ces échevins qui avaient été nommés quelques décennies plus tôt, quand les charges urbaines étaient peu à peu devenues héréditaires. En favorisant certains lignages, en parvenant à atténuer les luttes entre les clans par l'envoi, si nécessaire, de gouverneurs aux pouvoirs importants, les *gobernadores*, elle parvint peu ou prou à contrôler la vie locale, accentuant même son emprise en rendant permanente et systématique la présence au sommet de l'administration municipale d'agents du pouvoir royal, les *corregidores*. Les Rois Catholiques avaient sonné le glas de l'indépendance des centres urbains, et donc des Cortes qui en étaient issues.

La réorganisation étatique a souvent consisté à abaisser la puissance politique de la haute noblesse, ces Grands du royaume dont l'appétit de pouvoir s'était affirmé depuis l'époque trastamare. En Castille, les plus grands lignages nobles avaient effectivement gouverné durant la majeure partie du XVe siècle, avec les conséquences néfastes que nous avons pu constater. Aussi les monarques les écartèrent-ils des hautes fonctions, sans pour autant que la noblesse en éprouve vraiment du ressentiment. Il faut en effet faire la part de la vision traditionnelle qui présente les Rois Catholiques comme les adversaires de l'ordre nobiliaire. En fait, ils conservèrent aux grands lignages leur immense richesse, ainsi que leurs fonctions honorifiques à la cour, si prestigieuses quand l'affirmation de l'éclat de la monarchie passait aussi par l'apparat de celle-ci et des cérémonies officielles. Il est de fait bien connu que ce sont les ordonnances de Pierre IV le Cérémonieux, roi d'Aragon (1336-1387), adaptées en 1344 des Lois palatines de Jacques II de Majorque, qui furent à l'origine du cérémonial et du protocole des cours européennes. Pulgar se fait l'écho de leur évolution sous Isabelle et Ferdinand : ... « Rien n'est trop beau pour l'institution monarchique : elle est unique et supérieure à tout le reste dans le royaume ; c'est pourquoi elle doit se situer bien au-dessus des autres états et les éblouir car elle est dépositaire de l'autorité divine sur terre. » Par ailleurs, l'idéal aristocratique est plus que jamais l'armature de la société, traduit par la puissance sociale et politique qu'il représente. Les Grands, qui restent couverts devant le roi et l'appellent « mon cousin », comme les *Titulos*, les Titres – une soixantaine au total –, s'installent sur leurs terres, menant une vie fastueuse, au sein d'une véritable cour, dans leurs forteresses ; leur rayonnement social, par les clients rassemblés autour d'eux, l'attraction exercée sur la moyenne noblesse locale, est incontestable. L'assise du régime repose justement sur cette dernière, celle des *caballeros* et des hidalgos. Les *caballeros* sont ces nobles urbains qui accaparent les charges de *regidores* et d'échevins. Les hidalgos, tout comme les *caballeros de privilegio* qui s'étaient vus octroyer durant les guerres récentes une noblesse de fait par l'exemption fiscale, sont les nobles ruraux qui constituèrent les plus fermes soutiens du régime ; représentant plus de dix pour cent de la population castillane, ils adoptèrent un mode de vie nobiliaire et chevaleresque à leur mesure.

Les Rois Catholiques accordèrent fréquemment l'*hidalguia* à leurs agents roturiers les plus fidèles, essentiellement des *letrados* : l'Espagne, tout comme le reste de l'Europe, vit monter au sein de l'État des robins, formés par les universités qui avaient été créées aux siècles précédents (Salamanque avant tout, « mère des vertus, des sciences et des arts », mais aussi Lerida ou Huesca), et qui continuaient à apparaître, à Valladolid ou à Alcala de Henares. Les études juridiques furent favorisées dans la péninsule par le discrédit dont furent frappées les recherches scientifiques, dorénavant entachées d'opprobre parce que des savants juifs s'y étaient de tous temps distingués. Bien vite, le terme de *letrados* fut donc réservé aux juristes qui accaparèrent les postes essentiels dans l'administration centrale. Il fut même spécifié que dix ans d'études universitaires et un âge minimum de 25 ans étaient indispensables pour accéder à une charge d'expert en matière judiciaire ou administrative. La plupart ne sont pas seulement de simples diplômés, mais sortent des *Colegios mayores* de Salamanque et de Valladolid : les quelques élus qui parvenaient à être admis dans ce que l'on pourrait appeler les ancêtres de nos grandes écoles, si l'on ne craignait pas l'anachronisme, étaient assurés d'une carrière administrative de premier ordre, souvent sanctionnée par l'anoblissement. Par ailleurs, les cadets des lignages de *caballeros* ou d'hidalgos, une fois que les Cortes de Toro eurent en 1505 généralisé l'institution du majorat, choisirent souvent la voie des études pour se créer leur place au soleil. Par ces deux biais, le corps des *letrados* s'aristocratisa, se fondant dans l'idéal de la société ibérique de ce temps.

De Ferdinand, Philippe II affirmait : « Nous lui devons tout. » Cette admiration pour les Rois Catholiques, partagée par l'historiographie romantique du XIXe siècle – Clemencin en est un bon témoin – et bon nombre d'Espagnols, pousse à s'interroger. Certes, Isabelle et Ferdinand ont introduit l'Espagne dans le monde moderne : ils ont posé les bases de l'État, servi par un personnel compétent et dévoué à l'intérêt supérieur ; ils en ont assuré la stabilité en dépolitisant les corps intermédiaires, assemblées représentatives et municipalités, et en supprimant le danger nobiliaire. Il convient toutefois de souligner avec les historiens actuels qu'ils ont bénéficié de circonstances favorables, prospérité économique notamment, pour tirer parti des germes d'innovation de leurs prédécesseurs et en faire le mode de gouvernement de l'Espagne moderne. Ils ont moins innové qu'ils ne se sont donnés les moyens de leur ambition, imposer un pouvoir royal fort et respecté pour faire des Espagnes une grande puissance. Leur héritage est donc fondamental, d'autant qu'ils sont les derniers représentants d'une dynastie nationale à monter sur le trône. L'avènement des Habsbourg ne pouvait que modifier le destin ibérique.

Charles Quint et Philippe II : la prépondérance espagnole

Le tableau de la construction politique élaborée par les Rois Catholiques n'est pourtant pas fondamentalement modifié par l'évolution que connut l'Espagne au XVIe siècle, époque de l'apogée ibérique. Ce « beau seizième siècle » a en fait débuté dans la péninsule par une crise du régime, liée aux difficultés dynastiques consécutives à la mort d'Isabelle en 1504. La Castille ignorant la loi salique, la couronne aurait dû revenir à Jeanne, sa seconde fille, l'épouse de Philippe le Beau, puisque l'infant Juan était mort en 1497 ; or Jeanne, que nous connaissons sous le surnom de Jeanne la Folle, souffrait de troubles mentaux, et son père, auquel avait d'abord été préféré Philippe, assuma finalement la régence de 1506 jusqu'à sa mort en 1516, ainsi que l'avait prévu le testament d'Isabelle. Il fallut alors nommer un autre régent : l'archevêque de Tolède, le cardinal Jiménez de Cisneros, pressentit Charles de Habsbourg, le fils aîné de Jeanne. Roi d'Aragon par la mort de son grand-père, ce dernier se fit pourtant proclamer, le 13 mars 1516 dans l'église Sainte-Gudule de Bruxelles, roi de Castille et d'Aragon pour avoir plus de chance de recueillir l'héritage du Saint Empire à la mort de son autre grand-père Maximilien. Sa mère, la reine Jeanne, n'avait cependant pas été déchue de ses droits sur la Castille, et elle demeurera mentionnée comme reine dans les documents officiels jusqu'en 1522. Sans le « coup d'État » de 1516, Charles Quint n'aurait pourtant dû porter ce titre que de 1555, quand Jeanne meurt à Tordesillas, à 1558 !

Ces années de transition furent bien sûr délicates : le roi n'arriva qu'en 1517 dans une péninsule en proie à une grave crise économique, où la haute noblesse relevait la tête, tandis que l'institution étatique telle que les Rois Catholiques l'avait façonnée était en pleine dissolution. Il fit mauvaise impression, désavantagé par sa jeunesse et un entourage aussi ignorant du pays qu'avide. Écoutons C. Sánchez Albornoz nous décrire « un jeune prince flamand, encore imberbe, l'air ahuri, la bouche ouverte, à l'intelligence pas encore éveillée, qui ignorait le castillan, savait bien peu de choses sur les Espagnols et arrivait entouré d'étrangers » ! Bien plus, élu Empereur en juin 1519, il se prépara à repartir pour assumer ces nouvelles responsabilités, négligeant la crise qui couvait. Les menaces avaient pourtant été clairement exprimées par un groupe de religieux de Salamanque qui reprenaient les questions ouvertement posées par les villes castillanes, menées par Tolède : la nation ne veut connaître que le roi de Castille, qu'elle invite à ne pas quitter l'Espagne ; si tel était pourtant le cas, le pays, représenté par les *Comunidades*, les municipalités et les collectivités, veillerait à l'indépendance et aux intérêts nationaux, de crainte qu'ils ne soient noyés dans les impératifs impériaux. Le mécontentement était encore alimenté par la question fiscale : la perception de l'*alcabala*, la taxe sur les transactions payée par tous, était depuis les Rois Catholiques soumise au forfait, l'*encabezamiento*, et effectuée par les municipalités qui en répartissaient le montant entre leurs administrés ; plus juste parce qu'il exclut les intermédiaires – même si les oligarchies urbaines avaient parfois la main plus lourde à l'égard des roturiers –, ce mode de recouvrement est en revanche moins avantageux pour la monarchie. Aussi, devant l'importance des charges à venir, décida-t-elle de le confier à nouveau à des fermiers généraux au cours de l'été 1519.

Charles Quint s'embarque enfin en mai 1520 tandis que la crise s'exaspère et s'exprime dans le mouvement *comunero* : rassemblé autour d'une junte, la Santa Junta, qui siégeait à Avila, il part des milieux urbains du centre de la péninsule pour rallier toutes les couches de la société à son entreprise de remise en ordre de l'État et de défense des droits de la nation face aux initiatives d'un monarque qui a déçu ; aussi se légitime-t-il en se référant à Jeanne, la recluse de Tordesillas. Mais les implications de ses revendications le conduisent à se radicaliser au plan social : sa lutte antifiscale, sa dénonciation des abus et des empiétements royaux, l'amènent à mettre en cause l'administration, et donc la moyenne noblesse ; à la campagne, bientôt gagnée, le mouvement se transforme en agitation anti-seigneuriale que la Santa Junta est obligée d'assumer, tout en la déplorant car elle dresse contre elle l'aristocratie foncière. Plus qu'une réaction anti-flamande, la révolution *comunero* est donc la tentative des classes moyennes des villes pour mettre en place une monarchie tempérée par le pouvoir représentatif des Cortes, voire une république urbaine à la mode italienne. Les foules citadines, artisans, commerçants, *letrados*, en forment les troupes, même si les chefs militaires, Juan de Padilla, Juan Bravo et Francisco Maldonado, sont des *caballeros*. Or, peu nombreuse, cette bourgeoisie est de plus divisée après avoir, à l'automne 1520, perdu le soutien des grands bourgeois marchands de Burgos effrayés par l'aventure. La monarchie sut finalement exploiter cette situation en se rapprochant de la noblesse ainsi contestée, lui montrant que leurs deux causes étaient indissociables, et lui ouvrant les marches du pouvoir : deux grands seigneurs castillans, l'amiral don Fadrique Enríquez et le connétable don Inigo de Velasco, partagèrent notamment la régence avec Adrien d'Utrecht. La défaite du mouvement *comunero*, en 1522, était au bout de cette évolution ; elle sanctionnait l'échec d'une révolution moderne, mais prématurée, et cette bourgeoisie trop faible qui cherchait à s'emparer du pouvoir y fut étouffée dans l'œuf. Un mouvement du même ordre, la Germania, connut une issue dramatique après s'être imposé à Valence et dans les villes de la région durant toute une année, à cette différence près que l'agitation valencienne resta exclusivement urbaine et regroupa dans une même lutte, plus sociale que politique, l'ensemble de la bourgeoisie.

Une fois l'ordre rétabli en 1522, Charles Quint reprit les grands axes de gouvernement des Rois Catholiques, de même que son successeur, ce qui nous permet de dresser d'un même trait le calme destin politique de l'Espagne sur un siècle. L'affaiblissement politique de la haute noblesse reprit, tandis qu'elle continuait à accumuler titres et revenus. Les armes s'inclinaient à nouveau devant les lettres – pour reprendre les termes d'une polémique fort vive à l'époque –, puisque les *letrados* tenaient plus que jamais entre leurs mains la réalité du pouvoir. La monarchie détenait un pouvoir fort, par le biais des différents conseils où les *letrados* régnaient en maîtres : le Conseil d'État – appareil inorganique sans périodicité qui réunissait de grands personnages sollicités de donner leur avis sur des sujets essentiels –, le Conseil de la Guerre, celui de l'Inquisition, sont les plus importants organes communs, tandis que d'autres s'occupent spécifiquement d'un territoire ; le Conseil royal, celui des Ordres, celui des Finances (ou *Hacienda*) sont propres à la Castille, elle-même supervisée par un secrétaire, le puissant Francisco de los Cobos de 1516 à 1547. Les corps intermédiaires – à l'image des Cortes qui, en pleine décadence, ne sont plus réunies que rarement pour voter docilement l'impôt direct extraordinaire, le *servicio* – ne pouvaient servir à équilibrer le pouvoir central, encore que le terme soit peu adéquat : les Habsbourg ont régné sur un État multinational sans éprouver le besoin de véritablement l'unifier.

La titulature de Charles le manifeste clairement : « Charles, roi des Romains, Empereur élu, toujours Auguste, roi d'Espagne, roi de Naples, de Jérusalem, des Baléares, des îles Canaries et Indiennes, du continent au-delà de l'Océan, archiduc d'Autriche, duc de Brabant, de Bourgogne, de Styrie, de Carinthie, de Tyrol, de Luxembourg, de Limbourg, d'Athènes... comte de Habsbourg, de Flandres... palatin de Bourgogne, de Hainaut... landgrave en Allemagne... Seigneur en Afrique et en Asie. » Roi d'Espagne est le titre qui a remplacé celui de Roi Catholique dans les actes impériaux. En l'occurrence, Charles est « par la grâce de Dieu roi de Castille, de León, d'Aragon... de Grenade, de Jerez, de Valence, de Galice, de Majorque... des Indes Orientales et Occidentales.. Seigneur de Biscaye ». Il doit les territoires qu'il gouverne à d'heureuses combinaisons matrimoniales. Aussi considérait-il ses États comme les éléments divers d'un patrimoine familial, et ceci est valable pour l'ensemble de ses possessions comme pour les États péninsulaires. Chacun de ces héritages est pour lui un fief auquel il est lié par un lien personnel ; c'est la raison pour laquelle il les gouverne directement lors de la réunion des assemblées représentatives ou en cas de difficulté, y résidant alors. A l'exception d'un assez long séjour en Castille au début de son règne, celui dont Titien nous a dépeint la martiale prestance dans la force de l'âge fut un roi nomade qui passa au total 19 ans en Espagne et 14 ans dans l'Empire. « J'ai fait de fréquents voyages : neuf en Allemagne, six en Espagne, sept en Italie, dix aux Pays-Bas, quatre en France, tant en paix qu'en guerre, deux en Angleterre, deux en Afrique, en tout quarante. » En son absence, il confie le bon gouvernement des autres États à une personne de confiance : dans le cas de l'Espagne, après les régences du cardinal Cisneros puis d'Adrien d'Utrecht, les vice-rois furent toujours à partir de 1529 des membres de la famille impériale, parmi lesquels l'impératrice Isabelle puis son fils Philippe. D'après ses écrits personnels, et surtout les *Instructions* adressées à ce dernier, la politique de Charles Quint semble avoir eu pour principe majeur la volonté de « conserver, si possible agrandir, l'héritage reçu » ; c'est à ce titre qu'il intervint en Italie, mena la guerre contre la France ou les Turcs, réprima les révoltes des Pays-Bas et des princes allemands.

Il serait bien long d'analyser en détail la politique européenne de Charles Quint. Il est en revanche intéressant de noter qu'elle manifeste pour une part la prééminence des orientations traditionnelles de l'Aragon, tourné vers la Méditerranée : aux anciennes rivalités avec la France en Italie ou en Navarre, annexée en 1512 à l'exception d'une étroite bande territoriale au nord des Pyrénées, se greffent les prétentions impériales qui les accentuent et entraînent l'Espagne dans de nombreux conflits. Faut-il rappeler que les guerres d'Italie furent marquées par la capture de François Ier à la bataille de Pavie, en 1525, retenu captif à l'alcazar de Madrid durant une longue année ? Pour le reste, l'Empereur ne parvint pas à extirper l'hérésie protestante de l'Empire, ainsi que le manifesta la paix d'Augsbourg de septembre 1555, dont le principe « *cujus regio, ejus religio* » consacrait la division religieuse en laissant aux princes germaniques la liberté d'imposer leur religion à leurs sujets. Or, croyant sincère au point de parfois porter un cilice et de se donner la discipline, formé à l'oraison par Adrien d'Utrecht, le futur pape Adrien VI, Charles se sentait chef temporel de la Chrétienté par la grâce de Dieu, investi par ses responsabilités impériales de la mission « de servir Dieu, défendre la foi et réprimer les hérésies » : il avait ainsi repris, sous l'influence de l'humanisme érasmien, le vieux rêve de Dante d'une monarchie universelle qui réunirait la Chrétienté sous un seul berger. « Sire, maintenant que Dieu vous a fait la prodigieuse grâce de vous élever au-dessus de tous les rois et de tous les princes de la Chrétienté, à un tel degré de puissance que, seul jusqu'ici, avait connu votre prédécesseur Charlemagne, vous êtes sur le chemin de la Monarchie Universelle, sur le point d'assembler la Chrétienté sous un seul berger. » En revanche, le discours de l'évêque Mota devant les Cortes de La Corogne en 1520 a parfois permis de soutenir que cette ambition de maintenir la cohésion chrétienne était surtout pour Charles une poursuite de la croisade espagnole. Si l'on excepte les combats contre les Turcs, menaçants, les contemporains furent peu sensibles à cet argument, tandis que les historiens actuels tendent à ne pas accorder trop d'importance à un discours de circonstance. Quoi qu'il en soit – et il est probable que la part des ambitions réalistes s'est accrue aux dépens de l'idéologie au fur et à mesure de l'écoulement du règne –, cet échec est une des raisons pour lesquelles Charles Quint, vieilli, désabusé, un portrait de Titien en fait foi, décida d'abdiquer : le 16 janvier 1556, il céda à son fils ses souverainetés ibériques, la Castille et ses colonies, l'Aragon et ses possessions italiennes, outre les composantes de l'héritage bourguignon, tandis que son frère Ferdinand recueillait l'Empire. C'est en Espagne qu'il termina sa vie, au monastère de Yuste, « son jardin d'agrément, sa forteresse de repli... son trésor », pour reprendre dans un autre contexte la formule de l'évêque Mota, mais au total ce prince d'origine flamande fut bien peu espagnol ; l'ampleur de ses possessions, parmi lesquelles l'Espagne occupe une place périphérique, l'entraîna à mener une politique à l'échelle européenne, dans laquelle les intérêts proprement ibériques se sont dissous. « L'Espagne n'a pas été le grand personnage de l'histoire de Charles Quint », souligne F. Braudel, « si elle a contribué puissamment à sa grandeur ». La plupart des historiens espagnols qui se sont demandé dans quelle mesure la politique impériale avait coïncidé avec des impératifs espagnols en ont conclu que la péninsule avait été entraînée, voire sacrifiée, dans des luttes qui n'étaient pas les siennes, comme la défense de toute la Chrétienté ; tout au plus est-elle parvenue à maintenir son territoire en paix, mais elle a payé son hégémonie sur le Vieux Monde d' « un fardeau... d'argent, sueur et sang ».

Philippe II a suscité des jugements bien plus contradictoires, de son vivant déjà : Guillaume d'Orange, dans son *Apologie*, en 1581, ou les *Relaciones* de son ancien secrétaire Antonio Pérez, ne sont pas tendres avec lui, et l'accusent des pires vices. Victor Hugo résume bien la légende noire qui l'entoure : « Philippe II était une chose terrible » ! Une bonne part en revient à ce qu'il incarne mieux que tout autre la Contre-Réforme catholique issue du concile de Trente, en en symbolisant surtout le fanatisme et les excès. Il est incontestable que sa foi s'enracine dans la mystique et la « révolution carmélitaine » espagnoles : Ignace de Loyola comme Thérèse d'Avila, dont les écrits furent conservés grâce à son intervention, furent impressionnés par sa foi ; les tragiques derniers jours de ce « roi-moine », dans l'isolement de son « monastère » de l'Escurial, furent une dernière illustration de sa piété.

« Je doute, si nombreux et si vastes que soient les états du roi, qu'il règne ailleurs aussi complètement que sur les cœurs d'Espagne. » Cette conviction du duc de Feria fut partagée par ses contemporains qui ont aimé Philippe II, après l'avoir jugé comme l'un des plus grands rois espagnols. Ils ont été sensibles à ce qu'il s'installe en Castille à partir de 1559, à Valladolid puis à Madrid, manifestant ainsi le recentrement ibérique de ses territoires. Ils ont apprécié l'hispanisation du pouvoir politique : si les grands chefs militaires sont les derniers témoins de l'ancienne direction cosmopolite des affaires, comme don Juan d'Autriche, le vainqueur de Lépante, fils naturel de Charles Quint, ou Alexandre Farnèse, son petit-fils, les aristocrates castillans règnent en maîtres dans les conseils et sur les secrétariats ; peu de contre-exemples peuvent être avancés, à l'exception du Franc-Comtois Antoine Perrenot de Granvelle et du prince d'Eboli. Philippe II règne et gouverne. Il semble avoir eu un grand sens de ses devoirs royaux, une aptitude incontestable au travail forcené, qu'il accomplit dans son palais de l'Escurial, – « araignée au centre de sa toile, quasi immobile » pour reprendre Braudel –, roi bureaucrate plus que chevalier. Ne l'a-t-on pas appelé *el Rey Papelero*, le roi paperassier ? Il examine tout lui-même, à partir des dossiers préparés par les secrétaires et discutés par les conseils, prend des notes de sa petite écriture – la masse d'archives qu'il a laissée est impressionnante –, puis décide. Il a néanmoins recours à des conseillers, mais divisant pour mieux régner, ne se laisse dominer par aucun favori. Bien au contraire, il privilégie à tour de rôle l'un ou l'autre des deux clans, celui du prince d'Eboli et du secrétaire Antonio Pérez, ou celui du duc d'Albe et du secrétaire Mateo Vázquez, qui se disputent ses faveurs. On lui a toutefois reproché son manque d'ampleur de vue, la lenteur de ses décisions – *el Rey Prudente* –, son souci excessif du détail, particulièrement préjudiciables dans un système bureaucratique dont la lourdeur est accrue par la lenteur des communications avec les agents d'exécution : Sánchez Albornoz ne l'a-t-il pas surnommé le « chevalier de la minutie et du scrupule » ? Sa correspondance avec ses filles le fait connaître sous un jour sympathique. La mort suspecte de l'infant don Carlos en 1566, après six mois d'emprisonnement – déséquilibré et pervers, il fut sans doute sacrifié par son père à la raison d'État car « *no hay ser padre siendo rey* », on ne peut être à la fois père et roi, comme le remarque Francisco de Rojas –, apporte un autre éclairage, tout comme ses manœuvres à l'encontre de son secrétaire Antonio Pérez. C'est en 1579 que ce dernier fut emprisonné, sans doute pour avoir conduit le roi à favoriser l'assassinat du secrétaire de don Juan d'Autriche, Juan Escobedo, accusé faussement de divers forfaits ; il s'échappa en 1590 et parvint à se réfugier en Aragon, à Saragosse, pour se soumettre à sa justice sous l'autorité du Grand juge Lanuza. Mais l'Inquisition le réclama, ce que les Aragonais ont considéré comme une atteinte à leurs *fueros* ; aussi ont-ils facilité son évasion lors de son transfert de prison, tandis qu'une rébellion agitait la ville. L'armée castillane en vint facilement à bout et on exécuta les meneurs – au nombre desquels Lanuza –, occasion pour Philippe II d'accentuer son contrôle sur l'Aragon, sans chercher néanmoins à priver le royaume de ses institutions. Plusieurs enseignements sont à tirer de cette affaire, nous y reviendrons ; contentons-nous de souligner que Philippe II règne toujours sur les Espagnes, non sur une Espagne unifiée.

Le règne de Philippe II correspond à l'apogée de l'hégémonie espagnole, seule puissance mondiale avec l'Empire turc jusqu'à ce que « l'enchantement de la puissance turque (soit) brisé » à Lépante en 1571. Si le roi ne possède plus le titre

Philippe II dans la bibliothèque du palais-monastère de l'Escurial.

impérial, du moins a-t-il un véritable empire formé de territoires mieux soudés, à l'exception des Pays-Bas, autour de la Castille. Il fut amené à exercer une incontestable prépondérance en Europe ; celle-ci fut encore accrue par l'effacement français après la paix de Cateau-Cambrésis en 1559, qui assura à l'Espagne une parfaite maîtrise de ses souverainetés italiennes où règna désormais la *pax hispanica*. L'intervention de Philippe II dans les guerres de Religion françaises, sa lutte contre les insurgés des Pays-Bas constituent l'aspect continental de sa politique internationale ; son combat contre les Turcs en Méditerranée, à la tête de la Sainte Ligue, puis sa rivalité navale avec l'Angleterre, quand la politique espagnole eut « basculé vers l'Atlantique », en sont le versant maritime. Dans tous les cas, néanmoins, Philippe II s'est institué le champion de la Chrétienté. Il suffit pour s'en convaincre d'évoquer l'atmosphère d'exaltation religieuse qui régnait dans les troupes en lutte aux Pays-Bas sous la conduite d'Alexandre Farnèse ; on y priait à genoux Marie ou saint Jacques avant chaque bataille, les aumôniers de chaque compagnie, souvent des jésuites, y célébraient des messes de requiem pour les défunts... Cet engagement au service de la foi catholique avait précédemment été assumé par son père, mais Philippe II n'a plus les responsabilités impériales pour le justifier. Aussi identifie-t-il la cause du catholicisme à l'Espagne, ce qui a fait que l'on a pu parler à son égard d' « impérialisme ». Le succès n'est pas toujours au bout de ces luttes incessantes : la guerre des Pays-Bas se termine par une paix de compromis, en 1598, qui divise les terres impériales, brise leur solidarité économique avec la péninsule désormais défavorisée. Le conflit anglo-espagnol est marqué par la défaite de l'Invicible Armada en 1588 – n'a-t-elle pas alors reçu ce surnom en une dérision tragique ? L'Espagne préparait en effet l'invasion de l'Angleterre, et il avait été décidé que la flotte, partie de La Corogne le 12 juillet, prendrait à son bord un corps expéditionnaire qui l'attendrait sur les côtes des Pays-Bas, avant d'attaquer les côtes anglaises. Les offensives anglaises successives mirent à mal ce plan dès le passage de la Manche au début du mois d'août : l'Armada ne put regagner les ports espagnols qu'au mois de septembre avec la moitié seulement de ses vaisseaux, après s'être laissée porter par les vents autour des îles Britanniques. Un grand nombre de ses navires firent naufrage sur les côtes d'Irlande où ils avaient voulu aborder pour se ravitailler, et les marins survivants furent massacrés. Le désastre est incontestable, et l'Angleterre, ainsi sauvée de l'invasion, accrût même son ascendant en prenant momentanément Cadix en 1596 ; les Anglais, devant lesquels s'ouvrait désormais une grande destinée maritime, ne parvinrent toutefois pas à désorganiser les communications entre la péninsule et le Nouveau Monde, aussi ne faut-il pas transformer cet échec en déroute...

L'Espagne n'en demeure pas moins, en effet, au centre de l'échiquier mondial, Philippe II ayant finalement consolidé l'héritage de Charles Quint quels que soient ses échecs. L'unité de la péninsule en est la traduction : le roi Sébastien Ier du Portugal, tué en 1578 à la bataille de Ksar el-Kébir contre les

La défaite de l'Invincible Armada en 1588.

Marocains, ne laissait aucun héritier. Philippe II, son plus proche parent, élimina militairement les autres prétendants, pour faire du royaume portugais une vice-royauté incorporée à ses possessions, prenant par là même le contrôle de son empire colonial. L'espace espagnol s'étend plus que jamais au monde entier, et 1580 est le point culminant de l'histoire de la péninsule. Cette unité fut symbolisée par la construction d'un palais, près de la ville que le roi avait en 1561 choisie pour capitale, Madrid, en remplacement de Valladolid. La construction de l'Escurial est l'accomplissement d'un vœu fait durant la bataille de Saint-Quentin, en 1557, à l'issue de laquelle les troupes de Philippe II remportèrent une grande victoire sur les Français ; pour en remercier saint Laurent, le saint honoré en ce jour du 10 août, il décida d'ériger un palais monastère dont le plan aurait la forme d'un gril (rappelant donc le martyre du saint). Cet édifice sobre et majestueux est donc d'abord un monastère, dont il a l'austérité, confié aux hiéronymites. Il est aussi un panthéon royal, pour que la continuité monarchique soit symbolisée par la présence des rois défunts autour du palais du roi vivant. C'est enfin le lieu du pouvoir, par la centralisation de tous les organes gouvernementaux et administratifs, et l'exaltation de son absolutisme.

« Le Siècle d'Or coïncide ainsi avec un apogée politique qui excédait vraisemblablement les forces de l'Espagne et qui est porteur, sans paradoxe, des germes de la décadence. » Ainsi B. Bennassar introduit-il son ouvrage sur cette brillante période de l'histoire espagnole, faisant écho à la thèse de C. Sánchez Albornoz sur « le court-circuit de la modernité espagnole ». L'Espagne, premier rôle sur toutes les scènes mondiales, mais pays riche ou pays pauvre ? Les *comuneros* avaient fait preuve de bon sens : comme ils le craignaient, les responsabilités impériales ont grevé les finances espagnoles de charges excessives, stoppant l'envol ibérique vers la modernité amorcé sous les Rois Catholiques.

La péninsule avait alors connu une incontestable aisance, fondée en premier lieu sur la récupération démographique traditionnelle après une catastrophe telle que la Grande Peste. De nouveaux villages sont fondés, on défriche et on remet en culture les terres abandonnées. Celles-ci, de plus en plus recherchées, sont consacrées en général à la polyculture vivrière, mais le développement de spécialisations régionales dans le cadre de la « trilogie méditerranéenne » est réel : céréales en Andalousie, vignobles dans toute la Castille, oliviers en Andalousie et en Estrémadure, sont destinés à l'exportation.

Le *Mémoire* de Rodrigo de Lujan, adressé en 1516 au cardinal Cisneros, cherche néanmoins des remèdes à la « détresse du royaume », afin qu'il soit aussi riche qu'il a les moyens de l'être. En effet, le jugement des historiens reste divisé sur la politique économique des Rois Catholiques ; pour beaucoup, ces derniers ont délibérément favorisé l'élevage aux dépens de l'agriculture et de l'industrie. La Mesta, association des propriétaires de troupeaux transhumants, possédait trois millions de moutons en 1500 contre un seul un siècle auparavant. Ses privilèges furent confirmés, et elle bénéficia de droits nouveaux : la suppression de tous les péages, à l'exception de la taxe royale, le *servicio y montazgo*, pour ne pas gêner la libre circulation des troupeaux ; la possibilité de déboiser dans le même but ; enfin, en 1501, le droit de possession qui lui concède l'usage de tout pâturage qu'elle a utilisé, ne fut-ce qu'une fois, sans que son propriétaire proteste. Par ailleurs, en 1500, l'association a été officialisée et dotée d'une présidence assurée par un membre du Conseil royal, ce qui lui garantit la protection de la Couronne. Les bénéficiaires de cette politique sont donc les grands propriétaires nobles et religieux, et ceci confirme l'analyse déjà menée : l'aristocratie, dépouillée par les Rois Catholiques de son poids politique, est en revanche favorisée en matières sociale et économique. Après la persistance d'un équilibre fragile entre « pâturage et labourage », grâce au sous-peuplement de la péninsule, les conséquences néfastes de ce choix seront patentes au début du XVIe siècle : l'accaparement des terres ralentit le développement des cultures, alors que la population s'accroît. Dès cette époque, les Cortes conduisirent un autre volet du procès qu'instruit pour nous Rodrigo de Lujan : l'exportation de la bonne laine merinos prive l'artisanat ibérique d'une matière première permettant de fabriquer en quantité des draps de qualité. Ségovie, Tolède, Cordoue et Cuenca le tentent, mais sans parvenir à satisfaire la demande espagnole, qui se tourne donc vers la production de luxe d'origine flamande ou anglaise. Les drapiers, ces *paneros* minoritaires face à la puissante coalition des éleveurs et des marchands, ne parviennent pas à se faire entendre réellement avant 1514, date à laquelle un contingentement de la laine exportée est finalement décidé.

L'Espagne vit en effet de son commerce. Les ports atlantiques connaissent une activité fiévreuse : au nord, ceux de la côte cantabrique sont à leur apogée ; laine, céréales, vin... étaient collectés par Burgos, puis exportés par Bilbao, le fret de retour étant essentiellement constitué de draps et de toiles ; l'association entre ces deux villes s'est toutefois détériorée à la fin du XVe siècle, quand Bilbao eut la possibilité d'exporter du fer local (on connaît l'importance européenne des mines de fer de Biscaye et de Guipuzcoa, notamment de la veine épaisse de Bilbao aux frontières de la province de Santander, qui ont suscité la création de multiples entreprises de petite dimension, puisque la propriété des mines était concédée aux habitants), quitte à négliger les produits acheminés par Burgos. Celle-ci n'en resta pas moins une métropole commerciale de première importance dans les relations avec la France et les Flandres, jusqu'à ce que les conflits avec ces pays ne la ruinent dans la seconde moitié du XVIe siècle. Au sud, le pôle sévillan bénéficie de sa position stratégique au carrefour de routes maritimes et d'un riche arrière-pays ; son dynamisme est incontestable, avant même que les relations coloniales n'en fassent le nœud vital de la péninsule. Les échanges méditerranéens, quant à eux, sont assurés par Barcelone qui, toujours nostalgique de la Méditerranée catalane du XIVe siècle, bénéficia néanmoins du *redreç*, l'effort tenté par Ferdinand pour améliorer la situation de l'ensemble de la région. Mais le XVe siècle vit surtout l'apogée de Valence, centre artisanal, commercial et financier. Comment ne pas souligner, toutefois, le rôle des colonies étrangères dans le dynamisme de ces centres portuaires ? C'est au XVe siècle que le déplacement des intérêts des marchands génois de la Méditerranée orientale vers le bassin occidental les pousse à accroître leur implantation en Andalousie. Ainsi font-ils de Cadix leur escale principale sur les routes maritimes occidentales. Ils transforment Séville en une des premières places bancaires européennes : les représentants des grandes sociétés, Spinola, Grimaldi, Centurione, y apportaient d'Orient des denrées de luxe, d'Angleterre des produits finis comme les draps, et se chargeaient d'expédier les richesses andalouses et américaines ; à ce commerce de type « colonial », ils ajoutaient toutes sortes d'activités financières, comme les transactions sur les monnaies ; aussi Séville était-elle, avec Bruges et Londres, une des places où l'on tirait des lettres de change à partir de Gênes. Les Italiens étaient si nombreux dans les ports andalous qu'ils y constituèrent de véritables colonies de peuplement, y faisant souche, alors qu'en revanche ils vécurent à Séville comme dans un comptoir, à l'écart dans le *barrio de Genova*. Leur présence était bien moindre dans le nord de la péninsule – même si les Toscans avaient la haute main sur le quart du trafic barcelonais –, et le dynamisme des marchands ibériques remarquable :

les Burgalais – les Maluenda, Polanco, Tamaron, Aguero, Moneda, Gomez de Morales..., au total trois cents familles de renommée internationale au XVIe siècle – n'étaient-ils pas nombreux dans toutes les plaques tournantes du nord de l'Europe, avec lesquelles ils s'étaient assurés un monopole pour le commerce de la laine ?

Le même raisonnement peut être tenu pour le commerce intérieur qui connut lui aussi à cette époque un essor remarquable, grâce notamment à l'amélioration du réseau terrestre puisque les fleuves, à part l'Ebre, ne sont pas navigables. Les grandes foires sont à leur apogée : Riaza, Medina de Rioseco, Villalon, Valladolid et surtout Medina del Campo. La vallée du Douro est en effet un des principaux axes de la Castille, et la ville de Medina se situe au croisement de grandes routes d'échanges, de Salamanque au Portugal, de Burgos à la côte cantabrique, d'Avila, de Tolède et Valence. Aussi la feria, tenue en mai et en octobre a-t-elle un rayonnement aussi national qu'international, les opérations commerciales se doublant de transactions financières entre marchands venus de toute la péninsule et d'Italie.

L'économie espagnole à l'époque des Rois Catholiques est donc riche de promesses... aussi bien que de nuages. La croissance fut partielle, axée, nous l'avons vu, sur l'élevage et son corollaire, l'exportation de matières brutes, ce que les monarques ont favorisé jusqu'à la régence de Ferdinand. Ce dernier, enfin sensible aux arguments mercantilistes, protégea les drapiers espagnols, mais cette option favorable à la modernisation économique pour mettre fin au sous-développement ne fut poursuivie que jusqu'en 1517. Pedro de Burgos, Rodrigo de Lujan, s'étaient pourtant fait auprès du cardinal Cisneros les avocats d'une nécessaire intervention de l'État pour équilibrer la balance commerciale et réduire la dépendance économique en encourageant la production nationale, arguments que les *comuneros* reprirent. Charles Quint revint néanmoins à l'option traditionnelle avec d'autant plus de facilité qu'elle était, comme le montre P. Chaunu dans son ouvrage sur *l'Espagne de Charles Quint,* un héritage castillan de la Reconquête. « Une structure de dépendance... a été, en quelque sorte, fortement imprimée...

à l'ensemble de la Couronne de Castille, une structure qui tend à rattacher l'économie castillane directement aux pôles de domination de l'économie, le Nord... et l'ensemble italo-toscan. » La Reconquête a ouvert un espace vide, riche de ses matières premières, aux commerçants étrangers attirés par les nécessités de la reconstruction. La pérennité de ce système de dépendance s'explique par ailleurs par la prééminence de l'élevage transhumant, héritée de l'économie de frontière, et bientôt incontestable : éviter de saper les bases de la fortune aristocratique, maintenir les conditions d'un commerce international très développé par la vente d'une matière première abondante, respecter ce « legs culturel de l'Espagne reconquérante » qui, par la faim de terre qu'elle induit, fournira les troupes des *conquistadores* et des *tercios*, cette « redoutable infanterie » espagnole si réputée, voilà les raisons pour lesquelles Charles Quint puis Philippe II conserveront ces traditions économiques. Comment ne pas rapprocher le *Memorial* de Luis Ortiz, écrit au milieu du XVIe siècle, des textes précédemment évoqués ? Ce document – qui résume le mercantilisme à l'espagnole mais n'en est donc pas la première expression – s'indigne toujours de voir l'Espagne exporter à bas prix et racheter à prix fort les produits manufacturés, et propose de mettre le pays au travail. Ségovie est un bon exemple des vices de ce système : malgré les obstacles, quelques dizaines d'entrepreneurs étaient parvenus à mettre en place une industrie fondée sur le travail à domicile, le *domestic system* ; vers 1570, apparurent des manufactures capables de rivaliser avec l'étranger, mais qui s'étiolèrent dès la fin du siècle, victimes de la concurrence flamande et anglaise.

« Pourquoi exporte-t-on la monnaie hors du royaume ? Selon moi, c'est parce qu'on importe des marchandises chères et qu'on exporte des marchandises bon marché ; de sorte que, une fois que les marchands étrangers ont vendu leurs marchandises, ils se trouvent en possession de grosses quantités de monnaie qu'ils ne peuvent dépenser pour acquérir des marchandises sur place ; forcément ils cherchent tous les moyens pour les transférer à l'étranger où ils achètent des produits qu'ils introduisent dans le royaume avec profit. » Le constat de

Rodrigo de Lujan est clair : en raison du déficit commercial, la monnaie fuit le royaume. Ce fait ne fut qu'accentué par la coûteuse politique européenne menée par Charles Quint et Philippe II, que ni l'augmentation des impôts sous le règne de ce dernier, ni les *remensas de las Indias*, les trésors américains, ne suffirent à financer. Ces afflux de métaux précieux du Nouveau Monde ont pourtant triplé sur un siècle le stock monétaire européen, et certains historiens ont même établi un lien entre leur abondance sur certaines périodes et les grandes décisions royales, entre 1555 et 1559, 1567 et 1573, puis 1577 et 1593. Mais il est devenu banal d'avancer que l'Espagne se contenta de servir d'intermédiaire dans la redistribution des trésors américains vers les grandes places financières du nord de l'Europe. En l'absence d'une grande banque nationale susceptible de gérer ses rentrées et de lui faire crédit, la monarchie se tourna vers des financiers étrangers à même de fournir les fonds nécessaires en Italie ou aux Pays-Bas contre remboursement ultérieur en Castille. Des Allemands – les Fugger et les Welser –, puis des Génois – les Centurione, Spinola, Grimaldi... –, ont consenti à la monarchie ce type de prêt, à court terme et à fort taux d'intérêt, les *asientos*. A partir de 1566, l'interdiction faite aux particuliers de transférer des sommes hors d'Espagne fut levée, ce qui leur permit de tirer tous bénéfices de la situation. Les financiers ibériques – dont le plus connu est Simon Ruiz (1526-1596), le grand marchand de Medina del Campo – protestèrent bien contre cet état de fait en 1575, mais ils ne parvinrent pas à faire face aux besoins de la monarchie et, dès 1577, les Génois retrouvèrent leur primauté. Il faut dire que les finances royales ressemblaient au tonneau des Danaïdes : on a pu évaluer que Charles Quint a emprunté au total l'équivalent de dix ans de rentrées fiscales de tous ses territoires ! Philippe II fut même obligé de procéder à trois suspensions de paiement, en 1557, 1575 et 1596, opérations d'assainissement plus que banqueroutes. Lorsque les arrivées de métaux précieux se raréfient momentanément, ou que les dépenses augmentent, l'État finit par ne plus pouvoir payer l'intérêt des emprunts antérieurs. Aussi offre-t-il aux créanciers de convertir la dette flottante en dette à long terme, les *juros*. B. Bennassar nuance toutefois ce tableau bien sombre. En premier lieu, une bonne part de ces métaux précieux américains est tombée dans l'escarcelle des conquérants ou des marchands, et, quoiqu'aspirée à l'extérieur par le déficit de la balance commerciale ou le financement des conquêtes, elle a traversé la péninsule plus lentement que l'or royal, y dynamisant certaines productions et les artisanats d'art. Par ailleurs, c'est parce que ces métaux permettaient une frappe monétaire régulière que le pays put se permettre ses dépenses et ses constants emprunts, tout en conservant la plus forte monnaie européenne. Ces réserves ne font toutefois qu'adoucir un même constat : l'Espagne, première puissance européenne au XVIe siècle, souffre d'une économie sclérosée, sous-développée, dépendante du capitalisme étranger auquel elle abandonne les profits de sa politique. Elle rate par là même l'entrée dans le monde moderne, sans que les aventures impériales suffisent toutefois à l'expliquer.

Il faut pour s'en convaincre se pencher sur la persistance d'une mentalité précapitaliste résumée par F. Braudel dans une formule bien connue, « la trahison de la bourgeoisie » qui ne joue pas la carte de la modernité économique. L'ignorance des mécanismes modernes n'est pas en cause : les débats sur la pertinence d'une orientation mercantiliste de l'économie témoignent par exemple d'une vive conscience des enjeux. A. Castro a proposé dans son ouvrage *l'Espagne dans son histoire : chrétiens, maures et juifs*, une thèse très controversée axée sur la Reconquête : l'homme espagnol a été façonné par ce processus fondateur parce que le chevalier chrétien n'y fut préoccupé que de victoires militaires, puis d'en tirer parti pour construire un État. Aussi abandonna-t-il le travail économiquement utile aux minorités arabe et juive qui s'y étaient toujours distinguées. C. Sánchez Albornoz, dans *España, un enigma historico*, approfondit l'explication historique, jugeant réducteur ce déterminisme. « L'histoire hispanique a été perturbée à trois reprises par trois débarquements. Ces trois débarquements ont modifié les routes de la grande navigation historique et ont particularisé son destin face au destin de l'Occident européen. » Le premier, celui de Tarik le Berbère, est la lointaine origine de la Reconquête, qui fit la fortune et la gloire des chevaliers. Le second, celui de

Christophe Colomb en Amérique, a ouvert les vastes horizons de la conquête aux rêves des hidalgos qui avaient craint de devoir remiser leur épée. Enfin, l'avènement des Habsbourg a jeté l'Espagne dans l'aventure impériale sous la conduite d'un roi-chevalier. Les circonstances ont donc promu une échelle des valeurs où le courage, les exploits personnels, la loyauté, jouent les premiers rôles aux dépens du travail, et permettent de gravir la hiérarchie d'une société qui reste fluide. La bourgeoisie, en pleine éclosion quand, à la fin du XVe siècle, débutent les grandes découvertes, est traversée dans son ensemble du même rêve que le neveu de Simon Ruiz, marchand de Medina del Campo : « *no quiere ser mercader sino caballero* », être gentilhomme et non marchand. Les riches bourgeois investissent donc dans la terre, certes rentable en un siècle où les prix agricoles ne cessent de monter, mais surtout pour en vivre. Ils achètent des rentes émises par les municipalités en quête de ressources, ou se portent acquéreurs des emprunts d'État, les *juros*. A la troisième génération, les familles de grands marchands comme les Ruiz désertent le commerce et s'enorgueillissent de vivre noblement. Les classes moyennes se tournent, quant à elles, vers les *censos*, prise d'hypothèques sur les terres de particuliers en quête de numéraire, pourtant peu valables en période de hausse des prix. Mais c'est par la rente que l'on vit noblement, c'est par le culte de l'honneur qu'on le revendique, c'est par l'ostentation qu'on le manifeste. L'honneur est en effet la valeur sociale par excellence, – fondée sur la réputation –, véritable « patrimoine national ». « ... Il y a des gens qui ont l'audace de dire qu'il n'y a que deux lignages dans le monde, qui sont l'avoir et le non-avoir, et que le riche est du meilleur lignage, même s'il a volé toutes ses richesses au moyen d'usures et de commerces interdits. » Le bénédictin Juan Benito Guardiola, exprimant une opinion communément répandue, s'indigne ici des critiques de Martin Gonzalez de Cellorigo contre une vertu chevaleresque qui met en péril l'ordre économique et social, parce que tous en sont avides, victimes d'une véritable « contagion de l'honneur », pour reprendre une nouvelle expression de B. Bennassar dans l'ouvrage qu'il consacre à *l'Homme espagnol*. Quant à la « mentalité somptuaire » si souvent dénoncée, elle marque de même toutes les catégories sociales : la haute noblesse s'endette pour mener un train de vie très élevé, entretenir une armée de domestiques... Les conseillers de Castille consacrent une grande part de leurs biens à l'achat de mobilier, tapis, tableaux, parures... Les artisans et les laboureurs aisés cèdent aussi à la tentation du paraître : les inventaires après décès étudiés pour Valladolid montrent que leurs femmes possèdent bijoux et beaux vêtements. La société ibérique dans son ensemble conserve par la force des circonstances historiques une conception de la vie empreinte de l'idéal aristocratique : « le grand honneur... que l'on accorde à la fuite du travail », « qui écarte... des activités légitimes qui importent tant au bien public », dénoncé en 1600 par Martin González de Cellorigo, joint à la thésaurisation dans les biens de consommation, est certes source de prestige social. Il laisse à l'écart la modernité bourgeoise.

« *Iglesia, o mar, o casa real* », telles sont les trois voies de réussite honorables. Le service royal occupe en effet une grande partie de la noblesse : ambassades, participation aux Conseils, charges militaires pour la haute noblesse, responsabilités urbaines pour les *caballeros*. Cette aristocratie de service, convertie aux lettres et donc instruite dans les universités, est au XVIe siècle le pilier de l'État. Pour les cadets exclus par la pratique du majorat qui fige les patrimoines à tous les niveaux de la société aisée, pour les roturiers trop jeunes pour s'être distingués dans les guerres des Rois Catholiques, s'ouvre l'aventure océane.

L'Espagne à la conquête du monde : un empire « où le soleil ne se couche jamais »

« Souverain seigneur, le plus grand événement qui s'est produit dans le monde depuis sa création, si l'on excepte l'Incarnation et la mort de Celui qui l'a créé, a été la découverte des Indes et c'est pourquoi on les appelle le Monde Nouveau. » C'est en ces termes que l'historien Francisco López de Gomara préface en 1552 son *Hispania victrix* et exprime la fierté ibérique devant l'œuvre accomplie en un demi-siècle, l'explosion de l'espace espagnol au monde entier. Dès 1493, par la bulle *Inter Coetera*, le pape Alexandre VI avait concédé à la Castille les horizons lointains découverts, et à découvrir, au-delà d'une ligne imaginaire située à cent lieues à l'ouest des îles du Cap-Vert, ce que le traité de Tordesillas entre Espagne et Portugal repousse en 1494 à 370 lieues. Le monde est partagé entre ces deux nations de part et d'autre de ce méridien, et François Ier se demandera bientôt où est le testament d'Adam qui fonde si grand avantage !

Si l'étude précise de cette gigantesque entreprise n'est pas vraiment notre propos, il convient néanmoins d'en rappeler les hauts faits, les enjeux... et les raisons du privilège ibérique. L'élan démographique du XVe siècle, la fin d'une Reconquête qui a dynamisé le versant atlantique de la péninsule, font du Portugal et de la Castille « les marches conquérantes de l'Europe », selon la formule de P. Chaunu. La diaspora des colonies italiennes dans les grands ports contribue à les initier aux techniques du capitalisme commercial ainsi qu'aux inventions destinées à améliorer la navigation : la boussole, les portulans... Les marins basques et andalous, avec un léger retard sur les Portugais, mettent au point la caravelle, ce long voilier stable, mais léger et maniable, apte à affronter l'Atlantique vers lequel portent les alizés à cette hauteur du 40e parallèle. Tous ceux qu'attirent la mer sont poussés vers la grande aventure : quête de l'or et du mythique Eldorado, quête de la terre et du blé, quête du monde maintenant que les sciences permettent de le mieux connaître... Martin Alonso Pinzon, l'armateur de Palos qui fournit ses navires à Christophe Colomb et commande l'un d'eux, la *Pinta*, n'est-il pas un passionné d'astronomie ? Amerigo Vespucci, ce représentant d'une firme italienne à Cadix qui donna son nom au nouveau continent, un amateur de cosmographie ?

Les prémices des grandes découvertes espagnoles furent les expéditions sur la côte africaine pour y conquérir des bases, les *presidios*, et la colonisation des îles atlantiques. Les présides, ces têtes de pont en Afrique du Nord, ont été conquis par les Rois Catholiques : Oran (sous domination espagnole de 1509 à 1792), Melilla (qui l'est depuis 1497), Bougie, Tripoli... Quant aux Canaries, elles avaient été occupées dès 1402 par des nobles normands qui prêtèrent hommage au roi de Castille en 1403, puis colonisées vers 1435. Elles en ont hérité une société originale et fluide, où se mêlent le peuplement aborigène des *guanches*, les conquérants européens et espagnols, les Maures, les esclaves noirs, enfin, introduits à la fin du XVIe siècle avec la canne à sucre.

Mais Christophe Colomb, le Génois, veut aller plus loin ; il a l'idée de rallier l'Asie en naviguant vers l'ouest, et propose ses services au Portugal. Éconduit en 1485 – les Portugais songent, dans le prolongement de leurs expéditions africaines, à une voie qui contournerait l'Afrique, qu'exploreront Bartélemy Dias et Vasco de Gama –, il l'est aussi par la Castille, malgré le soutien de la communauté franciscaine de La Rabida, avant qu'en 1492, dans l'atmosphère de conquête qui suit la victoire sur Grenade, la reine ne donne son accord. Les Capitulations de Santa Fe lui octroient l'anoblissement et le titre d'amiral, outre la charge de vice-roi sur les terres découvertes, et une participation massive aux profits commerciaux qui en seront tirés. Les îles antillaises sont atteintes par les caravelles la *Pinta* et la *Niña*, et par la *Santa Maria*, après plus de deux mois de navigation ; dans la nuit du 11 au 12 octobre 1492, le marin de vigie, Rodrigo de Triana, crie « terre ! » en apercevant une petite île des Bahamas, et l'équipage, peu avant en plein désarroi, remercie le ciel par le *Salve Regina*. Bientôt, aux voyages suivants, ce sont, après Haïti la *Espanola*, Saint-Domingue la *Hispaniola,* les Petites Antilles, Puerto-Rico et Cuba. L'exploitation suit dorénavant la découverte, car l'Espagne est le premier État à se lancer dans la colonisation. Les richesses des îles s'y épuisèrent vite : la ruée sur les métaux précieux fit fondre les gisements, tandis que la population indienne était décimée par le choc microbien et le travail forcé dans le cadre de l'*encomienda* – l'attribution de contingents de main-d'œuvre indigène gratuite aux colons, qui leur prodiguaient en échange une éducation chrétienne, ainsi que le prévoyaient les Lois de Burgos de 1512.

Aussi les Espagnols sont-ils poussés vers le continent, la Terre Ferme : l'expédition vers le Mexique quitte les Antilles sous la conduite d'Hernan Cortés, débarque sur la côte mexi-

Sur cette gravure de Théodore de Bry, Christophe Colomb consacre à Dieu l'île de Guanahani, désormais île de San Salvador, en y plantant la croix.

caine en février 1517 et fonde Vera Cruz, y brûle ses vaisseaux pour forcer le destin, puis, plus d'un an après, pénètre dans Tenochtitlan, la capitale de l'Empire aztèque que Cortés juge « la plus belle ville du monde, une nouvelle Venise », bientôt Mexico. Les conquérants avaient bénéficié des oppositions à la domination aztèque, mais leurs pillages et leurs brutalités provoquèrent dans la nuit du 30 juin 1520, la *noche triste*, une terrible rébellion qui les chassa de la capitale. Ils parvinrent à y revenir en août 1521 et à conquérir le pays, désormais Nouvelle Espagne. Celle-ci fut agrandie par l'annexion de la Californie, de la Floride et de l'isthme de Panama. Le troisième acte se place lui aussi sous le règne de Charles Quint. C'est Francisco Pizarro qui se lança dans la conquête du Pérou à la tête de moins de deux cents hommes ; âgé de près de 60 ans, il avait participé aux expéditions de reconnaissance lancées vers l'Empire inca et, un peu plus de trois ans après avoir quitté Panama, il en occupait en novembre 1535 la capitale, Cuzco, la « nouvelle Rome ». Lima fut fondée la même année, et la vice-royauté de Nouvelle Castille créée en 1542. Une grande partie du continent sud-américain restait à explorer : Jimenez de Quesada et Belalcazar fondent en 1538 la Nouvelle-Grenade autour de Santa Fe de Bogota ; Diego de Almagro se lance à la découverte du Chili ; puis, dans la seconde moitié du siècle, des marins naviguent sur la « mer du sud », le Pacifique, touchant les côtes des Philippines en 1565... En 1556, Philippe II a pourtant symboliquement marqué la fin de la *Conquista* en remplaçant son usage, ainsi que celui du mot *conquistador*, par *descubrimiento* et *pobladores*, découverte et colons.

En un demi-siècle, les Espagnols ont conquis près d'un continent et détruit deux Empires. Il est certain qu'il ont bénéficié pour ce faire de leur supériorité militaire et de la division de leurs adversaires. Montesquieu expliquait par le despotisme des deux Empires leur fragilité interne, alors que les Espagnols eurent beaucoup plus de mal à venir à bout des tribus isolées. On sait aussi que les Aztèques attendaient de l'est le retour du dieu Quetzalcoatl, et que l'arrivée de cavaliers blancs, assimilés à des centaures par les Indiens qui ne connaissent pas les chevaux, leur fit croire à l'accomplissement de la prophétie. C'était en fait le glas de leur civilisation et l'aube de la domination espagnole. Deux vice-royautés, quatre au XVIIIe siècle, coiffaient des circonscriptions administratives, les *audiencias*. L'occupation des territoires conquis se fit selon le modèle élaboré lors de la Reconquête, création de villes libres, partage des terres et de la main-d'œuvre. Celle-ci est mise au travail pour tirer parti des richesses locales : d'abord l'orpaillage, la poudre d'or des rivières, puis l'exploitation artisanale des mines d'or, enfin la grande exploitation des gisements d'or, au premier rang desquels Buritica en Colombie, et d'argent, Zacatecas pour le Mexique et Potosi pour le Pérou. Ces métaux précieux constituaient l'essentiel du fret à destination de la métropole ; l'ensemble du trafic colonial de la *Carrera de Indias* (ces convois de navires qui quittaient la péninsule pour les Petites Antilles, via les Canaries, pour ravitailler, les uns la Nouvelle Espagne, les autres la Terre Ferme, avant de se rassembler en vue du retour à La Havane, pour rentrer par les Açores) relevait de la *Casa de Contratación* installée à Séville – qui, s'extasie Lope de Vega, serait dallée d'or et d'argent si les richesses venues des Indes avaient pavé les rues ! –, tout comme le Conseil des Indes créé en 1523. La *Casa* se chargeait de fournir ce dont les nouveaux territoires pouvaient avoir besoin, et centralisait les produits qui en provenaient pour prélever sur les profits le cinquième, le *quinto real*, destiné aux finances royales. Les métaux précieux leur étaient directement destinés, et, nous l'avons vu, ont servi à financer pour une bonne part la politique européenne de Charles Quint et Philippe II.

La conquête des « Indes » a donc contribué à assurer l'hégémonie de l'Espagne, puissance méditerranéenne, au XVIe siècle ; elle est pourtant à l'origine du déplacement du centre de gravité mondial vers l'Atlantique, qui dessaisira la péninsule des responsabilités majeures au profit des puissances du nord de l'Europe.

Évoquer cette aventure fait revivre devant nous des personnages hors du commun. Il est tout d'abord remarquable que la première entreprise de colonisation ait suscité, en parallèle, une réflexion et un débat sur la notion même et sa pertinence, introduit dès 1511 par un sermon du dominicain Antonio de Montesinos devant les colons de Saint-Domingue : « *vox clamantis in deserto* », je suis la voix de celui qui crie dans le désert. Il fut pourtant soutenu par son ordre, et, quelques dizaines d'années plus tard, ce sont les dominicains Francisco de Vitoria (1492-1549) et Bartolomé de Las Casas (1474-1566) – l'un resté en métropole, l'autre colon en toute bonne conscience jusqu'en 1514 – qui ont instruit le débat éthique en posant, par leur réflexion de théologie politique, les fondements du droit international et des droits de l'homme. Le premier a vertement remis en cause le droit de l'Espagne à coloniser des terres lointaines où régnait la civilisation brillante d'Indiens maîtres chez eux. « Je sais pour certain, et infailliblement, que les Espagnes n'ont jamais eu aucune guerre juste contre les Indiens », mais ce constat passe par la plume de Las Casas. Vitoria rejoint en fait le combat de ce dernier en estimant que seule l'instauration d'une morale de vie chrétienne à usage des conquis mais aussi des conquérants – ce qui implique qu'ils respectent les droits de l'homme – peut légitimer une entreprise contestable. Las Casas s'insurgea particulièrement contre le désastre démographique entraîné par la conquête. Les guerres, le choc microbien en sont certes la rançon ; mais l'exploitation de la main-d'œuvre indienne entraîna une effroyable mortalité : répartie par le régime de l'*encomienda* entre les colons, elle doit travailler selon la *mita*, la corvée incaïque, quatre mois de suite avant deux ans de repos, alors qu'on meurt en quelques semaines de travail aux mines de Potosi... Qui plus est, l'endettement conduisit vite nombre d'Indiens à préférer continuer à exercer un travail salarié au-delà de ce délai. Tous ces facteurs ont réduit des trois quarts la population indigène sur un siècle, poussant les Espagnols en quête de main-d'œuvre à se livrer au trafic du « bois d'ébène ». La lutte acharnée de Las Casas contre l'*encomienda* conduisit à sa suppression par Charles Quint en 1542. Le roi donnait donc raison à celui qu'il venait de nommer évêque de Chiapa contre Juan Ginès de Sepulveda : ce dernier se fondait sur Aristote pour justifier la tutelle des peuples supérieurs sur ceux voués par nature à l'esclavage, mais sa thèse fut condamnée, parce que contraire à la doctrine de l'Église. Certes, la pression des colons entraîna bien vite un retour aux pratiques antérieures. Il est néanmoins tout à l'honneur de l'Espagne d'avoir débattu ouvertement et sans ambages de la politique conduite, ses principes et ses réalités.

La réticence des colons à appliquer ces mesures peut s'expliquer par le fait qu'ils s'estiment à même de juger de ce qui est bon pour une colonie sur laquelle ils ont des droits. Ils ont investi leur fortune pour la découvrir – puisque la monarchie n'a financé que l'expédition de Christophe Colomb et se limite ensuite à donner son autorisation –, ont souffert dans les marais et les montagnes, et tous ne se sont pas fabuleusement enrichis. Ils reconnaissent bien sûr la souveraineté de l'Espagne, mais acceptent moins les interventions de représentants métropolitains et les prélèvements sur les profits ; ils jugent en effet que la Conquête leur assure des libertés, un peu comme la

Reconquête a entraîné l'octroi de *fueros*. L'esprit créole, et ses revendications du XVIIIe siècle, sont déjà en germe.

Mais comment parler de la Conquête sans brosser, de façon même sommaire, les destinées de ces *conquistadores*, marquées par la démesure et la violence ? Pour la plupart, ce sont des Castillans, issus de Vieille Castille comme les frères de sainte Thérèse d'Avila, mais surtout d'Estrémadure, cette « terre sans pain » de Luis Buñuel. Hernan Cortés, de Medellin, « fils d'un écuyer... qui était très pauvre et très humble, encore que vieux chrétien et, dit-on, hidalgo », Francisco Pizarro, de Trujillo comme le célèbre le fameux palais du marquis de la Conquête, et autres Pedro de Valdivia, sont au nombre des quinze pour cent d'*extremeños* que comptent les conquérants. Le tiers d'entre eux se disent hidalgos, donc petits nobles sans fortune ni avenir une fois terminées la Reconquête et les guerres italiennes. Ils sont animés de plusieurs ambitions : « *ir a valer mas* », s'élever par l'enrichissement et le prestige social retirés de l'aventure. Les romans de chevalerie dont ils étaient friants, *Palmerin d'Angleterre*, *Amadis de Gaule*, ne présentaient-ils pas la meilleure introduction aux merveilles de l'exploration : héros nobles gagnant honneur et gloire à la force de l'épée en des horizons inconnus ? Écoutons Bernal Diaz del Castillo nous décrire son arrivée devant Mexico dans son *Histoire véritable de la conquête de Nouvelle Espagne*, écrite dans sa retraite du Guatemala : « Nous restâmes émerveillés et disions que tout cela rappelait les faits enchanteurs qui sont racontés dans le livre d'Amadis... Et certains de nos soldats se demandaient si tout ce qu'ils voyaient n'étaient pas un rêve... voir des choses jamais vues, ni même rêvées, comme nous les voyions. » La tentative de Francisco Orellana de remonter l'Amazone, l'expédition d'Hernando de Soto jusqu'au Mississippi – deux aventures jalonnées de souffrances et de morts, alors que fortune était faite –, ne peuvent plus s'expliquer par la quête de l'Eldorado mais par l'attrait obsessionnel des horizons à découvrir ! La conquête prolonge le Moyen Age ibérique par l'entremise d'un même esprit castillan : l'épopée, la gloire, la fortune en sont les valeurs de référence comme dans la Reconquête, ainsi que le désir d'étendre le royaume du Christ en convertissant ceux que l'on assimile aux Infidèles. « *Oro, honor et evangelico* », la devise des conquérants n'est-elle pas celle de toute une société désormais unie sous la Croix ?

L'Espagne, « une, sainte, catholique et apostolique »

L'Espagne doit sa plus forte originalité, au cours de son histoire médiévale, à la coexistence dans la tolérance de trois croyances, au point que le roi Alphonse VII, nous l'avons vu, se faisait appeler « empereur des trois religions ». L'époque des Rois Catholiques rompit avec cette tradition, et mena l'unification religieuse en parallèle à la construction politique.

Ainsi que nous avons pu le souligner, la situation de la minorité juive s'était considérablement dégradée entre 1391 et 1419, avec la multiplication d'émeutes et de pogroms. Des mesures discriminatoires avaient été prises à son égard. Nous avons évoqué le décret de 1412 qui interdisait la pratique de charges publiques, de certaines professions, et rendait obligatoires la résidence dans un ghetto et le port d'une rouelle rouge ; mal appliqué, il fut toutefois confirmé par la décision de 1481. Dans cette même décennie, les communautés juives sont expulsées de certaines régions comme l'Andalousie, avant la mesure définitive du 31 mars 1492 : les Juifs d'Espagne ont jusqu'au mois de juillet pour choisir entre le baptême et l'exil. 150 000 auraient opté pour la conversion, 150 000 à 200 000 pour l'exil en Navarre (terre d'accueil jusqu'à la décision d'expulsion de 1498, prise sous la pression castillane), au Portugal, en Afrique du Nord ou en Méditerranée orientale… Séfarad n'est désormais plus que ce souvenir évoqué avec nostalgie dans les écrits apologétiques des exilés dans « la Vallée des larmes », transcription du titre de l'ouvrage *Emek ha-Bakha* rédigé par Joseph Ha-Cohen à Salonique.

La même politique fut menée à l'égard de la minorité musulmane une fois achevée la Reconquête. Malgré les capitulations qui garantissaient aux musulmans de Grenade la liberté religieuse – et malgré les efforts de l'évêque Hernando de Talavera, soucieux d'éviter la réédition des erreurs commises à l'encontre des Juifs –, ils subirent de telles pressions qu'ils se révoltèrent en 1500-1501. En 1502, Isabelle ne donna plus aux musulmans castillans que le choix entre exil et baptême, option de la majorité dorénavant appelée morisque. Pour l'Aragon, où ils étaient bien sûr beaucoup plus nombreux, la mesure ne fut prise qu'en 1526. L'Espagne triconfessionnelle avait vécu, la société espagnole se refermait sur elle-même. Elle s'était ainsi privée d'une main-d'œuvre de qualité et d'élites économiques et commerciales, et avait créé le problème des convertis.

L'antijudaïsme de la population n'y trouva en effet qu'un nouvel aliment et se mua en antisémitisme : ces *conversos,* nous avons été amené à l'évoquer, peuvent désormais exercer les professions qui leur étaient interdites, s'insèrent dans l'oligarchie urbaine, voire la noblesse. Or on soupçonne, à tort ou à raison, un grand nombre de continuer à judaïser en secret, ce qui n'avait rien de très étonnant au regard des conditions dans lesquelles les conversions s'étaient faites. B. Leroy, dans son *Aventure séfarade,* cite la plainte qu'un *converso*, Anton de Montoro, a envoyé à Isabelle : « ... J'ai dit le Credo, j'ai adoré des marmites pleines de gros lard, j'ai entendu des messes et j'ai prié, j'ai fait le signe de la croix, et pourtant je n'ai jamais pu tuer ce visage de juif converti... J'ai compté avec grande dévotion et j'ai prié le chapelet de la Passion... pensant effacer ma faute, mais je n'ai jamais pu perdre le nom de vieux, de vil, de juif... » Pour beaucoup, en revanche, l'accusation est fondée ; ainsi le prieur du monastère hiéronymite de la Sisla, Garcia de Zapata, plus tard brûlé par l'Inquisition, continuait-il à observer la fête juive des Tabernacles, et tenait des propos blasphématoires pendant la consécration ; ébranlé par ce scandale, son ordre n'en sera que plus favorable à l'exclusion des convertis. La tension est donc telle à l'encontre des *conversos*, les émeutes si fréquentes à l'avènement des Rois Catholiques que ceux-ci, convaincus de la réalité du crypto-judaïsme par le prieur du couvent dominicain de Séville, Alonso de Hojeda, demandent au pape Sixte IV le pouvoir de nommer un tribunal de l'Inquisition. Jusqu'alors, les pouvoirs inquisitoriaux relevaient de l'évêque, sauf en Aragon où les dominicains en étaient chargés, mais sous la tutelle directe de Rome. En 1480, les rois nomment donc les premiers inquisiteurs, comme le pape les en a autorisés en 1478 par la bulle *Exigit sincerae devotionis*, et les tribunaux se multiplient en Andalousie. Ils sont aussi installés dans la couronne d'Aragon malgré la réticence des villes qui, comme Valence ou Barcelone, estiment que la procédure est contraire aux *fueros*. En 1483, est créé le Conseil de la Générale et Suprême d'Inquisition, et nommé le premier Inquisiteur général, Tomas de Torquemada. L'Inquisition ibérique s'affranchit en conséquence du modèle médiéval, qui relevait de l'évêque, et échappe au pouvoir spirituel même si elle est en droit soumise au contrôle du pape ; c'est désormais un instrument du pouvoir monarchique centralisé.

Un instrument efficace, en raison d'une structure adaptée : l'Inquisiteur général est au sommet d'une institution qui quadrille le territoire péninsulaire par la création de tribunaux rattachés à des districts, dont le nombre a varié entre sept et seize. D'abord itinérant, le tribunal s'est bientôt sédentarisé – après 1530, semble-t-il – avec son personnel : deux ou trois inquisiteurs nommés par le roi, issus en majorité du clergé séculier – et non de l'ordre des Dominicains –, *letrados* diplômés de droit plus souvent que de théologie. Le poste d'inquisiteur est pour eux une simple étape dans le « *cursus honorum* » qui les fait gravir des fonctions tant politiques que religieuses au sein de l'appareil d'État. Ils sont entourés d'employés subalternes nécessaires au bon fonctionnement du tribunal, parmi lesquels des informateurs : les commissaires sont officiellement chargés d'enquêter dans les localités éloignées, mais ils sont aidés d'auxiliaires civils et bénévoles – récompensés toutefois de privilèges convoités, port d'arme, avantages financiers et judiciaires... –, les familiers, qui jouent le rôle d'indicateurs ; d'abord issus du petit peuple urbain mû par des ressentiments antisémites, ceux-ci virent leur origine sociale s'améliorer dans la seconde moitié du XVIe siècle, quand l'oligarchie urbaine et la noblesse succombèrent finalement à l'hostilité aux *conversos*. La procédure inquisitoriale est donc efficace. Elle commence par la proclamation dans les églises de l'édit de la foi, qui expose la liste des maux combattus dans le district ; celui-ci pousse à se dénoncer, en garantissant le pardon total à celui qui se sera repenti durant le délai de grâce – ce qui suppose qu'il dénonce aussi ses complices –, et à la délation, en spécifiant les moyens

Saint Dominique et les Albigeois de Pedro Berruguete :
l'autodafé des livres hérétiques.

de reconnaître l'hérésie. La vie quotidienne devient intenable pour celui qui judaïse, qui doit se méfier de ses domestiques, parfois de ses proches, s'il observe le Shabbat et les grandes fêtes juives et mange kasher. « On ne sait jamais s'il fait jour ou s'il fait nuit », se plaint une famille de *conversos* en 1510. Une fois le délai de grâce écoulé, l'Inquisiteur lit la sentence d'anathème au cours d'une cérémonie impressionnante qui fait se multiplier les dénonciations. Celui qui a été dénoncé, et il ne sait pas par qui, est emprisonné. Ainsi que le démontre B. Bennassar dans son ouvrage de référence, *l'Inquisition espagnole*, cette dernière fonctionne selon « une pédagogie de la peur » avant tout fondée sur le secret. Le *Manuel des Inquisiteurs* de Francisco Pena ne leur fixe-t-il pas pout but de « terroriser le peuple » ? Le prévenu ne sait pas de quoi on l'accuse, ni quoi avouer lorsque le procureur le lui demande ; de même perçoit-il l'enjeu de la récusation de certains témoins, puisque, s'il s'avérait que ses dénonciateurs comptent parmi ceux dont il récuse a priori l'objectivité, la procédure serait arrêtée. Pour se défendre, il peut aussi citer des témoins de moralité, et doit faire la preuve de son orthodoxie au cours de l'interrogatoire. Recours est parfois fait à la torture, comme dans toute instruction judiciaire, dosée en fonction de la gravité de l'accusation et de l'état de l'accusé. La procédure, expéditive dans les premières années, puis de plus en plus longue au XVIe siècle, se clôt par la sentence proclamée au cours de la cérémonie solennelle de l'autodafé, *auto de fe* en espagnol, acte de foi, en présence de toute la population. Rares sont les accusés absous, le pourcentage atteignant à peine vingt pour cent en 1570, alors pourtant que la seconde moitié du XVIe siècle connut une moindre intransigeance. Les autres sont condamnés : pour les moins enfoncés dans l'erreur, l'abjuration au cours de l'autodafé est suivie d'une « réconciliation » dans l'Église ; selon qu'ils abjurent *de levi* ou *de vehementi*, c'est-à-dire selon la gravité de la présomption d'hérésie, ils sont ensuite astreints à continuer à porter le *sanbenito*, la tunique jaune marquée d'une croix rouge de saint André qu'ils avaient revêtue à la cérémonie ; celle-ci est ensuite accrochée dans l'église locale, marquée du nom du réconcilié, pour perpétuer le souvenir de l'infamie. La réconciliation ne préjuge pas des peines, amendes, fouet, bannissements, réclusion... Ceux dont l'erreur était la plus grave sont les « relaxés en personne », vêtus d'un *sanbenito* noir, qui, après l'autodafé, étaient punis de mort par le feu. Or les premières décennies de l'activité inquisitoriale, entre 1480 et 1500, consacrées à la recherche des crypto-judaïsants, ont été particulièrement meurtrières, au point que la papauté s'en émut. B. Bennassar évalue à quarante pour cent le nombre des accusés relaxés en personne pour cette période. Le souci de procès mieux informés, la précision des interrogatoires, la fréquence des appels à la Suprême, contribueront ensuite à diminuer le nombre de condamnations à mort, chiffrées à un pour cent des sentences entre 1560 et 1700. Des familles n'en ont pas moins été décimées, comme celle de l'érasmien Luis Vives dont neuf proches ont été brûlés, des communautés détruites, comme celle d'Albuquerque, au nord de Badajoz, entre 1566 et 1575. Les verdicts de prison perpétuelle et de mort s'accompagnaient pour la famille du condamné de la peine d'inhabileté. Sur deux générations, ses descendants se voyaient frappés d'incapacité civile : soie, bijoux, chevaux, armes... leur étaient interdits ; les professions médicales et commerciales, les ordres, la fonction publique, les colonies, leur étaient fermés. Ajoutées à la confiscation des biens et à l'infamie du *sanbenito*, ces mesures perpétuaient « la mémoire de la honte ». Certains, comme le grand-père de sainte Thérèse d'Avila, condamné à Tolède vers 1485, tentèrent d'y échapper en allant s'installer ailleurs, mais, fréquemment, la rumeur de l'infamie finissait par les rattraper. Quoi qu'il en soit, ces sanctions pénales, religieuses et économiques, exclurent la communauté *conversa* des fonctions sociales et économiques qu'elle assumait.

L'Inquisition, chargée de traquer l'hérésie, ne s'intéressa aux convertis musulmans qu'à partir de 1526 afin de faire disparaître toute trace de l'Islam. Or la plupart des morisques continuaient à respecter les interdits alimentaires de la religion musulmane, le Ramadan, et à faire la prière coranique après s'être purifiés ; ils s'arrangeaient aussi pour échapper aux rites catholiques et respecter le culte musulman lors des grands rites de passage ; ils s'exprimaient souvent en *algarabia*, dialecte mêlant arabe et castillan. Aussi l'essentiel de l'activité inquisitoriale durant le XVIe siècle les concerne-t-il, jusqu'à ce que la monarchie décide de les expulser au début du siècle suivant. La répression à leur égard s'accrût notablement vers 1570, alors même que l'on venait à bout du soulèvement des morisques de Grenade : ces derniers s'étaient révoltés, dans la nuit de Noël 1568, contre la volonté affirmée par la Pragmatique de 1566 de faire respecter les dispositions de Charles Quint qui prévoyaient, pour faciliter leur assimilation, d'interdire l'usage de la langue arabe, du costume traditionnel et des bains publics. La monarchie eut du mal à écraser les insurgés réfugiés dans la montagne de l'Alpujarra, et décida finalement de les déporter en masse dans toute la Castille. Cette guerre de Grenade avait porté un coup fatal à l'activité phare de la région, la soie, sériculture et ateliers. C'était aussi le temps fort de l'offensive de Philippe II contre les Turcs, qui faisait craindre que des « ennemis de l'intérieur » ne s'allient à ces derniers ou aux pirates barbaresques... et puis l'on manquait de rameurs dans les galères !

Voici un des exemples qui permet de conclure que, quelle que soit sa motivation religieuse, l'Inquisition reste avant tout un instrument de la centralisation et de l'absolutisme étatique. L'affaire Antonio Pérez en est un autre. C'est la raison pour laquelle J. Pérez voit en elle la préfiguration de « l'État moderne dans ce qu'il a de plus redoutable, la tendance au totalitarisme ». Moderne, parce que ce tribunal manifeste le poids croissant de l'État, désormais chargé de la défense de la foi, en ignorant les privilèges d'ordres et de territoires. Totalitaire, parce que son but est de construire une nation spirituellement et idéologiquement homogène au service de la monarchie : refuser le ciment religieux de la communauté nationale, c'est menacer son unité politique.

Unité religieuse, donc, mais aussi unité de sang. La traque des crypto-judaïsants se poursuivit en effet par la politique visant à réserver aux « vieux chrétiens » l'accès à certains corps constitués : apparus à la fin du XVe siècle dans quelques *colegios majores*, les statuts de pureté de sang, *limpieza de sangre*, se multiplièrent dans la seconde moitié du XVIe siècle, sous l'effet d'entraînement de celui du chapitre de Tolède, adopté en 1547, et demeurèrent en vigueur jusqu'à la fin du XIXe siècle. Furent ainsi exclus des institutions religieuses (de certains chapitres, de la plupart des ordres, et même de l'ordre jésuite réticent jusqu'en 1593), mais surtout des institutions sociales (les ordres militaires, certaines charges, voire les confréries ou les corporations), toute personne qui ne pouvait prouver, arbre généalogique à l'appui, que ses ascendants, de la deuxième génération d'abord puis au-delà, ne comptaient aucun Juif... ni aucun Maure à partir de 1570. L'ascendance juive et morisque est incompatible avec l'honneur qui régit la société ibérique.

Par étape, depuis qu'elle avait expulsé ses minorités religieuses puis lutté contre les faux convertis, l'Espagne s'était figée : la société vieille chrétienne, définie par des critères raciaux, se refermait sur elle-même, tandis que le catholicisme se durcissait autour d'une stricte orthodoxie doctrinale qu'il importait de préserver des contagions extérieures. Ne faut-il pas souligner, toutefois, que cette quête obsidionale s'explique mieux – car elle ne se justifie pas – si l'on se remémore la réputation qui était celle de l'Espagne au début du siècle dans toute la chrétienté occidentale ? Celle d'un pays sémitisé, au point qu'Erasme peut écrire en 1517 que « c'est à peine s'il y a des chrétiens », et décliner l'invitation de Cisneros : « *Non placet Hispania* » !

« Plutôt que de permettre le moindre égarement en matière de religion ou touchant le service de Dieu, je préfère perdre tous mes domaines et cent vies, si je les avais, car je ne veux à aucun prix régner sur des hérétiques. » Cet acte de foi de Philippe II, en 1566, a les événements des Pays-Bas pour prétexte. On le cite fréquemment parce qu'il évoque parfaitement la cohérence entre la politique menée au nom du catholicisme, tant contre les puissances hérétiques à l'extérieur que contre les errements religieux à l'intérieur du territoire ibérique. Charles Quint s'était aussi fait le champion de la Chrétienté au nom de ses responsabilités impériales, tâche difficile alors qu'il se heurtait à l'essor de la Réforme luthérienne. Durant les premières années de son règne, il avait pourtant été fortement influencé par ses conseillers, le chancelier Gattinara, le secrétaire Alfonso de Valdès et même l'Inquisiteur général Manrique, qui avaient accueilli favorablement les idées novatrices d'Erasme, et envisageaient de rétablir l'unité religieuse en tenant compte de ce que les critiques luthériennes contenaient de pertinent. L'humanisme érasmien triomphait en Espagne – n'est-ce pas l'Inquisiteur général Cisneros lui-même qui l'y avait invité ? – et inspira la politique officielle jusque vers 1530. Dès lors, les déceptions causées par les tentatives iréniques (qui visaient à ramener la paix et la tolérance entre les différentes confessions chrétiennes) sont à l'origine d'un retournement progressif, favorisé par la disparition des principaux conseillers érasmiens de l'Empereur.

Qui plus est, ce climat d'effervescence religieuse et de rénovation avait favorisé un mouvement de remise en cause de l'orthodoxie officielle, les *Alumbrados* ou Illuminés. L'hérésie apparut autour de 1520 en Nouvelle Castille, dans le milieu des *criados* de la famille Mendoza, à Guadalajara : Isabelle de la Cruz, franciscaine du tiers ordre, et Pedro Ruiz de Alcaraz, d'origine converse comme la plupart de ceux qui seront poursuivis, sont l'âme de ces cénacles qui, animés d'exigences spirituelles, lisent la Bible ou des auteurs humanistes. Dénoncés, les accusés furent en 1529 condamnés à la prison perpétuelle, après un long procès dont l'instruction par l'Inquisition avait été marquée par la proclamation de l'édit de Tolède en 1525 ; ce dernier condamnait comme une émanation du luthéranisme un mouvement marqué pourtant par une incontestable spécificité. Certes, il s'intègre dans la mouvance qui, depuis le début du XVIe siècle, aspire à une religion intériorisée et met l'accent sur la Grâce divine. Mais il se distingue par la remise en cause la plus radicale de l'institution ecclésiastique, ses sacrements et sa théologie, pour aboutir à une philosophie selon laquelle l'union avec le divin passe par l'abandon mystique de la volonté humaine dans la volonté divine jusqu'à l'anéantissement, le *dejamiento*. Sous des formes quelque peu différentes, et moins bien connues, l'Illuminisme réapparut en Estrémadure entre 1570 et 1582, puis en Andalousie : les principaux Illuminés de Ubeda, Baeza ou Jaen furent condamnés à l'autodafé de Cordoue en 1590. Forte des structures inquisitoriales mises en place à la fin du XVe siècle – dont l'activité est essentiellement tournée vers la lutte contre les mouvements hétérodoxes après 1520 –, l'Espagne est facilement venue à bout de la seule hérésie qu'elle ait connue à l'époque moderne. Or la frontière était fragile entre Illuminés et érasmiens, et la persécution contre les premiers conforta tous ceux, notamment les moines mendiants, qui jugeaient les seconds d'autant plus dangereux que l'air du temps n'était plus propice aux nuances. Aussi furent-ils poursuivis malgré les protections dont ils bénéficiaient dans les hautes sphères de l'Inquisition, ce qui prouve que le système vivait désormais sa propre vie, alimenté par les délations des vieux chrétiens hostiles aux esprits libres. « Le redoutable système est entré en jeu sans que le Grand Inquisiteur et la *Suprema* eussent à donner une impulsion initiale ; ils n'ont eu à jouer qu'un rôle régulateur, tandis que les procès engendraient les procès », note M. Bataillon. Autre preuve de cette redoutable efficacité, s'il en était besoin : le reflux sans réelle difficulté de la sympathie manifeste de certains clercs et intellectuels pour les thèses protestantes.

Contrairement à ce que l'on croit couramment – mais qui n'est plus pour nous surprendre une fois évoqué le climat des premières décennies du XVIe siècle –, il est en effet certain que l'écho des premières prises de position luthériennes fut très vif dans la péninsule, apporté par l'entourage flamand de Charles Quint lorsque ce dernier la regagna en 1522. Même s'il se limita dans un premier temps à la Cour et à d'étroits cercles humanistes, les autorités réagirent immédiatement en s'attaquant au principal vecteur de propagation des idées nouvelles, le livre, cet « hérétique muet », dont la contrebande – pour tout ce à quoi la monarchie n'avait pas accordé licence d'impression, selon la Pragmatique de 1502 – était particulièrement fructueuse sur les côtes ibériques. Les premiers édits furent proclamés en 1521 et 1525, puis renouvelés à plusieurs reprises ; ils faisaient en vrac la liste des livres prohibés et indiquaient les peines encourues en cas d'infraction. Mais la saisie en 1557 de deux tonneaux de livres interdits envoyés de Genève par un exilé espagnol entraîna un durcissement immédiat de l'État, qui délivre les licences, et de l'Inquisition, qui juge après délit. Ce raidissement est manifeste en 1558, alors même que l'on décide d'en finir avec le protestantisme et que Philippe II rappelle les étudiants espagnols dans les universités péninsulaires pour les préserver des sirènes de l'hérésie. Lors de l'autodafé de Valladolid, de nombreux ouvrages furent brûlés, tandis que « la loi du sang » punissait de mort ceux qui possédaient ou commerçaient les livres interdits. Il convenait de les définir précisément, ce qu'avaient entrepris l'édit de 1551, qui reprenait l'Index de Louvain, et la Censure générale des Bibles de 1554 ; l'Index de Valdès, en 1559 – « cordon sanitaire » face à l'épidémie hérétique, selon la formule de M. Bataillon – les réunit pour aboutir à un panorama complet des ouvrages interdits, écrits réformateurs et humanistes, textes scripturaires traduits par les milieux réformés, et tout ouvrage contenant des passages non conformes. Les catalogues de 1571 et de 1583 – premier Index hiérarchisé publié sous l'impulsion de l'Inquisiteur général Quiroga – firent enfin le point des nouvelles parutions.

Malgré cette vigilance, le protestantisme se diffusa dans les grands ports et le long des réseaux commerciaux. Séville vit se constituer une communauté dont la création avait été facilitée par l'humanisme des théologiens de la grande université d'Alcala de Henares : ainsi Juan Gil Egidio et Constantino Ponce de la Fuerte, tous deux prédicateurs à la cathédrale de Séville, le second ayant remplacé le premier après avoir été prédicateur à la Cour ; tous deux furent jugés pour luthéranisme, le premier avec modération en 1552, le second avec vigueur quand la monarchie décida, après avoir conclu la paix de Cateau-Cambrésis avec la France, d'éradiquer le luthéranisme ibérique. Une Église réformée sévillane était en gestation depuis 1550, mais elle fut donc désorganisée par l'action inquisitoriale et les autodafés de 1559 et 1560 qui firent une cinquantaine de victimes. Dans les mêmes années, des communautés se constituèrent en Vieille Castille, et notamment à Valladolid où les idées nouvelles, grâce à Augustin de Cazalla, essaimèrent dans l'élite sociale, intellectuelle et religieuse de la cité. La présence de la Cour et de la Suprême, le renom des accusés, donnèrent à l'affaire une gravité exceptionnelle : deux autodafés eurent lieu, l'un en mai 1559, l'autre en octobre, au cours desquels périrent vingt-six membres de la secte. A partir de 1560, les villes espagnoles ne connurent plus que des ébauches de communautés luthériennes, immédiatement démembrées en raison de l'attention quasi exclusive qui leur est portée par les tribunaux inquisitoriaux jusqu'en 1565 : les procès témoignent que, dans la plupart des cas, des étrangers étaient désormais concernés, ce qui aidait le peuple espagnol à concilier à la fois la quête obsessionnelle de la rigueur doctrinale et la défense de la nation.

L'action proprement religieuse et la surveillance des livres se conjuguèrent donc pour épargner à l'Espagne les influences européennes, en mettant religiosité et culture sous surveillance et en écartant les dangers de l'esprit de libre examen. Déjà, au début du XVIe siècle, une entreprise aussi ambitieuse que la *Complutense*, la Bible polyglotte d'Alcala de Henares, n'avait dû sa réalisation qu'à la personnalité de son initiateur, l'Inquisiteur général Cisneros : il s'agissait en effet de confronter les traductions grecque – la Septante – et latine – la Vulgate de saint Jérôme, le secrétaire du pape espagnol Damase Ier – de la Bible avec le texte hébreu ; rien ne remplace en effet l'original biblique pour un humaniste et un croyant, aussi Cisneros eut-il recours à des *conversos*, au fait de la tradition talmudique, pour l'établir... au moment même où l'on brûlait les bibles juives traduites, de crainte que le cripto-judaïsme n'y trouve matière ! Cette incontestable réussite, fondée sur les méthodes critiques de la philologie, fut victime de la mort de Cisneros en 1516, qui ne put en assurer la défense, et de la « conspiration du silence » qui, dans l'Espagne du XVIe siècle, étouffa toute étude biblique ou toute approche critique. Les étonnants prolongements de la répression du luthéranisme à Valladolid en témoignent : l'Inquisition chercha en effet à inquiéter le primat des Espagnes, le dominicain Bartolome Carranza, ancien confesseur de Charles Quint, ancien professeur de théologie envoyé au concile de Trente par ordre de l'empereur. L'archevêque fut emprisonné en 1559, sur la foi des affirmations des accusés luthériens qui déclaraient avoir appris leurs doctrines dans ses écrits, et après étude par une commission de théologiens de ses *Commentaires sur le Catéchisme chrétien*. Celui-ci, malgré quelques passages ambigus, avait pourtant été déclaré parfaitement orthodoxe par les Pères du concile de Trente, mais il était destiné aux catholiques flamands très ouverts aux discussions théologiques, et témoignait d'un souci d'œcuménisme peu compris dans l'Espagne de Philippe II. Le procès traîna, en raison du soutien de Pie V au prisonnier ; finalement c'est Grégoire XIII, qui, après dix-sept ans de procédure, condamna Carranza à abjurer seize propositions et à être privé de son évêché pendant cinq ans. Mais celui-ci, usé, mourut dès 1576. A partir du milieu du XVIe siècle, période charnière, les intellectuels sont donc mis sous surveillance et inquiétés pour toute pensée un tant soit peu originale en matière religieuse. Parmi d'autres théologiens arrêtés, citons frère Luis de León, cet éminent exégète qui avait contesté certains points de la Vulgate de saint Jérôme en ayant recours à des sources hébraïques ; emprisonné à deux reprises avant d'être absous, il reprit son cours à Salamanque, après cinq ans d'absence, par ces mots : « Nous disions hier... » ! Comment s'étonner alors que la théologie espagnole, en pleine floraison au XVIe siècle quand elle a fourni sa plus solide armature à la Réforme catholique, perde ensuite toute vitalité ? B. Bennassar remarque que, pour l'Inquisition, un luthérien se décèle plus à ses attaques contre le clergé et la foi catholique que par ses propres affirmations doctrinales ; elle « utilise le cadre du protestantisme pour marquer négativement un certain nombre de comportements et d'opinions, pour renforcer la cohésion de la société espagnole autour d'une idéologie par elle régulée. Le nationalisme n'est d'ailleurs pas absent de tout cela... » En se protégeant avec intransigeance de toute souillure hérétique, l'Espagne s'est défini un horizon mental autarcique : elle se bloque sur des positions théologiques fermes, et se forge une âme de combat pour défendre, par la foi comme par les armes, la Contre-Réforme qu'elle tente d'imposer à l'Europe et finit par incarner.

La Réforme catholique doit beaucoup à l'Espagne. Il faut rappeler ici en premier lieu que la présence des Espagnols – Francisco de Vitoria, Melchor Cano, Domingo de Soto, Bartolome Carranza, Diego Laynez, Alfonso Salmeron... – dans les travaux du concile de Trente fut essentielle au plan théologique. Charles Quint en attendait la réunification religieuse du Saint Empire, aussi mit-il tout son poids dans la balance pour en faciliter la tenue, effective en 1545 après maints retards. L'empereur souhaitait avant tout une réforme de la discipline et des coutumes, afin de faciliter une réunification dogmatique qu'il se chargerait de mener par d'autres voies, alors que le pape Paul III en attendait au contraire une ferme mise au point doctrinale. Les deux thèses furent en opposition tout au long de la première étape conciliaire, entre 1545 et 1549, avant que Charles Quint n'eût constaté à nouveau la vanité de ses tentatives de conciliation par l'échec de l'Intérim d'Augsbourg de mai 1548. Dès ces premières années, les prélats espagnols étaient nombreux, entourés de théologiens et de canonistes formés dans les universités ibériques ; ils ne parvinrent toutefois pas à imposer le culte de l'Immaculée Conception de la Vierge Marie ; ce ne fut qu'en 1696 que le pape devait créer cette fête, donnant ainsi raison aux suaristes jésuites et franciscains. Dans la seconde phase du concile, en 1551 et 1552, qui traitait des sacrements, leur délégation fut même la plus lourde et leur influence prépondérante, surtout marquée par le rôle des théologiens Melchor Cano, le dominicain à l'origine de la théologie positive, et Diego Laynez, le jésuite. Cette affirmation est encore plus valable pour la dernière phase, tenue en 1563, puisque les délégués espagnols parvinrent enfin à faire adopter les décrets de réforme disciplinaire du clergé, finalement essentiels. L'Espagne fut parmi les premiers États à reconnaître les décisions tridentines : dès le 12 juillet 1564, Philippe II les recevait officiellement « sous réserve de (ses) droits royaux », et la tenue des premiers conciles provinciaux attesta tout à la fois l'application immédiate des décrets conciliaires et, par la présence d'un commissaire royal, le respect des « libertés espagnoles ».

La Réforme catholique y triompha dès la seconde moitié du XVIe siècle. Comme dans les autres pays européens, elle débuta par la réforme des ordres. Une bonne part du travail avait été effectuée sous la direction du cardinal Francisco Jimenez de Cisneros : par les synodes de 1497 et 1498, il avait rappelé aux clercs leur devoir de résidence ainsi que leur mission d'apostolat. De même avait-il soutenu avec autorité les amorces de réforme au sein des ordres religieux, favorisant notamment les observants mendiants. Il faut toutefois souligner que, dans bien des cas, il se heurta à l'inertie des habitudes. Enfin, il avait jeté les bases d'un recrutement de qualité du haut clergé, en créant l'université d'Alcala de Henares afin d'y rénover l'enseignement de la théologie par la confrontation des trois voies entre lesquelles les clercs devaient habituellement choisir, le thomisme, le scotisme et le nominalisme. Aussi restait-il moins à faire. Néanmoins on assiste au XVIe siècle à un renouveau des mouvements érémitiques, comme les ermites récollets autour de Luis de León et Jean de Castro, ou les ermites de saint Jérôme. Les ordres mendiants sont traversés par un mouvement de retour à la stricte observance : tel est avant tout le cas des carmes. C'est avec l'aide de saint Jean d'Avila (1500-1569), l'apôtre de l'Andalousie, et de saint Jean de la Croix (1542-1591) que sainte Thérèse d'Avila (1515-1582) réforma en 1562 son carmel selon des règles de pauvreté et de clôture absolues ; en 1648, une centaine de couvents de carmélites avaient renoué avec l'austérité de leur règle primitive. Avec Jean de la Croix, son « petit Sénèque », elle fut aussi à l'origine du premier couvent de carmes déchaussés, fondé en 1568 à Durvelo. Il en fut de même des dominicains et des franciscains, parmi lesquels Pierre d'Alcantara (1499-1562) fonda en 1540 les minoristes de la stricte observance. Des ordres charitables furent aussi développés ou créés : citons le renouveau des Trinitaires déchaussés autour de Jean-Baptiste de la Conception en 1594, et les frères de la Charité, ces hospitaliers qui se réservaient les tâches les plus rebutantes, fondés par Jean de Dieu (1495-1550) à Grenade.

Mais il est impossible de ne pas insister sur le joyau de la Réforme catholique, l'ordre des Jésuites, fondé par saint Ignace de Loyola (1491-1556) en 1540. Celui-ci, d'origine basque, avait mené une carrière militaire jusqu'à ce que, blessé grièvement à Pampelune en 1522, il trouve son chemin de Damas dans la souffrance, et, après avoir lu des ouvrages de spiritualité – *la Fleur des Saints*, adaptation espagnole de *la Légende dorée* de Jacques de Voragine, *la Vie du Christ* du chartreux Ludolphe –, choisisse de renoncer au monde et de servir Dieu dans une chevalerie divine, *la caballeria a lo divino*. Il mena alors une vie d'errant : au monastère de Montserrat, on lui communique les *Exercices de la vie spirituelle* de Garcia de Cisneros, le neveu du cardinal, qui a réformé le couvent. Dans la grotte catalane de Manrèse, il pousse à l'extrême les macérations, et rédige ses *Exercices spirituels*, livret d'oraison qui indique comment partir à la conquête de son âme, champ clos où combattent le bien et le mal. Puis, après un séjour en Terre Sainte, il se lance à plus de trente ans dans des études, à Alcala, à Salamanque – où il est suspecté d'illuminisme –, puis en France. C'est en 1534, entouré notamment des Espagnols Diego Laynez, Nicolas Bobadilla, Alfonso Salmeron et François de Jassu (qui, né en Navarre au château de Xavier, est plus connu sous le nom de saint François-Xavier, 1506-1552), qu'il prononce à Montmartre les trois vœux spécifiques aux jésuites, pauvreté, chasteté et prédication aux Infidèles. En 1537, l'ordre prend le nom de Compagnie de Jésus, chevalerie sous l'étendard de Dieu, et, devant l'impossibilité de partir en Palestine pour y réaliser le vœu de croisade, se place sous les ordres du pape, ainsi que cela avait été prévu en 1534. La charte de fondation approuvée par ce dernier en 1540 par la bulle *Regimini militantis ecclesiae* en fait une congrégation de prédicateurs dans les nations catholiques, d'où leur vocation enseignante, et parmi les peuples à convertir. La constitution de l'ordre, autour d'un général, illustre une structure militaire au service direct du pape : selon son quatrième vœu, le jésuite doit lui « obéir comme un cadavre. » A la mort d'Ignace de Loyola, en 1556, l'ordre comptait déjà mille membres (trois cents dans la péninsule) et administrait une centaine de fondations dans toute l'Europe. Missionnaire, enseignant, il fut l'élément le plus dynamique de l'Église de la Contre-Réforme.

Le XVIe siècle fut pour l'Espagne le « siècle des âmes ». Elle connut une incontestable floraison mystique centrée sur la pratique de l'oraison ; la méditation et la lecture des œuvres de spiritualité sont les voies qui mènent à la prière et à l'action de grâce. La méfiance envers l'oraison mentale de la dévotion moderne fit toutefois que nombre des tenants de la Contre-Réforme furent inquiétés par l'Inquisition – Ignace de Loyola, nous l'avons vu, mais aussi Thérèse d'Avila, Jean de la Croix et Luis de León – ; leurs écrits, suspectés au même titre que l'ensemble de la littérature mystique mise à l'index en 1559, ne furent souvent publiés qu'à titre posthume. Mais leur foi s'enferme dans des couvents réformés, et c'est alors une garantie de leur orthodoxie. *L'Introduction à la vie dévote* publiée en 1609 par saint François de Sales, et qui insiste sur les voies de perfection et de sainteté dans le siècle, connaît encore peu d'applications en Espagne... En 1562, parut le *Traité de l'oraison et de la méditation* de saint Pierre d'Alcantara ; le dominicain Louis de Grenade comme le clerc Juan d'Avila veillèrent à en propager la pratique dans le peuple, à la grande crainte de l'Inquisition qui appréhendait les éventuelles confusions avec l'hérésie pour des esprits peu cultivés. Thérèse d'Ahulmada, sainte Thérèse d'Avila, est certainement la figure mystique la plus connue : contre l'avis de son père, elle choisit le carmel de sa ville natale, et n'y demeura d'abord que par un effort de volonté, mais la découverte de l'oraison mentale par le *Troisième Abécédaire spirituel* de Francisco de Osuna, si elle la fit suspecter d'hérésie au sein même de son ordre, lui ouvrit la route des « plaisirs de Dieu ». Elle a elle-même analysé ses expériences mystiques, décrivant les quatre degrés de l'oraison : la première étape, où le débutant fait silence avec Dieu, ainsi que l'« oraison de quiétude » où « tout est oui », sont pour elle accessibles à tous ; tel n'est pas le cas de l'« oraison d'union », « mort à peu près totale à toutes les choses du monde dans la jouissance de Dieu », qui permet enfin d'accéder au « mariage spirituel » avec le divin. Pour saint Jean de la Croix, grand poète mystique, celui-ci n'est possible qu'après l'arrachement de l'âme à la « nuit obscure » de ses sens et de ses facultés, bientôt éclairée par Dieu seul. Pour tous, « l'oraison, c'est pour l'âme, monter au-dessus d'elle-même, et au-dessus de tout le créé, se joindre à Dieu et s'engouffrer en cette mer de suavité infinie et d'amour », selon la définition de Louis de Grenade. L'union mystique se manifeste pour eux par l'extase, les visions miraculeuses et même par la transverbération, cette blessure au cœur que sainte Thérèse disait avoir reçue du dard d'un séraphin. H. Bergson ne voyait-il pas dans cette présence révélée à des âmes exceptionnelles l'une des plus fortes présomptions en faveur de l'existence de Dieu ?

L'oubli total de soi en est la condition, aussi ces mystiques se distinguent-ils par l'héroïsme chrétien de leur vie. Leur renonciation au monde et aux honneurs, parfois au sein même de l'Église, est la voie de leur salut, de même que leur victoire sur la chair : Pierre d'Alcantara pratique à tel point l'ascèse et la mortification – ne prenant qu'un repas tous les trois jours, s'astreignant par ailleurs à de longs jeûnes, au port du cilice, à la flagellation et à ne dormir que quelques heures sans jamais s'étendre... –, que sainte Thérèse souligne « sa maigreur... si extrême qu'il avait l'air fait de racines d'arbres ». Ignace de Loyola, qui s'est pourtant infligé les pires macérations, doit rappeler à la mesure François Borgia (1510-1572) : vice-roi d'Aragon, celui-ci, après avoir contemplé le cadavre putréfié de l'impératrice Isabelle, autrefois si belle, décida de ne plus servir que Dieu et, à la mort de sa femme, entra dans l'ordre des Jésuites dont il fut le troisième général... Pour tous, comment « chercher le Christ sans la croix » ?

Ces mystiques sont les aventuriers de Dieu en Espagne. Les missionnaires le sont dans le monde entier, alors que l'humanisme chrétien et son aspiration à l'universalité, puis la Réforme catholique, ont donné un nouvel essor au prosélytisme amorcé par les Grandes Découvertes. Écoutons Christophe Colomb : « Les rois de Castille nous ont envoyés, non pour vous subjuguer, mais pour vous enseigner la vraie religion. » Aussi les Antilles furent-elles évangélisées par les franciscains et les dominicains qui, après avoir démontré aux indigènes que leurs dieux les avaient abandonnés, leur inculquèrent les rudiments de la religion catholique. C'est parce que le premier monastère à avoir été édifié sur le sol d'*Hispaniola* était rattaché aux Frères prêcheurs que l'île prit le nom de Saint-Domingue... A ces derniers, se sont joints les augustins, puis les jésuites, pour christianiser les Amériques : autant ce fut assez vite chose faite au Mexique, autant l'évangélisation de la Californie, du Nouveau Mexique et de la Floride entraîna la mort de nombreux missionnaires. Il en fut de même en Amérique du Sud car, si l'ancien Empire inca peut être considéré comme chrétien à la fin du siècle, il leur fut difficile de s'implanter au-delà. La geste missionnaire comprend nombre de héros, connus et inconnus, puisqu'on peut évaluer que cinq mille religieux espagnols ont été envoyés au-delà des mers sous le règne de Philippe II. Citons Andrés de Olmos qui évangélisa le Mexique, se pencha sur ses langues et son passé précolombiens à propos desquels il laisse plusieurs traités ; le saint évêque de Lima, Toribio de Mongrovejo, qui affirmait avoir baptisé 500 000 personnes, avait appris le quichua, et qui mourut au cours d'une visite pastorale en 1606 ; saint Pierre Claver qui, au XVIIe siècle, avait adopté les chaînes des esclaves noirs parmi lesquels il avait décidé de vivre à Carthagène des Indes... Enfin, comment ne pas dire un mot de la tentative la plus originale de civilisation catholique indigène, la république chrétienne des Guaranis, créée par les jésuites au Paraguay en 1609 ? Elle regroupait en fédération plusieurs réductions, ou communautés, sur un territoire grand comme la France, où aucun Espagnol ne pouvait entrer sans l'autorisation des jésuites ; les Indiens y vivaient en parfaite égalité et y apprenaient les techniques agricoles et artisanales venues d'Europe... et même la musique parce qu'ils l'aimaient ! En 1642, Domingo de Torres prenait leur tête pour les défendre contre les chasseurs d'esclaves.

C'est le pape Jean III qui a envoyé le jésuite saint François-Xavier évangéliser l'Inde et le Japon en dix ans de missions harassantes ; il mourut en 1552, à l'âge de quarante-six ans, sur une île déserte d'où il tentait de pénétrer en Chine. Il avait toutefois introduit le christianisme au Japon, et c'est sur ces bases que la communauté se développa dans la seconde moitié du siècle, au point de compter 300 000 chrétiens. Les martyres de trente franciscains, parmi lesquels saint Pierre Baptiste, entre 1595 et 1628, date des exécutions de Nagasaki, sanctionnent néanmoins l'échec de la christianisation. L'implantation fut en revanche plus aisée aux Philippines, où les Espagnols s'étaient installés. Saint Ignace a même envoyé quelques jésuites, parmi lesquels André d'Oviedo – celui qui avait reçu les premiers vœux secrets de François Borgia –, en Éthiopie sur les traces du mythique Prêtre Jean !

Évoquer ces personnalités exceptionnelles nous amène à parler d'un « âge d'or du catholicisme espagnol » dans la première moitié du XVIe siècle. Représentant 1 à 1,5 % de la population, le clergé totaliserait, selon les évaluations de A. Domínguez Ortiz, plus de 14 % du revenu espagnol ; le haut clergé ne cesse de s'enrichir, par la dîme, les revenus de ses terres, et les donations dont il bénéficie ; il détient aussi le pouvoir politique par l'Inquisition et sa participation aux Conseils, et ne compte pas moins de vingt saints... La création rapide de séminaires, la publication de catéchismes, comme celui de Juan d'Avila, adapté aux enfants, répondent aux invites du concile et permettent l'instruction des clercs et des fidèles, complétée par la prédication, la confession et la répression inquisitoriale. La religiosité populaire est riche et vigoureuse ; la foi mariale est manifeste dans le soutien apporté à la théorie franciscaine et jésuite de l'Immaculée Conception ; l'inquiétude religieuse apparaît dans l'intérêt pour les manuels de spiritualité et les controverses sur les mouvements hétérodoxes ; les confréries sont nombreuses... Or cette vie religieuse se sclérosa progressivement tout au long du siècle, pour se transformer en une accumulation d'interdits, d'actes de foi « désertés par l'esprit », rançon de l'identification entre l'Espagne et le catholicisme. La lutte contre le protestantisme, ouverte par Charles Quint au nom des responsabilités impériales et poursuivie par Philippe II, a conduit l'Espagne à se faire le champion de l'orthodoxie au mépris de l'esprit, en étouffant sa pensée et son libre arbitre. Certes, le procès célèbre fait au XVIIIe siècle par Masson de Morvilliers au fanatisme et à l'obscurantisme ibériques, qui étouffe tout progrès, relève plus de la fameuse légende noire que de la réalité : « Mais que doit-on à l'Espagne ? Et depuis deux siècles, depuis quatre, depuis dix, qu'a-t-elle fait pour l'Europe ? » Il n'en demeure pas moins que, devenue au cours du XVIe siècle le « royaume de la conformité », pour reprendre la formule de B. Bennassar, il ne lui restait plus que l'art pour briller...

Prélude au Siècle d'Or

Que voilà un titre dangereux ! Dans son ouvrage intitulé *Un siècle d'or espagnol*, B. Bennassar se penche en effet sur les ambiguïtés de ce concept et décide de traiter cette période d'un siècle et demi, du début du XVIe siècle à 1648, où l'Espagne joue, à bien des égards, un rôle dominant. Après avoir brossé un tableau de cette Espagne, première puissance mondiale sous Charles Quint et Philippe II, il s'agit maintenant pour nous d'évoquer l'entrée dans l'ère des chefs-d'œuvre.

Qui parcourt aujourd'hui l'Espagne et s'émerveille devant les legs du « beau seizième siècle » doit se la représenter comme un immense chantier où l'or des conquérants et les revenus de l'Église se transforment en dentelle de pierre. Les rois, les grands personnages, construisent chapelles, palais, hôpitaux, collèges, qui constituent maintenant l'essentiel de la parure monumentale de bien des cités ibériques... La variété architecturale de l'époque des Rois Catholiques est remarquable, d'autant qu'elle s'enrichit de l'apport d'artistes français, flamands ou italiens qui mêlent leur talent aux traditions nationales. Le gothique en est à sa dernière floraison, décalée chronologiquement par rapport au reste de l'Europe. « Nous ferons une église si grande que ceux qui la verront achevée croiront que nous étions fous ». Telle est l'ambition des chanoines de Séville lorsqu'en 1402 ils décident de la construction d'une nouvelle cathédrale, qui ne sera consacrée qu'en 1519 ! L'influence de l'architecte Juan Gil Hontanon fut décisive au moment de son achèvement ; c'est lui qui est aussi à l'origine des deux autres réalisations de ce gothique tardif, les cathédrales de Salamanque et de Ségovie, dont la construction a été décidée dans les premières décennies du XVIe siècle. L'accent mis sur un vaisseau central gigantesque dont le voûtement est constitué d'un jeu complexe d'ogives, l'échelonnement des volumes extérieurs, sont une garantie de majesté qui n'exclut pas la grâce.

Sous le règne des Rois Catholiques, cette dernière éclosion flamboyante du gothique, mêlée avec bonheur à des formes italiennes, disparaît partiellement derrière une ornementation d'une folle imagination dont on ne connaît l'équivalent que dans le style manuélin, remarquable au Portugal à la même époque. On qualifie en effet de style isabélin, ou de plateresque – mot qui dérive d'orfèvre, *platero* –, le décor exubérant et ciselé, tant il est d'un faible relief, qui se déploie sur toute la façade monumentale ; ordonné en panneaux différents comme un retable, il est fait de sculptures foisonnantes, de dentelures pleines d'imaginative invention et de motifs héraldiques d'inspiration italienne, et selon Marcel Durliat, « unit l'Italie à l'Islam ». Une promenade dans Valladolid en montre quelques joyaux : le collège de Santa Cruz, dont la façade est décorée de croix de Jérusalem et des armoiries du fondateur, le cardinal Mendoza ; le collège San Gregorio, au portail d'une richesse inouïe, décoré d'animaux et d'hommes sauvages, de forêts et de soldats, où l'on a voulu voir une représentation des Grandes Découvertes lancées par les Rois Catholiques dont l'arbre généalogique surmonte le tympan. Mais comment ne pas mentionner le palais du duc de l'Infantado à Guadalajara, œuvre de Juan Güas, tout comme le couvent franciscain de San Juan de los Reyes, à Tolède ? La Tolède plateresque contient d'autres beaux monuments comme l'Hospital de Santa Cruz, autre fondation du cardinal Mendoza, ce qui nous donne une idée de l'importance du mécénat aristocratique. Enfin, au mépris d'autres chefs-d'œuvre, accordons notre attention au fleuron qu'est Salamanque : l'université, avant tout, dont la somptueuse façade ouvragée, sculptée par Enrique de Egas – l'architecte de la chapelle royale de Grenade et du superbe Hôpital de Saint-Jacques de Compostelle –, ouvre sur le patio, accès des salles de cours qui – celle notamment de Luis de León qui a conservé chaire et bancs – témoignent d'un passé glorieux ; les Écoles mineures, dont le patio d'une exquise pureté, avec ses arcades à courbes et contrecourbes, est typiquement salmantin... Salamanque, qui « par son accueil... ensorcelle le voyageur et l'oblige à revenir », souligne Cervantes.

A cette splendeur caractéristique de la Renaissance espagnole, s'oppose un style plus dépouillé, plus proche du modèle italien dans le retour au classicisme des formes antiques. On le vit apparaître dès le premier quart du XVIe siècle à la Lonja de Saragosse puis au palais Martinez de Lara, mais de façon très exceptionnelle. Il triompha dans la seconde moitié du siècle, pour exalter par la grandeur de ses réalisations religieuses, les cathédrales de Valladolid, Grenade (grandiose sanctuaire en rotonde), Jaen et Málaga, la majesté de la Contre-Réforme. Les palais aristocratiques, tout comme les alcazars de Tolède et de Madrid dont il demeure peu malheureusement, étaient organisés autour d'une cour carrée, cernée de tours d'angle et entourée d'une galerie aux sobres arcades. Le palais de Charles Quint à Grenade est une réalisation architecturale purement italienne. Juan de Herrera fut l'architecte de plusieurs de ces monuments, à Valladolid comme à Tolède ; on lui doit aussi le palais de l'Escurial, aboutissement de ce classicisme ibérique. Le style herrérien, sans ornement ou *desornamentado*, trouve sa forme la plus pure dans les longues perspectives du palais, animées de multiples fenêtres, surmontées de coupoles et de pinacles. Le centre de l'Escurial est occupé par la basilique dont le plan en croix grecque reprend les projets élaborés pour Saint-Pierre de Rome : au-dessus de la croisée s'élève une haute coupole supportée par quatre piliers colossaux, tandis qu'au fond de la nef un immense retable à trois registres compose avec le maître-autel un ensemble grandiose, encadré de deux groupes d'orants autour de Charles Quint et de Philippe II. Celui-ci fut un des hommes les plus cultivés de son temps et son palais en témoigne. Les riches collections comprennent des objets précieux, des instruments de musique, des cartes, des sculptures... Il consacra beaucoup d'attention à la bibliothèque, dont il fit passer le nombre de volumes de quelques centaines à plus de dix mille ; elle comprenait des manuscrits hébraïques et arabes, et même des ouvrages condamnés par l'Inquisition. Plus de sept cents tableaux décoraient les murs de ses palais car Philippe II, homme de la Renaissance, se voulait amateur d'art et mécène : des Flamands surtout – il était fasciné par Jérôme Bosch –, mais relativement peu d'Italiens – à l'exception de l'école vénitienne et surtout de Titien dont il admirait le génie, auquel il avait notamment commandé des portraits, comme son père, ainsi qu'un *Martyre de saint Laurent* patron du monastère – et bien sûr des Espagnols.

Le XVIe siècle est bien l'époque de la première floraison de ces peintres du Siècle d'Or dont les œuvres témoignent de l'Espagne de ce temps, identifiée à la royauté et à la foi. L'art de cour exaltant la monarchie s'épanouit sous Philippe II, même s'il a connu un premier essor sous les Rois Catholiques, qui

Deux tableaux du Greco : détail de l'*Enterrement du comte d'Orgaz*, et *Vue et plan de Tolède*.

s'étaient attachés Antonio Rincon, et surtout sous Charles Quint qui nomma Pedro Berruguete premier peintre de la Chambre. Philippe II fit travailler Alonso Sanchez Coello, qu'il appelait « le Titien portugais », et d'autres portraitistes, mais aussi des peintres religieux comme Juan Fernandez Navarrete, *El Mudo*, le muet. L'art religieux, loin de s'être dissous dans l'art profane, marque en effet la Renaissance espagnole, par la personnalité des artistes, souvent des clercs, ou le mysticisme de leurs sujets. Le tout premier est Domenikos Theotokopoulos, dit le Greco (1541-1614), qui, quoiqu'étranger, réalise le prodige de réunir les richesses de la peinture ibérique primitive : le rythme et la pureté des romans catalans, l'introspection et la majesté des valenciens. Il proposa en 1577 *le Songe de Philippe II* à ce dernier, qui apprécia peu, en revanche, *le Martyre de saint Maurice et ses compagnons*. Le roi fut en effet déconcerté par ces « corps allongés comme des flammes » dont ils ont la couleur, aux visages émaciés et au regard dévoré. Il fut rebuté par cette hardiesse expressionniste et l'intensité de la dramatisation qui en découlait. Le peintre, marqué par les influences byzantines – l'irréalisme des couleurs crues, tiré des icônes – sans en avoir pour autant conservé de tendances à l'abstraction ou au formalisme, exprimait en effet « d'une façon réaliste les spasmes de l'âme », selon la formule de Maurice Barrès, en accord avec les brûlants accents de la religiosité espagnole de son temps. *L'Enterrement du comte d'Orgaz* nous conduit, si nous suivons le jeune guide – peut-être le fils du Greco –, au cœur de la société et de la mentalité ibériques d'alors, par la fusion accomplie entre le monde réel et ses prolongements dans l'au-delà.

L'explosion artistique fut telle, dans l'Espagne du XVIe siècle, que les foyers artistiques rivalisent de vitalité. Le Greco a peint pour Tolède, « la gloire de l'Espagne, la lumière des arts... la cité sainte » selon Cervantes, et il nous a légué les tableaux d'une cité cosmopolite et florissante en pleine activité architecturale, plateresque puis classique, d'une capitale intellectuelle et spirituelle. Les Valenciens, ouverts à l'art de cour dès le XVe siècle, continuent à faire le lien entre les influences flamandes, la Renaissance italienne et la péninsule, par le biais notamment de Hernando Yanez de la Almedina et Hernando

Llanos, qui, après avoir travaillé avec Léonard de Vinci, introduisirent le style pictural nouveau inspiré de l'antique, ou de Juan de Juanes, adepte du maniérisme. Francisco Ribalta et José Ribera continueront dans la même voie dans les décennies ultérieures. Valladolid a pour maître en matière picturale Pedro Berruguete († 1503), aux spectaculaires figures de prophètes et de saints ; il est aussi à l'origine de l'école de sculpture vallisolétaine, célèbre pour le lyrisme et le tragique des œuvres expressives, sur bois polychrome, d'Alonso Berruguete (1490-1561), dont on a dit que les statues ont le mouvement de la danse espagnole, et de Juan de Juni. Cette sculpture religieuse était très demandée : pour les églises, décorées de pietà ou de retables, ces chefs-d'œuvre qui associaient architecture, sculpture et peinture ; par les particuliers désireux d'exprimer leur piété en décorant leur intérieur de statues de saints... Cette ville fut enfin un important centre architectural, tout comme Séville ; si celle-ci s'affirme au XVIIe siècle comme l'un des plus grands centres artistiques européens, sa prospérité commerçante s'était traduite dès l'époque qui nous concerne dans des chefs-d'œuvre plateresques et classiques, et un important mécénat pictural dont bénéficia Luis Morales. Son total parti pris maniériste a été considéré par certains critiques comme l'une des expressions de la résistance d'une certaine Espagne à son destin mondial.

De même la littérature exprime-t-elle l'évolution de la société, si elle n'en est pas le simple reflet. La langue culturelle est désormais le castillan, dont le latiniste Antonio de Nebrija a publié en 1492 une grammaire, la première en Europe pour une langue nationale précocement élaborée et qui prétend à assumer un rôle universel à l'image du latin. En 1536, Charles Quint ne s'est-il pas adressé en castillan au pape et aux ambassadeurs français et vénitien, à leur grande surprise ? Le public lettré y est important, en raison de l'affirmation des lettres comme voie royale de la promotion sociale, et l'imprimerie lui fournit matière à lecture. Les œuvres sont par ailleurs diffusées en Europe à la fin du siècle, originales ou traduites ; F. Braudel rappelle qu'il est alors de bon ton en France de parler le castillan, d'en parsemer sa conversation (on blasonne, on hable, au lieu de discuter), et de s'enthousiasmer pour Cervantes...

De nouveaux genres littéraires connurent leur premier essor à l'époque des Rois Catholiques : le *romancero,* court récit poétique octosyllabique, qui emprunte son thème à l'épopée, au folklore ou à la vie quotidienne, et crée ainsi une imagerie populaire ; les *Coplas* que Jorge Manrique (1440-1478) a consacrés à la mort de son père (nous en avons cité un extrait), frappent par leur justesse de ton et résonnent comme un glas. En second lieu, le roman de chevalerie, *Amadis de Gaule, Palmerin d'Angleterre* et les volumes qui prolongent leurs aventures par celles de leur descendance ; nous en avons déjà souligné le succès auprès d'un public de chevaliers, ainsi tentés d'aller poursuivre au-delà de l'océan les valeurs médiévales en voie de disparition dans la société ibérique : Charles Quint, le dernier roi chevalier, n'en avait-il pas emporté un exemplaire dans sa retraite finale de Yuste ? Le théâtre enfin, avec la *Tragi-comédie de Calixte et Mélibée*, mieux connue sous le nom de *la Célestine* (1499), et son univers déjà picaresque. Cette dernière forme littéraire, le théâtre, s'affirma au Siècle d'Or, assumant l'héritage du *romancero* et du *cuentecillo,* petit récit dialogué. Elle eut un succès extraordinaire car elle fait partie de la fête, si importante dans l'Espagne moderne. Cérémonies politiques – les « joyeuses entrées » des rois dans les villes visitées – ou religieuses, commémorations – de victoires mais aussi de fin d'épidémies ! –, toutes étaient prétexte à danses et à représentations théâtrales, intégrées dans leur déroulement. Profane, le théâtre est représenté quotidiennement dans les *corrales,* ces « enclos de comédie » qui s'ouvrirent dans la seconde moitié du siècle dans les grandes villes, et mêle tous les publics. Faut-il citer les auteurs, Lope de Vega, puis Tirso de Molina, Calderon de la Barca..., qui écrivaient aussi les *autos sacramentales*, consacrés aux mystères religieux et surtout à l'Eucharistie, qui marquaient les grandes célébrations ? La vie de ces auteurs vaudrait à elle seule un roman : Lope de Vega (1562-1635) connut le bannissement, le désastre de l'Invincible Armada à bord du *San Juan*, les heurs et les malheurs des amours tumultueuses, et fut même ordonné prêtre sur ses vieux jours. Il représente toute la richesse littéraire de son époque, s'étant essayé aux romans pastoraux, tant en vogue sous Philippe II, avec *l'Arcadia*, à la poésie épique et héroïque... ; mais il revendique surtout une quarantaine d'*autos sacramentales* et plus de mille pièces, dont les célèbres comédies de mœurs publiées au début du XVIIe siècle, nous y reviendrons. La figure de Miguel de Cervantes (1547-1616) reste la plus remarquable, et M. Kundera en fait, de par sa démesure et sa quête d'absolu, le premier héros européen. Les aléas du métier des armes l'ont conduit des guerres d'Italie à la bataille de Lépante, où il perdit l'usage du bras gauche, sans omettre cinq ans de captivité à Alger après que la galère sur laquelle il comptait regagner l'Espagne eut été attaquée par les Turcs. La mer n'est pas sûre à cette époque, pas plus que certains littoraux ibériques, en raison des pirates barbaresques dont les noms des chefs sont parvenus jusqu'à nous, Barberousse, Dragut ou Mustapha Piali... La vie ne fut pas plus clémente pour lui dans la péninsule jusqu'à la publication, en 1585, d'un roman pastoral, *Galatée,* et surtout de la première partie de *l'Ingénieux hidalgo Don Quichotte de la Manche*, en 1605 ; la seconde date de 1615. Ce chef-d'œuvre, écrit en une langue d'une grande pureté, peut être considéré comme le premier roman. Il brosse avec réalisme un tableau de cette société ibérique en deuil du Moyen Age et de ses valeurs aristocratiques et chevaleresques : le dialogue entre Don Quichotte – le « chevalier à la triste figure », nostalgique d'un passé chevaleresque et plongé dans les chimères d'un avenir héroïque –, et le bon Sancho Pança – plein de bon sens, mais plus confiant en sa chance que dans son travail –, est en fait la dialectique, aussi comique que mélancolique, de l'enchantement de l'honneur et de l'héroïsme, qui pousse vers les plus folles aventures sans finalité pratique, et des dures réalités des temps modernes, leurs machines et leurs moulins à vent !

Cette époque est peinte avec réalisme dans les romans picaresques en prose, genre typiquement espagnol qui apparut en 1554 avec le *Lazarillo de Tormès*. Les chefs-d'œuvre en sont sans doute le *Guzman de Alfarache* de Mateo Alemán (1547-1614) et le *Buscon* de Francisco de Quevedo (1580-1645). Affectant l'autobiographie, ils décrivent la vie difficile du narrateur, et, par ce biais, la pègre des grandes villes, ses mœurs, ses lois et sa morale de survie. Avec cynisme, ils prennent le contre-pied des valeurs dominantes de l'époque, ridiculisant notamment l'obsession de l'honneur. C'est à leur propos que B. Bennassar souligne que nombre d'œuvres littéraires du Siècle d'Or sont porteuses de révolte, contrairement à l'image reçue. Il est aussi possible de remarquer qu'ils prennent la forme de l'autobiographie, particulièrement fréquente en Espagne, impliquant l'intérêt pour l'aventure vécue, la singularité humaine ; telle est aussi la forme que prennent des ouvrages aussi différents que l'épopée du Cid ou les chefs-d'œuvre de sainte Thérèse, *le Chemin de la perfection* et *le Château intérieur*.

Mais comment ne pas évoquer l'éclosion du genre poétique, auquel l'Italie apporte le sonnet, et sa diversité ? Lyrique, pour Garcilaso de la Vega (1503-1536) et Luis de León ; mystique, pour Jean de la Croix ; épique avec Fernando de Herrera (1533-1594) qui loue la victoire de Lépante dans l'*Ode* qu'il lui consacre, ou Alonso de Ercilla (1573-1594) qui chante la conquête ; savante, pour Luis de Gongora (1561-1627) dont l'œuvre hermétique et conceptiste est d'une éblouissante virtuosité : il est à l'origine d'un courant qui porte son nom, le gongorisme, axé sur une très moderne recherche formelle. Enfin, concluons ce survol, du reste bien superficiel, par les précurseurs de l'histoire que sont les chroniqueurs, Alonso de Santa Cruz ou Diego Huerta de Mendoza, les témoins des grandes découvertes, *conquistadores* ou missionnaires, polémistes ou ethnologues avant l'heure !

« *Di a Espana triumfos y palmas*
Con felicitas guerras
Al Rey infinitas tierras
Y a Dios infinitas almas. »[2]

Cet extrait de *l'Arcadia* de Lope de Vega (1598) symbolise l'Espagne du XVIe siècle, construite autour d'« une foi, une loi un roi ». Ce tableau a conduit nombre d'historiens à se demander s'il fallait y voir une explication du retard ultérieur du pays, puisque la fin du règne de Philippe II coïncide avec les débuts de ce qu'il faut bien appeler le déclin ibérique. Ses revenus coloniaux sont engloutis dans les vaines tentatives de défense du

2 – en substance : Que l'Espagne ait triomphes et lauriers à l'issue de guerres heureuses, le Roi des terres infinies et Dieu des âmes sans nombre.

catholicisme par les armes ; l'économie se sclérose et manifeste des signes de sous-développement ; la société poursuit d'héroïques nostalgies, et considère l'honneur comme un de ses traits spécifiques, au point d'engager un débat théorique à son propos. Il est certain que le triomphe de l'esprit castillan, marqué par la Reconquête, a favorisé une conception territoriale et religieuse de l'expansion aux dépens de l'ambition commerciale et économique. Peut-on pour autant dire que c'est au XVIe siècle que l'Espagne a laissé passer le coche de la modernité ? C'est à cette question qu'a été consacré en 1989 un colloque du CNRS, intitulé « L'Espagne de l'immobilisme à l'essor », dont les réponses sont nuancées. J. Pérez y démontre qu'aux plans culturel et politique, l'Espagne est pleinement insérée dans les temps modernes : ainsi le conformisme idéologique, moral et politique mis en place dans le cadre de la Contre-Réforme, à laquelle s'identifie l'État, va-t-il bien dans le sens de l'uniformisation des cultures qui caractérise la modernité, et la méfiance à l'encontre de tout mysticisme, orthodoxe ou hétérodoxe, l'intellectualisme de la pensée, dans celui de la rationalisation. L'avènement de l'État moderne y est précocement en marche (il suffit à cet égard de préciser les formes de contrôle des officiers de l'État : inspection, *visita,* et audit de gestion en sortie de fonction, *residencia)*, et le totalitarisme en germe dans l'Inquisition en est la forme la plus dangereuse. En revanche, le tableau économique et social déjà dressé correspond bien à celui d'une nation en marge de la modernité. Est-ce toutefois fait si exceptionnel au XVIe siècle, quand il faut bien noter que, partout en Europe, les bourgeois cherchent à s'insérer dans la noblesse au lieu de constituer une classe active à l'activité capitaliste ? Il n'en demeure pas moins qu'au cours du XVIIe siècle, l'Espagne va se figer sur ses traditions, en raison notamment de conditions intellectuelles et mentales peu favorables à une évolution, héritées du siècle précédent. La disparition de la minorité *conversa*, tournée vers des activités financières et commerciales dans sa majorité, a ainsi entaché ces dernières d'ignominie, et renforcé, si besoin était, l'attrait et l'honorabilité des lettres et des armes. D'autre part, le processus inquisitorial s'est attaché à réprimer toutes les déviances, quelles qu'elles soient, par rapport à une norme idéologique faite d'orthodoxie religieuse et de nationalisme espagnol, terreau peu accueillant aux idées neuves venues d'ailleurs. Le passif est particulièrement net dans la seconde moitié du siècle. Puissance de premier plan au XVIe siècle, l'Espagne va donc s'effacer au cours du XVIIe, victime du transfert de puissance de la Méditerranée vers l'Atlantique, où les notions de rationalisme, de progrès, de science et de technique, de sécularisation, seront peu à peu élaborées... loin d'elle.

Au XVIIe siècle, l'amorce d'un déclin ?

Les revers de la monarchie espagnole

L'Espagne commença à se soucier de son propre déclin dès la fin du règne de Philippe II, et c'est à ce titre que nous l'avons retenue comme charnière importante, alors pourtant que le Siècle d'Or ne s'achève qu'au milieu du XVIIe siècle. La réflexion sur la décadence, la première à être conduite en Europe en parallèle aux événements depuis l'Antiquité tardive, a des chantres célèbres, parmi lesquels Martin González de Cellorigo et Pedro Fernández Navarrete. Elle s'inspire de divers constats, essentiellement sociaux et économiques, nous y viendrons, mais ce qui nous frappe de prime abord, ce sont les difficultés d'une monarchie qui accumule les revers.

Philippe III (1598-1621), Philippe IV (1621-1665), Charles II (1665-1700), ne sont pas dignes de leurs ancêtres. Ils sont les victimes de la fréquence des mariages consanguins au sein de la famille des Habsbourg, et Vélasquez (1599-1660), dont la grandiose série de portraits nous fait connaître la cour d'Espagne, en laisse une trace cruelle en peignant le teint blafard des deux premiers, leur prognathisme, leur fameuse lèvre inférieure tombante... « Dieu qui m'a donné tant de royaumes m'a refusé un fils capable de les gouverner. » Philippe II s'était en effet inquiété de son vivant de devoir laisser la direction de son Empire à un fils peu apte aux tâches gouvernementales, mais passionné de chasse et de tauromachie. Philippe IV n'avait pas non plus une grande intelligence politique, mais du moins ne se désintéressa-t-il pas des affaires de l'État. Il partageait bien sûr avec ses ancêtres le goût de la chasse et des combats de taureaux. Vélasquez en témoigne, tant par sa peinture animalière que par la scène de la *Chasse royale au Prado*, qui date de 1638 : il en a fait un magnifique tableau paysager, avec les chasseurs au centre d'un champ clos et, en avant-scène, la multitude des sujets du roi, des seigneurs aux mendiants. Il exerça de même sa pénétration psychologique dans la peinture des Grands de la Cour, mais aussi des nains et des bouffons, typique de l'art pictural de l'Espagne baroque. Son amitié pour Vélasquez en fait justement foi, le roi était aussi un esprit cultivé, un mécène, réceptif à l'incroyable éclosion artistique du Siècle d'Or. Le fastueux palais du Buen Retiro est le symbole de ce règne cultivé et frivole. Philippe IV fut toute sa vie déchiré entre sa foi, la conscience de son péché auquel il attribuait la responsabilité de ses échecs et de ses deuils, et sa recherche frénétique du plaisir ; seule une religieuse, Marie de Agreda, avec laquelle il correspondit de 1643 à sa mort, parvint à rendre sa foi plus sereine. Il avait prévu par testament la régence de la reine Marie-Anne d'Autriche jusqu'à la majorité politique de son fils Charles, à l'âge de quatorze ans, en 1675 ; l'infant Baltazar Carlos, charmant petit prince comme l'illustre un portrait de Vélasquez le représentant enfant, était en effet mort en 1646, à seize ans. Or, le fils cadet, infirme et retardé, ne fut jamais en état de gouverner, incapable même d'arbitrer les rivalités à la cour. Le terrible tableau de Claudio Coello nous met devant les yeux un être disgrâcié, de santé si fragile que l'Europe attendit la mort de ce « moribond depuis la naissance » durant plus de vingt ans. De plus, son incapacité à assurer la continuité dynastique malgré deux mariages, l'un avec Marie-Louise d'Orléans, l'autre avec Marie-Anne de Neubourg, – on l'appelait l'« envoûté » en raison des exorcismes auxquels il eut recours –, ouvrit la porte à de complexes intrigues entre les Bourbons et les Habsbourg d'Autriche afin de récupérer la couronne d'Espagne.

Cet effacement politique des souverains, qui va jusqu'à la vacance effective sous Charles II, signifie l'abandon de l'absolutisme royal. Le pouvoir revint à un favori, le *valido*, qui ne doit sa bonne fortune qu'à la confiance du roi et au réseau de clientèle qu'il s'est constitué, sur lequel il s'appuie – il a placé ses hommes dans tout l'appareil d'État et au sein de l'administration régionale et urbaine – et qu'il remercie par ses largesses. Le reste de la pyramide institutionnelle mise en place au XVIe siècle, secrétariats, conseils, est plus que jamais cantonné aux tâches de réflexion et d'administration. Mais le système polysynodique avait déjà manifesté sous Philippe II la lourdeur de son fonctionnement, engorgé par les délais nécessaires à la réception de rapports venus de tout l'Empire, leur étude par les Conseils, avant que la décision ne soit prise. Or aucun changement décisif n'intervint au XVIIe siècle ; tout au plus a-t-on développé la bureaucratie en créant les *juntas*, sections spécialisées des Conseils, ce qui n'a rien modifié dans le processus décisionnel. Le défaut majeur de la polysynodie Habsbourg est la faiblesse de l'exécutif. L'institution du *valimiento*, loin d'y remédier, ne fit que l'accentuer : les favoris ne sont que des courtisans sans aucune expérience politique, ils n'ont aucune fonction officielle pour assurer leur pouvoir miné par les rivalités, et, pour la plupart, ne brillent pas par leur désintéressement.

Le premier favori de Philippe III en est une illustration : Francisco Gomez de Sandoval, marquis de Denia, bientôt duc de Lerma et de Cea quand il fut élevé à la grandesse, se servit mieux qu'il ne servit l'Espagne ; il n'assista qu'à 22 des 739 séances du Conseil d'État entre 1600 et 1618, mais monopolisa les charges de cour et multiplia par quinze ses revenus annuels ; ses proches ne furent pas oubliés... Il eut pourtant la sagesse de mener une politique prudente en matière internationale, tirant leçon des échecs des dernières années du XVIe siècle. Il conclut la paix avec l'Angleterre en 1604, et la trêve de Douze Ans avec les Provinces-Unies en 1609. Mais il est certain que ces décisions furent mal perçues par les bellicistes espagnols, parce qu'elles favorisaient leurs adversaires et sanctionnaient l'affaiblissement diplomatique de la péninsule, au moment même où la France, avec laquelle les relations s'améliorèrent toutefois après 1610, émergeait de ses désordres internes et s'affirmait sur l'échiquier européen.

C'est la raison pour laquelle Gaspard de Guzman, comte

d'Olivares, bientôt duc de Sanlucar, favori de Philippe IV entre 1621 et 1643, revint à la politique de prestige et de défense armée du catholicisme du siècle précédent. Il en trouvait l'expression théorique dans la théologie politique élaborée par les jésuites Suarez, Ribadeneyra et Mariana, appelée « national-catholicisme » parce qu'elle subordonne le gouvernement temporel aux exigences de la Révélation ; ce refus de désacraliser la politique limite la souveraineté royale à la défense de la religion, et renvoie à l'histoire espagnole la plus ancienne. En conséquence, Olivares tranche sans conteste sur le portrait moyen du *valido,* par son honnêteté d'abord, mais aussi par l'ampleur de sa réflexion politique. L'ambition déraisonnable de sa politique extérieure rendit toutefois caducs ses projets de rénovation économique et sociale de l'Espagne. L'alliance autrichienne, inaugurée par l'aide apportée dans la lutte contre Bohême et Palatinat, devait en fait l'entraîner dans la guerre de Trente Ans. Il refusa de renouveler la trêve de Douze Ans, et dut se battre de longues années contre les Provinces-Unies. Il s'opposa à Richelieu à propos de la Valteline, zone tampon entre l'Autriche et le Milanais, puis au sujet de la succession de Mantoue. Les premières années de ces conflits furent favorables à l'Espagne, mais Richelieu se décida en 1635 à la guerre ouverte contre celle-ci. 1639 sonne le glas des ambitions espagnoles : la flotte atlantique commandée par l'amiral Oquendo est anéantie par les Hollandais de l'amiral Tromp, ce qui coupe la route maritime entre péninsule et Pays-Bas, et met un terme aux grandes escadres espagnoles ; Breda, prise en 1625 comme le magnifie *La reddition de Breda ou les Lances*, peinte en 1634 par Vélasquez pour les salons du Buen Retiro, est perdue... En 1643, les Français s'emparent du Roussillon et remportent sous la conduite de Condé la victoire de Rocroi, coup terrible au prestige militaire des *tercios* espagnols.

Mais ces années sont aussi une charnière majeure parce que la péninsule explose de l'intérieur. Olivares avait en effet le projet de véritablement unifier l'Espagne par l'adhésion et la participation de tous les royaumes et de tous les sujets à la politique commune, condition nécessaire à la constitution d'un État moderne centralisé. Le projet d'Union des armes en était le pre-

La Reddition de Breda ou les Lances ;
ce tableau de Vélasquez commémore la victoire espagnole de 1625.

mier pas en 1626 : chaque royaume devait fournir, en proportion de sa population et de ses ressources, sa contribution à l'armée commune ; ceci revenait à réduire les libertés des états de la Couronne d'Aragon, en fonction desquelles le roi ne pouvait les engager dans un conflit sans leur accord – application du pactisme qui partage la souveraineté entre la couronne et le royaume. « Dans une Europe dont le centre de gravité se déplace vers le nord... où l'absolutisme confère un avantage décisif aux monarchies nationales (cas de la France), sa constitution même conduit inexorablement la monarchie hispanique vers son déclin... La monarchie hispanique pluri-nationale doit évoluer vers la supranationalité. » C. Herman et J. Marcadé, dans l'étude qu'ils viennent de consacrer à *la Péninsule ibérique au XVIIe siècle*, résument ainsi le constat d'Olivares, qui vise à donner à l'Espagne les moyens de ses ambitions, que supporte seule, jusqu'à présent, une Castille exsangue. Mais la monarchie est-elle en position d'imposer autoritairement pareille mutation ? Valence et Aragon cédèrent néanmoins, quoique fort réticents, et engagèrent leurs forces dans la bataille de Fontarrabie, en 1637-1638, mais la Catalogne refusa de participer à autre chose que sa propre défense. Olivares profita toutefois de ce que le théâtre des opérations la concernait pour décider en 1639, devant la montée des périls extérieurs, une politique de fermeté. Il fit notamment porter à la région les charges de l'entretien des troupes du reste de la péninsule – 9 000 hommes – qui y seraient cantonnées durant l'hiver avant la reprise des opérations. Ces mesures déclenchèrent dans la région de Gérone, à la faveur d'incidents causés par les soldats au début de l'année 1640, une insurrection qui fit tache d'huile : Barcelone est ainsi atteinte en mai ; les autorités catalanes, débordées, ne peuvent empêcher, le 7 juin, le lynchage du vice-roi, le comte de Santa Coloma, un Catalan dévoué à la monarchie. L'ensemble des notabilités, à l'image des députés catalans aux Cortes, étaient en effet acquises à la cause nationale catalane, vers laquelle elles détournèrent l'émotion populaire. Pourtant la république catalane en sécession, dont Pau Claris, le chanoine d'Urgell, fut l'artisan, ne dura que six jours, du 17 au 23 janvier 1641. Les nécessités financières furent à l'origine d'une alliance avec la France... rompue en 1652 par les Catalans eux-mêmes, outrés de voir les Français se comporter comme en terrain conquis ! La même année 1640, le Portugal – exaspéré par la politique centralisatrice d'Olivares, auquel il reprochait par ailleurs de ne pas assez faire pour empêcher l'implantation des Hollandais sur la côte nord-est du Brésil, autour de Pernambouc (Recife) – fit sécession en proclamant roi sous le nom de Jean IV le duc Jean de Bragance.

Les échecs d'Olivares sont sanctionnés par sa disgrâce ; il est remplacé par son neveu, Luis de Haro, qui doit en tirer les leçons. Avant tout, signer une paix séparée avec les Provinces-Unies, en 1648 à Münster – malgré les négociations européennes sanctionnées par les traités de Westphalie, qui prennent acte de l'échec des ambitions des Habsbourg de Vienne. En revanche, les Espagnols entendaient d'autant moins renoncer à la lutte contre la France que celle-ci était affaiblie par les troubles nobiliaires de la Fronde, ce qui leur apporta l'aide occasionnelle de Turenne et surtout de Condé. L'alliance franco-anglaise de 1655, à l'initiative du fin stratège qu'était Mazarin, fut le glas de ces dernières lueurs d'espoir ; la défaite des Dunes en 1658 fut le prélude à la signature de la paix des Pyrénées l'année suivante, par laquelle l'Espagne perdait l'Artois, le Roussillon et une série de places fortes entre Flandre et Luxembourg. C'en était fini de l'hégémonie européenne, voire mondiale, de l'Espagne, désormais réduite aux affres des puissances de second rang ; elle passait le relais à la France. Elle ne parvint même pas à réaliser son objectif majeur, récupérer le Portugal aidé par la France et l'Angleterre, et il fallut bien lui concéder l'indépendance en 1668. L'affaiblissement de la puissance navale de l'Espagne – l'escadre américaine de Barlovento, créée par Philippe II, est allée renforcer celle de l'Atlantique dans les années 1650 – avait par ailleurs laissé champ libre aux Français puis aux Anglais aux Antilles, où l'estocade se produisit dans la seconde moitié du siècle : les premiers s'étaient emparé de l'île Saint-Christophe dès 1625, puis de la Guadeloupe et de la Martinique, enfin d'une partie de Saint-Domingue en 1665 ; les Hollandais y introduisirent la canne à sucre. La plus riche des îles à sucre fut néanmoins la Jamaïque où les Anglais mirent pied en 1655, après s'être implantés aux Bermudes et à la Barbade. L'empire d'Amérique du Sud demeura en revanche intact... pour un temps !

C'est sur ces déconvenues que s'ouvrit la régence de Marie-Anne d'Autriche et de la junte de gouvernement, dont les membres avaient été désignés par le testament du roi Philippe IV. La régente s'appuya pourtant sur son confesseur, le jésuite autrichien Nithard – notons à ce propos le rôle politique des confesseurs royaux sous ce règne –, qu'elle fit entrer à la junte en violation avec les dispositions testamentaires. Très impopulaire, il fut supplanté en 1673 par Fernando de Valenzuela, qui déplut tout autant quand il supprima la junte de gouvernement. Les Grands désertèrent la messe de la chapelle royale, puis la cour, et en appelèrent à don Juan d'Autriche, qui, en janvier 1677, pénétra solennellement dans Madrid accompagné de dix-huit Grands. Deux points à souligner : le pouvoir du favori est dorénavant fondé sur l'appui de l'aristocratie bien plus que sur la confiance du roi, et celle-ci s'unit pour faire prévaloir ses vues.

C'est ainsi que Juan d'Autriche (1629-1679), fils naturel de Philippe IV et d'une actrice célèbre, la Calderona, fut imposé ; il représente sans doute une des occasions manquées par l'Espagne au XVIIe siècle. Homme de guerre valeureux et diplomate – c'est lui qui a intelligemment négocié la capitulation de Barcelone en 1652, ville où il se réfugia en 1668 –, il apparaît aussi aux yeux de certains comme un homme d'État capable. N'a-t-il pas lancé une véritable campagne politique en 1669, envoyant des libelles à tout ceux dont l'opinion compte en Castille – « pour la reine il y a un couvent, et pour le roi un tuteur, si on ne change le gouvernement en jetant dehors le confesseur » – pour finalement contraindre Nithard à la fuite ? Ce « premier *pronunciamiento* de l'histoire d'Espagne » fut suivi en 1677 d'un véritable coup d'État, quand l'aristocratie l'imposa comme favori, comme nous l'avons indiqué. Il ne put malheureusement donner la mesure de ses talents en raison d'un contexte désastreux qui, aux difficultés extérieures bientôt évoquées, joint la dernière grande épidémie de peste, qui va durer jusqu'en 1684 ; ses deux ans de gouvernement – il mourut en 1679 – en furent assombris. Aussi demeure-t-il une énigme...

L'époque de Charles II est en effet l'étiage diplomatique de l'Espagne, qui doit subir les velléités françaises de domination au-delà de ses frontières septentrionales et orientales. Il avait en effet paru opportun à la France, alors que Charles II venait de naître, de prendre une option éventuelle sur la couronne d'Espagne vers laquelle elle regardait depuis le mariage de Louis XIV avec Marie-Thérèse d'Autriche, décidé au traité des Pyrénées. La guerre de Dévolution, en 1667 et 1668, lui permit de progresser en Flandre de même que la guerre de Hollande, entre 1672 et 1678, qui lui valut aussi la Franche-Comté. La stérilité persistante de Charles II devait relancer les appétits des puissances étrangères, la France mais aussi l'Autriche, soutenue par l'Angleterre et les Provinces-Unies. L'Espagne n'est bientôt plus que le champ clos de leurs rivalités, et les favoris issus de la haute noblesse ne sont finalement, malgré leurs velléités réformatrices, que des jouets aux mains des partis qui, à la cour d'Espagne, soutiennent l'une ou l'autre des candidatures. Dans un premier temps, le mariage allemand de Charles II remit les rênes du pouvoir au parti allemand dirigé par Henri Xavier Wiser et la comtesse de Berlepsch, secrétaire et dame d'honneur de la reine. Le parti français, sous la conduite de l'archevêque de Tolède, le cardinal Portocarrero, marqua en revanche des points quand il s'est agi d'éviter l'application du traité de partition conclu en octobre 1698 entre la France, l'Angleterre et les Provinces-Unies : il répartissait l'Empire espagnol entre le fils de l'électeur de Bavière, choisi pourtant lors de l'accord conclu en 1693, l'archiduc d'Autriche et le dauphin français. L'Espagne réagit en obtenant du roi un testament léguant les terres indivisibles de l'Espagne au prince de Bavière. La mort de ce dernier en 1699 aboutit à un nouveau partage conclu le 25 mars 1700 entre Autriche et France, auquel Charles II sembla se ranger jusqu'à ce que, sur les instances de Portocarrero, il n'institue finalement comme héritier, dans son testament d'octobre 1700, le prince Philippe d'Anjou, petit-fils de Louis XIV. Le 1er novembre 1700, mourut Charles II ; la dynastie des Habsbourg d'Espagne s'éteignait avec lui, au terme de ce qui ressemble à une longue agonie...

Mais l'Espagne n'en avait pas fini avec le « tragique XVIIe siècle », dont l'arrière-goût amer fut la guerre de Succession d'Espagne. Louis XIV s'était en effet trouvé devant un choix difficile, une fois le testament connu ; ou l'accepter, et violer l'accord de partage au risque d'une guerre contre l'Autriche qui défend les droits de Charles de Habsbourg, arrière-petit-fils de Philippe III, ou le refuser, et perdre l'occasion d'installer les Bourbons sur le trône d'Espagne. En février 1701, le duc d'Anjou, Philippe V, entrait à Madrid. En septembre, l'Empire, l'Angleterre et les Provinces-Unies signaient le traité de la Grande Alliance de La Haye, afin d'accorder une « satisfaction juste et raisonnable aux prétentions de l'Empereur à la succession d'Espagne ». Plusieurs décisions de Louis XIV avaient en effet accru une tension internationale déjà aiguë : dès février, le Parlement de Paris avait enregistré le maintien des droits de Philippe V à la couronne de France, au mépris d'une clause essentielle du testament au regard de l'équilibre européen ; dans le même temps, des troupes françaises occupaient les Pays-Bas espagnols, tandis que les marchands français bénéficiaient dorénavant de privilèges importants dans les colonies espagnoles, et notamment, en septembre 1701, du monopole de la traite d'esclaves, l'*asiento*, aux dépens des Hollandais et des Anglais. La guerre de Succession d'Espagne devait durer neuf ans. Elle concerna le théâtre d'opérations ibérique à partir de 1704, quand l'alliance portugaise ancra les adversaires de Philippe V dans la péninsule. Pour la première fois depuis deux siècles, celle-ci supporte le choc de la guerre, ses ravages, ses ponctions, ses violences, particulièrement quand la guerre devient guerre civile ; c'en est fini du Siècle d'Or où l'Espagne, « territoire de paix », assurait sa sécurité en exportant la guerre par « la redoutable infanterie » des *tercios* ! Les armées espagnoles, commandées par des Français, le duc de Berwick et le chevalier d'Asfeld, connurent tout d'abord une impressionnante série de revers : Gibraltar tombe en août ; la Catalogne s'ouvre l'année suivante devant l'archiduc Charles qui se fait proclamer à Barcelone – désormais sa fidèle capitale – roi d'Espagne sous le nom de Charles III ; en 1706, il est maître du royaume de Valence, de l'Aragon, des Baléares, du Milanais, des Pays-Bas, et avait même tenu Madrid quelques mois, de juin à août, jusqu'à ce qu'un soulèvement populaire ne l'en chasse. Or « 1707 fut l'année décisive, à dater de laquelle le conflit dans la péninsule Ibérique suit un cours divergent de celui qu'il suit dans l'Europe septentrionale ». Alors que la France voit s'assombrir, sous le poids des défaites, le crépuscule du règne du Roi-Soleil, les troupes franco-espagnoles parviennent à se lancer dans une difficile reconquête : Aragon et Valence sont repris cette même année et soumis à la loi castillane par la suppression de leurs *fueros*. La rançon de la guerre civile qui, en quelque sorte, oppose les pays de la couronne de Castille à ceux de la couronne d'Aragon, est parfois terrible : ainsi Jativa, rebaptisée San Felipe après avoir été rasée par le chevalier d'Asfeld, perd-elle jusqu'à son nom comme prix de sa

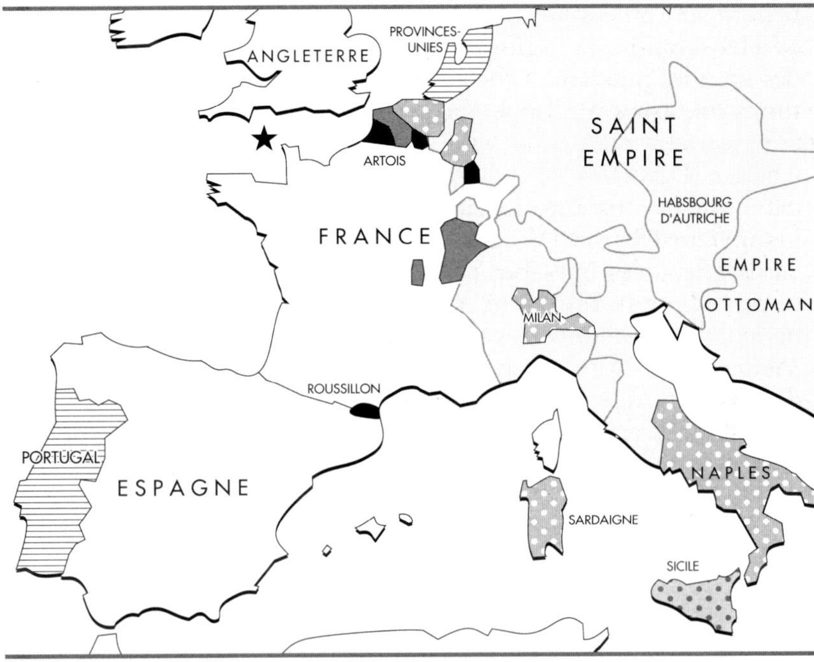

Le déclin de la puissance espagnole

★ 1588 : naufrage de l'Invincible Armada

Provinces perdues
- Portugal (1640), Provinces-Unies (1648)

Possessions cédées au traité d'Utrecht (1713)
- à l'Autriche
- à la Savoie

Possessions cédées à la France
- Traité des Pyrénées (1659)
- Traités d'Aix-la-Chapelle et de Nimègue (1668-1678)

fidélité à Charles ! La tentative franco-espagnole de poursuivre vers la Catalogne fut stoppée net en 1710, et Madrid à nouveau occupée par les Anglais à partir du mois de septembre ; la rébellion populaire – le peuple fait irruption dans ce conflit – et l'aide de l'armée française commandée par le duc de Vendôme leur permirent cependant de rentrer dans la capitale dès la fin décembre, après les victoires décisives de Brihuega et Villaviciosa. Sur la lancée, la Catalogne fut reconquise au printemps 1711, à l'exception d'une enclave comprenant Tarragone et Barcelone. Les traités d'Utrecht et de Rastatt, en 1713 et 1714, prirent acte de ces succès, mais surtout de l'accession de Charles de Habsbourg à la dignité impériale, peu compatible aux yeux des grandes puissances européennes avec la possession des territoires ibériques. Philippe V conservait l'Espagne et les colonies américaines, mais il devait accepter le démembrement que Charles II avait tenté d'éviter. Les traités enregistrent donc le déclin de la puissance ibérique : Charles III d'Espagne, devenu l'empereur Charles IV, était dédommagé par Milan, Naples, la Sardaigne et les Pays-Bas ; la Savoie recevait la Sicile, l'Angleterre, Gibraltar, Minorque et le privilège de l'*asiento*. Charles III ne renonça toutefois à ses prétentions espagnoles qu'au traité de Vienne en 1725 ; il les avait conservées jusqu'alors pour essayer d'obtenir l'indépendance pour ses sujets catalans dont le dévouement et les sacrifices l'avaient touché. Ils ne bénéficièrent que de l'amnistie, mais durant un an – du départ de Charles en juillet 1713 à la capitulation de Barcelone en septembre 1714 –, seuls, ils avaient tenté héroïquement de la conquérir par les armes !

L'Espagne se trouvait à un tournant de son histoire, ramenée à ses frontières. L'ère de l'Empire mondial et de la politique à la dimension du monde était révolue pour elle, elle entrait dans celle de la monarchie nationale. Une page brillante était tournée, qu'elle avait payée, certes, de certains des handicaps qui avaient retardé son entrée dans le monde moderne.

Pedro Fernández de Navarrete affirmait au début du siècle que « la grandeur des rois consiste dans la multitude du peuple ». C'est pourquoi, avec Martin González de Cellorigo ou Sancho de Moncada, il s'est particulièrement soucié de la dépopulation croissante du royaume. Celui-ci, avec ses huit millions et demi d'habitants, était « un monde plein » à la fin du siècle précédent, au cours duquel sa population avait doublé. On a avancé divers facteurs explicatifs au regard du reste de l'Europe : la précocité de l'âge au mariage (24 ans pour les hommes, 19 pour les femmes) qui allonge la période de fécondité ; une mortalité infantile relativement faible (qui touche un enfant sur cinq avant son premier anniversaire), sans doute liée paradoxalement à la moindre fécondité des ménages – quatre enfants en moyenne – qui permet de mieux se consacrer à des nouveaux-nés que l'on ne confie que rarement à des nourrices mercenaires. La Castille a bénéficié de l'essentiel de cette croissance, au point de regrouper 80 % de la population et d'être au bord de la saturation démographique. La rupture se produisit entre 1595 et 1602, avec l'entrée dans une nouvelle ère de grandes épidémies. Le retour fréquent des pestes buboniques est en effet une des clés de la démographie européenne du XVIIe siècle. « Le bruit et grincement des charrettes des défunts terrorisaient dans les rues, car tous les gens les identifiaient ; et tous les craignaient, car ils les voyaient chargées de ceux que, quelques heures plus tôt, ils avaient vus sains. La rigueur du mal, le peu de sursis qu'il laissait, et le peu de réconfort avec lequel on mourait régulièrement, tout cela affligeait... » Ce témoignage de Fray Francisco Gavalda sur le traumatisme de la maladie à Valence au milieu du siècle est malheureusement un modèle généralisable. La peste du début du siècle a ravagé le nord de la péninsule, la Nouvelle Castille et l'Andalousie, et fait quelque 500 000 victimes. Barcelone a perdu le quart de sa population lors de cette terrible vague de peste atlantique. Les régions qui y avaient échappé furent en revanche atteintes de plein fouet par le fléau de 1647-1652 qui décime l'Espagne méditerranéenne ; elle prive notamment Valence du quart de ses habitants – nous venons d'évoquer l'atmosphère de terreur qui y montait au fur et à mesure que la mortalité s'aggravait – et Séville de près de la moitié. Encore la Meseta a-t-elle été épargnée par la mise en place rigoureuse d'un cordon sanitaire ! La dernière vague traversa la péninsule de 1675 à 1685, et fut la cause de 250 000 morts. Mais s'ajoutent d'autres ponctions, les guerres, et surtout l'expulsion des morisques, sur laquelle nous reviendrons, qui prive la péninsule de 250 000 de ses meilleurs paysans ; le royaume de Valence voit partir 30 % de sa population, l'Aragon 20 %. En un siècle, l'Espagne a perdu plus d'un million d'habitants au moment même où la population européenne s'accroissait de moitié. Avec une densité de 10 habitants par km^2, l'occupation humaine est insuffisante pour assurer la mise en valeur de l'ensemble du territoire. Sa géographie s'est modifiée, car les plateaux centraux se sont plus vidés que les zones périphériques ; c'est le cas des villes de la Meseta, qui perdent toutes près de la moitié de leur population – les deux tiers pour Tolède –, tandis que les *despoblados* se multiplient dans les campagnes. Les périphéries espagnoles, enfin sorties de leur déclin de la fin du Moyen Age, prennent le relais de la Castille, désormais en perte de vitesse, et rééquilibrent le territoire péninsulaire. L'angoisse de nos trois auteurs cités en début de paragraphe devant la dépopulation ibérique est donc fondée, d'autant que la récupération ne sera effective qu'au milieu du XVIIIe siècle, si la natalité reprend dès 1680. Ils n'ont pas hésité à mettre en cause l'expulsion des minorités, mais ils ont aussi insisté sur les graves conséquences de la chute de la nuptialité, mouvement qui s'accompagne d'un flux d'ordinations religieuses qui tiennent plus de la dérobade devant la vie, en cette époque de désarroi, que de véritables vocations... En fait, comme le soulignent C. Herman et J. Marcadé, « le clergé a trop bien réussi la catholicisation de la société espagnole. Ce triomphe se paie, à mesure qu'avance le XVIIe siècle, par une expansion démesurée de ses effectifs et de son patrimoine, par une cléricalisation excessive... de l'éducation, de la vie culturelle. » La prééminence de la religion tridentine ne détourne-t-elle pas hommes et mentalités ibériques de l'avenir ?

L'Espagne du XVIe siècle était riche d'hommes et de doublons : sa monnaie forte, le double écu d'or, doublon ou pistole, et le réal d'argent, appelé piastre, servait de référence internationale. L'Espagne du XVIIe siècle est démunie des deux. C'est pour tenter d'y remédier que sont publiés de nombreux traités : la *Politique et restauration nécessaire de l'Espagne* de Cellorigo, les *Discours et Mémoires* de Lison y Biedma et Martínez de Mata, la *Restauration politique de l'Espagne* de Sancho de Moncada, ou la *Conservation des monarchies* de Navarrete, sans que cette liste soit exhaustive ! Ces auteurs défendent une thèse, appelée « arbitrisme », proche du mercantilisme par le souci de conserver les métaux précieux en développant la production et l'exportation, mais marquée aussi par l'attention aux conditions de celles-ci, démographie et comportement social. Or le choix que fit Olivares de poursuivre la politique impériale traditionnelle, et les déboires internationaux qui s'en sont suivis, mirent à mal ce programme réformateur auquel il souscrivait pourtant. C'est pour ne pas avoir compris que la rénovation de l'Espagne était incompatible avec cette politique que la péninsule est entrée avec le règne de Philippe IV dans une grave et longue crise économique – plus grave et plus longue que la « grande dépression », et les historiens emploient volontairement cette expression en analogie avec la crise de 1929, qui a affecté l'ensemble de l'Europe à la même époque. Certes, les bases de l'essor économique espagnol étaient sapées depuis qu'elles avaient été sacrifiées à la conduite d'une grande politique impériale, depuis Charles Quint, comme nous l'avons analysé. Mais le déclin démographique, source d'une diminution des recettes fiscales et d'une restriction du marché intérieur, le transfert de puissance politique et économique de la Méditerranée vers l'Atlantique, transformèrent ce passif en ruine économique.

Ruine financière, en premier lieu. Les dépenses militaires sont un gouffre que ne parviennent à combler ni les envois de métaux précieux américains (qui ne représentent toutefois plus que 8 millions de piastres par an, après 1600, contre près de 12 millions dans la décennie antérieure), ni les impôts nouveaux créés sous Philippe IV (les quatre *cientos* qui s'ajoutent à l'*alcabala*, la taxe sur les transactions ; les *millones* sur les denrées courantes, dont le poids double ; le monopole sur le papier timbré et le tabac ; le relèvement des droits sur le sel... au total, un véritable « cataclysme fiscal » qui draine l'essentiel des ressources du pays). Bien plus, une part toujours croissante de ces revenus avaient un emploi arrêté avant même d'avoir été collectés, ayant été engagés au titre du remboursement d'un prêt, augmenté d'un intérêt, lors d'*asientos* avec des banquiers. En 1609, seuls 20 % des recettes sont libres, en 1621, pratiquement rien, alors que la dette publique s'élève à 112 millions de ducats, dont il faut au moins payer les intérêts. La *Hacienda* était lancée dans une fuite en avant perpétuelle. Sous Philippe III, en 1599, on avait cru tenir la solution en frappant de grandes quantités de billons de cuivre pur, la monnaie divisionnaire nécessaire aux opérations courantes, en surévaluant le titre. La carence en ce type de monnaie était toutefois telle que cette manipulation n'avait pas eu d'effets majeurs dans l'immédiat, ce qui ne fut plus le cas quand de massives émissions furent multipliées après 1617. Politique risquée, en effet, par ses conséquences, dévaluation monétaire, inflation et récession, thésaurisation de la bonne monnaie. Mais il faut souligner avec B. Bennassar qu'« en maintenant le cours des monnaies de billon très au-dessus de leur valeur réelle et en suscitant ainsi une forte prime sur l'argent, les financiers du roi poussaient ainsi les détenteurs d'argent à profiter du pouvoir libératoire soudain très augmenté de leurs pièces et à s'en défaire pour acquérir des biens ou payer leurs dettes. Ces espèces étaient ainsi récupérées pour les besoins de la politique extérieure... » C'est par cette double circulation monétaire que l'Espagne parvint à trouver des *hombres de negocios*, hommes d'argent créanciers, qui lui avançaient les sommes nécessaires à ses dépenses de guerre, les Génois puis les Juifs portugais favorisés par Olivares – les Diaz Mendès de Brito, Nunes de Saravia, Pereira, Duarte Fernandes... Mais ils se remboursaient tous, conformément au contrat de l'*asiento*, sur les recettes fiscales, payées en billon – que le Trésor émettait en des quantités toujours plus grandes, donc de plus en plus dévalué –, dont ils calculaient la parité à l'argent sur les places européennes avant d'en défalquer le montant des sommes qui leur étaient dues. Cette politique ne pouvait durer qu'un temps : la banqueroute est à la clé, comme en 1627, 1642, 1652 et 1662, avec ses deux compagnes, la dévaluation, et la consolidation de la dette par l'émission de rentes sur l'État, les *juros*, dont les revenus sont l'objet de la ponction de la *media-anata*, impôt qui en prélève la moitié. Le Trésor fait flèche de tout bois ! Les frappes surévaluées de 1621, 1638, puis 1651, 1654, 1658, 1660, portent la prime de l'argent sur le billon, qui n'avait pas dépassé 4 % jusqu'en 1615, à 20 en 1625, 45 en 1626, puis à plus de 100 %, et même 190 en 1642 ; aussi sont-elles suivies de dévaluations, en 1628, 1642, 1652, 1659, 1664, qui la rabaissent aux alentours de 50 %. Cette spirale dure jusqu'en 1680. Quoique témoignant d'une incontestable maîtrise des mécanismes financiers et des manipulations monétaires – la seule frappe des billons a fait gagner plusieurs dizaines de millions de ducats à la monarchie –, elle avait pour rançon un nouvel exode de la bonne monnaie, alors que le flot continu des rentrées du siècle précédent était asséché par la raréfaction des arrivées de métaux précieux (en chute brutale autour de 1650, avec une moyenne annuelle de 4 millions de piastres pour la décennie, puis de 1,1 million pour les années 1660 !), et la diminution des recettes de l'impôt en raison de la dépopulation et de l'appauvrissement péninsulaires.

Acte en fut pris, sous le règne de Charles II, par le duc de Medinaceli et le comte d'Oropesa, pour lesquels l'assainissement des finances publiques est un préalable indispensable à la restauration de la puissance espagnole. Leur programme de réformes, fort ambitieux, comprend plusieurs volets, et s'il ne fut pas toujours mené à terme, pose néanmoins les bases d'une renaissance ultérieure. En novembre 1680, le cours du billon de cuivre est dévalué de 75 %, et la prime de l'argent fixée à 50 %. Dans le même temps, la monnaie d'argent est dévaluée de 20 %. Ce retour à la monnaie saine, qui prive de cours les anciennes pièces, s'accompagna d'un assainissement fiscal : les arriérés depuis 1673 furent effacés, l'affermage des impôts remplacé par la répartition, ce qui, en diminuant les prélèvements intermédiaires, devait permettre d'atténuer la pression fiscale ; c'était chose faite en 1684. Ce redressement des finances publiques avait pour corollaire une meilleure gestion des dépenses. Une part des recettes fiscales leur est dorénavant réservée, puisque les mesures de 1685 et 1687 en fixent le montant, prélevé avant que les intérêts des dettes de l'État, réduites de moitié, ne le soient. Le poste militaire ne peut être réduit, l'évocation de la situation internationale nous en a convaincus ; aussi fut-il d'une part décidé en 1687 d'élaguer la haute fonction publique des Conseils en ne nommant pas de nouveaux titulaires à certains postes vacants (la réaction nobiliaire contre l'hégémonie des *letrados* avait en effet abouti à la création, par la grâce royale ou contre un don au Trésor, de nombreux offices en surnombre, dits *de capa y espada*), puis, d'autre part, en 1691, de renvoyer les inutiles avec demi-traitement, ce qui ne fut pas sans faire quelques mécontents ! Il en fut de même des tentatives visant à redonner son dynamisme à l'économie espagnole. C'est à quoi se sont attachées la junte de commerce – subventions et développement de certaines activités, appel à des techniciens étrangers – et les juntes provinciales – qui se penchent sur les carences et les problèmes locaux. En raison de la force de l'inertie et des oppositions, les résultats furent inférieurs aux espérances, mais ils avaient néanmoins stoppé le déclin économique de la péninsule.

Récession agricole, en effet, à partir de 1575 environ, alors pourtant que l'économie espagnole subit la double prépondérance de l'agriculture et de l'élevage. Le monde paysan avait pleinement profité du « beau XVIe siècle » : la stimulation du marché américain pour les cultures spéculatives comme l'olivier et le vin, la croissance des prix avaient accru les défrichements, accompagnés de la concession de baux emphytéotiques avantageux pour le paysan, qui avait ainsi pu acquérir une certaine aisance. Plusieurs facteurs expliquent la rupture totale du dernier quart de siècle. Une série de mauvaises récoltes, liées à de rigoureuses conditions climatiques – la fin du XVIe siècle a vu l'arrivée du « petit âge glaciaire », selon l'image accolée par E. Le Roy Ladurie au refroidissement climatique que connut la planète durant près de trois siècles – et à des vols répétés de sauterelles, sont à l'origine d'une succession de crises de subsistance, parfois accompagnées d'épidémies auxquelles les organismes affaiblis étaient mal armés pour résister. L'importance de la mainmorte ecclésiastique et laïque – par le majorat – fige la propriété, en empêchant l'aliénation, et détourne des investissements fonciers. La loi des rendements décroissants a aussi contribué à réduire la production des terres, souvent de qualité médiocre, qui avaient été remises en culture quelques décennies plus tôt. Le départ des morisques a mis à mal les huertas méditerranéennes. Le passage des troupes, enfin, à détruit nombre de récoltes. La pression fiscale, l'endettement ont fait le reste, et provoqué un exode rural qui a multiplié les *despoblados* et profité à la Mesta déjà toute puissante. Il est toutefois à noter que les paysans de Castille, région particulièrement affectée par cet exode en raison d'une atonie encore accrue par la prééminence de l'élevage transhumant, se sont répartis les meilleurs sols sur lesquels ils se sont repliés, voire ont émigré vers de riches zones affaiblies démographiquement, comme l'Andalousie ou la Murcie. Tout ceci explique que la production agricole a moins diminué que la population rurale. Bien plus, il faut insister sur les mutations régionales décisives qui, intervenant après 1670, contiennent en germe les clés de l'essor agricole du siècle suivant et expliquent sans doute la reprise qui intervient plus précocement que dans l'Europe du Nord : le remplacement progressif du blé par l'orge en Murcie, celui du blé par le seigle en Castille ; dans ces deux cas, les productions sont à leur maximum en 1700, et le XVIIIe siècle ne fera que maintenir cette lancée. Mais, surtout, le recours au maïs dans les périphéries océaniques, Galice, Asturies, dans la seconde décennie du siècle – cette « révolution du maïs » importée d'Amérique –, permit, à partir de 1670 environ, quand sa culture fut généralisée au point de concerner 60 % des sols au XVIIIe, d'intensifier l'exploitation de ces régions pauvres et d'y réduire les risques de famine. Certaines activités spéculatives se sont aussi développées : la sériculture en Catalogne et dans les huertas de Valence et de Murcie, la viticulture en Catalogne, en Andalousie, au Levant, l'oléiculture (on a pu parler d'une « fièvre de l'olivier ») en Andalousie, au Levant et aux Baléares...

Crise artisanale, enfin, dernier élément d'un tableau bien sombre. Le déclin démographique, le désordre monétaire et le niveau élevé des prix ont réduit la demande intérieure, et n'ont pas permis l'entrée de l'Espagne dans le monde pré-industriel, d'autant que la concurrence des manufactures en plein développement dans les contrées européennes du Nord a rendu encore plus vulnérable la production nationale. Enfin, comment oublier la faiblesse de l'esprit d'entreprise, la stérilisation de l'argent disponible dans des dépenses ostentatoires, dont nous avons déjà constaté les ravages en matière économique ? L'industrie textile subit une longue éclipse, pour la laine comme pour la soie, activités traditionnelles en Espagne ; des centres de production comme Tolède, Avila, Cuenca, Cordoue... furent les grands perdants, tandis que certains foyers secondaires disparaissaient totalement. Les forges basques et catalanes avaient perdu leur supériorité technique sur la métallurgie du nord de l'Europe, mais parvinrent, sous l'impulsion des nécessités militaires et à l'abri du protectionnisme, à mettre en place des hauts fourneaux. Les chantiers navals étaient en perte de vitesse. Si, pour nombre de ces secteurs, le déclin est enrayé dans la dernière décennie du siècle, seule la région madrilène connut un réel essor grâce au développement d'un artisanat de luxe. La Catalogne, par ailleurs, fut la seule région à vraiment bénéficier des tentatives réformatrices du règne de Charles II : la junte de commerce, à l'initiative d'un homme d'affaires catalan, Narcis Feliu de la Penya – auteur d'un manifeste, *le Phénix catalan* –, y donna une réelle impulsion aux initiatives locales ; pour sauver la draperie régionale en pleine déliquescence, des marchands-fabricants, initiés aux techniques étrangères au cours d'un voyage dans l'Europe manufacturière que la junte avait subventionné, s'efforcèrent de faire fabriquer en manufacture, selon le *factory system*, et dans des ateliers familiaux, selon le *domestic system*, des toiles à la flamande et à l'anglaise, afin d'être en mesure de reconquérir le marché. En matière artisanale comme dans le domaine agricole, l'avenir appartient aux Espagnes périphériques !

Les difficultés du grand commerce ibérique sont pourtant pour elles un handicap certain. Le reflux des échanges avec les colonies américaines est incontestable, en parallèle avec le déclin des arrivées de métaux précieux et avec la perte des Antilles. Bien plus, le grand négoce est plus que jamais aux mains des commerçants étrangers, et même des ennemis de la couronne, Anglais, Hollandais et Français, d'autant que les traités internationaux confirmèrent ces privilèges. Séville en est la grande victime, de même que ses marchands banquiers qui avaient essaimé au siècle précédent le long des côtes françaises et furent ruinés par la guerre entre les deux pays, et ses marchands de métaux précieux, les *plateros*. Valence – ébranlée par l'expulsion des morisques, ce qui profite à Denia, Alicante et Malaga – ne retrouve sa prospérité qu'à la fin du siècle, au moment où Cadix s'impose comme ouverture sur le commerce atlantique, avant de devenir cet « *emporion* du monde où tout s'achète et tout se vend » célébré par Chateaubriand. Seul Bilbao n'a pas subi de récession, bien au contraire, puisque son trafic fait plus que doubler entre 1650 et 1700, croissance due aux efforts des marchands locaux qui sont parvenus à évincer les étrangers. Les échanges intérieurs, quant à eux, étaient entravés par la faiblesse de la demande nationale et l'importance des impôts indirects, mais surtout par les obstacles qu'étaient le mauvais état des routes et les multiples douanes intérieures. Pour toutes ces raisons, les grandes foires perdirent de leur importance.

Les contemporains en sont conscients, le mal vient pour une grande part de l'or et de l'argent américains, ainsi que le souligne Saavedra Fajardo : « Le peuple admira sur les rives du Guadalquivir ces fruits précieux de la terre tirés à la lumière par les fatigues des Indiens et amenés par notre audace et notre industrie. Mais la possession et l'abondance de tant de biens a tout altéré. Aussitôt l'agriculture a délaissé la charrue et vêtue de soie, elle a pris soin de ses mains durcies par le travail. La marchandise férue de noblesse a échangé le comptoir pour la selle du cavalier et a voulu caracoler dans les rues. Les arts ont dédaigné les instruments mécaniques. Les monnaies d'or et d'argent ont dédaigné la parenté roturière de l'alliage, et n'admettant celui d'aucun autre métal, elles sont restées pures et nobles, tant et si bien que les nations les ont, par tous les moyens, désirées et recherchées. Les denrées elles-mêmes ont pris de l'orgueil et mésestimant l'argent et l'or ont haussé leurs prix. Comme les hommes se promettent toujours de leurs revenus plus que ceux-ci ne peuvent donner, le faste et l'apparat royaux se sont accrus, les gages ont augmenté, ainsi que les soldes et tous les autres frais de la Couronne, toujours sur la foi de ces richesses sans cesse attendues mais qui, mal administrées et mal conservées, n'ont pu suffir à tant de dépenses et ont donné la possibilité d'emprunter sur gages, ce qui a ouvert la porte aux changes et aux usures. Le besoin s'est accru et a obligé à de coûteux expédients. »

Le sombre XVIIᵉ siècle européen dramatise ce passif espagnol, déjà en germe au siècle antérieur ; aussi pouvons-nous emprunter à R. Mousnier l'analyse qu'il en fait. Il en souligne bien sûr la face d'ombre. « Le siècle n'était que trouble, agitation, chaos. Les sociétés européennes semblaient aller à l'anarchie, à la dissolution et au néant ». Mais il insiste aussi sur les espérances qui peuvent découler des amorces d'évolution. Comment situer l'Espagne face à ce profil général ? Certes, la crise politique et diplomatique est patente, qui transforme la première puissance mondiale en victime du cortège de guerres de ce « siècle de fer », pour reprendre l'expression des contemporains, et ramène dans la douleur ses ambitions à l'intérieur de ses frontières. Au plan économique, la dépression est généralisée ; elle rend décisifs les retards hérités des choix antérieurs, mais n'est pas exempte d'un regain de dynamisme dans les Espagnes périphériques à la fin du siècle. La remarque d'H. R. Trevor Roper est pour nous pleine d'enseignements, même si les charnières chronologiques ne sont pas tout à fait adaptées au cas péninsulaire : « De la fin du XVe siècle au milieu du XVIe, nous avons un certain climat, le climat de la Renaissance, puis surviennent, au milieu du siècle, les années de changement, les années de décision et, puis après, nous entrons pour un autre siècle et demi dans un autre climat, très différent, le climat des Lumières. » Or l'évolution ibérique demeurera inachevée, et le blocage des mentalités à l'époque qui nous concerne en est certainement la principale explication.

La diversité des Espagnes

Pedro Fernández de Navarrete sera notre guide pour engager cette étude. Écoutons-le en 1626 : « Ceux qui diffament l'Espagne, la disant stérile et pauvre, ne vont pas au-delà de l'appréhension de quelques lieux dépeuplés... Ce qui manque à l'Espagne, ce sont les gens pour cultiver les terres et exploiter les mines : car l'importante richesse a fait chevaliers et nobles beaucoup de ceux qui ne l'étaient pas, de telle sorte que l'état plébéien et populaire est resté maigre et faible... Les Espagnols ont le cœur si fier qu'ils ne se mêlent pas d'un travail si servile... » Cette analyse résume les problèmes de la société ibérique, plus que jamais figée sur des valeurs chevaleresques et repliée sur son identité vieille chrétienne.

Les morisques en firent les frais. Leur expulsion avait été envisagée sous Philippe II, notamment après leur révolte en 1568, mais l'aristocratie en Aragon et dans le royaume de Valence s'y opposait, ne sachant comment faire face au départ de tous ses vassaux. L'activité subversive d'agents français et anglais, les craintes de collusion des morisques avec les pirates barbaresques, en vinrent à bout, et l'expulsion fut finalement décidée pour avril 1609. 120 000 quittèrent le royaume de Valence, le tiers de sa population, et 65 000 celui d'Aragon, le cinquième ; au total 275 000 morisques ont pris le chemin de l'exil vers l'Orient musulman entre 1609 et 1614, même si certains, espagnols avant tout, sont revenus ensuite clandestinement pour se fondre dans la population. Navarrete a lucidement mis en évidence les graves conséquences de cette mesure, qui suit de plus d'un siècle l'expulsion de la minorité juive : expulser les morisques, c'était renoncer volontairement à des paysans et artisans compétents, ruiner économie et agglomérations régionales, mettre en difficulté les seigneurs nobles. « Bien que la population du royaume soit d'une telle importance, les rois d'Espagne ont toujours préféré se priver de cette richesse populaire, plutôt que de consentir, dans le corps mystique de leur monarchie, les mauvaises humeurs, dont la contagion pouvait corrompre le bon sang... Je suis persuadé que si, au début, on avait trouvé quelque façon de ne pas marquer de quelque note d'infamie les morisques, ils auraient tous tenté de se conformer à la religion catholique : s'ils la prirent en haine et en horreur, c'est parce qu'ils se voyaient par elle abattus et méprisés, et sans espérance, avec le temps, d'effacer la note de leur naissance basse. » En somme, l'Espagne s'est créé des ennemis intérieurs – et a l'hypocrisie de s'en étonner – : elle a marqué leur naissance d'infamie, en dépit de leur conversion, et leur a refusé l'accès à la référence sociale intégrante, l'honneur.

Ses contacts privilégiés avec l'Islam, hérités de l'originalité de son histoire médiévale, sont terminés. Maintenant, et déjà au XVIe siècle nous avons pu le constater, Islam signifie menace. La péninsule est à la merci des corsaires barbaresques, qui, depuis les grands foyers de course, Alger, Bizerte, Tunis, Tripoli, Salé... menacent ses îles et ses côtes, en Méditerranée... mais aussi dans l'Atlantique ! Le beau livre de B. et L. Bennassar, *les Chrétiens d'Allah, l'histoire extraordinaire des renégats*, confirme ce danger, certes tout aussi valable pour les autres pays méditerranéens, mais qui prend ici une plus grande ampleur en raison de la proximité des foyers de course. Les sources inquisitoriales – au tribunal de Las Palmas notamment – s'en font l'écho, par les procès dont furent l'objet tous ceux qui avaient renié la foi catholique pour la foi musulmane. Les « histoires singulières » de ces Espagnols sont variées, mais toujours extraordinaires : certains, partis à l'aventure ou à l'armée et capturés en mer par les courses barbaresques, enlevés à terre lors de razzias, se sont convertis à l'Islam, « de la bouche et non du cœur », dans l'espoir de participer à la course et d'en profiter pour s'évader. D'autres, « gens de la frontière », espéraient réussir en terre d'Islam, dans cette société plus ouverte, et ont choisi de s'y rendre ; beaucoup y ont fait leur vie, voire sont devenus *raïs*, mais certains renégats ont été repris contre leur gré par la course chrétienne et l'ont cher payé !

L'Espagne refuse la diversité de sang, l'expulsion des morisques en est le dernier témoignage après l'affirmation de l'identité vieille chrétienne au siècle précédent. Or le problème juif fut renouvelé à la fin du XVIe siècle par l'arrivée de Juifs portugais qui fuyaient les dures persécutions de leur pays. C'était en 1580 que le tribunal de l'Inquisition portugais, créé en 1536 sur le modèle espagnol, s'était raidi, décidant la tenue de plus de 50 autodafés entre 1581 et 1600, sous la conduite du gouverneur et inquisiteur Albert d'Autriche. Aussi la communauté *conversa*, qui avait maintenu un crypto-judaïsme vivace depuis le baptême général décrété par le roi Manuel 1er en 1497, se réfugia-t-elle en Espagne, s'exilant dans une certaine clandestinité. Depuis 1530, environ, le Saint Office espagnol avait en effet abandonné la chasse des nouveaux chrétiens judaïsants pour éradiquer toute velléité d'implantation du protestantisme ; aussi le royaume espagnol paraissait-il d'autant plus attirant à cette communauté juive qu'elle espérait profiter des ouvertures économiques pour s'insérer dans les milieux commerçants et financiers. Le pardon pontifical qui lui est accordé en 1604-1605 pour ses fautes antérieures, l'autorisation d'émigrer concédée officiellement par le roi entre 1601 et 1610, sont les composantes de cette trêve qui ne fut pas sans susciter des protestations. Elle fut toutefois ébranlée dès les années 1625 avec le procès intenté aux proches de Jorge Enriquez, le médecin du duc d'Albe décédé en 1622, qu'ils étaient accusés d'avoir enterré selon les rites juifs. Si la dénonciation était mensongère pour la plupart d'entre eux, une de ses filles et son mari, Isabel et Andrès Lopez de Fonseca, furent condamnés pour crypto-judaïsme. La communauté *conversa* d'origine portugaise n'en fut pas moins renforcée de nouvelles arrivées, autorisées à nouveau en 1627 ; elle bénéficiait en effet de la protection du favori Olivares, qui eut recours à son argent pour financer sa politique et avait surtout pour but de mieux l'intégrer à la société ibérique. Mais cette tentative fut un échec, et le terme qui désigne les Juifs portugais, *marranos*, qui signifie porc, n'en est qu'un indice ! De fait, les poursuites à leur encontre connurent une nouvelle vague entre 1640 et 1680 ; la chute d'Olivares, qui les laissa sans soutien officiel, et l'activité de l'Inquisiteur général Diego de Arce y Reinoso, en poste entre 1643 et 1665, conduisirent à 17 autodafés pour la même période, notamment ceux de Cordoue en 1655 et 1665, de Séville en 1660, de Llerena en 1662, de Valladolid en 1664... qui détruisirent la communauté, riches et puissantes familles comme humbles sujets du royaume. L'Inquisition organisa une seconde vague d'autodafés entre 1706 et 1727, puis, dans la seconde moitié du siècle, put se consacrer à d'autres gibiers. Cette nouvelle traque des judaïsants, quelle que soit leur position sociale, avait définitivement démantelé les milieux commerçants, financiers et artisanaux. Certains des plus aisés étaient parvenus à s'exiler, 12 000 familles au total, parmi lesquelles celle des frères Cardoso, Fernando et Miguel. Y. H. Yerushalmi a consacré une étude très intéressante à la singulière destinée d'Isaac-Fernando Cardoso (1604-1683), qui renouvelle l'historiographie du marranisme. C'est au cours des années de trêve du début du siècle que la famille Cardoso, consciente de son identité marrane, quitta le Portugal pour s'installer en Castille, à Medina del Rioseco ; les deux frères firent de brillantes études de médecine, mais Miguel ne suivit la voie de son frère qu'une vingtaine d'années après lui puisqu'il naquit en 1627. L'aîné, Fernando, quitta Valladolid pour Madrid dans ces mêmes années, où il connut une rapide ascension sociale, comme médecin et comme auteur, sous le patronage du duc de Medina, l'amiral de Castille Enriquez de Cabrera, puis d'Olivares lui-même. Il fréquenta les cercles littéraires, se lia avec Lope de Vega, auquel il adressa un éloge funèbre en 1635 ; il fut médecin à la cour de Philippe IV. C'est en pleine célébrité qu'il quitta Madrid en 1648 avec son frère, pour pratiquer ouvertement le judaïsme (sous les noms respectifs d'Isaac et d'Abraham) au sein de la communauté du ghetto de Venise puis de Vérone. Il s'y consacra à la réflexion philosophique et théologique : son ouvrage *Philosophia libera* figurait encore dans les bibliothèques péninsulaires au XVIIIe siècle. Mais il a surtout publié en 1679, à Amsterdam, un des ouvrages les plus célèbres de l'apologétique juive, *Las excelencias de los Hebreos* ; reprenant la tradition de l'apologie séfarade en langue vernaculaire, l'œuvre fait écho par son seul titre à l'héritage ibérique de son auteur : certains polémistes s'étaient en effet essayés à prouver que les prophéties bibliques relatives à Israël s'étaient accomplies dans le peuple espagnol, désormais élu de Dieu, *pueblo escogido de Dios,* dans des travaux qui défendaient *las excelencias de los españoles*. Cardoso renvoyait l'élection du peuple juif à cette revendication de celle de la nation espagnole. Comment mieux prouver que, dans la péninsule, la chute d'Olivares avait finalement incarné la victoire définitive de l'exclusivisme vieux chrétien ?

Or l'Espagne du XVIIe siècle est pourtant la terre de la diversité. Diversité sociale croissante, d'abord, en raison de l'accumulation des inégalités parallèlement à la cristallisation des hiérarchies. Celle-ci marque l'ordre de la noblesse qui comprend les Grands, les Titres (au total, quelque deux cent cinquante familles au milieu du siècle, car l'« inflation des honneurs » sous Philippe IV en a presque doublé le nombre, phénomène renouvelé sous Charles II), l'oligarchie urbaine des caballeros, enfin les hidalgos eux-mêmes fort divers... et dont le poids est variable selon les régions : les hidalgos sont ainsi très nombreux en Castille – ils y représentent 10 % de la population, particulièrement présents dans le Nord –, ou en Asturies et au pays basque, alors que la société valencienne est bien plus marquée par la haute noblesse terrienne ; en revanche, le poids de la noblesse est relativement faible dans le royaume de Grenade et surtout en Catalogne. La petite noblesse des hidalgos a particulièrement pâti des difficultés du siècle ; tenir son rang, remplir sa vocation militaire, a grevé son modeste patrimoine. Si tous ne sont pas pauvres, on sait que beaucoup en Castille vivent comme des paysans, endettés ou dépouillés au profit de la haute noblesse. Celle-ci a accaparé les charges gouvernementales depuis le XVIe siècle, ce que la pratique du *validamiento* et la vénalité des offices *de capa y espada* n'ont fait qu'augmenter, en détournant la nature du service rendu. Nous avons pu constater qu'elle se sert désormais plus de l'État qu'elle ne le sert, en en retenant une part des revenus pour compenser son endettement. Ses dépenses ostentatoires en constante inflation avaient en effet mis à mal des ressources pourtant colossales : la moyenne en tournait autour de 37 000 ducats, tandis que certains lignages, par l'accumulation de rentes, de revenus fonciers, de dons royaux... atteignaient les 150 000 ducats de revenus annuels ; mais le duc de l'Infantado, par exemple, devait en consacrer plus de la moitié au remboursement de ses dettes dès 1637 ! Effectivement, les dots représentaient souvent 100 000 ducats, pour le moins, à la fin du siècle, et les frais de la domesticité, du train de vie somptueux, étaient toujours plus élevés, sans compter les occasions exceptionnelles ; ainsi, le duc de Medinasidonia a-t-il dépensé plus de 300 000 ducats, deux fois son revenu annuel, pour recevoir dignement le roi, le comte-duc Olivares et la suite royale en 1624 ! Pilier du système sous Charles Quint et Philippe II, la noblesse s'est donc transformée au XVIIe siècle en une couche sociale parasite.

Dans le même temps, la misère se généralise et accroît les inégalités. Excluons d'emblée de ce tableau les esclaves : *cortados* installés en ville à leur compte contre paiement d'une contribution monétaire à leur maître, employés aux champs ou dans les ateliers, domestiques, le plus souvent, auprès de nobles ou de clercs qui les considèrent comme un luxe décoratif, ils sont surtout nombreux en Castille et en Andalousie. Ils représentent 1,5 % de la population à la fin du XVIe siècle, puis verront leurs rangs se grossir d'Africains – avec la traite portugaise – et de musulmans – capturés par la course – dans la première moitié du siècle ultérieur, avant de disparaître progressivement à la faveur des affranchissements. Quant aux paysans, la crise économique, la pression fiscale excessive, la « réaction seigneuriale » de la noblesse, soucieuse de retrouver la plénitude de ses droits et d'accaparer de nouvelles terres aux dépens des paysans propriétaires (surtout nombreux dans le nord de la Castille, le pays basque, et les hautes vallées pyrénéennes, alors que la Nouvelle Castille et l'Andalousie comptent une majorité de journaliers – plus de 60 % des paysans – employés dans les grands domaines, et que les paysans des régions périphériques sont soumis au régime seigneurial) sont autant de composantes de leur appauvrissement. Beaucoup, affamés, sont contraints de quitter leur campagne pour affluer dans les villes où ils vivent de la mendicité et dans la marginalité, bientôt rejoints par les artisans ruinés par la dépression économique consécutive à la crise de subsistance, selon le mécanisme des crises traditionnelles. Le paupérisme fut à son paroxysme à la fin du siècle mais la dégradation sociale n'est pas un phénomène chronologiquement ponctuel : il suffit de rappeler que le nombre des enfants abandonnés ne cesse d'augmenter au cours du XVIIe siècle – 10 % des baptisés à Valladolid à son début, 22 % à son terme, selon les statistiques de B. Bennassar –, alors que leurs chances de survie sont pourtant infimes dans les hôpitaux. L'afflux des pauvres à la charge de l'assistance urbaine, qui s'était brusquement accru dans les années 1595, se poursuivit sur toute la période. 10 à 15 % de pauvres étaient un fardeau tolérable pour les villes au XVIe siècle ; le voir multiplié par deux ou par trois le rendit insupportable, au point de susciter des tentatives pour mettre les mendiants valides au travail. Tel était le but du plan de Cristobal Perez de Herrera, en 1598, qui préconisait la suppression de ce parasitisme social, et la mise en place d'une nouvelle organisation du travail par la mobilisation et la rentabilisation de cette main-d'œuvre disponible. Cette version ibérique de la solution bourgeoise et moderne du « grand renfermement » ne triompha pas du vieil ordre social, où la pauvreté assumée dans la liberté était appréciée comme une des voies au salut, tant pour le nécessiteux que pour l'homme riche qui consacrait une part de ses revenus à la charité. L'Espagne fut le seul pays européen qui, à cette époque, demeura fidèle à cette conception médiévale de la pauvreté et, par là même, à la mentalité seigneuriale et religieuse qui la fonde.

Ce drame social a sa rançon, la violence : les émeutes frumentaires secouent périodiquement les villes, les jacqueries paysannes – les révoltes antifiscales de Biscaye en 1631, les *barretines* catalans en 1688-1689, la seconde Germania valencienne en 1693 – sont des mouvements désespérés et durement réprimés. En fournissant des recrues au grand banditisme, la crise favorise aussi la réapparition de l'insécurité que les Rois Catholiques, Charles Quint et Philippe II, étaient parvenus à résorber. Les *bandoleros* sont ces bandits de grands chemins qui vivent de leurs rapines au soleil de l'Aragon ou du pays valencien, en y profitant de l'enchevêtrement des juridictions. Les *picaros* sont cette faune des villes qui fait feu de tout bois illégal pour survivre sans travailler ; ces truands, qui ont élu domicile dans les quartiers chauds des grandes villes – dont Séville est un haut lieu, avec la Cour des Orangers près de la cathédrale, le quartier de l'Arenal le long du Guadalquivir... –, ont été la source d'inspiration du roman picaresque, nous en avons traité. Ils sont en quelque sorte le double négatif de la société ibérique, dont ils tournent en dérision le code de l'honneur, exclus qu'ils en ont été pour la plupart par la naissance.

Diversité sociale, donc, mais aussi diversité de genre de vie. L'analyse du recensement castillan de 1591 a mis en évidence une différenciation géographique très nette : au nord d'une ligne Gredos/Guadarrama, la population, assez nombreuse – la densité est comprise entre 20 et 40 habitants par km^2 –, est essentiellement rurale, puisque, si l'on accepte le seuil de 400 feux (1 800 personnes environ), seuls 10 % des habitants de la façade cantabrique vivent en ville, 25 % dans le León et en Vieille Castille ; au sud de cette ligne, la population, beaucoup moins abondante – la densité tourne entre 5 et 20 –, est en revanche incomparablement plus urbanisée : 60 à 70 % en Nouvelle Castille, plus de 80 % en Andalousie. Au pays basque, en Navarre, en Aragon, les habitants sont donc surtout des paysans qui vivent en hameaux isolés ; en revanche, la Catalogne et le pays valencien comptent un réseau urbain bien constitué. Ces Espagnols ne se distinguent pas les uns des autres par leur comportement démographique, au demeurant peu différent du reste de l'Europe, à l'exception de la précocité du mariage et de la relative faiblesse de la mortalité infantile. Ils n'ont pas plus que leurs voisins de réprobation pour le péché de la chair ; malgré les efforts du clergé qui, à la suite du concile de Trente, fixe le rituel marital – la tradition castillane en trois temps, les fiançailles, le sacrement, enfin la bénédiction nuptiale, fut progressivement ramenée à deux par les exigences conciliaires, afin d'éviter toute consommation prématurée avant la bénédiction –, le taux d'illégitimité des naissances, certes faible, est néanmoins plus élevé qu'en France à la même époque. Tout au plus peut-on noter, pour différencier les habitants de la péninsule, que ceux de l'intérieur pratiquent l'endogamie au mariage, alors que l'exogamie caractérise les villes et les Espagnes périphériques. L'importance de l'immigration française – ces « maris français » attirés jusqu'au milieu du siècle par la pénurie de main-d'œuvre et les hauts salaires, qui suivent l'inflation, à la différence de la France – est sans aucun doute un facteur explicatif pour la Catalogne (20 % de sa population à la fin du XVIe siècle), le royaume de Valence, l'Aragon, qu'ils ont contribué à repeupler, après la crise de la fin du Moyen Age pour les deux premiers, l'expulsion des morisques pour le dernier où leur afflux a alors été considérable (17 % de la population de Saragosse en 1642).

La croissance urbaine avait accompagné la prospérité du XVIe siècle. La moitié nord de la Castille compte en 1591 dix villes de plus de 2 000 feux (environ 10 000 habitants), dont Ségovie, Salamanque et surtout Valladolid, riche de 40 000 habitants. La moitié sud, plus urbanisée, aligne 34 villes de plus de 2 000 feux, dont trois de plus de 10 000, Séville (sixième ville d'Europe avec ses 120 000 habitants), Tolède et Madrid. Seule cette ville, définitivement installée au rang de capitale par Philippe III qui la dota de la Plaza Mayor en 1619, connaissait depuis 1561 une remarquable expansion qui ne s'est pas démentie jusqu'au milieu du XVIIe siècle ; en 1700, elle regroupe quelque 100 à 140 000 personnes, alors qu'elle n'en comptait que moins de 50 000 un siècle auparavant. Quant aux autres, les difficultés du XVIIe ont rejailli sur elles, et ont opéré de si dures ponctions démographiques qu'elles flottent dans leurs remparts du XVIe siècle. Telle la belle au bois dormant, elles attendront le XIXe siècle pour sortir de leur longue léthargie.

Néanmoins, les contemporains avaient pris conscience de la spécificité des sociétés urbaines. B. Bennassar, dans son ouvrage sur *l'Homme espagnol*, brosse un tableau évocateur du « décor urbain immanent », en place pour l'essentiel au début du siècle : la Plaza Mayor, siège de l'autorité civile et forum des grands rassemblements urbains ; les églises, couvents et hôpitaux, qui dominent la ville de leurs clochers et exaltent la gloire de Dieu ; les palais, leurs « tours de l'hommage » et leurs façades armoriées, qui font de même pour les hiérarchies sociales ; les promenades, l'Espolon de Burgos, le Prado de Madrid, les Gradas de Séville ; enfin, les quartiers marchands. Dans ce cadre admirable, le même auteur a pu analyser le « bonheur citadin du Siècle d'Or », certes mis à mal par le naufrage de la fin du XVIIe siècle. En premier lieu, les nourritures matérielles y sont accessibles. Les impôts indirects sont modérés, les taxes directes réduites aux seuls *millones* ; grâce au système de « sécurité alimentaire », les municipalités ont repoussé à ses extrêmes limites le souci de la subsistance : les *obligados* alimentent les marchés en viande et en poisson, dont ils ont obtenu le monopole contre l'obligation de vendre à prix fixe ; en cas de crise, l'*alhondiga* ou *posito*, le grenier à blé de la cité, garantit l'approvisionnement en céréales à des prix modérés, sauf si l'accumulation de mauvaises récoltes en empêche la reconstitution, d'où le dérèglement du système au creux de la dépression économique du siècle. Par ailleurs, la ville permet l'accès aux nourritures de l'esprit. Pour les analphabètes, d'abord, le théâtre, religieux ou profane, est un véhicule culturel de première importance, qui emprunte ses références au même patrimoine que la culture orale, colportée par des aveugles qui la déclamaient, mais vendaient aussi les feuillets imprimés qu'ils portaient sur un rouleau, d'où le nom de littérature de *cordel* qui lui a été donné. La ville offre en effet, en raison du nombre relativement élevé de petites écoles, de meilleures chances de savoir lire et écrire : 50 % des citadins sont alors alphabétisés, quand ce n'était le cas que d'un quart ou d'un cinquième des Espagnols. Or, le livre cimente la sociabilité, par la lecture à haute voix, au point que le *Quichotte* « traite de ce que verra celui qui le lira, ou de ce qu'entendra celui qui l'écoutera lire ». Il est toutefois bien évident que cette convivialité par le livre n'est pas réservée à la cité, l'hôtelier du livre de Cervantes le rappelle à propos des romans de chevalerie : « Dans le temps de la moisson, quantité de moissonneurs viennent se réunir ici les jours de fête, et parmi eux, il s'en trouve toujours quelqu'un qui sait lire, et celui-là prend un de ces livres à la main, et nous nous mettons plus de trente autour de lui, et nous restons à l'écouter avec tant de plaisir qu'il nous ôte mille cheveux blancs. » Il n'en demeure pas moins vrai que ces médias oraux d'accès à l'écrit, ainsi que son appréhension directe, sont plus aisés en ville. Enfin, l'horizon du citadin est jalonné de cadres de sociabilité qui animent la vie collective, tant professionnelle que civique et religieuse : citons les corporations de métiers, les *gremios,* les confréries professionnelles et paroissiales qui, au-delà de leurs fonctions spécifiques, sont des garanties de solidarité et d'assistance en cas d'accident. Les confréries de dévotion organisent pour leur part les temps forts de la vie religieuse : processions de custodes, créées par les orfèvres pour la fête du *Corpus*, et de *pasos*, ces grands groupes sculptés représentant la Passion, lors de la Semaine sainte ; grandes célébrations ne dédaignant pas le recours aux réjouissances profanes, la danse, le théâtre, les courses de taureaux. Or nous avons déjà souligné l'importance de la fête dans la vie et l'harmonie sociale ibériques. Les taureaux sont au premier plan de toutes les réjouissances populaires depuis le XVIe siècle, même si cette passion est beaucoup plus ancienne, et des jeunes gens à pied se mesurent alors aux taureaux lâchés dans les rues ; les rois appréciaient particulièrement le *rejon*, divertissement chevaleresque qui opposait un combattant à cheval à la bête, et 107 corridas de ce type furent organisées sur la Plaza Mayor à Madrid au cours du XVIIe. Ce n'est toutefois qu'au XVIIIe siècle que la tauromachie à pied sera codifiée pour l'amener à sa forme actuelle. Ce nouveau style n'occasionna qu'un regain de popularité, au point d'être assimilée par les observateurs étrangers à la passion nationale par excellence !

Les contemporains ont insisté sur la décadence ibérique, qu'ils percevaient dans les désastres diplomatiques et militaires, la dépression économique, l'agonie de la dynastie royale et l'ankylose sociale. Or, comme l'a pertinemment relevé H. I. Marrou, « il n'y a pas de notion plus obscure [que la décadence]. L'historien est désarmé devant cette maladie mystérieuse qui, à partir d'un certain moment, s'abat sur une civilisation. » Il ne s'agit bien évidemment pas de nier ce constat, ni même de le relativiser au regard de la commune destinée européenne, mais tout au plus de le nuancer. Ainsi, à la fin du règne de Philippe IV, Madrid rayonnait-elle de mille feux, « comme le dernier éclat d'un corps en décomposition, captivant par ses lumières quand le reste de l'Espagne avait déjà sombré dans l'obscurité » ; telle est du moins la formule lyrique utilisée par Martin Hume en 1907. Jusqu'au milieu du siècle, le pays n'en a pas en effet fini avec le Siècle d'Or et sa floraison artistique. La peinture espagnole brille par le talent de Diego Vélasquez (1599-1660), Bartolome Esteban Murillo (1617-1682) ou Francisco de Zurbaran (1598-1664)... Le célèbre tableau des *Ménines* en 1656, par sa recherche hardie sur la représentation de l'espace, manifeste la modernité de la peinture de Vélasquez, devant laquelle « les écailles tombèrent des yeux » de l'impressionniste Manet, désormais libéré des contraintes de la tradition ; ses paysages n'annoncent-ils pas Corot et Picasso ? Peintre de la Cour, c'est aussi dans ses sujets tirés de l'humble vie quotidienne qu'il a exprimé sa recherche de la vérité humaine. Zurbaran, formé lui aussi à l'école des ténébristes du début du siècle, traduit les exigences du mysticisme espagnol, par ses Christs pathétiques et ses cycles monastiques au caractère ascétique ; ses qualités plastiques en font le précurseur des recherches cubistes. Nul mieux que Murillo n'a toutefois su peindre le quotidien et le sentiment, dans un style plus facile, encore que remarquable par sa science de la couleur et du mouvement. Pour tous, les *bodegones*, les natures mortes, comme les scènes réalistes, rayonnent du frémissement de la Création. Grâce à eux, aux sculpteurs Juan Martinez Montanes, ou Juan de Mesa, son disciple, Séville fut la grande métropole artistique de ce temps. La littérature recueille par ailleurs les fruits des créations de Lope de Vega, Guillen de Castro (1579-1644) – qui a inspiré *le Cid* de Corneille –, Tirso de Molina (1571-1658) – dont le *Burlador*, l'Amuseur de Séville, introduit le thème universel de don Juan – et Calderon de la Barca (1600-1681), l'un des plus grands dramaturges européens ; il a porté à sa perfection le genre des *autos sacramentales*, pièces allégoriques, qui disparut avec lui. De ses *comedias*, sommet de l'art dramatique, ne retenons que quelques exemples : *l'Alcade de Zalamea* ou *le Médecin et son honneur*, qui traitent de l'honneur personnel et de ses liens avec l'honnêteté féminine ; ses œuvres à caractère théologique, *la Dévotion à la croix*, et surtout *La vie est un songe* qui évoque, par la dialectique du rêve et de la réalité comme dans le *Don Quichotte*, le malaise ibérique en cette période de transition entre un Moyen Age qui ne veut pas mourir et le monde moderne. Ce théâtre, enraciné dans son époque, est une réconciliation baroque de ces contraires, d'un réel à la fois concret et onirique, et la tragi-comédie est une rêverie collective, refuge d'une époque en plein désarroi. Les ébauches de l'art baroque commencent justement à enrichir de leur efflorescence le paysage monumental urbain, déjà si remarquable, mais il faut attendre les Bourbons pour passer de ces velléités ibériques (ainsi, à l'Alcazar de Madrid, la façade monumentale due à Juan Gomez de Mora [1608-1630], les deux salles conçues par Vélasquez, le salon Octogone et le salon des Miroirs, et la Nécropole royale du couvent de l'Incarnation) au plein essor du baroque international.

L'art espagnol jette ses feux les plus brillants au cours du Siècle d'Or qui se prolonge en ce domaine sur la majeure partie du XVIIe siècle. Il n'en demeure pas moins que ses dernières décennies témoignent d'un épuisement de la création, tout comme d'un « effacement des modèles » – pour reprendre la formule de B. Bennassar – : l'Espagne n'a pas plus de créateurs que d'aventuriers ou de saints. L'avènement des Bourbons sanctionne en quelque sorte l'échec des Habsbourg. Certes, ces derniers avaient gouverné le plus grand Empire multi-national au XVIe siècle, mais sans parvenir à impulser les transformations nécessaires, susceptibles de donner un second souffle à l'Espagne, une fois passé le temps de l'hégémonie politique, et

Les *Ménines*, le tableau le plus célèbre de Vélasquez et l'un des plus novateurs.

de la faire entrer dans le monde moderne. La crise du XVIIe siècle en est avant tout la rançon, et il appartenait aux Bourbons d'en tirer la leçon.

Vers une insertion dans le concert démocratique européen après l'isolement et la tourmente

L'Espagne des Lumières

La renaissance de l'État espagnol

La guerre de Succession d'Espagne semblait avoir levé les hypothèques qui pesaient sur le pays, et ouvert une période de stabilité : c'est ce « miracle espagnol du XVIIIe siècle » dont parle Fernandez Herr. Elle avait porté sur le trône d'Espagne une nouvelle dynastie qui ne s'hispanisa que lentement. L'abdication du nouveau souverain, en 1724, en faveur de son fils Louis Ier, ne vient-elle pas de son désir de ceindre la couronne de France ? La mort prématurée de l'infant porta le coup de grâce à ces espérances et fit accepter son destin au Français Philippe V. Les règnes de ce dernier (1700-1746) et de Ferdinand VI (1746-1759) sont ceux de deux personnalités complexes, perpétuellement guettées par la dépression dans laquelle tous deux sombrèrent à la fin de leur vie. Ils eurent peu de passions : leurs épouses, en premier lieu, qui eurent une grande influence. C'est Marie-Louise de Savoie qui encouragea Philippe V à révéler sa force de caractère lors de la guerre de Succession ; c'est ensuite Élisabeth Farnèse qui, ayant atténué l'influence du parti français par le renvoi brutal de la princesse des Ursins, le poussa vers une politique italienne pour y assurer l'avenir de ses fils. Quant à Ferdinand VI, il sombra dans la neurasthénie et la folie à la mort de Barbara de Bragance. La réelle piété du père et du fils permit aussi à leur confesseur d'entrer dans le cercle étroit de leurs proches qui comprenait aussi des musiciens, dont le grand castrat italien Farinelli.

Le territoire espagnol retrouvait la paix avec grand profit. Philippe V chercha pourtant à s'implanter en Italie, mais ni l'abbé italien Alberoni (entre 1715 et 1719) ni le baron hollandais Ripperda (1725-1726), ses ministres, n'y parvinrent dans un premier temps. La mention des origines de ces derniers nous conduit à souligner le fréquent recours à des conseillers étrangers, au moins dans une large première moitié du siècle. Il fallut attendre José Patino, cet infatigable serviteur de l'État (1726-1736), pour que don Carlos, le fils aîné du second mariage, soit installé à Parme et à Plaisance, puis fait souverain de Naples en 1738, à la faveur de la guerre de Succession de Pologne, où l'Espagne se rangea au côté de la France conformément au Pacte de Famille conclu en 1733 entre les deux Bourbons. Don Felipe, son frère cadet, fut fait duc de Parme et de Plaisance à l'issue de la guerre de Succession d'Autriche (1740-1748). Le traité d'Aix la Chapelle, en 1748, faisait certes bon marché des revendications espagnoles sur Minorque et Gibraltar, mais il est vrai que les troupes ibériques, élément de poids des célèbres Gallispans, les forces franco-espagnoles, s'étaient désengagées quand le pacifiste Ferdinand VI avait succédé à son père.

Si ces succès ne reconstruisent pas un Empire ibérique en Europe, du moins signifient-ils l'installation de dynasties cadettes en Italie, et la mise en place d'une politique étrangère où l'équilibre européen est plus favorable à l'Espagne. Ils avaient été rendus possibles grâce au réformisme bourbonien, dont l'amélioration des moyens militaires n'est pas un des moindres éléments. La base en avait été posée par Michel Amelot de Gournay, l'ambassadeur de France, qui, en 1705, avait réorganisé l'armée sur le modèle français : meilleure structure par la création de régiments, d'une hiérarchie des grades, d'une administration militaire ; conscription avec tirage au sort ; modernisation de l'armement. La « redoutable infanterie des *tercios* » avait vécu... plus si redoutable, justement, qu'il ait fallu en tirer la leçon ! Guido Alberoni continua cette tâche, imité par José Patino qui autorisa les navires espagnols à voguer seuls vers les Indes, et non plus en convois annuels ; bien plus, des compagnies de commerce maritime furent constituées, la *Real Compana guipúzcoana de Caracas*, en 1728, mais aussi la Compagnie des Philippines en 1733 ou la Compagnie barcelonaise pour le commerce des Antilles. L'Espagne, qui était parvenue à modérer la contrebande anglaise sur les côtes américaines (celle-ci s'était développée en s'appuyant sur une interprétation élargie du traité d'Utrecht, qui autorisait l'Angleterre à envoyer une fois par an un « navire de permission » pour en déverser librement les marchandises), pouvait en 1736 se glorifier d'aligner 36 vaisseaux de ligne. Grâce à l'effort décisif du marquis de la Ensenada (1743-1754) en matière d'arsenaux, elle possédait en 1790 deux cents navires de guerre, un record absolu. Par ailleurs, la réorganisation et la professionalisation des corps d'officiers suscita un engouement nobiliaire pour la carrière des armes, désormais prestigieuse au plan social.

De la même manière, c'est paradoxalement à la faveur de la guerre de Succession d'Espagne que furent affirmées les conditions du relèvement politique péninsulaire, par la constitution d'un État national aux structures gouvernementales profondément transformées. Au système polysynodique caractéristique de l'Espagne moderne, succède un gouvernement national calqué sur le modèle français : ministres appelés secrétaires d'État ; contrôleur général des Finances ; intendants dans les provinces enfin, vecteurs de transmission des décisions d'un pouvoir centralisé. Douze « royaumes » regroupaient les trente-deux intendances. Leurs responsables n'auraient pu être gênés dans l'exercice de leurs prérogatives que par les Cortes de Navarre et du pays basque – ce particularisme avait été maintenu en remerciement de la fidélité de ces provinces à Philippe V –, mais celles-ci étaient devenues de simples chambres d'enregistrement... Le Conseil de Castille, quant à lui, avait été réduit à un rôle judiciaire et technique ; il n'est plus au centre du pouvoir, pas plus que les *golillas* – ces *letrados* désignés par le nom du col rigide qu'ils arborent – issus des prestigieux *colegios mayores*. Aux universitaires, ont succédé des praticiens. Quant à la couronne d'Aragon, elle paya son insoumission et son soutien à Charles III de la rupture du pactisme et de la suppression de ses *fueros*. Cette mesure de 1707, et ses conséquences, furent traduites par la *Nueva Planta* de 1716. Par ces décrets, le gouvernement des royaumes aragonais était confié à un capitaine général, gouverneur militaire, ce qui subordonnait donc le civil au militaire ; il coiffait en effet des intendants responsables d'une circonscription, et en même temps *corregidores* de la capitale provinciale, et, pas plus que ces derniers, ne pouvait être originaire des provinces qu'il administrait. Dans le reste de l'Espagne, l'intendant de province et d'armée cumulait aussi les charges civiles et militaires – le capitaine général étant alors réduit à l'opérationnel –, et fut le plus souvent recruté parmi le personnel militaire, une des nouvelles voies royales vers le pouvoir. La *Nueva Planta* prévoyait aussi la présence de tribunaux royaux, les *audiencas*, alignait l'administration municipale sur le modèle castillan, en généralisant la charge héréditaire et vénale de *regidor*, et supprimait les privilèges fiscaux pour créer un nouvel impôt de répartition. Insistons à ce propos sur l'amélioration du système de recouvrement des impôts conduite par les ministres de Philippe V – soucieux de se procurer le nerf de la guerre ! –, qui renoncèrent à l'affermage au profit du recouvrement direct ; menée à son terme par Ensenada, c'est l'évolution inverse à ce qui s'est produit en France. Répressifs et punitifs, ces décrets de la *Nueva Planta* n'en visaient donc pas moins à créer une Espagne Une et Indivisible. Aussi A. Domínguez Ortiz estime-t-il qu'on ne peut parler d'histoire de l'Espagne avant le XVIIe, voire le XVIIIe siècle, quand l'unification intérieure, après le recentrement péninsulaire, eut défini le pays. D'autres arguments confortent le même constat : le rôle national joué à partir de 1718 par la monnaie castillane ; l'affirmation de l'espagnol comme seule langue intellectuelle, aux dépens du basque et du catalan, réduits au rang de parler courant ; le souci, enfin, de conduire des enquêtes administratives englobant le territoire national. Comme le montre P. Loupès dans son travail très complet sur *l'Espagne de 1780 à 1802*, aucun pays européen ne lance à la même époque des enquêtes de même ampleur et de même qualité que le cadastre de La Ensenada, les recensements des dernières décennies du siècle, ou la statistique de Godoy sur le commerce extérieur ibérique !

Or, s'il est certain que la renaissance de l'Espagne tient pour une grande part à la construction d'une administration unifiée autour d'une monarchie absolue, les transformations démographiques et économiques n'en sont pas moins un élément fondamental. En matière de recensement, nous venons de l'évoquer, l'Espagne est en avance sur l'Europe : de 1718 à 1797, elle n'en a pas ordonné moins de cinq, qui, tous, prétendent faire le compte des Espagnols, non plus par feux, mais par « âmes », en ventilant la population par sexe, tranche d'âge et parfois profession. Cette entrée précoce dans l'« ère statistique » nous apprend que l'Espagne est passée de sept millions d'habitants en 1700 à onze millions en 1787 : ces chiffres, ceux du recensement de Floridablanca, sont certainement les plus fiables de tous. Sur un siècle, la population espagnole a donc plus que doublé. Le type démographique reste pourtant celui d'ancien régime, avec natalité (42,3 ‰ pour la première décennie du XIXe) et mortalité élevées. La raison de cette croissance – qui permet à la population espagnole d'atteindre son plus haut niveau – tient plutôt à l'éviction de la peste du territoire péninsulaire, en raison de barrages sanitaires précocement élaborés. La dernière épidémie de peste date de 1685, alors qu'elle touche encore la France en 1720. A la fin du siècle, l'amélioration de l'encadrement médical, toutes proportions gardées, les débuts de l'innoculation puis de la vaccination, pratiquée pour la première fois en Catalogne en 1800, ... vont enfin contribuer à réduire la mortalité. Cet essor démographique, qui fournit les bases d'un nouveau dynamisme, a amplifié le déplacement du centre de gravité péninsulaire, déjà en germe au siècle précédent. Une formule revient comme un leitmotiv : l'avenir appartient aux Espagnes périphériques. La Catalogne triple sa population, le pays valencien la double, tandis que les façades atlantiques ne font que poursuivre une récupération déjà bien lancée. En revanche, les espaces intérieurs ne rattrapèrent les maxima de la fin du XVIe siècle qu'au terme de la période qui nous occupe.

Les campagnes espagnoles sont donc densément peuplées, alors que la Mesta, qui jette ses derniers feux – elle sera démembrée par la guerre d'Indépendance –, la mainmorte religieuse et laïque, gèlent de grands territoires qu'elles condamnent à une occupation extensive. Il est certain que la pression démographique a été à l'origine d'un certain nombre de changements, même s'ils se situent dans la continuité des mutations décisives de la fin du siècle précédent, qui opposent la polyculture intensive des périphéries au *secano* céréalier de l'intérieur. Les défrichements aux périphéries des terroirs cultivés – fait majeur du siècle, dont le bienfait fut compensé par la loi des rendements décroissants –, la diversification des cultures, l'intensification des productions parfois, vont tenter de permettre à celles-ci de suivre la courbe de la population. Si les céréales continuent à couvrir 80 % du territoire péninsulaire, ce sont néanmoins la vigne et l'olivier qui bénéficient de la mise en culture de terres peu fertiles : la vigne se développe particulièrement en Catalogne, jusqu'à la monoculture parfois, l'olivier est à son maximum en Andalousie. Le maïs se diffuse du Nord-Ouest à toutes les régions – essentiellement le Nord, mais il est aussi attesté dans le Sud, la zone de Grenade par exemple – dont les conditions climatiques en autorisent la culture, permettant de diminuer l'intensité des crises de subsistance, soulagées surtout par la généralisation, jusque dans les moindres villages de la péninsule, des greniers à blé qui avaient contribué au « bonheur citadin du Siècle d'Or ». Enfin, l'ouverture à l'économie de marché multiplie les cultures marchandes, surtout sur la façade méditerranéenne. Quant à la pomme de terre, elle est de longue date connue des Espagnols, mais l'inertie des habitudes devait en retarder la diffusion. Aussi, malgré ces progrès, nombreux sont les vagabonds auxquels un monde rural plein ne peut garantir accueil et subsistance.

La main-d'œuvre ainsi libérée, pas plus que les surplus agricoles commercialisables, n'ont pu assurer les prémices d'une révolution industrielle, ce qui n'est pas pour nous surprendre après l'analyse que nous avons pu faire des blocages de l'économie espagnole : manque de capitaux, stérilisation des bénéfices, retard technique, carence des moyens de transport, surtout, qui constitue un goulot d'étranglement pour l'économie péninsulaire... Aussi le bilan sectoriel est-il mitigé. Il y a certes de notables exceptions : la soie, qui connaît une remarquable expansion en Catalogne et dans le royaume de Valence ; le coton, en Catalogne, où les fabriques se fournissent aux Amériques auxquelles elles livrent ensuite ces cotonnades légères qui constituent, en 1795, 17 % des exportations barcelonaises outre-Atlantique. Pourtant, le textile ibérique est à la traîne de l'Europe, notamment l'industrie drapante totalement dépassée. Pour la métallurgie, concentrée sur la frange cantabrique, les résultats auraient été meilleurs sans le passif de la fin de siècle : retard pris sur les concurrents étrangers (ignorance de la fonte au coke) et, surtout, destructions, lors des conflits, des hauts fourneaux situés à la frontière française. Terminons ce tableau économique par un aperçu de la structure du commerce extérieur, qui n'a pas perdu son caractère sous-développé, mais connaît néanmoins un incontestable essor. Les produits agricoles et les matières premières péninsulaires continuent à être échangés contre les produits manufacturés anglais et français, et ceci est valable même dans le cadre du commerce transatlantique ; simplement, c'est l'Espagne qui les réexportent (à la fin du siècle, la moitié du commerce américain est une simple activité de transit pour celle-ci), en échange de métaux précieux, sucre, coton, cacao, tabac, bois, et cuir. Cadix continue à avoir la haute main sur ce trafic, même si elle en a perdu le monopole. En 1765, neuf ports (Alicante, Barcelone, Cadix, Carthagène, Gijon, La Corogne, Malaga, Santander et Séville) étaient autorisés à commercer directement avec les îles de Cuba, Saint-Domingue, Porto-Rico, Margarita et Trinidad ; en 1778, cette liberté était étendue à Almeria, Los Alfaques, Palma de Majorque et Santa Cruz de Tenerife, et à vingt-deux ports américains. Néanmoins, Cadix, en raison de ses atouts naturels et de son expérience, conservait près des trois quarts des échanges à la fin du siècle. Concluons sur ce point avec *l'Esprit des lois* de Montesquieu : « Les Indes et l'Espagne sont deux puissances sous un même maître : mais les Indes sont le principal, l'Espagne n'est que l'accessoire. » Voilà qui règle d'un trait de plume tout débat éventuel sur la modernité de l'économie espagnole au XVIIIe siècle !

D'un trait de plume peut-être un peu radical, néanmoins. Deux villes, Cadix et Barcelone, sont les « vitrines de la modernité », selon l'expression de J.P. Amalric. Toutes deux ont vu se développer un capitalisme commercial, plus prometteur encore dans le cas de la seconde : pourtant ruinée par la guerre de Succession, Barcelone connut en effet au XVIIIe siècle les conditions préalables à une révolution industrielle. Sa population tripla, du fait surtout de l'afflux de journaliers et de brassiers chassés de leurs campagnes par la croissance démographique et les crises périodiques. Cette main-d'œuvre trouva à s'employer dans les nouvelles fabriques d'indiennes, ces cotonnades dans la production desquelles étaient investis les capitaux issus de l'agriculture et du commerce. La capitale catalane avait en effet retrouvé par ailleurs toute sa fonction marchande, en Méditerranée bien sûr, mais aussi dans l'Atlantique. Aussi l'historien de la Catalogne, P. Vilar, voit-il dans Barcelone le « centre de gravité économique et humain » de l'Espagne. Pour le reste, le pays restait en marge de l'économie industrielle.

Le despotisme éclairé du « roi philosophe » et les Lumières

Or n'est-ce pas justement ce constat du retard espagnol en tant de domaines qui fonda l'entreprise des Lumières, et dont certes ce tableau, qui prend en écharpe l'économie nationale sur un siècle, montre d'emblée les limites ? Elle fut incarnée par Charles III, le « roi philosophe » (1759-1788). Frère de Ferdinand VI, ce souverain à la laideur sympathique fut une exception parmi les hommes médiocres ou diminués qui se sont succédés sur le trône d'Espagne pendant plus d'un siècle. Il eut une vie bien réglée : ses après-midi étaient consacrés aux joies de la chasse qu'il appréciait fort, à l'image de ses ancêtres ; il aimait en effet les plaisirs simples, et l'on sait qu'il se contentait, les jours de gala, de revêtir un manteau de cour sur les vêtements de chasse qu'il portait constamment. Pieux, il scandait sa journée de prières et de messes, et plaça son royaume sous la protection de la Vierge de l'Immaculée Conception (ce culte si populaire en Espagne qu'il marque les formules de salut : « *Ave Maria purissima* », et la réponse, « *sin pecado conce-*

bida »). Veuf lors de son accession au trône d'Espagne, il mena une vie austère et chaste, entouré de ses seuls enfants.

A l'inverse du règne suivant, celui de Charles III n'accorda pas la primauté aux problèmes de politique extérieure même s'il fut actif en ce domaine. Il signa bien en 1761 un nouveau Pacte de Famille qui manifestait l'unité des branches française, espagnole, sicilienne et parmesane au sein de la maison de Bourbon ; à ce titre, chacune devait assistance aux autres en cas de menace. C'est pourquoi le « chef de la seconde ligne Bourbon » fut entraîné par la branche aînée dans sa lutte contre l'Angleterre, ce à deux reprises : à l'issue de la guerre de Sept Ans, par le traité de Paris de 1763, il obtint la Louisiane mais perdit la Floride, qu'il récupéra, ainsi que Minorque, par le traité de Versailles en 1783, en gage de sa participation à la guerre d'Indépendance des États-Unis.

Mais l'essentiel est sans aucun doute que le roi prit à cœur les affaires de l'État qu'il conduisit en monarque éclairé adepte du *despotismo ilustrado*, tout en s'appuyant sur des ministres de qualité, le Sicilien Squillace (ou Esquillace, à l'espagnole) d'abord, son collaborateur lorsqu'il était roi des Deux Siciles, puis des Espagnols : le comte d'Aranda (1718-1798), cet ami et traducteur de Voltaire, chef du « parti aragonais », entre 1766 et 1773 ; le comte de Floridablanca (1728-1808), qui était, quant à lui, un *golilla* et un diplomate, entre 1776 et 1792 ; le comte de Campomanes (1723-1802), enfin, ce juriste et économiste qui, procureur puis président du Conseil de Castille, exerça une grande influence, tant par ses écrits que par les responsabilités dont il fut chargé. Hommes de grande envergure, ils se nuisirent néanmoins les uns aux autres par leur rivalité, d'où leurs disgrâces successives. Il faut aussi citer, parmi les *ilustrados* de premier plan, Pablo de Olavide (1725-1803), ce Péruvien, surintendant des colonies de la sierra Morena, ou Gaspar de Jovellanos (1744-1811), économiste et polygraphe, pour les politiques ; José de Cadalso (1741-1782), dont *les Lettres marocaines*, ouvrage posthume paru en 1793, sont un pénétrant tableau de l'Espagne de son temps à la manière des *Lettres persanes* de Montesquieu, ou Leandro de Moratín (1760-1828), l'imitateur de Molière, pour les hommes de lettres... Ce rapide catalogue, aussi restrictif et artificiel soit-il, nous présente les deux facettes des *Luces* espagnoles : le réformisme royal et la minorité éclairée.

Le préréformisme des souverains antérieurs avait posé les bases du premier. Le Concordat de 1753, qui officialise le droit de patronage royal et fait tomber d'importants revenus religieux dans la cassette royale, est la première manifestation effective du régalisme : il sera en usage jusqu'à la période franquiste. C'est toutefois sous le règne de Charles III que l'État prit un ascendant décisif sur l'Église ; « ce fut l'âge d'or du régalisme », souligne C. Herman. Le 2 avril 1767, est signée la Pragmatique d'expulsion des jésuites hors du territoire espagnol, tant métropolitain que colonial (c'est la fin de la République des Guaranis !), immédiatement exécutée. Ils avaient été jugés responsables du *motín* d'Esquillache, l'émeute populaire et xénophobe qui, en 1766, avait conduit au renvoi du conseiller sicilien et à son remplacement par une équipe espagnole. C'est Campomanes qui fut chargé d'instruire le procès intenté à la Compagnie de Jésus dans le cadre de l'enquête secrète décidée par Aranda : il crut découvrir l'âme du complot parmi « les hommes noirs », accusés, comme ils l'avaient été au Portugal et en France, de vouloir asseoir leur « domination universelle » et « subjuguer le trône » ! C'est pour une grande part à la suite des démarches de Floridablanca en cour de Rome que le pape Clément XIV prit la décision de supprimer l'ordre en 1773. Le gouvernement mena par ailleurs une politique de laïcisation, plus par volonté d'intériorisation de la foi et de répression des excès de la piété baroque que par anticléricalisme : à l'interdiction des *autos sacramentales*, des danses dans les processions, de certaines confréries... répond effectivement la valorisation de l'état sacerdotal. C'est donc l'absence d'attaques contre la religion qui différencie le mieux les Lumières ibériques de leur modèle français.

Les préoccupations sociales furent aussi une composante essentielle du despotisme éclairé à l'espagnole : incitation à la natalité (par des primes au-delà de douze enfants...) et à l'immigration en provenance de pays catholiques ; émancipation des 300 ou 400 familles de *chuetas,* ces descendants des *conversos*

Portrait de Charles III en tenue militaire
et ceint des colliers des ordres chevaleresques par M.S. Maella.

majorquins ; protection des 100 000 gitans, que La Ensenada avait voulu enfermer pour les faire travailler dans les arsenaux ; réhabilitation, en 1783, des professions méprisées parce qu'autrefois exercées par des Juifs (tanneur, cordonnier, forgeron, tailleur)... Enfin – et ce n'est pas le moins révélateur de l'évolution des mentalités –, un réseau d'assistance sécularisée fut mis sur pied à l'imitation du Grand Renfermement français : tel est le cas dès 1766 pour l'hôpital San Fernando, à Madrid, où les mendiants raflés sont mis au travail, exemple qui fit tache d'huile ; en 1778, les alcades de quartier furent créés pour remplir une fonction alliant la bienfaisance à l'égard des nécessiteux à la surveillance des délinquants potentiels.

L'attention portée à l'économie, quant à elle, avait débuté dès la fin du XVIIe siècle comme en a témoigné la fondation de juntes de commerce. Philippe V ne devait pas abandonner cette tâche ; bien au contraire, s'inspirant du colbertisme dont Geronimo de Uztariz s'était fait le chantre, il fonda des manufactures de luxe : tapisseries de Madrid et porcelaine du Buen Retiro sur le modèle des Gobelins et de Sèvres, glaces de San Ildefonso à La Granja, sur celui de Saint-Gobain. Des manufactures furent par ailleurs créées dans les secteurs en difficulté, comme celle de draperie à Guadalajara. La politique éclairée de la seconde moitié du siècle se situe dans la droite ligne de cet effort, puisqu'elle continua à entretenir ces fondations à grands renforts de subventions, tout en favorisant les créations privées. Elle a en fait hésité entre la référence à Colbert et au mercantilisme (d'où des tarifs douaniers prohibitifs), et la poursuite d'un programme libéral dont les décisions charnières furent de libérer le commerce et les prix des grains, en 1765, et de supprimer le monopole caditan. La politique agricole, conduite par Campomanes, visait à permettre à la production de suivre la courbe de population, ce qui consistait à fournir des terres à une paysannerie toujours plus nombreuse. La construction du canal d'Aragon et d'un barrage près de Murcie, entre autres, permit un recours croissant à l'irrigation. De même, à partir de 1766, des mesures visèrent-elles à répartir les communaux entre les paysans, afin que les plus aisés, les laboureurs – ces coqs de village déjà appelés caciques, du nom des chefs indiens –, qui avaient les moyens de les mettre en culture, puissent les louer. Dans le même but, on favorisa la culture aux dépens de l'élevage, et la Mesta commença un long déclin : le droit de possession dont elle jouissait depuis le XVIe siècle fut aboli en 1786, et les pâturages purent désormais être clos et cultivés. Il est clair que toutes ces mesures portent en germe les réformes agraires ultérieures, et notamment ces *desamortizaciones* que Jovallenos réclamait dans son célèbre mémoire, *Informe sobre la ley agraria*, qui parut en 1795. La plus remarquable de prime abord fut sans conteste la colonisation de la sierra Morena, sous la conduite de Pablo de Olavide, utopie typique de l'époque des Lumières : il s'agissait en fait de tenter de constituer une société idéale, sans aucune des tares héritées de l'histoire espagnole ; aussi fit-on d'abord appel à des colons étrangers, auxquels on distribuait terres, matériel et bétail, tandis que de petites villes, créées ex nihilo, complétaient cette Icarie. Si les 6 000 Allemands et Flamands conviés dans un premier temps eurent du mal à s'adapter et furent remplacés par des Catalans, l'expérience n'en connut pas moins un certain succès ! Toutes ces améliorations économiques n'avaient néanmoins de sens qu'accompagnées d'un progrès dans les voies de communication. La construction des *caminos reales* à l'initiative de Floridablanca permit à la péninsule de disposer de 10 000 km de réseau routier à la fin du siècle, selon quelques axes qui reliaient la capitale à la frontière française, Bilbao et la côte cantabrique, Barcelone et Cadix ; ces efforts, malgré leurs limites en ce qui concerne notamment les voies secondaires, aboutirent à un réseau radial autour de la capitale et permirent la mise en place d'un service des postes. Notons qu'ils furent notamment complétés dans les dernières décennies du siècle par la construction d'un superbe réseau navarrais qui n'a été que peu amélioré depuis. Quant au reste de la péninsule, les commentaires péjoratifs des voyageurs étrangers sur le médiocre entretien des routes et le peu d'attrait des auberges n'en perdirent pas pour autant leur vigueur ! Afin de rendre justice à l'ensemble de l'œuvre des ministres *ilustrados*, il faut enfin mentionner les embryons de politique financière que furent l'apparition de bons du Trésor, les *vales reales*, véritable monnaie de papier créée en 1780 et, deux ans plus tard, la création de la première banque nationale, la Banque San Carlos, à l'initiative du financier français François de Cabarrus (1752-1810).

Le despotisme éclairé fut enfin soucieux de préparer l'avenir en se préoccupant de culture et d'enseignement. Là encore, il trouve les impulsions à sa politique dans les initiatives de Philippe V : création d'académies, l'Académie royale de la langue espagnole en 1713 – calquée sur l'Académie française, elle publia en 1726 le *Dictionario de autoridades*, et, en 1771, la première édition de la *Gramatica* –, celles d'histoire, des beaux arts – ou Académie San Fernando. Toutes furent soutenues par Charles III, qui créa par ailleurs, pour développer les sciences, un Observatoire, un Cabinet d'histoire naturelle et un Jardin botanique royal, au Prado, inspiré du Jardin du Roi français... « Pour rendre les peuples heureux, il faut les éclairer », soulignait aussi Jovellanos. Aussi une réforme des Universités fut-elle tentée, sans parvenir toutefois à remédier à leur sclérose. En revanche, un enseignement technique fut mis en place, comme en témoignent des créations aux deux extrémités du cursus d'enseignement : d'une part l'Institut asturien en 1794, consacré à l'exploitation de la richesse régionale, le charbon, les académies de médecine et les collèges de chirurgie, et de l'autre, les centres d'apprentissage créés par les sociétés économiques à côté des petites écoles. Initiatives fécondes, donc, mais néanmoins partielles au regard de la tâche à accomplir !

Une minorité éclairée soutient cette entreprise de rénovation ; c'est au service de celle-ci qu'est alors mise « une donnée fondamentale de la mentalité collective espagnole », la croisade, désormais « croisade éclairée ». Cette *minoría selecta*, selon l'expression de J. Sarrailh, ne ressort pas exclusivement du centre de gravité madrilène, bien au contraire : à la vision traditionnelle qui croyait que les Lumières s'étaient propagées de la capitale vers les périphéries ibériques, les historiens opposent maintenant la contribution de ces dernières (Aranda est aragonais, Campomanes et Jovellanos asturiens...), dans « un bouillonnement d'idées qui s'entre-croisent » ; mentionnons aussi le rayonnement intellectuel de Valence, ou de Séville, le centre provincial le plus actif à la fin du siècle grâce à Olavide. Les *ilustrados* sont en effet mobilisés en ce sens dans les *Sociedades economicas de amigos del país*, les Sociétés économiques d'amis du pays. Or la première fut celle du pays basque, fondée en 1763 par le comte de Peñaflorida qui s'inspirait des Sociétés de pensée françaises, puis le modèle en fut repris et diffusé par Campomanes : près de cent sociétés, regroupant essentiellement des nobles, des membres du clergé, outre quelques rares représentants des milieux productifs – au total une dizaine de milliers de sympathisants issus des élites locales –, se penchaient par sections spécialisées sur les réformes à envisager et tentaient d'en mettre certaines en pratique. Au total, une petite minorité, certes active et compétente, mais confrontée à de rudes obstacles. L'Inquisition et la censure, avant tout, encore que le filtre ait été inégalement efficace : un Inquisiteur général n'a-t-il pas été abonné à l'*Encyclopédie* ? Jovellanos ne publie-t-il pas un manifeste en 1795 déplorant... l'inefficacité inquisitoriale, notamment parce que les inquisiteurs ignorent les langues en lesquelles sont écrits les livres qu'ils ont à juger ? La routine, la force des inerties, surtout, étant donné que le réformisme des Lumières n'entraîna aucune mutation sociale d'ampleur. La mise en accusation de Pablo de Olavide par l'Inquisition, en 1776, pour avoir tenu des propos scandaleux contre la foi et la morale et possédé des livres interdits, sa condamnation à huit ans de réclusion dans un couvent, accompagnée de la confiscation de tous ses biens, furent le symbole du coup d'arrêt aux *Luces*. « *Quiso hacer un escarmiento* » – comme une punition –, dira Godoy dans ses *Mémoires*.

Dresser un bref tableau des villes des Lumières permettrait justement de mesurer l'importance réelle des changements qui ont touché l'Espagne à cette époque. Jovellanos déplorait l'état de « ces squelettes de cités, autrefois populaires, remplies de fabriques, d'ateliers, de magasins, de boutiques, aujourd'hui peuplées seulement d'églises, de monastères et d'hôpitaux ». Il est certain que la situation des métropoles de l'intérieur, étriquées dans leur rempart, a pu jouer son rôle dans la mise en évidence de la nécessité d'une rénovation à conduire par l'État ; en revanche, les villes de la périphérie ont bénéficié de la croissance démographique et de l'immigration rurale. Incontestablement, toutes ont subi l'influence française, et les comportements de leurs élites en ont été modifiés. Les femmes ont abandonné le *recato*, la réserve de mise, pour le *despejo*, la hardiesse, la désinvolture ; elles sont escortées d'un *cortejo*, leur chevalier servant, dont il serait de bien mauvais goût que leur mari s'offusque ; elles renonçent à la basquine et à la mantille pour adopter la mode française jusque dans ses extravagances, au point qu'on les nomme alors *petimetras*, du français petite maîtresse. Leurs homologues masculins sont les *petimetres*, qui ont troqué l'habit noir et le col empesé pour les couleurs, les chamarrures et les dentelles à la mode en France ; leur cuisinier en vient, de même que leurs attelages où les chevaux remplacent les mules traditionnelles. Comme outre-Pyrénées, ils deviennent les Incroyables, les *currutacos*, quand ils atteignent le dernier degré de l'affectation et de la recherche. Plus fondamentalement, une partie de la noblesse se proclame « amie des Lumières » et se retrouve dans les Sociétés des amis du pays. Fernan Núñez est l'un de ces Grands d'Espagne *afrancesados*, francisés ou éclairés : ambassadeur de France, il s'était pris d'admiration pour Rousseau, et élevait ses enfants selon les principes exposés dans l'*Émile*. Leurs épouses tenaient salon à la française, encore que dans une atmosphère plus détendue et moins intellectuelle ; parmi les plus réputés, citons celui de la marquise de Fuerte Hijar à Cordoue, de la duchesse d'Albe – peinte par Goya à qui elle fut liée – ou de la comtesse de Benavente : celle-ci eut la *tertulia* la plus réputée de la capitale, et fit de son palais de la porte de la Vega, à Madrid, et de sa « folie », réplique du Petit Trianon, des merveilles de luxe et de raffinement selon le goût français. Les idées nouvelles, outre les salons et les sociétés *ilustradas*, avaient en ville d'autres vecteurs de propagation : les loges maçonniques, peut-être, même si elles ne sont que peu implantées à la veille de la guerre d'Indépendance ; la presse, qui, protégée par Campomanes, répand les *Luces* dans les classes moyennes des villes, comme les livres étrangers, diffusés par la contrebande. Les Espagnols ayant voyagé hors des frontières jouent aussi un rôle non négligeable à cet égard : les nobles, les ingénieurs et artisans financés dans leur tour de l'Europe industrieuse par les Sociétés économiques, les jeunes en formation dans les collèges et les facultés françaises...

Les Lumières ne sont pas pour autant un abandon de l'esprit national. « Il y a chez [les *ilustrados*] une foi solide qui s'oriente vers un christianisme exigeant, et un amour passionné de l'âme, de la culture et de la terre espagnoles », rappelle P. Loupès. « La quête de l'identité espagnole annonce la génération de 1898 », et les conduit à se passionner pour les fondements de la nation que sont la langue ou l'histoire ibériques (Rois catholiques ou Siècle d'Or). P. Vilar poursuit le même raisonnement : c'est « le respect de la tradition, de l'expérience, l'esprit historique (qui) donnent ainsi au... XVIIIe siècle espagnol pondération, sens de la mesure ; mais ils lui enlèvent cette vigueur, cette certitude de soi qui, en France, firent le siècle révolutionnaire par excellence ». Ne percevant sans doute pas que c'est ce patriotisme qui conduit les élites éclairées à se préoccuper de l'avance des étrangers et à chercher à s'en inspirer, les *letrados,* les classes moyennes et le peuple sont sourdement hostiles à cette influence française. En réaction à celle-ci, certains, soucieux de préserver l'originalité péninsulaire – cette mentalité, dite *castiza*, c'est déjà le *casticismo* cher à Miguel de Unamuno ! –, restent fidèles à l'habillement traditionnel : l'on sait que c'est la volonté de proscrire le grand manteau et le chapeau à larges bords, le *chambergo* – costume national qui n'avait pourtant été adopté qu'au XVIIe siècle –, au profit de la cape courte et du tricorne, qui avait déclenché le *motîn* d'Esquillace en 1766, acte de baptême indirect du despotisme éclairé. D'autres s'habillent, au moins de temps en temps, comme les élégants du petit peuple : les *majos* portent une résille sur les cheveux, une veste courte sous une petite cape, une étroite culotte et une large ceinture de couleur vive, les *majas* ou *manolas*, la jupe à volants et le haut peigne retenant la mantille représentés par Goya. La rupture entre les *afrancesados* et les autres n'est toutefois pas toujours aussi nette qu'il semble à première vue, puisque certaines grandes dames vont s'encanailler le soir, vêtues en *manolas*. Le mimétisme social fut donc de règle, qui contrebalançait la contagion des mœurs populaires par le raffinement général des comportements urbains : adoption générale du pain blanc français, du chocolat à la cannelle ou du tabac ; diminution du recours à la violence, des références au « point d'honneur », en parallèle à l'essor de la futilité, au point qu'un observateur français peut alors parler de la « révolution des mœurs » ibériques. Gardons-nous d'oublier, néanmoins, atonies et permanences sociales : si le pourcentage de nobles passe de 7 %, au milieu du siècle, à 3,5 % à la fin de ce dernier, c'est en raison de l'affaiblissement de l'*hidalguía*. En revanche, toutes les cités restaient dirigées par une puissante oligarchie urbaine, même si une réforme avait été adoptée en 1766 ; elle faisait de certaines magistratures citadines des charges électives ; or le corps électoral comprenait toute la population, sans distinction d'ordre mais à l'exclusion du clergé. Certes, l'innovation était d'importance, mais la portée en était réduite par le petit nombre de ces charges et la faible durée de leur mandat, en comparaison des autres fonctions urbaines, désormais moulées dans toute la péninsule sur la vénalité castillane. Les *regidores*, issus de l'élite traditionnelle des *caballeros*, gardaient donc le haut du pavé, tandis que la haute noblesse, en revanche, délaissait les palais familiaux pour vivre dans les grandes métropoles ou à la cour. Elle en suivait la parade, et laissait sa fortune dans ce véritable « gouffre à rente » : le Prado jusqu'à Pâques, puis Aranjuez jusqu'à la fin juillet, Saint-Ildefonse pour les deux mois suivants, l'Escurial, ensuite, jusqu'à début décembre, avant que le séjour madrilène ne boucle l'immuable rythme annuel. Rappelons qu'en raison de son cosmopolitisme, la cour contribua à répandre les modes étrangères auprès des Grands du royaume, relayée ensuite par les élites urbaines par mimétisme. Le clergé conservait enfin son poids social, lui qui représentait 1,5 % de la population – seul le Portugal excédait ce pourcentage – et jouissait de 15 à 20 % du revenu national. Tous ces Espagnols se reconnaissaient dans les passions nationales : ils jouent, comme en témoigne le succès de la Loterie royale, créée en 1763 ; ils se lancent dans la ronde des *fandangos, seguedillas, boleros, maleguenas, sevillanas, tanguillos* et autres *jotas* ; ils s'enflamment pour la tauromachie, surtout : Goya, qui signait souvent Francisco de los Toros, n'est-il pas le plus célèbre des *aficionados* de cet art codifié en 1796 par José Delgado « Pepe Hillo » dans sa *Tauromachie ou art de toréer à pied et à cheval* ? La duchesse d'Albe et la comtesse de Benavente ne lui cèdent pas en renommée, la première ayant pris parti pour Joaquín Rodríguez « Costillares », la seconde pour Pedro Romero, dont la mort en 1801 dans les arènes de Madrid fut un véritable deuil général. Passion nationale, donc, au point que des arènes en dur, les *encierros*, furent construites jusque dans les petits bourgs... Montherlant ne retrouve-t-il pas dans la tauromachie le sens de la fête et le mysticisme espagnols ?

Comment mieux évoquer cette dialectique de l'ouverture et du maintien de l'identité ibérique qu'en la mettant en parallèle avec l'art espagnol de ce siècle ? Comme le rappelle Y. Bottineau dans son étude lumineuse sur *l'Art baroque*, la nouvelle dynastie des Bourbons trouva à son arrivée dans la péninsule un art livré au particularisme provincial et pauvre de grands maîtres. Aussi voulut-elle instaurer un grand art monarchique, digne de la majesté royale, que pratiquaient déjà la France et l'Italie. Les références à la première furent donc souveraines, surtout au temps du mariage français de Philippe V. C'est pour trouver un exutoire à la nostalgie de son pays d'origine que ce dernier se fit construire un *sitio real* à la mode de France : la Granja de San Ildefonso n'est-elle pas un petit Versailles, construit dans la sierra de Guadarrama, au cœur de l'Espagne ? De nombreux artistes français ont œuvré à son édification : le palais, surmonté néanmoins de fantaisies à l'italienne, le jardin – planté de marronniers transportés à grands frais de France, il est néanmoins œuvre originale, plus agreste et plus libre –, les pièces d'eau et les fontaines... Le second mariage renforça l'italianisme, accru sous le règne de Ferdinand VI. Tout dans le petit palais du Riofrio, construit à l'initiative d'Élisabeth Farnèse près de La Granja où elle résidait désormais, rappelle l'Italie. Le dynamisme du baroque international fut aussi introduit par ce vecteur.

« L'art baroque est le produit d'une société catholique et monarchique, dont les éléments les plus complexes se groupent spirituellement autour de Dieu, temporellement autour du prince. » Cette définition de G. Bazin montre clairement en quoi la structure dynamique, les ornementations et les couleurs du baroque sont liées à une société marquée par la Contre-Réforme, l'exaltation monarchique et l'empreinte aristocratique et terrienne, comme ce fut le cas en Espagne. Aussi l'urbanisme baroque exalte-t-il avant tout le pouvoir, mis en majesté avec ostentation, comme un spectacle, sur une scène de théâtre, pour convaincre en éblouissant. G. Bazin insiste : « les vicissitudes des pays déchus comme l'Espagne... poussaient leurs souverains à rêver à la puissance ou à son dépassement, pour en compenser les incertitudes, en créant... un monde de substitution, un monde de chimère », alors même qu'ils tentent une reconstruction politique. C'est pour toutes ces raisons que le mouvement de l'ornementation l'emporte sur le parti-pris architectural et que les façades en sont l'espace primordial. Si le baroque de la première moitié du XVIIIe magnifie en Espagne le pouvoir, nous avons noté qu'en revanche les prémices baroques du siècle précédent étaient surtout décelables dans l'architecture religieuse, tant pour les besoins de la Contre-Réforme qu'en raison de la carence politique nationale. Philippe V et Élisabeth Farnèse voulurent faire du nouvel Alcazar de Madrid, dont la reconstruction était nécessaire après l'incendie de Noël 1734, un palais royal à l'architecture classique. En fait, et malgré quelques parentés avec le Louvre du Bernin, il marqua l'adaptation à l'Espagne du baroque italien ; l'italianisme en fut encore accentué par la décoration allégorique de Giambattista Tiepolo à *La gloire de la monarchie espagnole*, son chef-d'œuvre. Le baroque s'était imposé en Espagne entre 1680 et 1720, et y avait pris le nom des frères Churriguera. C'est en effet de l'œuvre de l'aîné, Jose Benito (1665-1725) – le retable San Esteban à Salamanque, la ville et la manufacture de Nuevo Baztan près de Madrid –, que vient le terme « churrigueresque » : celui-ci évoque un baroque outrancier, de façon abusive, car si cet artiste a développé la luxuriance et la somptuosité d'une sculpture végétale et angélique qui ne laisse aucun espace sans ornementation, ce sont ses frères et ses disciples qui l'amplifièrent ensuite avec audace. Appartiennent aussi à cette première génération Leonardo de Figueroa (1650-1730) – qui marque de son empreinte le baroque sévillan – et Francisco Hurtado (1669-1725) – qui réalisa le *sagrario* de la chartreuse de Grenade tout comme la chartreuse de Paular, près de Ségovie. Ces deux artistes nous conduisent à insister sur le caractère régional

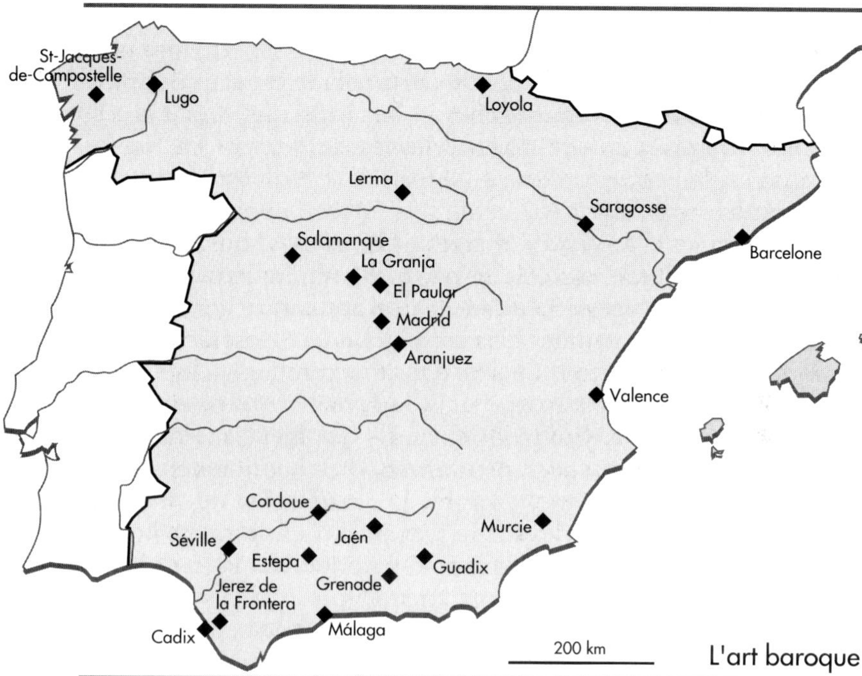

du baroque espagnol, et à mentionner l'ondoiement de l'école andalouse. Après 1720, et jusqu'à sa disparition, vers 1760, le baroque s'épanouit dans une ornementation efflorescente. Madrid en a bénéficié : l'ermitage de la Virgen del Puerto, les oratoires ciselés qui surmontent le pont de Tolède, des fontaines, dont la plus charmante est celle de la Renommée, la façade de l'hôpital San Fernando... sont dus au génie de Pedro de Ribera (1681-1742). Quant au cadet de la famille Churriguera, Alberto (1676-1750), il conçut la *plaza major* la plus belle d'Espagne, celle de Salamanque, achevée en 1755. Les palais aristocratiques de l'époque baroque sont des demeures somptueuses où les portes d'accès, les escaliers en façade, les patios, traduisent une révolution plastique : palais du marquis de Montana, palais des Peñaflor à Ecija, du marquis de Dos Aguas à Valence, palais de la Virreina à Barcelone, de San Telmo à Séville... Toutefois, l'art religieux s'est à nouveau développé avec cette seconde génération baroque : les sanctuaires eux-mêmes – l'église San Juan de Dios à Grenade est l'un des rares monuments baroques homogènes –, mais aussi les *sagrarios*, ces retables organisés autour de tabernacles, le *transparente*, ou les reliquaires, le *camarín*. C'est à Narciso Tomé qu'est dû le plus remarquable des *sagrarios*, celui de Tolède, dont l'exubérant amoncellement d'anges, de nuages et de rayons, qui entourent la Cène et la Vierge, est éclairé par une lumière irréelle provenant d'une ouverture percée dans le déambulatoire gothique. La célèbre façade occidentale de la cathédrale de Saint-Jacques-de-Compostelle, l'*Obradoiro*, s'insère dans une campagne de rénovation lancée un siècle auparavant à la faveur du renouveau du pèlerinage grâce à la Contre-Réforme – qui met l'accent sur la spiritualisation et l'aspect pénitentiel du cheminement pour « vénérer les corps saints » – après la désaffection de la fin du Moyen Age ; cet écran devant le portail de la Gloire est la part la plus jaillissante de l'enveloppe baroque de la cathédrale romane de Saint-Jacques, qui n'apparaît plus qu'à la porte des Orfèvres du transept méridional. Faut-il mentionner, au hasard, d'autres réussites artistiques ? Le sanctuaire de Loyola, la cathédrale du Pilar à Saragosse, les façades des cathédrales de Grenade, de Murcie, et de Jaen... Toutes sont riches de « formes qui s'envolent » pour reprendre la belle formule d'Eugenio d'Ors. Aussi, des florissantes écoles de sculpture, ne mentionnerons-nous à titre d'exemple que le chef-d'œuvre de Francisco Salzillo (1707-1783), *le Christ au jardin des Oliviers*.

En revanche, le règne de Charles III fut traversé par une réaction classique qui, inspirée par les fouilles de Pompéi et Herculanum, renie les excès du baroque et veut retrouver la pureté antique. Il suffit d'évoquer l'œuvre de Juan de Villanueva (1739-1811), que ce soit dans le futur musée du Prado ou aux Casitas del Principe, les précieux pavillons édifiés dans ce style au bas de l'Escurial et au Pardo. Charles III, « le meilleur alcade de Madrid », en fit bénéficier sa capitale : il fit aménager le *paseo* du Prado, devenu la promenade où se retrouvaient les élégants ; la porte d'Alcala, qui commémorait l'entrée de Charles III dans la ville, la fontaine de Cybèle et le Prado lui-même, y traduisaient le parti-pris néoclassique. L'architecte Francesco Sabatini fut aussi mis à l'œuvre pour la Casa real de la Aduana, l'église San Fernando el Grande à l'imposante coupole, et le *sitio real* du Pardo.

Dans les autres domaines culturels, ce sont aussi les modèles étrangers qui dictent le goût. Évoquons à ce propos les œuvres de Leandro de Moratín, qui puise son inspiration dans le théâtre de Molière et Marivaux, et dut se défendre de l'accusation de *gallicismo* tant littéraire que politique. Pourtant, la pièce qui est considérée comme son chef-d'œuvre, *le Oui des jeunes filles* (1806), est une comédie de mœurs fondée tant sur l'observation fine et réaliste que sur le sens du comique et de la peinture sentimentale. En musique, la *zarzuela* – opérette faisant office de comédie de mœurs à couleur locale –, et surtout Antonio Soler (1729-1783) – ce maître de chapelle de l'Escurial qui a laissé un *fandango* éblouissant, des sonates pour clavecin, des messes... dont l'écriture est toujours alerte et brillante –, manifestent la réelle émancipation d'une musique espagnole, face aux maîtres italiens et allemands. Il en fut de même en peinture. En effet, même si l'Espagne compte quelques portraitistes de talent, Luis Menéndez, « le Chardin espagnol », Luis Paret y Alcazar, « le Watteau espagnol » – y a-t-il plus significatif que ces surnoms ? –, son art pictural a deux artistes étrangers pour symboles, dont les œuvres sont juxtaposées sur les voûtes du nouveau palais royal de Madrid, le palais d'Orient, finalement inauguré par Charles III en 1764. Antoine Raphaël Mengs (1728-1779) est le chef de l'école classique à laquelle il convertit l'Académie de San Fernando dont il fut nommé directeur en 1764. Son chef-d'œuvre est sans aucun doute l'*Apothéose de Trajan* qui orne le plafond du grand salon du palais. Giambattista Tiepolo (1696-1770), le peintre des cours européennes, à Madrid depuis 1762, fut le seul à pouvoir lui opposer le rayonnement de la peinture baroque italienne, comme en témoignent les célèbres plafonds du palais royal madrilène et les fresques de l'église d'Aranjuez. Francisco de Goya y Lucientes (1746-1828) est sans conteste le seul génie espagnol de son temps, et encore fut-il un « talent célèbre, génie posthume », selon la formule bien connue de Malraux. Quand il fut chargé en 1775 de fournir des cartons à la manufacture royale de tapisseries, il peignit de séduisants croquis de la vie madrilène, s'y faisant l'écho, au moyen d'une palette claire, argentée ou colorée, de la vie aimable et superficielle du XVIIIe siècle – comme dans *la Prairie de Saint-Isidore* (1787). De même, les fresques de San Antonio de la Florida – où la dépouille du peintre est enterrée sans tête, celle-ci ayant mystérieusement disparu –, qui présentent les miracles de saint Antoine de Padoue, sont-ils le prétexte à décrire le petit peuple madrilène. Nommé en 1786 peintre de la Chambre sous Charles IV, Goya put manifester son talent de portraitiste. Mais il fut surtout un témoin cruel de l'Espagne de son temps par ses toiles comme par ses gravures. Les crises de la fin du siècle, sa surdité à partir de 1792, le conduisent à « déplacer vers les ténèbres les frontières de l'humain », pour reprendre la formule de M. Durliat : le sens des couleurs et de l'éclairage, la pénétration psychologique, l'imagination visuelle, sont mis au service d'une déformation torturante et négative de l'homme, qui rompt avec l'humanisme antérieur. Comme le note J. Lassaigne, « l'homme-héros de la Renaissance ou du baroque devient, chez Goya, l'homme désemparé, livré sans défense à ses passions qui le caricaturent et en font un pantin grotesque emporté par un destin tragique. » Aussi le peintre est-il à la charnière de deux mondes, annonçant la complexité de la modernité et la fin du XVIIIe siècle éclairé gouverné par la raison. Baudelaire ne s'émerveillait-il pas de l'art de Goya à rendre le monstrueux vraisemblable ? Les *Caprices* sont une féroce satire sociale, mais aussi la présentation d'un monde où règne l'absurde et la perversion. C'est une nouvelle écriture picturale qui naît alors, et avec elle la peinture moderne, en rapport avec un monde de rêve... et de cauchemar. Les *Désastres de la guerre* nous mettent enfin en face des dures réalités et de la férocité de cette fin de siècle.

La guerre d'Indépendance ou l'émergence du peuple

Jamais l'Espagne n'a été aussi liée à la France qu'en cette fin du XVIIIe siècle. La Révolution française ne pouvait dans ce contexte que poser un problème aigu à Charles IV (1788-1808),

L'une des 33 gravures consacrées à la tauromachie par Francisco Goya, cet *aficionado* qui signait parfois Francisco de Los Toros.

dont le règne coïncide avec l'œil du cyclone. Or le roi ressemble beaucoup à Louis XVI, par sa bonté, son aptitude aux travaux manuels – quoiqu'il préfère la menuiserie et l'armurerie, auxquelles il travaille chaque jour, à la serrurerie –, mais aussi sa médiocrité et son incompétence dans la conduite des affaires de l'État. Bien plus, c'est son épouse, Maria Luisa de Parme, dénuée de qualités au physique comme au moral aux dires des contemporains, qui détient la réalité du pouvoir et décide de qui en recevra la responsabilité. Cet effacement du monarque permet de parler de « despotisme ministériel ». Dans un premier temps, ce fut Floridablanca, maintenu aux affaires, qui, paniqué par les événements français, s'attacha à supprimer tout risque de contagion révolutionnaire : « cordon sur les frontières comme contre la peste » afin de contrôler l'entrée des idées nouvelles, censure accrue à l'encontre des publications étrangères mais aussi péninsulaires, par le biais de l'Inquisition, plus que jamais au service du Trône... Dans le même temps, les Cortes étaient dispersées pour éviter qu'elles ne subissent la même dérive que les États généraux, et les partisans des Lumières renvoyés à leurs études ! Aranda, appelé pour renouer les liens avec la France, remplaça Floridablanca au début de l'année 1792, et poursuivit, avec quelques nuances, la même politique anti-libérale, violemment anti-française et néanmoins étonnamment hésitante. Comme le rappelait avec force Marie-Antoinette dans les premiers mois de l'année 1791, c'est une aide que désirent les souverains français, non des conseils ; or, si l'Espagne ne pleura pas les bonnes paroles, elle opposa un silence persistant à cette demande d'intervention directe, et ce ne fut pas une des moindres raisons qui conduisit Louis XVI à la fuite avortée à Varennes ! Cette neutralité de fait ne pouvait toutefois qu'être mise à mal par le raidissement révolutionnaire. Le serment exigé en application de la Constitution civile du clergé, puis la politique de déchristianisation, amenèrent dans la péninsule de nombreux exilés issus du clergé. L'arrestation de Louis XVI, puis son exécution malgré les pressantes interventions ibériques, frappèrent de consternation toute l'Espagne qui prit le deuil national, et s'apprêta à faire front, au sein d'une coalition européenne, à la déclaration de guerre de la France révolutionnaire en mars 1793.

Cette guerre des Pyrénées, entre 1793 et 1795, fut conduite par le dernier des *validos* ibériques, Manuel Godoy. Il est difficile de le présenter avec objectivité tant le tableau est contrasté : n'a-t-il pas dû son ascension sociale vertigineuse (cet ancien garde du corps originaire d'Estrémadure, surnommé « *el choricero* », le charcutier, parce que cette région est connue pour son élevage porcin, fut couvert de richesses et de titres) à l'honneur d'avoir partagé le lit de Maria Luisa, qui, envoûtée par cet amant de seize ans son cadet, n'hésitait pas à parler de « Trinité sur terre » pour évoquer cet éternel triangle des comédies ? Néanmoins, quelle que soit son inexpérience et sa fatuité, bonne volonté, attachement aux Lumières et amour des arts sont à mettre à l'actif de celui qui permit à l'Espagne de résister vaille que vaille à l'avancée révolutionnaire, et en fut récompensé par le titre de Prince de la Paix. Ce titre quasi biblique –

La famille de Charles IV peinte par Francisco Goya en 1800.

seul titre princier en Espagne, à l'exception de celui des Asturies, attribué au prince héritier – donne une idée de l'omnipotence de Godoy, qu'un célèbre tableau de Goya, en 1801, illustre par ailleurs. Si certains Espagnols avaient pu avoir des sympathies pour l'expérience révolutionnaire, tel n'est plus que rarement le cas : la Terreur inquiète. La propagande française, organisée par le girondin Lebrun, pénètre mal en Espagne et est parfois maladroite ; si le pamphlet *A la nación española*, de José Marcheda – un des rares *ilustrados* à avoir choisi l'exil en France –, en appelle avec pertinence aux libertés et aux traditions représentatives de l'ancienne Espagne, *l'Avis aux Espagnols* de Condorcet, rédigé dans un castillan médiocre, est plus, en revanche, une attaque des Bourbons qu'une défense d'un peuple espagnol. Aussi l'Espagne se lance-t-elle dans une véritable croisade contre-révolutionnaire : le clergé appelle aux armes pour sauver l'Espagne catholique, à l'occasion des fêtes de Pâques 1793 ; deux prières publiques sont décidées par Charles IV, pour défendre la religion, le roi et la patrie, contre leur contraire, la France sans foi ni loi. Cette croisade nationale, qui déclenche une vague patriotique dans tout le pays (la contribution volontaire y représente neuf fois le montant collecté dans les mêmes conditions en France), s'accompagne de la première théorisation de la pensée réactionnaire espagnole. L'évêque de Santander, Menéndez de Luarca, tout comme l'ex-jésuite Lorenzo de Hervas, insistent sur la mission providentielle d'un peuple dont l'essence religieuse doit être préservée, à l'écart des influences corruptrices. Quant au célèbre Diego de Cadiz, il publie en 1794 *Le soldat catholique dans les guerres de religion... où l'on propose à un soldat catholique la nécessité de se préparer, la manière de le faire et de se comporter dans l'actuelle guerre contre le parti impie de l'infidèle, séditieuse et régicide Assemblée de France.* La « sainte Espagne » entre en lutte contre la « perfide France ». Sous la conduite des généraux Caro et Ricardos, les premiers prirent l'ascendant en 1793, s'emparant de Port-Vendres, Collioures et Hendaye, mais, malgré la valeur du comte de La Unión, véritable croisé, ils ne parvinrent ensuite qu'imparfaitement à résister à la marche en avant française : le Guipuzcoa et la Catalogne sont occupés, et Figueras, à l'abri pourtant de sa ligne défensive, tombe à la fin de l'année 1794, dans la panique qui suivit la mort du comte de La Unión. Toutefois, les tentatives françaises de revivifier les velléités indépendantistes de ces régions échouèrent en raison des pillages et des mesures déchristianisatrices des armées d'occupation. Il n'en reste pas moins que l'Espagne se trouvait dans une situation délicate, minée tant par la désorganisation de l'économie, en raison du conflit, que par la floraison des mécontentements qui se focalisaient tous sur Godoy. Aussi ce dernier se prêta-t-il aux ouvertures françaises, même si les négociations furent d'abord bloquées par le préalable qu'il leur avait mis, la libération des enfants de Louis XVI, ce jusqu'à la mort du dauphin. La paix de Bâle, conclue finalement le 22 juillet 1795, permit la restitution des territoires occupés par la France contre la cession de la moitié de Saint-Domingue.

Comment ne pas s'étonner, alors, de voir qu'en août 1796, presque sans transition, l'Espagne conclut une alliance avec le Directoire, par le traité de Saint-Ildefonse, renouvelé en 1800 ? Plutôt surprenant a priori, ce rapprochement se justifie en fait par une commune opposition à l'Angleterre, dont l'alliance avait notamment été préjudiciable au commerce hispano-américain. Il faut en effet souligner que l'Espagne est prise dans un dilemme insoluble : s'allier avec l'Angleterre, et risquer d'ouvrir la péninsule à la France, ou s'allier avec celle-ci, et mettre les colonies à la merci de l'Angleterre... Cette volte-face se traduisit par un retour en faveur des principaux partisans des Lumières, comme Jovellanos ou Urquijo, et un effacement provisoire, et tout relatif, de Godoy. Celui-ci revint pourtant au pouvoir dès 1800, sans que ces péripéties de politique intérieure aient alors un effet sur l'alliance extérieure. L'Espagne n'était pourtant pas sortie vainqueur du premier conflit avec l'Angleterre ; elle y avait perdu Minorque, Trinidad, et vu se distendre ses liens avec ses colonies américaines. Mais la paix d'Amiens de 1802, à l'issue du second affrontement, lui permit de récupérer Minorque, et surtout créa le royaume d'Étrurie, concédé au gendre de Charles IV, un Bourbon de Parme, tandis qu'elle-même rétrocédait à la France la partie de la Louisiane qu'elle avait annexée en 1763. Par le traité d'Aranjuez, l'Espagne s'était aussi engagée en 1801 à rompre l'alliance entre l'Angleterre et le Portugal ; la guerre des Oranges, à la frontière des deux pays, se termina par la fermeture des ports portugais aux navires britanniques, la cession d'une ville frontalière à l'Espagne et d'une partie de la Guyane à la France. La péninsule ne connut ensuite qu'un bref répit : Godoy fut plus ou moins mis en demeure de renouveler, le 14 décembre 1804, son alliance avec la France de Napoléon Ier, complétée en janvier 1805 par une convention navale, ce malgré certains griefs, au premier rang desquels la vente, par la France, de la Louisiane aux États-Unis ; celle-ci, qui risquait d'entraîner la perte de la Floride et le développement de la contrebande dans les colonies américaines, allait à l'encontre du droit de préemption que l'Espagne s'était réservé. Le résultat de ce nouveau conflit avec l'ennemi anglais fut la défaite de Trafalgar, le 21 octobre 1805, bataille qui entraîna la mort de l'amiral Gravina. La destruction quasi totale de la flotte sonnait le glas de la puissance navale espagnole, et, par là même, de l'Empire de l'au-delà des mers avec lequel tout lien maritime était rompu.

L'alliance avec la France a donc été peu favorable à l'Espagne... et encore n'est-ce qu'un début ! On peut en effet considérer que la guerre d'indépendance de l'Espagne débute en 1807, quand les troupes françaises de Junot, appuyées sur des contingents espagnols, envahissent le Portugal, en application du traité de partage du pays, conclu le 27 octobre à Fontainebleau. L'opération n'était pas sans profit pour le ministre Godoy, puisqu'une principauté, environ le tiers du territoire portugais, devait lui être personnellement dévolue. Elle semblait aussi sans danger pour l'Espagne, alors que, dans l'optique napoléonienne, c'était l'amorce de la mainmise sur le territoire ibérique. Les troupes françaises dispersées dans la péninsule, sous le prétexte d'y assurer les arrières de Junot, furent d'abord accueillies favorablement par le peuple espagnol, tant il espérait qu'elles l'aideraient à se débarrasser du favori détesté, Godoy. En mars 1808, quand éclate la « conjuration » d'Aranjuez, il est pourtant évident qu'elles semblent installées pour un bon moment, afin de transformer la péninsule en un satellite docile. C'est donc à Aranjuez, où la famille royale s'était réfugiée, qu'éclate le 18 mars une émeute populaire contre le favori ; elle avait sans aucun doute été fomentée par les partisans du prince des Asturies, mais elle est aussi le premier signe d'une réaction nationale que ce dernier, en raison de son inimitié avec Godoy, semblait le mieux à même d'incarner. Le roi, pris à parti, s'effraya et décida d'abdiquer en faveur de son fils, qui prit le 19 le nom de Ferdinand VII. Les autorités françaises lui firent bientôt savoir qu'elles ne le considéraient pas comme légitime : toute la famille royale avait en effet obtempéré à Napoléon, arrivé entre temps à Bayonne, qui proposait son arbitrage. A l'issue d'une sordide querelle en présence de ce dernier – ce qui ne fut pas pour améliorer l'image qu'il avait des monarques espagnols –, Ferdinand dut donc restituer la couronne à son père, puis partit pour une captivité dorée à Valençay ; celui-ci la remit contraint et forcé à Napoléon, avant de finir ses jours en Italie ; l'empereur, enfin, fit roi d'Espagne son frère aîné Joseph, roi de Naples, décision approuvée par une assemblée de notables espagnols convoqués à Bayonne. C'est le 2 mai, le célèbre *dos de mayo* illustré par Goya, que le peuple de Madrid, exaspéré par la présence des troupes de Murat, lieutenant général de l'empereur en Espagne, se révolta aux cris de « Mort aux Français ». Le combat féroce, qui annonce la guérilla urbaine caractéristique de ce conflit, fit quelque 200 morts français, contre 500 à 1 000 Espagnols, en tenant compte de la sanglante répression du 3 : c'est le triste baptême de la guerre de libération nationale.

Trois semaines plus tard, toute l'Espagne était à feu et à sang. Le soulèvement général débuta en effet le 24 mai dans toutes les provinces, au premier rang desquelles les Asturies. Dans chacune d'elles, une junte insurrectionnelle se substitua aux autorités en place. Dès la fin juin, elles prenaient contact avec l'Angleterre, qui leur accorda subsides et conseillers militaires avant une participation de plus grande envergure. Napoléon n'était toutefois pas inquiet de cette évolution, car il jugeait le peuple espagnol à la lumière du spectacle donné par sa monarchie vermoulue et corrompue, et ses troupes régulières dépassées ; il mésestimait par ailleurs les causes profondes du mécontentement – ruine économique due à la guerre, hostilité nobiliaire au « ministère éclairé » de Godoy –, sur lesquelles se sont greffés les refus d'accepter le traquenard dans lequel était tombé Ferdinand, appelé désormais « le désiré », les exactions des armées d'occupation et l'athéisme révolutionnaire. A cet égard, il faut mentionner le rôle du clergé qui participe aux combats, fait de la guérilla une croisade, et enflamme le peuple contre Napoléon, ce « début de tous les maux et la fin de tous les biens ». « Est-ce un péché que d'assassiner un Français ? », demande le prêtre du *Catéchisme espagnol*. « Non, mon père, on fait œuvre méritoire en délivrant la patrie de ces oppresseurs violents ». Les propos écrits par Napoléon à son frère Lucien en avril 1801 ne prennent-ils pas dans ce contexte une saveur inattendue ? « Point de culte, point de gouvernement. Les conquérants habiles ne sont jamais brouillés avec les prêtres. On peut les contenir et s'en servir à la fois. On peut rire des augures, mais il est bon de manger avec eux les poulets sacrés » ! Les revers se succédèrent rapidement pour les armées françaises : Moncey échoue devant Valence, Lefebvre-Desnouettes puis Verdier devant Saragosse, et surtout Dupont en Andalousie. Ce dernier, envoyé vers Cadix pour y débloquer les rescapés de Trafalgar, ne put dépasser Cordoue qu'il ravagea, et fut finalement encerclé en rase campagne, près de Baylen, par les forces de Castanos ; le 21 juillet, il dut accepter la capitulation. Ses soldats qui, selon les termes de la convention d'Andujar, devaient être rapatriés par mer, furent en fait envoyés croupir sur les pontons en rade du port de Cadix puis sur l'île de Cabrera, aux Baléares ; seuls un peu plus de 3000 prisonniers (sur 16 000 !) parvinrent à survivre aux effroyables conditions de détention. Cette capitulation eut d'autant plus d'écho qu'elle fut suivie le 30 août de celle de Junot à Cintra, vaincu à Lisbonne par le corps expéditionnaire du général anglais Arthur Wellesley, qui deviendra lord Wellington après ses victoires de 1809.

Pour rétablir la situation, Napoléon décida en novembre 1808 d'intervenir en personne, accompagné de 200 000 de ses vieux grognards de l'armée d'Allemagne. Il ne lui fut pas difficile de reconquérir le territoire, ses grandes villes et ses voies de communication. « Je la tiens enfin, cette Espagne tant désirée », peut-il s'exclamer dès le 4 décembre, après la reddition de Madrid. Dans les premiers mois de l'année 1809, les prises de Saragosse (après une féroce guerre de rues, rendue encore plus atroce par l'épidémie qui ravagea la ville assiégée) et de Gérone confirment cet ascendant français, alors pourtant que l'empereur est rentré à Paris fin janvier.

A partir de cette date, cependant, le choix fait par Napoléon de scinder le territoire ibérique en gouvernements militaires placés sous son autorité directe dépouilla Joseph d'une grande part de ses prérogatives royales et finit par enlever toute cohérence au plan de bataille français. L'armée du nord fut mise sous les ordres de Dorsenne puis de Cafarelli, celle du Portugal dépendit de Masséna puis de Marmont, celle du centre de Jourdan, celle d'Andalousie de Soult, et celle de Catalogne de Suchet ; tous ces généraux, jaloux les uns des autres, étaient bien peu disposés à s'entraider... De plus, les guérilleros, soutenus par la population, jouaient de leur connaissance du territoire, dont les longues façades maritimes leur permirent des opérations combinées avec le corps expéditionnaire anglais. Aussi, jusqu'en 1812, le combat fut-il aussi indécis qu'acharné :

tout au plus précisera-t-on que le sort des armes fut favorable à l'aigle impérial en 1810, au point qu'en février la résistance nationale ne se maintenait plus que dans le réduit de Cadix, où s'était réfugiée la junte suprême de l'insurrection créée le 25 septembre 1808, tandis que Wellington était bloqué à Lisbonne ; par ailleurs, le point de retournement se situe autour d'avril 1811. Alors que la réduction des derniers bastions ennemis ne semblait plus qu'une affaire de routine, c'est à partir de cette date que les défauts de coordination, la carence de l'autorité centrale minée par l'empereur lui-même, les coûts humains des raids des guérilleros, puis les fréquentes ponctions de forces envoyées sur le front russe... vont se conjuguer pour dépouiller les Français de l'initiative des combats au profit de Wellington. L'année 1812 vit se succéder les revers impériaux (évacuation momentanée de Madrid après la défaite des Arapiles, perte de l'Andalousie), mais l'équilibre des forces se rétablit dans les derniers mois, au moment même où fut connue la nouvelle de la débâcle russe. Sur son effet psychologique, évidemment désastreux, se greffa la décision de prélever des effectifs pour reconstituer les troupes à opposer en territoire allemand aux Russes et aux Prussiens, sans l'accompagner d'une évacuation au moins partielle de certains des territoires occupés. Les Français, incapables de tenir dans ces conditions leur front trop étiré, de León à Madrid, accumulèrent alors les défaites : la déroute de Joseph à Vitoria le 21 juin 1813 – il faillit y être capturé – sonna le glas de l'occupation de la péninsule, à l'exception de la frontière pyrénéenne et de la Catalogne que le duc de Dalmatie, nommé commandant en chef des armées impériales en remplacement du roi, fut chargé de maintenir et d'agrandir. Il y parvint d'autant moins que ses effectifs s'affaiblissaient au fil des autres défaites françaises sur le théâtre européen. Au début de novembre 1813, les Anglo-Espagnols pénétraient en France. Le 18 avril 1814, une convention d'armistice était signée, après que Wellington eut défait Soult à Toulouse.

Tout le territoire espagnol était libéré à l'issue d'une véritable guerre totale. Les combats ont certes opposé des corps d'armées en rase campagne, mais le plus remarquable est sans conteste la participation populaire, première expression de l'unité nationale. La résistance des citadins, exhortés par le clergé qui n'a pas hésité à prendre les armes, a été héroïque, quoique condamnée à l'échec. Les troupes d'occupation ont surtout subi les embuscades, les guets-apens, les coups de mains des guérilleros regroupés en bande, la *partida,* sous l'autorité d'un *cabecilla* ; connus – comme Juan Palarea, *El Medico*, Juan Martín Diez, *El Empecinado* – ou moins connus, tous font figure de légende et de héros nationaux. Les Français se sont vengés de cette guerre invisible par de féroces représailles sur la population civile : fusillades, pendaisons, viols, déportations... Les quatre-vingt-deux gravures des *Désastres de la guerre* de Goya en montrent la folie barbare, ses compagnes, la famine et l'épidémie, ses conséquences, les dépradations dans les églises dont les trésors ont été pillés, les réquisitions... Elles font apparaître les foules dans l'art, et annoncent la peinture romantique.

Cette guerre est la première des guerres nationales, car, si l'on trouve ailleurs en Europe des formes de résistance similaires, elles ne furent jamais aussi farouches que dans la péninsule. La victoire inattendue des guérilleros sur la prestigieuse Grande Armée, pilier du système impérial, porte un coup fatal aux préjugés anti-espagnols, si répandus que le jugement même de Napoléon en a été assombri. Le général Marbot s'en fait l'écho : « Napoléon méprisa trop les nations de la péninsule et crut qu'il suffisait de montrer des troupes françaises pour obtenir d'elles tout ce qu'on voudrait. Ce fut une grande erreur ! » A la légende noire, succéderont en France les « espagnolades » romantiques qui feront la gloire de Théophile Gautier, Alexandre Dumas et autres Prosper Mérimée.

De même le conflit est-il riche d'enjeux politiques. Ni les circonstances, ni la tutelle impériale, n'ont permis à Joseph Ier de mener à bien sa défense d'une Espagne indépendante et indivisible : les généraux ne lui sont pas soumis ; l'empereur, non content d'exercer son contrôle et de s'opposer à la solution négociée qu'il envisage, a purement et simplement annexé la Catalogne en 1810, ce que confirme le décret de janvier 1812 ; la population hait l'« intrus », au point de l'affubler de nombreux surnoms peu affectueux (on le taxe d'ivrognerie en l'appelant Pepe Botella, on ridiculise ses velléités architecturales en se gaussant du dérisoire « roi des placettes »), ou d'affecter de croire qu'il est borgne et débauché ! A plus forte raison, son programme réformateur, plus inspiré des principes du despotisme éclairé que du « napoléonisme » – à l'exception de la mise en place d'un contrôle policier, et de la volonté de réorganiser la géographie administrative du pays autour d'un pouvoir centralisé – est-il resté lettre morte. Il a certes réduit d'un tiers le nombre des couvents, puis vendu aux enchères les biens de ceux qui avaient été supprimés ; cette mesure, qui tentait d'apporter une solution au moins partielle aux chroniques difficultés financières de la couronne, posait les bases du désamortissement. De même a-t-il aboli l'Inquisition (symbole de la marche rétrograde de l'absolutisme catholique aux yeux des Français éclairés, au premier rang desquels l'évêque Grégoire et sa *Lettre au grand Inquisiteur d'Espagne* en 1798), les droits seigneuriaux, et s'est-il soucié de développer l'enseignement et les moyens d'accélérer l'ouverture culturelle des esprits. Le gouvernement joséphin ne parvint toutefois jamais à rallier à lui la majorité des Espagnols – faut-il insister ? –, et bien au contraire le nombre de ses partisans ne cessa de décroître. Nombre de notables, de fonctionnaires, s'étaient pourtant ralliés au nouveau pouvoir, par légalisme pour les premiers, nécessité pour les seconds. Le terme d'*afrancesados* qui les désignait avait dorénavant le sens de collaborateurs. Par ailleurs, Joseph avait commis l'erreur d'exiger un serment d'allégeance des employés de l'administration, ce qui les avait scindés en « rebelles » et *juramentados*, certes plus soucieux de se faire oublier que remarquer par leur dévouement. Au total, en 1813, seules 12 000 familles se jugèrent assez compromises pour préférer l'exil en France au risque de représailles.

Les « rebelles », quant à eux, avaient spontanément créé des juntes insurrectionnelles, locales ou régionales, où la forte représentation populaire n'excluait nullement la participation des nobles et du clergé. Elles constituèrent la réalité du pouvoir – nouvelle expression du « fédéralisme instinctif » en Espagne cher à Menéndez Pelayo – même si en émanait une junte centrale, repoussée par l'avancée française d'Aranjuez à Séville, puis enfin Cadix. C'est là que furent convoquées en 1810 les Cortes, chargées de prévoir, par la rédaction d'une constitution, l'avenir espagnol. Celle-ci, élaborée en 1812, répond aux aspirations libérales et centralisatrices de la bourgeoisie, qui, quoique fort minoritaire en Espagne, était bien représentée aux Cortes. « Ce divorce entre la combativité populaire et le personnel politique va rester caractéristique du XIXe siècle », note P. Vilar. Regroupée autour de Jovellanos, elle parvint à imposer aux conservateurs, les *serviles*, l'abolition de l'ordre ancien, ainsi qu'une monarchie constitutionnelle inspirée des institutions britanniques et de celles qui avaient été adoptées en France en 1791 : libérale, par l'application stricte du principe de la séparation des pouvoirs entre le souverain, inviolable et sacré, et la chambre législative, élue au suffrage censitaire ; centralisatrice, aussi, par la revendication d'une réelle unité nationale, aux dépens des traditions régionales (uniformisation de l'administration provinciale et urbaine) et des aspirations à l'indépendance des colonies américaines. Ce programme fut complété par les mesures prises par les *Doceanistas*, qui rejoignent les points clés du réformisme joséphin : suppression de l'Inquisition, *desamortización* des biens du clergé régulier... La Constitution de 1812 n'en avait pas moins maintenu le catholicisme comme religion d'État, aussi le reproche d'anticléricalisme qui lui fut fait ultérieurement par les traditionalistes est-il un faux procès. Cette œuvre des Cortes, fruit de la réflexion d'une minorité éclairée dont elle demeurera la référence constante au cours du XIXe siècle, est pourtant restée ignorée de la majorité du peuple espagnol. A l'issue du conflit, l'Espagne se trouvait à la croisée des chemins. Ce ne fut pas celui du libéralisme qui fut choisi...

Le 11 décembre 1813, le traité de Valençay scellait pourtant le retour de Ferdinand VII, au nom duquel les Espagnols avaient lutté. En 1810, la junte centrale de Cadix s'était en effet transformée en conseil de régence. Or, le 4 mai 1814, le roi rétablissait l'ordre ancien, et notamment l'absolutisme monarchique, jetant à la trappe une constitution jugée trop théorique, suspecte de modernisme, et entachée d'influence française. Cette dialectique entre libéralisme et traditionalisme est le cœur de l'instabilité espagnole du siècle et demi à venir. Aussi la guerre d'indépendance n'est-elle nullement une parenthèse dans l'histoire ibérique, malgré le rétablissement de l'Ancien Régime en 1814 ; bien au contraire, nombre d'historiens considèrent qu'il a fallu l'ébranlement de l'invasion napoléonienne pour sanctionner l'archaïsme espagnol et stimuler les germes de rénovation... même si du temps fut nécessaire pour prendre acte de cette leçon. Aussi la date de 1808 est-elle une charnière incontestable, qui pose la problématique pour le contemporain !

L'archaïsme, héritage du XIXe siècle

Les legs du « long XIXe siècle » politique (1814-1917)

Comment présenter cette ère de l'instabilité sans sombrer dans la succession événementielle ? C'est justement pour tenter d'échapper à ce travers que nous nous contenterons de survoler les grandes charnières politiques tout en en esquissant une analyse dont G. Hermet, dans l'*Espagne au XXe siècle*, pose en termes nets la problématique. Le « XIXe siècle (des Espagnols) représente un non-lieu historique. Il est... le théâtre d'un simulacre, ou d'un essai manqué, où transparaissent la lettre mais non l'esprit ou les conditions des changements qui s'opèrent ailleurs en Europe. » En Espagne, l'Ancien Régime se survit à lui-même tout au long du XIXe siècle !

Ferdinand VII (1814-1833) ne correspondait pas du tout au « désiré » que tout le peuple espagnol avait chéri. D'un naturel intriguant, il s'entoura d'une *camarilla* qui ne lui cédait en rien sur ce point. Ayant rétabli l'Ancien Régime, en symbiose avec la vague restauratrice qui traversait alors toute l'Europe, il mit en place un gouvernement personnel despotique que les libéraux, appuyés sur la franc-maçonnerie et l'armée (où se recrutaient la moitié des adhérents des premières) mais affaiblis par l'exil et la répression, ne parvinrent pas à ébranler malgré la fréquence de leurs conjurations. En 1820, toutefois, le pronunciamiento du corps expéditionnaire colonial, dirigé par le colonel Rafael del Riego, installait les libéraux au pouvoir pour trois ans. C'est l'avènement d'une nouvelle pratique politique – promise à de beaux et durables jours en Espagne ! –, le pronunciamiento, mouvement insurrectionnel d'une armée provinciale qui, sous la conduite d'un chef militaire responsable du manifeste du soulèvement, espère rallier l'ensemble du pays. Le *trienio liberal*, ou triennat constitutionnel, s'inspira de l'œuvre de la junte de Cadix, et rétablit la Constitution de 1812. Mais l'atmosphère était à la plus totale confusion : ainsi, en 1822, les modérés cédèrent-ils la place aux libéraux exaltés, ce qui accrût l'opposition des absolutistes ; ces derniers avaient fondé une Régence à la Seu d'Urgell et n'hésitaient pas à recourir à la guérilla. Mais, la même année, conformément aux décisions prises au congrès de Vérone sur les instances de Chateaubriand, les « cent mille fils de saint Louis » furent chargés de rétablir l'absolutisme royal chez leurs voisins d'outre-Pyrénées ; ils y parvinrent sans difficulté, au terme d'une véritable promenade militaire. En dépit des conseils de modération donnés par les Français, la réaction ferdinandine fut alors féroce : les libéraux furent exécutés – au nombre desquels Riego, en l'honneur de qui avait été composé un hymne, devenu chant des républicains, et El Empecinado, l'un des héros de la guerre d'indépendance –, emprisonnés, ou contraints à l'exil en France ou en Angleterre, au long de cette période de Terreur blanche qui se poursuivit au moins jusqu'en 1826. C'est la *ominosa década*, la décennie funeste, des libéraux.

L'opposition apostolique ne désarma pas pour autant, qui s'était choisi un chef en la personne de don Carlos, le frère du roi, pour lequel elle espérait la couronne puisque l'Espagne bourbonienne avait adopté la loi salique en 1713. Or, cette Pragmatique de Philippe V abolie, la reine Marie-Christine fut en 1833 proclamée régente au bénéfice de sa fille, Isabelle II, qui n'avait que trois ans. C'est l'acte de baptême de la première guerre carliste, du nom de celui qui s'estime souverain légitime et se fait appeler Charles V ; elle dura sept ans et fut marquée d'atrocités de part et d'autre. Surtout, elle manifeste, dans la violence, la résurgence du débat qui traverse tout le siècle et au-delà, celui du libéralisme et du traditionalisme, dont le carlisme était l'expression politique. Face aux cristiniens qui défendent l'image d'une monarchie centralisatrice et laïque élaborée sur le modèle européen, les partisans de don Carlos luttent pour une royauté théocratique ; l'Espagne est à cet égard originale dans le concert européen, en ce sens que le substrat traditionnel et catholique, et les conceptions socio-politiques qui lui sont liées (intégrisme ultramontain, subordination du politique au religieux...), y résistent jusqu'à la guerre civile, « de son fait, dernière des guerres de religion européennes ». Ce conflit était doublé de la dialectique habituelle du centralisme et du particularisme. Ainsi la rébellion toucha-t-elle la Catalogne, les pays basque et valencien, la Navarre. Plusieurs traits unissent ces régions : la survie de revendications forales (expression qui dérive de *fueros*) face au pouvoir central, puisque le projet carliste se porte garant des libertés et privilèges médiévaux ; la présence d'une paysannerie qui, alors qu'elle jouissait d'une certaine indépendance économique, subit de plein fouet les effets de la politique fiscale de rigueur et de la crise économique. C'est sur ces bases – qui garantissent le caractère populaire du mouvement, à l'encontre d'autres traditionalismes européens – que les guérilleros carlistes ultras menèrent leur croisade derrière la bannière du Christ Roi brandie par les clercs. Trois guerres civiles, et la constitution d'un véritable contre-État traditionaliste dans les périphéries, en garantissent la vigueur face à une monarchie bourgeoise pourtant bien peu affirmée. La régente, soutenue par la France et l'Angleterre, maintenait, quant à elle, une autorité précaire sur la capitale et le reste du territoire péninsulaire. Elle s'appuyait par nécessité sur les libéraux, divisés en deux tendances, les modérés, menés par Martínez de la Rosa, et les exaltés, qui avaient pris le nom de progressistes et étaient conduits par Baldomero Espartero (1793-1879). C'est l'un d'entre eux, le banquier Alvárez Mendizábal, qui compléta en 1837 par le désamortissement des biens du clergé séculier la suppression, adoptée en 1836, des propriétés monastiques et des majorats. Les biens des institutions et communautés religieuses, désormais propriété nationale, furent mis en vente, l'État devant assurer l'entretien du clergé. Menée à son terme en 1855 par la loi Madoz de désamortissement général qui aliéna tous les communaux et biens collectifs, cette mesure met en droit fin à l'Ancien Régime économique et social ; il faut toutefois nuancer la portée des bouleversements qu'elle induit : les terres ayant bénéficié de la *desamortización* aboutirent surtout dans les mains de l'aristocratie foncière, même si les classes moyennes – bourgeoisie et paysannerie aisée – parvinrent parfois à s'en porter acquéreur. A l'issue du conflit carliste (la convention de Vergara, en 1839, est un compromis entre le carliste Maroto et le cristinien Espartero, qui se bornait à garantir aux rebelles la réintégration dans leurs grades et à revendiquer le maintien des *fueros* provinciaux), le second, « duc de la Victoire », s'empara du pouvoir par pronunciamiento : il assuma la régence en imposant une férule dictatoriale durant les trois ans que Marie-Christine vécut en exil en France. Il en fut chassé par le coup de force du général Narváez, qui proclama immédiatement la majorité d'Isabelle II.

Le règne de celle-ci (1843-1868) semble une pause dans cette longue suite de crises. Il ne fut en effet perturbé que d'un seul pronunciamiento, celui de Vicalvaro en 1854, qui porta au pouvoir les progressistes durant deux ans. Pourtant les germes d'instabilité demeurent vifs, cet épisode suffit à le rappeler. La reine, en premier lieu, est un personnage médiocre, qui fuit celui qu'elle a épousé en 1846, son cousin François d'Assise de Bourbon, et ses amours homosexuelles, dans les bras de nombreux amants. Elle n'en est pas moins bigote, et se soumet dans le même temps à l'influence d'une nonne mystique, la sœur Patrocinio, qui se pique de politique. Les ministres se succèdent, la plupart d'anciens généraux, en un tour de valse apparemment sans fin : González Bravo, Narváez et leurs modérés, O'Donnell et son Union libérale centriste, Espartero et ses progressistes. Jusqu'en 1854, les premiers, soucieux d'ordre, mènent la danse. Ceci les conduit notamment à se rapprocher de la France de la monarchie de Juillet, modèle du texte constitutionnel de 1845, et à signer avec la papauté le Concordat de 1851. Entre 1854 et 1856, nous l'avons évoqué, la « vicalvarade » progresse. Enfin, une coalition libérale fut au pouvoir entre 1856 et 1863, jusqu'à ce que le retrait des progressistes mette fin à cette trêve politique. Celle-ci n'en avait pas moins permis un certain rétablissement économique et surtout l'amorce d'une politique étrangère ambitieuse, manifeste dans les liens tissés avec la France et dans la croisade marocaine lancée en 1859 dans la région du Rif. Toutefois le régime était totalement déconsidéré par les intrigues et la corruption. Aussi cette incapacité à asseoir des institutions parlementaires stables multiplia-t-elle les oppositions politiques : les démocrates, favorables au suffrage universel, et donc à la république, au nom de la souveraineté nationale ; les régionalistes catalans et basques, favorables à un régime fédéraliste... La faillite de l'Union libérale en 1863 sonna en fait le glas du régime : la reine tenta alors de rétablir un pouvoir absolu soutenu par les modérés, très impopulaires en raison de la politique répressive qu'ils menèrent à l'encontre des opposants dont l'alliance fut ainsi facilitée. Les généraux progressistes Serrano et Prim – qui s'étaient distingués dans les opérations menées conjointement avec la France, en Crimée et au Mexique, mais aussi au Maroc ou au Chili – ont multiplié en vain les tentatives de pronunciamiento (sept en quatre ans !) avant d'assurer le succès de la révolution de septembre 1868, la *Gloriosa*.

Une crise sans précédent secoua alors l'Espagne qui, pourtant, avait manifesté par la création de juntes et de milices urbaines tous les espoirs suscités par la chute d'une monarchie discréditée. Or le régent, Serano, le chef de gouvernement, Juan Prim, et les Cortes nouvellement élues, se déclarèrent favorables à une monarchie constitutionnelle à l'anglaise, après avoir dissous les juntes révolutionnaires. Mais trouver un roi n'est pas aussi simple qu'il semble ! La candidature de Léopold de Hohenzollern fut à l'origine de la guerre franco-prussienne de 1870. Finalement, c'est le prince Amédée de Savoie, le fils du roi d'Italie, qui reçut la couronne, mais, le jour même où il parvint en Espagne, le 30 décembre 1870, Prim fut assassiné. Privé de son meilleur soutien, le nouveau monarque se lassa vite devant les énormes difficultés qu'il n'avait pas les moyens de résoudre : le soulèvement cubain qui débute en 1868 ; la troisième guerre carliste et sa guérilla en pays basque et en Catalogne – on appelle second conflit carliste le soulèvement de 1846-1849 conduit par le deuxième don Carlos, Charles VI-

Louis (1818-1861), fils aîné du premier, tandis que c'est le descendant du fils cadet, Charles VII duc de Madrid (1848-1909), qui soulève alors, entre 1872 et 1876, les provinces du Nord – ; ceci sans compter une agitation fédéraliste et anarchiste dans les régions méditerranéennes.

Le 11 février 1873, la première république, fédéraliste, était proclamée, après que l'abdication du roi eut prouvé l'impuissance de la monarchie constitutionnelle. Mais, comme si la situation n'était pas assez délicate, les partisans du fils d'Isabelle, les alphonsins, se jetèrent dans la bataille politique, tandis que les fédéralistes étaient dépassés par les mouvements « cantonalistes » qui, inspirés par la Commune de Paris, multipliaient les pouvoirs autonomes par la constitution de juntes locales. Aussi brève qu'ait été cette insurrection cantonaliste, elle provoqua la démission du président, le fédéraliste catalan Pi y Margall, et discrédita le régime républicain auquel il voulait faire adhérer les Espagnols. Emilio Castelar, qui lui succéda après Salmeron – le quatrième président en une seule année –, en revint à un régime centraliste et unitaire, privé toutefois de tout soutien réel, à l'exception de l'armée qu'il utilisa pour rétablir l'ordre. P. Vilar y voit le signe de la dissolution du modèle du « général du peuple », politiquement progressiste ; il est certain que la guérilla anti-française – qui avait mis les officiers à l'avant-garde du combat populaire – et l'absolutisme ferdinandin se sont conjugués pour créer le phénomène du caudillisme progressiste. Or, « en 1868-1873 se place sans doute le vrai tournant : devant la volonté révolutionnaire du peuple, et l'idéologie nouvelle des intellectuels, l'armée se trouve de plus en plus rejetée vers "l'ordre" : ordre moral, ordre social. » Elle a désormais pris conscience que ses intérêts rejoignent ceux des classes dirigeantes, sans pour autant toujours considérer avec beaucoup d'estime le pouvoir civil ! C'est à la suite du second pronunciamiento de l'année 1874, celui du général Martínez Campos, que la monarchie – seul espoir, désormais, pour retrouver un semblant d'ordre – fut rétablie avec l'accès au trône d'Alphonse XII (1875-1885).

La Restauration bourbonienne semblait le seul moyen de mettre fin à cette instabilité chronique, et l'homme fort des débuts du régime, Antonio Cánovas del Castillo, lui en donna les moyens. La stabilité constitutionnelle a été garantie par la Constitution de 1876, en usage jusqu'en 1923. C'est pourtant d'elle que Salvador de Madariaga a dit que l'on pouvait gouverner « au-dessus, au-dessous, autour et à travers elle, mais jamais honnêtement avec elle » ! Elle établissait une monarchie parlementaire : deux chambres législatives, le Sénat, élu au suffrage indirect, et les Cortes, élues d'abord au suffrage direct restreint, puis, après 1890, au suffrage universel masculin. L'exercice du pouvoir reposait sur l'alternance de deux grands partis nationaux, le *turno politico* à l'anglaise. A cet égard, la date fondamentale est celle de la mort prématurée d'Alphonse XII, en 1885 : il ne laissait en effet qu'un héritier posthume, et son épouse, la reine Marie-Christine, allait devoir assumer une régence qui s'annonçait longue ; pour en garantir la stabilité, les dirigeants des deux grands partis conclurent le pacte du Pardo, qui fondait la vie politique sur le bipartisme et l'alternance dans la conciliation. Le parti libéral de Praxedes Mateo Sagasta (1828-1903) eut les rênes du pouvoir entre 1885 et 1890, 1892 et 1895, 1897 et 1899, tandis que les conservateurs d'Antonio Cánovas del Castillo (1828-1897) ont assumé la charge gouvernementale avant 1885, puis dans les intervalles libéraux. Le système n'est toutefois démocratique qu'en apparence, et Cánovas del Castillo le reconnaît, qui parle de « falsification du suffrage universel » comme seule solution politique envisageable. En premier lieu, la Constitution ne garantit les libertés élémentaires qu'avec des restrictions conjoncturelles. Surtout, le changement gouvernemental précède les élections ; il est donc dû à un accord entre les partis, le pactisme, tandis que la stabilité est assurée par la pratique de candidats officiels, l'*encasillado*, soutenus par l'administration centrale, les gouverneurs régionaux qui « préparent » le scrutin, et les caciques locaux. Ces derniers sont les hommes influents, oligarques ou petits notables ; ils consolident « le nouvel ordre centralisateur et bourgeois... en orientant... le vote de [leurs] électeurs dans le sens souhaité par le gouvernement. » Mais ils servent aussi d'intermédiaires entre leurs communautés villageoises, déroutées par la disparition des vieilles juridictions, et « le nouvel ordre social, libéral et "abstrait" » qui les effrayent par sa complexité. L'une des caractéristiques de l'Espagne de ce temps n'est-elle pas la survivance du clientélisme, effet et cause de la dépendance immuable des ruraux, en l'absence de progrès économique ? Stabilité politique, donc, mais aussi atonie. Les élections ne sont qu'un leurre, nous venons de le constater, entachées à tel point d'irrégularités (première conséquence paradoxale du suffrage universel de 1890 !) et d'absentéisme, qu'en 1907 elles sont supprimées en cas de candidature unique. Dorénavant, un septième à un tiers des électeurs n'ont plus à voter, et plus du quart des députés sont « élus » par ce subterfuge... L'alternance régit aussi toute la fonction publique puisqu'elle entraîne la mise en disponibilité des fonctionnaires favorables au parti vaincu, les *cesantes*, qui attendent à la Puerta del Sol que leur tour revienne. Caricature du parlementarisme s'il en est ! La vie politique prend des allures d'Ubu roi, en cette fin de siècle : l'abstentionnisme va vicier durablement l'attitude politique des Espagnols, pour qui le parlementarisme n'est que dérision ; quant aux partis politiques exclus du *turno*, ils jouent les utilités ou sont rejetés vers la violence anarchiste ! Le mouvement carliste agonise, à la suite de son échec de 1876. L'Union catholique, créée en 1881 par Pidal y Món, vise à en ramener les troupes vers la mouvance conservatrice. Quant aux républicains, ils étaient divisés entre les partisans de Castellar, qui avaient choisi de jouer le jeu constitutionnel, et ceux de Ruiz Zorilla, tentés par l'aventure désormais vaine du pronunciamiento. Or la fin du siècle, et ses troubles, fit voler en éclats cette stabilité illusoire.

L'indépendance des colonies américaines joue ici le rôle de détonateur, d'autant que le XVIIIe siècle bourbonnien avait été une sorte d'apogée colonial pour l'Espagne (essor agricole, développement d'une élite et de villes importantes dans les vice-royautés américaines ; vifs échanges commerciaux tant intra-américains qu'entre colonies et métropole ; réformes administratives...). Elle marque le XIXe de deux traumatismes successifs, aux deux termes du siècle, et trouve son impulsion décisive dans les guerres de la Révolution et de l'Empire. A cette occasion, en effet, les liens se distendirent avec la métro-

Le troisième Don Carlos, Charles VII (1848-1909) et son état-major vers 1873.

pole, tandis que les contacts commerciaux avec l'Angleterre étaient plus nombreux que jamais. En 1805, la défaite de Trafalgar sanctionnait le naufrage de la puissance maritime espagnole. Enfin, le refus de reconnaître le gouvernement joséphin et la fidélité à Ferdinand VII aboutit pour les colonies à une autonomie de fait. Quant aux créoles, ils se mirent à songer plus sérieusement qu'auparavant à transformer celle-ci en indépendance de droit : descendants des *conquistadores* ou d'immigrants plus récents, ils n'avaient jamais bien admis l'ingérence du pouvoir central et des *peninsulares*, les représentants métropolitains, dans la conduite des affaires coloniales – nous avons eu l'occasion de l'évoquer –, et s'inspirèrent bien évidemment du modèle prestigieux de la Révolution américaine. En revanche, la référence révolutionnaire française ne pouvait être totalement opérente dans une société marquée par une « cascade de mépris », selon la formule du voyageur allemand Alexandre de Humboldt ; cependant, les créoles cultivés ne furent pas insensibles au prestige des Lumières puis aux appels à la liberté de 1789, et plusieurs loges maçonniques furent même fondées. Sur ces bases, après une vaine tentative en 1809, les événements se précipitèrent l'année suivante. Bientôt, les vice-royautés de Nouvelle-Grenade, du Pérou, de la Plata, étaient à feu et à sang, ravagées par la lutte fratricide que se livrèrent les « loyalistes », plus nombreux que dans le nord du continent lors de la guerre d'Indépendance américaine, et les libérateurs. Pour rester dans les grandes lignes, rappelons que deux phases à l'issue radicalement opposée se succédèrent : la première, de 1809 à 1816, s'est terminée par la victoire des Espagnols ; la seconde vit le triomphe des armées libératrices, grâce à l'appui des Américains, à l'aide d'officiers étrangers, puis à la paralysie métropolitaine consécutive au pronunciamiento libéral de 1820. Le Venezuela de Francisco de Miranda et Simon Bolivar avait proclamé son indépendance en 1811, mais leurs troupes se heurtèrent aux *llaneros* conduits par le royaliste Tomas Boves ; ce n'est qu'entre 1817 et 1821 que Bolivar (1783-1830) s'assura la maîtrise de la Grande Colombie, créée en 1819 – Venezuela, Colombie et Equateur –, mais disloquée en 1830 en ces trois États. En 1811, le Paraguay, avec à sa tête Gaspar Rodríguez de

Francia, avait aussi affirmé son indépendance ; en 1821, ce fut le tour du Mexique, dirigé un an par le général Iturbide avant la proclamation de la république, et du Pérou, libéré par José de San Martín (1778-1850). En 1824, un lieutenant de Bolivar, le général Antonio José Sucre, y battait la dernière armée espagnole. Guerre libératrice et révolution politique, certes, mais, comme le souligne J. Linch, « l'indépendance conserva intactes les bases profondes de la société coloniale. Elle fut une révolution conservatrice menée par une aristocratie de blancs qui tenaient à leurs privilèges. Les anciennes structures économiques – *haciendas,* grandes plantations –, sociales – sujétion de l'indien, mépris pour les gens de couleur –, mentales – légalisme sans respect du droit, foi dans les chefs charismatiques – ont survécu pendant le XIXe siècle et une bonne partie du XXe. »

Quoi qu'il en soit, l'Espagne, en 1825, n'est plus maître que de Cuba et de Porto-Rico dans l'Atlantique, et des Philippines dans le Pacifique. La guerre de 1898 avec les États-Unis permit à ces derniers de détruire les ultimes vestiges atlantiques de l'Empire ibérique, conformément à la doctrine Monroe qui, formulée en 1823, rejetait toute intervention européenne sur le continent américain, « pré carré » de leur impérialisme : en l'occurrence, il s'agissait d'annexer Porto-Rico, et surtout d'établir un protectorat sur Cuba, la « perle des Antilles ». Aussi soutenaient-ils depuis le début des années 1890 les insurgés cubains, auxquels les armées espagnoles livrèrent une lutte sans merci à partir de 1895. « L'Espagne versera le sang de son dernier homme, brûlera sa dernière cartouche et dépensera son dernier centime pour conserver ses colonies », proclame Cánovas. En 1898, l'Espagne est accusée d'avoir perpétré l'attentat qui a fait exploser le croiseur américain *Maine* en rade de La Havane le 15 février. La guerre hispano-américaine est déclarée ! Or, contrairement à ce qui était généralement attendu, la défaite navale de l'Espagne fut sans appel, et le 10 décembre 1898, par le traité de Paris, elle dut renoncer à Cuba, ainsi qu'à ses dernières possessions coloniales qu'elle cédait aux États-Unis contre une indemnité de vingt millions de dollars. Le retentissement de ce désastre, qui ruinait le timide rétablissement international entrepris par ailleurs, fut énorme ; il provoqua une crise de la conscience espagnole, manifeste dans la floraison intellectuelle et artistique de la génération de 1898 et ses appels à la régénération nationale.

La révélation, dans la crise coloniale, de la faiblesse profonde de l'Espagne mettait fin à un demi-siècle d'illusion. Le feu des oppositions sous la cendre de l'atonie politique n'aurait même pas dû en permettre le développement. Comme le rappellent E. Témime, A. Broder et G. Chastagnaret dans leur *Histoire de l'Espagne contemporaine,* « sauvegarder les intérêts locaux ou régionaux contre les empiètements du centralisme castillan, c'est là une très antique tradition, liée à ce sentiment profond de l'individualisme et de la personnalité locale, qui se manifeste en toute occasion en Espagne ». Aussi la plus nette de ces oppositions est-elle l'essor du régionalisme, cristallisé autour des revendications de périphéries économiquement avancées, à l'encontre du centre castillan, politiquement dominant mais économiquement attardé. Son émergence à la fin du siècle est certainement liée à la défaite de 1898, qui a amoindri le prestige du centre castillan et affecté les milieux économiques régionaux. Dans ce contexte, la Catalogne est originale par son mouvement de renaissance culturelle, la *Renaixença*, manifeste à partir du milieu du siècle, qui redonne une dignité littéraire à la langue catalane et un intérêt intellectuel à l'histoire de cette nation. Régionalisme des intellectuels (Joan Maragall, Federico Soler, Eugenio d'Ors...), donc, mais aussi défense des acquis industriels et capitalistes. Dans ce premier temps, néanmoins, le catalanisme n'a pas d'expression politique : il trouve à ce titre un vecteur d'abord dans le carlisme absolutiste et intégriste, puis, quand la croissance industrielle eut modernisé la structure sociale, dans le fédéralisme de gauche dont Pi y Margall est une figure marquante. Ce n'est qu'à la fin du siècle que le catalanisme devint une force politique avec la création de la *Lliga de Catalunya*, modérée, et du parti d'union fédéraliste, le PUF, républicain. La mouvance conservatrice rejoignait le second dans l'affirmation nationaliste de la personnalité catalane et la défense d'un programme autonomiste. Leur division politique ne pouvait toutefois que nuir à leur efficacité malgré le succès en 1906 d'une alliance électorale ponctuelle, baptisée Solidarité catalane. Quant au régionalisme basque, après s'être identifié lui aussi au carlisme, il s'affirma à la charnière du siècle ; il mobilisa plus les classes moyennes que les élites économiques, à l'inverse de la Catalogne ; sans s'émanciper de la tutelle religieuse et conservatrice, sauf pour les mouvements révolutionnaires qui se développèrent après 1910, il fut marqué par de fortes revendications nationales, encore accrues par la conscience de l'unité entre Basques français et espagnols, par-delà les frontières politiques. Au total, et quelles que soient leurs divergences, c'est donc l'avance économique des Catalans et des Basques sur le centre castillan – et la rupture avec ses structures sociales pré-industrielles – qui les fit prendre leurs distances avec la « culture ibérique et traditionaliste » pour s'insérer dans celle de l'Europe moderne, évoluant, dans le même temps, du carlisme, premier vecteur de leurs revendications, au séparatisme. L'Espagne tournait le dos à ses meilleures chances pour l'avenir !

Malgré la faible importance des noyaux industriels, le mouvement ouvrier péninsulaire a une longue tradition derrière lui, au point que Lénine croyait aux chances d'une prochaine révolution en Espagne. Bien évidemment, c'est en Catalogne que l'on en décèle la préhistoire, tant dans les saccages causés par le luddisme en 1835 que dans l'agitation importante à partir de 1854. La révolution de 1868 crée l'impulsion décisive, puisque sont alors reconnus les droits de réunion et d'association. Bien plus, l'introduction des idées de Bakounine, par son disciple Giuseppe Fanelli, donne une originalité durable au mouvement ouvrier espagnol. C'est alors qu'est fondée la Fédération régionale, branche de l'Internationale, qui connaît très vite un vif succès dans les régions catalane et andalouse, ce malgré la répression croissante à partir de 1872. Plus grave pour l'évolution du mouvement est la scission de 1872 entre bakouninistes et marxistes, dont la répercussion est à Madrid la création de la Nouvelle Fédération madrilène, à l'initiative du gendre de Marx, Paul Lafargue ; on peut aussi évoquer à cet égard la critique faite par Engels de l'insurrection cantonaliste, texte célèbre de condamnation de l'anarchisme par les marxistes. L'échec de celle-ci traduisit la faillite d'un mouvement ouvrier divisé, qui subit de plein fouet le choc de la répression après la dissolution de l'Internationale par Serrano en 1874. Il se reconstruira pourtant sur les mêmes bases : c'est du mouvement nettement minoritaire de la Nouvelle Fédération qu'émane le parti socialiste ouvrier espagnol (PSOE), avec son organe *El Socialista,* doublé en 1888 de l'Union générale des travailleurs (UGT) ; le parti ne connut d'abord qu'un succès relatif, sauf dans le milieu des ouvriers typographes madrilènes – celui de son fondateur Pablo Iglesias, héritier politique de Lafargue et de Guesde –, en Biscaye et dans les Asturies. Dès 1890, confronté au maximalisme anarchiste, le mouvement avait pourtant fait le choix d'une stratégie réformiste, avec grèves ponctuelles en lieu et place de la grève générale, et participation à la compétition électorale. La seconde décennie du XXe siècle marque l'impulsion décisive, à plusieurs titres. En matière d'effectifs, avant tout : l'UGT compte 70 000 adhérents en 1911, 120 000 en 1914 et 211 000 en 1919-1920 ; à cette même date, le parti regroupe 23 000 militants, contre 15 000 en 1914. Par des actions décisives, en second lieu, comme le manifestent les grandes grèves des années 1910-1914. Surtout, à l'issue de la Semaine sanglante qui ravage Barcelone en 1909 – les socialistes ont poussé le peuple à s'opposer à l'appel des réservistes dans le Rif, mais, dépassés par le déchaînement de violence anarchiste, ont ensuite dû subir une violente répression –, le mouvement a perçu les limites d'une action solitaire. Aussi décide-t-il de s'allier avec toutes les forces démocratiques hostiles au régime, en l'occurrence les républicains, ce qui explique son essor alors incontestable, appuyé sur les premiers succès électoraux : en 1910, Pablo Iglesias est élu député de Madrid. Quant à l'anarchisme, c'est d'abord l'action violente et spontanée qui en a manifesté la persistance pendant les années difficiles de la Restauration, essentiellement dans les bastions que sont l'Andalousie, la façade méditerranéenne et la Catalogne. Les historiens en ont tiré deux constats essentiels : J. Beyrie, la « tradition... des terres de la couronne d'Aragon, portées à rejeter l'"État socialiste et ouvrier" à direction madrilène, de même qu'elles s'étaient opposées, par le passé, aux tentatives d'hégémonie centralisatrice de la monarchie ».

Une manifestation ouvrière, photographiée pour l'*Illustration* du 5 mai 1906 devant la présidence du conseil à Madrid.

G. Hermet, la force d'un courant spontané, messianique et nihiliste, parmi les ouvriers agricoles et les prolétaires, « qui dérive d'un cheminement particulier du vieux fond religieux d'Ancien Régime [et] dresse, comme le traditionalisme catholique, un rempart contre la pénétration d'idéologies et de courants politiques plus modernes... disposé(s) à jouer la carte de la démocratie ». La Main noire andalouse, l'assassinat à Barcelone de Cánovas del Castillo par un Italien, en août 1897, ne sont qu'illustrations parmi d'autres de l'escalade du terrorisme nihiliste et anarchiste. Le mouvement libertaire ne put toutefois que constater combien cette stratégie de la guerre sociale, qui effrayait l'opinion, et l'émiettement de ses structures, face à la puissante UGT, le mettaient dans une position de faiblesse. Aussi la Confédération nationale du travail (CNT), dont le syndicalisme révolutionnaire conciliait anarchisme et action directe, fut-elle créée en 1911. En 1919, elle comptait 714 000 adhérents, ce qui relativise les chiffres de la centrale socialiste et réformiste, ainsi vidée d'un potentiel jeune et radical. L'action syndicale y primait sur l'action politique, qui récupérait l'abstention spontanée pour la transformer en refus « apolitique » de se compromettre avec l'État et les partis, fussent-ils de gauche.

Sur ces bases, il n'est pas surprenant que le début du XXe siècle ait vu l'agonie du régime de la Restauration. La plupart de ses fondateurs sont morts au tournant du siècle, Cánovas en 1897 et Sagasta en 1903. Dans la conjoncture délicate que nous venons d'évoquer, le gouvernement conservateur d'Antonio Maura tenta dans la première décennie d'apporter une solution moderniste aux problèmes les plus urgents ; il tomba pourtant en 1909, quand une levée de troupes à destination du Maroc (l'accord d'Algésiras, en 1906, a légitimé la présence ibérique au Maroc qu'il s'agit maintenant d'imposer) déclencha la « Semaine tragique » à Barcelone. Francisco Ferrer, le théoricien de l'anarchisme, fut arrêté lors de la vague répressive qui s'ensuivit et exécuté malgré la force de l'indignation internationale. Maura, discrédité, perdit son impact au sein de son parti, fort divisé. Il en était de même de l'adversaire libéral et des principales forces d'opposition, encore que les républicains et les régionalistes catalans aient connu un important succès électoral en 1907. Aucune solution politique satisfaisante ne pouvait donc se dégager ; les ministères se succédèrent à une rapidité vertigineuse qui leur enlevait toute liberté de manœuvre, d'autant que le roi Alphonse XIII, politiquement majeur depuis 1902, se piquait de les faire et les défaire ! Le libéral Canalejas, qui périt sous les coups d'un anarchiste, avait néanmoins promu la loi sur les *Mancomunidades*, qui accordait aux régionalistes une autonomie partielle, et tenté de venir à bout de la guerre marocaine. Mais les mécontentements s'accumulaient, encore accrus par la Première Guerre mondiale qui, pour ne pas concerner la population et le territoire espagnols, neutres, n'en entraînait pas moins, après quelques années d'oxygène, hausse des prix et baisse du pouvoir d'achat. En 1917, éclatait la première crise de l'Espagne contemporaine.

Un Ancien Régime économique et social ?

Les relations de cause à effet à établir entre la fixation de l'Espagne à un stade économique préindustriel et la poursuite de l'Ancien Régime politique, avec ses conséquences sociales, ont été sujettes à débat. Le XIXe a été le « siècle de la croissance » pour la plupart de ceux qui forment aujourd'hui les pays dits développés. Or l'Espagne échappe à cette évolution – tout en se distinguant du lot commun aux États méditerranéens par l'apparition d'un prolétariat fortement politisé. Ne prenons à cet égard qu'un indicateur, l'échelle de répartition des produits par tête : si l'on affecte la base 100 à la Grande-Bretagne, l'Espagne n'occupe en 1880 que le neuvième rang européen avec 47,5, pire, en 1913, le douzième avec 38...

Il convient d'insister sur la carence des facteurs favorables au déclenchement de la croissance industrielle. Ainsi, illustrant le retard à émerger de l'ancien régime démographique, les taux de natalité et de mortalité n'ont-ils évolué que lentement : le premier reste haut, 40 ‰ en 1850 et 33,3 en 1910 ; quant au taux de mortalité, il ne connaît une baisse décisive qu'à partir de 1890 (il diminue alors de 40 % avant 1914) pour atteindre 23 ‰ en 1910, tandis que celui de mortalité infantile demeure élevé, à 159 ‰. Aussi, traduisant ce premier stade de la transition démographique, le décollage est-il tardif, ultérieur à 1900, quand le reste de l'Europe occidentale commence à stagner : évaluée à 15,6 millions en 1860 et à 18,6 millions en 1900, la population espagnole frise les 20 millions dès la veille de la Première Guerre mondiale. Chiffre élevé pour un pays qui reste pauvre ! Malgré les prémices d'un exode rural vers quelques grandes villes du Nord, l'émigration (celle des septentrionaux appelés *indianos* vers l'Amérique latine, celle des méridionaux vers l'Afrique du Nord et la France), la répartition régionale n'a pas été modifiée. Le retard économique laissait sans avenir les régions rurales surpeuplées !

Les permanences agricoles et l'absence de « révolution » en ce domaine n'avaient pas non plus permis la libération d'une main-d'œuvre et d'une épargne disponible pour l'industrie. Tel aurait pu être le rôle des lois de désamortissement de 1836-1837 et de 1855, doublées de mesures libérales comme la liberté de défricher, d'enclore et de cultiver, ou la suppression de la Mesta en 1836. Loin de susciter un résultat comparable au modèle anglais dont s'inspiraient leurs initiateurs, elles n'ont fait qu'aggraver la question agraire. Les terres mises en vente ont effectivement échappé à la paysannerie pauvre, qui s'est vue, par la même occasion, privée des biens communaux qui aidaient à sa survie. Aussi fut-elle victime d'une prolétarisation croissante au long du siècle : en 1860, les paysans sont à 55 % des journaliers, contre 34 % de propriétaires. Leur existence est rude, leur alimentation frugale. Le fréquent recours à l'usure – qui greffe son réseau de dépendance sur celui du clientélisme, dont ils ne se sont pas plus affranchis que des autres cadres mentaux traditionnels – les place aux frontières de la marginalisation : ils y tombent à chaque mauvaise récolte, toujours plus aiguë du fait de l'accroissement de la population et de la déflation des prix agricoles. Ne suffit-il pas, pour prouver ce poids des crises agricoles, d'évoquer le rôle de celle de 1867-1868 dans la *Gloriosa* ? Les paysans ruinés rejoignent alors les indigents qui représentent en permanence 15 % de la population et constituent un constant foyer d'insécurité. Tel est particulièrement le cas des journaliers andalous, dont l'embauche précaire, irrégulière, mal rémunérée – trois réaux en moyenne par jour, moins qu'il ne leur faut pour vivre ! –, ne leur permet d'échapper ni à la malnutrition ni à la misère noire ; la violence anarchiste de ce sous-prolétariat (comme les révoltes entre 1868 et 1874, les émeutes et la flambée terroriste de la Main noire au début du XXe siècle) fut réprimée par la Garde civile créée en 1848.

Quant aux terres libérées par la *desamortización*, elles avaient été accaparées par les classes moyennes aisées et l'oligarchie foncière, qui conserva par là même toute sa puissance et entrava les possibilités d'évolution économique et sociale. Or la permanence de cette structure foncière – qui juxtapose grands domaines (0,28 % des propriétés ont plus de 100 ha et représentent 43,7 % des sols, avec une prépondérance bien connue en Andalousie, en Estrémadure et dans la Manche) et micropropriétés (98,1 % comptent moins de 10 ha, soit 35,7 % des terres, mais beaucoup plus en Galice ou en Vieille Castille) – fait perdurer « le double blocage de la production et de la productivité » déjà évoqué au siècle précédent : les propriétaires absentéistes des grands domaines, nobles ou « bourgeois », se satisfont d'une exploitation extensive, peu coûteuse, et ne sont donc pas tentés d'investir ; les petits propriétaires qui ont pu se porter acquéreurs – la classe même que l'État entendait favoriser – ne peuvent renoncer à la polyculture de subsistance. *Latifundia* et *secano* sont donc synonymes de blocage, d'autant que la législation douanière, qui impose des droits prohibitifs (41 % en 1868) et ignore quasiment le désarmement libre-échangiste, maintient sur tout le siècle une protection artificielle. La mise en culture des terres marginales libérées par les désamortissements, soumises à la loi des rendements décroissants, tout comme le retard dans la mécanisation et l'innovation technique, placent l'Espagne à la traîne des rendements céréaliers de l'Europe occidentale en 1913 : 8,7 pour le froment, 8,4 pour le seigle, 7,9 pour l'avoine (en quintaux à l'hectare), outre 258,3 pour la betterave à sucre dont le développement dans les bassins de l'Ebre et du Guadalquivir est pourtant un progrès ; pour l'orge et le maïs, seulement, elle occupe l'avant-dernière place, devant l'Italie. Il ne faut pourtant pas oublier le « dualisme » de l'agriculture espagnole, et négliger l'apparition de formes modernes de production et de commercialisation dans certaines périphéries : exportation du vin et des agrumes des huertas levantines et méridionales, au prix d'une irrigation soignée et d'un travail humain intensif ; spéculation sur le vignoble après 1880, à la faveur du phylloxéra français, vite interrompue, cependant, quand la maladie toucha les vignes péninsulaires dans la décennie ultérieure, coup d'envoi aux révoltes des fermiers viticulteurs, les rabassaires. Bilan médiocre, donc, d'autant plus que l'Espagne reste au début du XXe siècle un pays rural : 59,5 % des Espagnols travaillent encore en 1910 – voire en 1930 ! – dans le secteur primaire, contre 63 % en 1860...

Seuls 13,3 % étaient employés dans le secteur secondaire en 1910, domaine dont il semble opportun de conduire l'analyse sous deux angles, structurel et sectoriel. Ainsi devons-nous dans un premier temps nous pencher sur la carence des facteurs de développement industriel. Les conséquences dramatiques de la perte des colonies américaines ont certainement été l'un des handicaps originels : perte de ressources fiscales et nécessité du recours à l'emprunt ; disparition d'un débouché essentiel pour l'industrie naissante, avant que celle-ci n'ait eu le temps de se développer hors des provinces périphériques ; suppression de la fonction commerciale de redistribution des produits coloniaux, sans que la production ibérique ait qualité à prendre le relais et à équilibrer une balance commerciale dramatiquement déficitaire. Aussi, pas plus que le secteur agricole, le commerce extérieur ne permit-il de dégager un capital à investir dans l'industrie, à l'inverse de l'Angleterre par exemple. Par ailleurs, celle-ci se heurtait à d'autres freins. Tout d'abord, la carence de la formation technique : seuls 21 500 élèves suivent un enseignement secondaire à caractère essentiellement littéraire, une centaine d'étudiants les cours des facultés de science en 1860 ; des écoles scientifiques existent pourtant – les Ponts et les Mines pour les serviteurs de l'État depuis les années 1830, les établissements de Barcelone, Bilbao et Madrid, développés à la charnière du siècle, pour les ingénieurs de l'industrie, enfin plusieurs écoles de techniciens – sans pour autant pallier la carence en ingénieurs. « Laissons-les inventer », disait Miguel de Unamuno de ses voisins européens, versés dans les sciences exactes... En second lieu, le caractère longtemps restrictif de la législation d'entreprise, à l'exception des secteurs bancaires, ferroviaires et miniers, l'étroitesse des débouchés et des capitaux nationaux. L'insuffisance du système bancaire, enfin, jusqu'à la création de banques basques, madrilènes et catalanes à partir des années 1890... « Jusqu'à la fin du siècle, la péninsule ne dispose d'aucun moyen financier ou technique capable de lui fournir les éléments coordonnés du développement. Tout effort entrepris dans un domaine particulier mobilise les maigres ressources du pays et se heurte aux goulots d'étranglement nés du retard des autres secteurs », concluent E. Témime, A. Broder et G. Chastagnaret dont nous reprenons l'étude tirée de l'ouvrage consacré à *l'Espagne de l'immobilisme à l'essor*. C'est ce constat qui a fondé l'appel aux grandes banques d'affaires et aux capitaux étrangers : français, quasi exclusivement jusqu'à la crise de 1864-1868, puis toujours dominants, puisque l'Espagne est la seconde zone d'investissement français après la Russie ; par ailleurs, Anglais, Belges et Allemands sont aussi dans la course... Entre 1855 et 1864, la première vague d'investissements s'est portée sur les secteurs bancaires et ferroviaires : le Crédit mobilier espagnol des frères Pereire, la Société espagnole mercantile et industrielle des Rothschild, et la Compagnie générale de crédit de Prost et Guilhou, contrôlent la construction de réseaux ferrés, mais, emportées par la crise, ces « aventures espagnoles » furent finalement peu rentables. A la fin du siècle, les financiers étrangers se tournèrent vers l'exploitation minière, dont ils détenaient la moitié du capital et tirèrent en revanche des profits de type colonial.

L'analyse sectorielle conduit, quant à elle, à souligner les graves conséquences de la guerre d'indépendance qui a détruit le tissu manufacturier du XVIIIe siècle. N'en subsiste vraiment que l'industrie catalane qui connaît bientôt les mutations dues à l'adoption de la machine à vapeur et des métiers mécaniques (*mules-jennys*, *self acting machine*) : les nouvelles industries textiles abandonnent la localisation en bordure de littoral et de fleuve, nécessitée auparavant par l'utilisation de l'eau comme source d'énergie, au profit de Barcelone, où apparaît la première concentration de prolétariat urbain pour l'Espagne. Les formes d'association et de structuration y furent précoces, comme en témoignent la *Societad de Tejedores* ou *Las Tres Clases de Vapor...*

L'« âge des chemins de fer » a fréquemment contribué à promouvoir une industrie mécanique et sidérurgique, mais à condition que celle-ci lui ait préexisté. Comme le rappelle F. Caron, « certains des espoirs mis dans la construction des chemins de fer pour hâter l'industrialisation allaient être en partie déçus : ils ne pouvaient constituer une incitation suffisante à un véritable démarrage, car il fallait que leurs commandes viennent se greffer sur une industrie... préexistante et capable de s'adapter et que d'autres commandes compensent l'irrégularité de la demande ferroviaire ». L'Espagne est l'une des plus nettes illustrations de cet échec à implanter une industrie lourde nationale à partir des chemins de fer. L'effort d'équipement en la matière fut pourtant considérable : six ans après l'inauguration de la ligne Barcelone-Matoro et trois ans après celle de Madrid-Aranjuez, l'Espagne ne compte en 1854 que 300 km de voies,... et l'industrie lourde est inexistante. Aussi, quand les financiers français vont investir dans la construction d'un réseau ferré à partir de 1855 – étape décisive en raison de l'adoption d'une loi destinée à la favoriser –, les commandes seront-elles passées en France. Ils se soucient en effet peu de les réserver à une industrie espagnole qu'ils auraient ainsi favorisée et protégée, ce qui contribue à différencier l'Espagne de la Russie, par exemple, où l'implantation industrielle fut réussie sur les mêmes bases. La construction ferroviaire se fit en plusieurs phases : intensive pour la décennie 1855/1865, durant laquelle sont construits les grands axes radiaux autour de Madrid, soit 5 500 km de lignes en 1868 ; à la fin du siècle, plus de 10 000 km anticipaient le réseau actuel. Mais il faut en souligner les failles : nombreuses sont les portions à une voie, qui ne permettent qu'un trajet dans un seul sens ; qui plus est – et le raccordement des lignes françaises et espagnoles nous l'a rappelé –, la largeur des voies est originale (1,67 m) et augmente le prix du matériel ; surtout, les lignes raccordent entre elles les grandes villes sans entraîner un réel désenclavement des campagnes, par manque de routes qui relieraient ces dernières aux gares. Aussi le réseau ferré semble-t-il dans bien des cas un greffon sans racine, d'autant que l'expérience, finalement peu rentable parce que la course effrénée au kilomètre a excédé les besoins de l'économie nationale, a contribué à décourager l'investissement industriel.

L'essor minier fut en revanche considérable dans la seconde moitié du siècle. Mercure et plomb (dont l'Espagne est le premier producteur mondial), cuivre (le second), zinc, houille, pyrites... sont exploités par d'importantes sociétés, le plus souvent sous contrôle étranger, comme la Compagnie royale asturienne des mines à capital belge, la Penarroya à capital français ou la Rio Tinto à capital anglais... Exportés, ils ne redressent pas pour autant l'équilibre de la balance commerciale, malgré les apparences, car seul le tiers environ du montant des ventes revient au pays exportateur ; ils n'ont pas plus favorisé le développement d'une industrie nationale car ils n'ont suscité aucun transfert de technologie. Ainsi n'est-ce qu'en 1880 qu'apparaissent les premières aciéries espagnoles, sur la côte cantabrique : la Société des hauts fourneaux et fabriques de fer et d'acier de Bilbao, des frères Ibarra, et la Société métallurgique de la Vizcaya, fusionnent en 1902 pour former la société *Altos Homos de Vizcaya*, véritable trust qui regroupe, par concentration horizontale et verticale, toutes les activités métallurgiques, de la mine au haut fourneau. La région basque et cantabre connaît alors une révolution industrielle de type européen : la sidérurgie se nourrit du développement ferroviaire dont elle explique parallèlement l'exceptionnelle densité, l'industrie hydroélectrique florissante permet l'électrification de Bilbao ; J. Beyrie décrit ces « nouveaux Yankees » qui, issus de la bourgeoisie commerçante, profitent des lois protectionnistes pour densifier le tissu industriel, créent une banque régionale et des institutions d'enseignement technique et commercial, vivent à l'heure des élites européennes... En bref, ils se sont mis à l'école de la modernité économique comme pourrait l'être toute la péninsule. Un observateur enthousiaste ne voit-il pas dans la Bilbao de 1901 la « capitale de la nouvelle Espagne » ? Cette dernière, en 1913, ne produit pourtant que 400 000 tonnes d'acier, vingt fois moins que la France ! Quant aux industries de transformation, elles brillent par leur absence, à l'exception du textile cotonnier et lainier de Catalogne. « L'Espagne stagne dans la phase textile de sa révolution industrielle, elle réalise avec retard ce que la France et l'Angleterre ont accompli un siècle plus tôt, elle a échoué, en revanche, dans la mise en œuvre de la seconde phase – sidérurgique et mécanique – de cette révolution », note G. Hermet. Ce lourd bilan ne doit certes pas éclipser l'intense industrialisation du pays basque, qui a rejoint aux avant-postes de l'économie péninsulaire la laborieuse et industrieuse Catalogne. Mais il explique les tensions nées du déséquilibre entre ces périphéries avancées et le centre politique, dont elles obtiennent en 1891 une législation protectionniste tout en développant des revendications autonomistes.

13,3 % des Espagnols, avons-nous dit, forment en 1910 la classe ouvrière naissante, essentiellement regroupée dans les deux pôles catalan et basque. Notons qu'elle ne concerne encore en 1930 que 20 % d'entre eux, la situation de l'Italie en 1870 ! Là seulement, à Barcelone et Bilbao, l'essor industriel a attiré une main-d'œuvre issue de Vieille Castille, d'Aragon et du Levant, et entraîné l'apparition d'un prolétariat urbain. Ailleurs, et c'est particulièrement valable pour les mines des Asturies, l'ouvrier n'a pas rompu avec le monde agricole vers lequel il retourne lors des travaux saisonniers. Les conditions de rémunération et de vie sont très variables selon les régions, même s'il est incontestable que les salaires ont augmenté sur le XIXe siècle, progrès compromis par l'inflation qui tasse le niveau de vie jusqu'à la fin de la guerre ; mais alors, c'est le chômage qui atteint le monde ouvrier... L'afflux de main-d'œuvre avait donc entraîné l'apparition de concentrations ouvrières ; la carence des logements se traduit par la construction de baraquements insalubres, les *barracones*, où les nouveaux arrivants s'entassent dans des conditions défiant toutes les règles de l'hygiène ! Aussi la mortalité y est-elle élevée, car les épidémies ajoutent leurs ravages aux fréquents accidents de travail. Les mouvements revendicatifs, fréquents à partir de 1890 sous la conduite des socialistes, conduisent à la réduction de la journée de travail à dix heures en 1890, à l'adoption du repos dominical en 1904, avant la législation de la grève par le gouvernement Maura. La structuration politique se double d'un effort en matière d'éducation, nécessaire vu l'importance de l'analphabétisme : en 1877, 72 % de la population ne savent ni lire ni écrire, 60 % en 1910 malgré la prise en charge des salaires des maîtres par l'État depuis 1901. L'œuvre éducative fut inaugurée en 1860 par la création, sur le modèle des athénées libéraux, de l'*Ateneo catalán de la clase obrera* bientôt imité par d'autres associations du même type. Les socialistes créèrent les maisons du peuple, les anarchistes des athénées populaires sur le modèle de l'*Escuela moderna* de Francisco Ferrer et Anselmo Lorenzo.

L'étude que nous venons d'esquisser en matière économique nous a conduit à insister sur les permanences, et à évoquer leurs conséquences sociales. Pourtant, au-delà des apparences et ainsi qu'en témoigne l'apparition d'une classe ouvrière, la société est en proie à une profonde mutation. C'est la ville qui en est le théâtre, et notamment la capitale provinciale, puisqu'en 1833, par la réforme de Javier de Burgos, l'organisation de l'espace ibérique a vu quarante-neuf provinces se substituer au découpage bourbonnien. Encore figées dans leur passé il y a peu – ne sont-elles pas encore au milieu du siècle de gros bourgs d'Ancien Régime, au large dans leurs fortifications ? –, elles entrent ensuite de plein pied dans le monde contemporain : les remparts sont rasés ; les rues élargies, pavées, bordées de trottoirs, éclairées au gaz après 1850, sont surplombées d'immeubles élevés ! Le plus frappant, néanmoins, est sans doute la disparition des monastères et des couvents, dont le désamortissement a permis ce réaménagement de l'espace. Quant aux réguliers *exclaustrados*, ils ont été sécularisés et ont trouvé à s'employer dans le dernier bastion du clergé, l'enseignement. « Quand je n'ai trouvé ni le froc des moines, ni la robe des capucins, il m'a semblé que ma vieille Espagne s'en allait », note le Français Bégin en 1849. La haute noblesse et l'oligarchie foncière demeurent en revanche toutes puissantes, d'autant qu'elles se sont pleinement insérées dans le siècle nouveau, son cosmopolitisme et sa spéculation affairiste ; à l'inverse, la petite noblesse rurale, si nombreuse en Castille, a été définitivement ébranlée par la suppression des majorats en 1836. Les « bourgeois conquérants » constituent l'aristocratie de l'argent ; les hommes de loi celle du politique ; cette élite bourgeoise, par l'anoblissement, rejoint l'aristocratie de naissance dont elle partage les modes de vie. Les classes moyennes ont elles aussi fait irruption dans ces villes où seules l'administration et l'armée, malgré la parcimonie des soldes, répondent à leur souci de respectabilité et de paraître, au prix d'une certaine détresse. Avocats souvent sans cause – pour quelques-uns qui sont entrés « dans la carrière des hommes qui gouvernent » –, médecins sans clientèle et journalistes sans lecteurs, leurs fils, malgré leur éducation, ne trouvent que rarement un emploi fixe et forment « ce secteur masculin de la classe moyenne, frustré dans ses aspirations, sans moyen d'existence et sans avenir », rejeté vers l'encanaillement et la bohème, que brosse pour nous J. Beyrie ;

leurs filles attendent le mariage ou effectuent quelques travaux en veillant à ne pas déroger, prisonnières de normes sociales coercitives. De plus en plus, ces citadins s'habillent à la française, d'un « frac bourgeois » et de robes de couleurs. Au contraire, les milieux populaires, artisans, ouvriers, domestiques et indigents, conservent l'habit national et attirent vers leurs distractions – tauromachie, café-concert et flamenco – les jeunes désœuvrés. L'Église se désintéresse d'eux pour se consacrer, par son action pastorale et son enseignement secondaire, à détourner les élites du libéralisme, quitte à perdre son influence populaire. « Le libéralisme est-il un péché ? Oui, le péché le plus grave contre la foi. » Cet extrait d'un catéchisme de 1927 illustre clairement que l'Église d'Espagne, monolithique, n'a pas d'état d'âme sur le modernisme à l'inverse du clergé français de la même époque, par exemple. Aussi, comme le souligne B. Bennassar dans *l'Homme espagnol*, « la religion en Espagne a divisé autant qu'elle a uni ». Déjà s'opposent les deux Espagnes, la « rouge » et la « noire » : en Nouvelle Castille, Andalousie et Levant, le peuple est anticlérical, parfois avec fanatisme, au nom de son combat social ; les clercs parlent déjà d'un « pays de mission » en regrettant la modestie des taux de pratique masculins, 5 % en Nouvelle Castille, 1 % en Andalousie... En revanche, Vieille Castille, Navarre et pays basque restent fidèles à la religion de leurs pères. Un dicton n'affirme-t-il pas que « tous les Espagnols courent après l'Église, les uns avec un cierge, les autres avec un bâton » ?

Du romantisme à la « génération de 1898 »

La péninsule avait au XVIIIe siècle subi l'attrait des Lumières françaises. Le XIXe siècle est l'époque des voyageurs au travers de la péninsule, à la découverte de ces « orientales » dont les gravures de Gustave Doré se sont faites les talentueuses interprètes. Stendhal n'a-t-il pas traduit l'état d'esprit de ces voyageurs en affirmant : « je regarde le peuple espagnol comme le représentant du Moyen Age ? » L'Espagne fut en tout état de cause marquée par l'influence du romantisme européen : les romantiques étrangers, de Byron à Mérimée, l'ont parcourue et l'ont aimée ; ce sont leurs œuvres qui y ont déclenché une nouvelle version de la Querelle des Anciens et des Modernes et suscité l'essor d'un courant romantique péninsulaire, dont une nouvelle génération artistique assura la victoire sur l'école classique dans les années 1830. Avant même la fin de l'absolutisme ferdinandin, date traditionnellement avancée comme celle de l'éclosion du romantisme, en raison notamment du retour des intellectuels émigrés, certains se retrouvent dans des cénacles littéraires, les *casinos* – dont le plus connu est le petit Parnasse, créé en 1830 –, puis fondent l'*Ateneo cientifico y literario*, où l'élite cultivée s'ouvre après 1835 aux débats contemporains. Les drames romantiques fleurissent ; comment omettre ceux de Mariano José de Lara (1809-1837), que son diagnostic amer des maux espagnols et le vide de sa vie conduisirent au suicide ? Dans les poèmes de José de Espronceda (1808-1842), de José Zorilla (1817-1893) – qui concilie *romanticismo* esthétique et traditionalisme – et de Gustavo Becquer (1836-1870) – dont le mince recueil des *Rimes* fait penser à Heine –, lyrisme, mélancolie et nostalgie composent le florilège des sentiments romantiques. Il faut enfin mentionner la vogue du roman historique auquel tous se sont essayés.

L'art romantique – des hommes de lettres mais aussi des peintres – restitue l'atmosphère d'une époque. Le *costumbrismo*, qui peint la vie quotidienne dans sa couleur locale, la montre en revanche dans sa vérité. Tel est aussi l'hommage à rendre aux romans de Benito Pérez Galdós (1843-1920), dont J. Cassou souligne qu'« il y a le Madrid de Galdós comme il y a le Paris de Balzac et le Londres de Dickens ». Fondant le roman sur l'histoire, la vie même de la société dans ses aspects universel et particulier, il s'en fait le témoin par le biais d'un personnage immergé dans ses flots tumultueux.

Autant le XIXe siècle prolonge dramatiquement l'Ancien Régime pour l'Espagne politique et économique, autant la vie littéraire et artistique marque donc une éclosion foisonnante, particulièrement dans ses dernières décennies. Si le retour aux sources du génie national accompli par la « génération de 1898 », soucieuse dans le même temps de modernité artistique, en est la preuve la plus éclatante, la restauration d'une « science espagnole » érudite et d'envergure européenne, pour la première fois depuis la crépuscule du Siècle d'Or, n'en est pas néanmoins négligeable, bien au contraire ! Les travaux des historiens C. Sánchez Albornoz et R. Menéndez Pidal, des sociologues Hurtado et Azcarate, de l'essayiste Angel Ganivet (1862-1898), ou du philosophe J. Ortega y Gasset (1883-1955) ne s'y rattachent-ils pas ? Ce sont les théories du philosophe allemand Krause (1781-1832), introduites dans la péninsule par Julian Sanz del Rio, qui ont fourni la base des tentatives libérales de rénovation universitaire, en lesquelles ses protagonistes voyaient une chance de renouvellement scientifique, moral et politique de l'ensemble du pays. Ainsi Francisco Giner de los Rios a-t-il fondé en 1880 l'Institution libre d'enseignement (ILE) de Madrid, centre de culture laïque et progressiste où Antonio Machado fit ses études. A cette mystique laïque et cette foi en l'éducation, se rattachent la création en 1912 de la *Jura para Ampliacíon de Estudios* et ses expériences secondaires et supérieures, tout comme les travaux de Joaquín Costa (1846-1911), ancien professeur à l'ILE, et ses ambitions réformatrices. Ainsi résume-t-il le *regeneracionismo* : « il faut faire maintenant la politique des écoles, et fermer à double tour le sépulcre du Cid pour qu'il ne revienne plus parader sur son cheval » ! Vivier d'une intelligentsia riche d'avenir, certes, mais mince élite, isolée dans sa tour d'ivoire intellectuelle du reste de la société... d'où, sans doute, sa faillite au pouvoir en 1931 !

De son côté, Marcellino Menéndez de Pelayo (1856-1912) amorce avec son pamphlet *La ciencía espanola*, en 1877, une apologie de la culture nationale au long de son histoire, et particulièrement au Siècle d'Or où elle fut l'une des pensées directrices en Europe. L'ensemble de son œuvre, celle d'un humaniste et d'un érudit, dresse l'histoire des idées et de la littérature classique espagnoles, et constitue la magistrale réplique de la pensée conservatrice et traditionaliste à l'influence libérale. Surtout, elle pose les jalons d'une restauration culturelle qui réinsère l'Espagne dans le concert intellectuel européen.

C'est le désastre de la perte de Cuba, en 1898, qui a profondément modifié l'état d'esprit des intellectuels espagnols ; sous le coup de la faillite des dernières ambitions impériales, ils

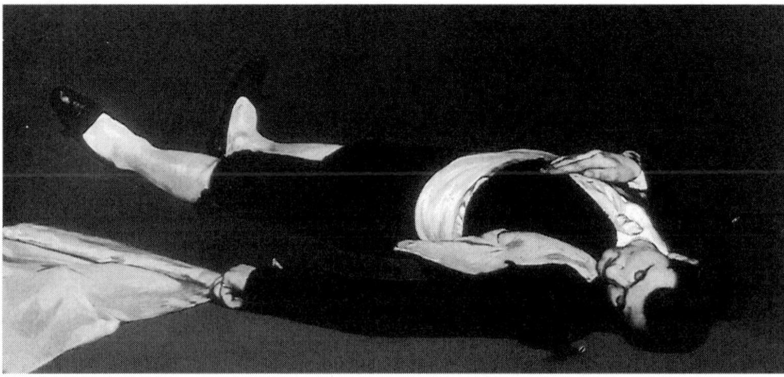

La Mort du toréador, peinte par Edouard Manet en 1864, à la même époque, à peu près, qu'une autre représentation d'une passion nationale ibérique, *le Ballet espagnol*.

ont en effet découvert le doute et l'inquiétude en prenant brutalement conscience de l'abîme ouvert par le déclin péninsulaire. « L'Espagne me fait mal », s'exclame douloureusement Unamuno. En 1908, le duc de Maura ne parle-t-il pas, quant à lui, d'une « génération du désastre » ? La formule de « génération de 98 » sous laquelle on la désigne trouva ses lettres de noblesse grâce aux articles d'Azorin parus sous ce titre en 1913 ; elle englobe une mouvance de poètes, de romanciers et d'essayistes qui vont s'attacher à régénérer la civilisation espagnole, en ouvrant « l'Espagne funèbre, livrée aux plaisirs de cruauté et de mort », à la modernité de la culture européenne. Ils ont balancé entre l'attachement national, d'autant plus amer dans son constat pessimiste qu'il est passionné, et l'attrait du modernisme européen. Ils se sont attachés à « adapter l'Europe à l'Espagne et l'Espagne à l'Europe », mais leur nationalisme exacerbé les a conduits à se pencher sur l'âme espagnole qu'ils ont été chercher dans le paysage de l'éternelle Castille, décrit avec ferveur, et le glorieux passé ibérique. C'est la quête de *lo intrahistorico* menée notamment par ce « Basque envoûté par la Castille », Miguel de Unamuno (1864-1936), dans *En torno al casticismo* (1895), ce lien profond qui, d'une époque à l'autre, définit l'essence du peuple, son *casticismo*. C'est celle de l'*Idearium espagnol* conduite par Angel Ganivet. D'où le problème de savoir si la solution est le repliement sur les valeurs nationales, source d'un renouveau espéré, ou le reniement dans l'adoption du conformisme européen. « *Ensimismarse, enajenarse ?* » se demande Unamuno, maître à penser de la génération de 1898, poète tragique, romancier déchiré, philosophe existentiel... Sur ses traces, un sang neuf irrigue alors la littérature espagnole. Celui des poètes, en premier lieu, héritiers du Nicaraguayen Ruben Dario (1867-1916) – poète lyrique, symboliste, et apôtre de la latinité – : les modernistes, comme Ramón del Valle Inclan (1866-1936) dont les *Sonatas* sont caractéristiques par leur exotisme et leur sensualisme, leurs couleurs et leur éclat, leur verbe baroque ; Juan Ramón Jiménez (1881-1958) qui a fait sa devise du mot de D'Annunzio « *O rinnovarsi o morire* » ; Antonio Machado (1875-1939), « le poète de la moralité de la génération de 98 », dont les *Campos de Castilla* (1912) tissent, par leur ample composition, les fils qui unissent l'Espagne présente, aimée et décevante, et ce passé médiéval et épique dont elle garde la nostalgie. Celui des romanciers : Juan Martínez Ruiz (1873-1967) dit Azorín, du nom de son personnage romanesque de 1903, auteur de romans expérimentaux comme le sous-titre de *Surréalisme, « pré-roman »*, l'annonce clairement ; Pio Baroja (1872-1956), dont les foisonnants *Mémoires d'un homme d'action* (1911/1935) radiographient l'Espagne du XIXe ; tous ont été tentés de rejeter aux oubliettes intrigue et héros pour poser les bases d'une nouvelle création, et d'élaborer le roman du roman, en parallèle aux expérimentations du « nouveau roman ». Quant à la renaissance de la musique espagnole, elle fut inaugurée par le fameux manifeste de Felipe Pedrell, *Pour notre musique,* qui, en 1891, prônait « le retour aux sources nationales de la musique, et l'assimilation à la tradition savante européenne dans un style original et authentique » ; Isaac Albeniz (1860-1909) et son *Iberia*, Enrique Granados (1867-1916) et ses *Goyescas*, Manuel de Falla

(1876-1946), ses *Pièces espagnoles* ou ses *Nuits dans les jardins d'Espagne*, concilient source nationale et langage musical universel, en un art à la fois populaire et savant dont Ravel et Debussy tenteront de recréer l'esprit.

Nombre d'historiens ont placé leur étude de l'Espagne du XIXe siècle sous le signe des occasions manquées. L'une des plus patentes est sans doute d'avoir négligé les portes ouvertes par la réflexion intellectuelle sur les réformes d'une vie politique sclérosée ou d'un enseignement désuet. En pleine décadence à bien des titres, l'Espagne ne connaît-elle une véritable résurrection de la pensée et de l'art ? Mais beaucoup de ces intellectuels, déchirés entre le mirage européen et la nostalgie nationale, préfèrent « hispaniser l'Europe » et sa culture, selon le mot d'Unamuno, au lieu de s'engager dans une rénovation moderniste. A l'inverse de la génération de la République, ils n'étaient donc pas parvenus à la concilier avec la tradition. Par ailleurs, l'Espagne n'était pas mûre pour une « monarchie des professeurs » – comme la France en avait connu une sous Louis-Philippe –, et le temps n'était pas encore venu d'une « république des professeurs »... Pour tous le même regret que R. del Valle Inclan, « entre mon époque et moi, il y a eu maldonne.... »

L'instabilité, caractéristique du premier XXe siècle

L'agonie de la monarchie espagnole (1917-1931)

La guerre européenne avait d'abord semblé donner un nouveau souffle à l'Espagne qu'elle épargnait tout en stimulant son économie. L'année 1917 – et le « triennat bolchevique » qu'elle ouvrait – prouve qu'au contraire son système politique exangue se trouva bien vite confronté à une menace révolutionnaire prise au sérieux par Lénine lui-même. La classe politique se divisa tandis que le régime de la Restauration finissait de se désagréger. Les classes populaires, victimes de la hausse des prix (20 à 120 % pour les produits alimentaires entre 1914 et 1920, 50 à 200 % dans le même temps pour les produits industriels), voyaient s'éroder leur pouvoir d'achat et s'agitaient, sensibles à la « grande lueur née à l'Est », selon l'heureuse formule de Jules Romains. Quant aux militaires, mécontents de leur sort et décidés à lutter contre le favoritisme royal, ils constituèrent en mai des « juntes de défense » que le pouvoir civil en pleine décomposition fut obligé de légitimer. Les mouvements d'opposition, enfin, et notamment quatre-vingts de leurs députés réunis à Barcelone, réclamèrent la tenue de Cortes constituantes. C'est seulement en juillet que l'agitation sociale se déclencha à Valence, Bilbao et Saint-Jacques-de-Compostelle ; le mouvement revendicatif, décidé de conserve par les centrales syndicales socialiste et anarchiste, fit tache d'huile, et le 13 août une grève générale paralysait l'Espagne dans son ensemble. Le régime opta alors pour la répression afin de rétablir l'ordre, permettant ainsi à la Restauration de se survivre cinq ans. Mais dans quelles conditions ! Le désordre politique était à son maximum : les espoirs mis dans le gouvernement de coalition constitué en novembre 1917 (conservateurs et libéraux, le tandem du *turno*, plus la *Lliga* catalane du modéré Francisco Cambó) n'avaient que peu duré, et treize crises ministérielles totales, trente partielles, scandèrent ces années.

L'agitation révolutionnaire secouait les provinces : émeutes collectivistes en Andalousie ; grèves insurrectionnelles – d'autant plus efficaces que la CNT avait adopté un nouveau mode d'organisation, qui substituait un syndicat unique par branche industrielle à la division par métiers – et terrorisme en Catalogne, réprimés dans le sang par le général Martínez Amido, gouverneur civil de la région. Aux grèves, répondaient les « jaunes » briseurs de grèves, soutenus par les *pistoleros* patronaux et une milice, la Somaten ; à l'action directe anarchiste, la *ley de fugas* qui, sous couvert de mettre fin à une évasion présumée, permettait d'abattre impunément et sans sommations des militants syndicalistes. Or, dans le même temps, l'armée s'enlisait dans la pacification du Rif, toujours plus impopulaire, après avoir subi en juillet 1921 le terrible revers d'Annual devant les troupes d'Abd el-Krim. Ces deux éléments sont inséparables, pour avoir facilité de façon concomitante le rassemblement des défenseurs de l'ordre autour du général Primo de Rivera, nommé capitaine général de Catalogne à la suite de ses critiques à l'encontre de la politique marocaine du gouvernement. En Catalogne, justement, classe patronale et classes moyennes sont travaillées par la tentation autoritaire du recours à l'homme providentiel, à l'instar des milieux conservateurs et dirigeants des États européens – l'Italie par exemple – où un régime parlementaire faible ne parvient pas à éradiquer la menace révolutionnaire. Quant à l'armée, qui avait perdu 12 000 des siens au Maroc entre 1919 et 1923, au lendemain du désastre marocain, elle est toute prête à expliquer ses revers humiliants par la trahison de parlementaires inefficaces et corrompus. Le 13 septembre 1923, renouant avec la tradition du pronunciamiento, Miguel Primo de Rivera se proclamait chef d'un directoire militaire que le roi reconnut immédiatement.

Avec le régime d'exception, Primo de Rivera mettait fin au système constitutionnel : dissolution des Cortes, établissement de la censure, administration sous tutelle militaire, création de milices bourgeoises, les Somatenes... mais sans que les partis politiques, circonspects et peu désireux de défendre un régime désavoué, ne sortent de leur réserve. Bien plus, des hommes de gauche comme Largo Caballero, secrétaire de l'UGT, acceptèrent de collaborer, séduits par l'ambition réformiste et régénératrice avouée. La junte militaire fut remplacée en 1925 par un directoire civil – avec notamment le monarchiste Calvo Sotelo aux Finances – bientôt soutenu par l'Union patriotique créée en 1926 pour regrouper les sympathisants du régime. Ce parti, regroupement inorganique de caciques et de notables locaux, instrument de la dictature de la classe dirigeante, n'a donc rien du parti unique de masse du régime fasciste italien, même si ce dernier fut indiscutablement une référence pour Primo de Rivera, grand admirateur de Mussolini. L'année suivante, une Assemblée nationale consultative, sur le modèle du Grand Conseil du fascisme, fut nommée par le dictateur pour élaborer une nouvelle constitution, qui demeurera lettre morte. Il est donc incontestable que la dictature espagnole a cherché à imiter le régime mussolinien, mais seulement comme gage d'efficacité et de capacité mobilisatrice, et sans porter atteinte aux structures traditionnelles.

Malgré les moyens qu'il s'était ainsi donnés, Primo de Rivera ne fut pas à même de remplir toutes ses ambitions d'origine. Certes, il parvint à pacifier le Maroc, mais grâce à l'aide de la France après que ses positions marocaines eussent été attaquées par Abd el-Krim en 1925. C'est avec le maréchal Pétain que Primo de Rivera, désormais appelé le « chirurgien de fer », organisa le débarquement décisif dans la baie d'Alhucemas en juillet 1927, à la suite duquel le Rif fut définitivement pacifié. Ce succès indéniable rendit son honneur à l'armée nationale – il y avait beau temps qu'elle n'avait pu célébrer une victoire ! – et permit à l'Espagne de rétablir sa position internationale, après un siècle d'effacement.

Le redressement économique était un impératif tout aussi essentiel, pour lequel l'État fut aidé par une conjoncture favorable. La modernisation est remarquable en matière d'industrie et d'équipement, et G. Hermet souligne à ce titre que « jusqu'en 1960 à peu près, le visage relativement moderne de l'Espagne reste celui créé par la dictature de Primo de Rivera ». La population active employée dans le secteur secondaire atteint 26,5 % en 1930, soit une augmentation de 10 % en vingt ans. La production d'acier est multipliée par 2,5 entre 1923 et 1929, celle de fonte double. L'intervention de l'État favorise la création de monopoles, pour l'électricité, le téléphone, le pétrole, auxquels participent les intérêts étrangers, parfois américains, mais à part égale avec des capitaux nationaux dans des entreprises semi-publiques. Aussi peut-on parler d'un nationalisme économique, patent dans la politique de protection douanière et de subventions sectorielles. De même lança-t-il une opération ambitieuse de grands travaux : effort en matière d'urbanisme, développement spectaculaire des réseaux routier (Jules Moch s'extasie devant ces « billards ») et ferroviaire, création de lignes d'aviation commerciale, électrification généralisée, irrigation. En effet, du fait de la carence de programme global au siècle précédent, la politique hydraulique était devenue inséparable de toute tentative novatrice. N'était-ce pas l'un des premiers chevaux de bataille du *regeneracionismo* de Joaquín Costa ? Des Confédérations syndicales hydrauliques furent créées dans chaque vallée fluviale, regroupant agriculteurs et industriels en syndicats qui, soutenus par l'État, en financeraient l'irrigation et l'électrification. L'opération fut un succès dans le bassin de l'Ebre, grâce à l'expérience de l'ingénieur Lorenzo Pardo ; pour le reste, elle demeura sur le papier, en raison de l'inertie des partenaires associés et des frais qui incombaient à l'État, dont la dette extérieure augmenta dans le même temps de plus d'un tiers. L'Espagne n'en était pas moins entrée de plein pied dans le monde moderne.

Mais la décomposition de la dictature à partir de 1928 tient pour beaucoup à la carence manifeste en matière sociale. Les avantages concédés (augmentation des salaires de 26,5 % entre 1920 et 1925 alors que les produits baissent de 6 %, respect de la législation sociale adoptée dans les dernières années de la Restauration, notamment la journée de huit heures, réglementation du travail de nuit des femmes), s'ils ont entraîné une amélioration du climat social jusqu'en 1926, peuvent-ils compenser le passif : interdiction de la grève au nom de la collaboration des classes, Charte du travail et comités paritaires inspirés du fascisme corporatiste (encore que l'UGT en joue le jeu), ignorance du problème agraire ? La négligence à cet égard est notable, d'autant plus surprenante que 45 % des 23 millions d'Espagnols y travaillent encore en 1930. Aussi les oppositions suivent-elles une courbe ascendante, encore accrue par la crise de 1929. Ouvriers, paysans, employés du secteur tertiaire (ils sont 28 % en 1930), sont victimes de l'arrêt de la croissance, perceptible dès 1926, et de l'érosion monétaire. Les intellectuels libéraux avait, quant à eux, été hostiles dès l'abord, d'autant que Miguel de Unamuno avait été déchu de sa chaire à l'université de Salamanque et contraint à l'exil. Les régionalistes catalans étaient passés dans l'opposition dès 1925 après la suppression de la *Mancomunidad*. En revanche, ce n'est qu'à partir de 1929 que l'UGT renonce à sa politique d'entrisme, tandis que la gauche anarchiste se reconstituait dans la clandestinité. L'agitation estudiantine, orchestrée par la puissante *Federación Universitaria Española*, ne faisait que croître... Bientôt, le roi lui-même abandonna le navire, pour tenter d'épargner à la monarchie le naufrage.

Primo de Rivera choisit de démissionner le 30 janvier 1930 devant le concert d'oppositions, la démission de Calvo Sotelo, et la désertion des militaires de haut rang : il avait décidé de se soumettre à leur verdict, en une tentative désespérée pour échapper à la perte de confiance de l'armée qu'il entendait moderniser, à la grande satisfaction, pourtant, des anciens d'Afrique ; mais la mise à l'écart des cadres âgés, l'écrémage d'un encadrement pléthorique – un officier pour huit hommes –, la création d'une Académie militaire centrale, placée sous le commandement du jeune général Franco... portaient atteinte aux privilèges de la caste des cadres métropolitains. Il devait mourir en exil quelques semaines après. Dès lors, la monarchie n'était plus qu'en sursis : le roi tenta une transition vers le parlementarisme en confiant les responsabilités ministérielles au général Berenguer qui rétablit les principes constitutionnels. Cependant l'opposition à la monarchie gagnait du terrain : tous les sympathisants de l'idée républicaine (des modérés – Miguel Maura, Niceto Alcalá Zamora –, des radicaux – Alejandro Lerroux, Diego Martínez Barrio –, des socialistes – Largo Caballero, Indalecio Prieto, Fernando de los Rios –, des autonomistes catalans – Nicolau d'Olwer –, des hommes politiques de la nouvelle génération – Manuel Azaña, Marcellino Domingo, Casares Quiroga) signèrent en août 1930 le pacte de Saint-Sébastien. Ce Comité pour établir la république, que soutenaient les forces révolutionnaires, avait fixé le soulèvement pour le 15 décembre. Or, le 12 décembre, la garnison de Jaca tentait en vain un pronunciamiento républicain. En dépit de cet échec, l'éditorial du *Sol* signé Ortega y Gasset sonnait le glas de la monarchie : « *Delenda est monarchia* ». De fait, le 12 avril 1931, et à la surprise générale, les élections municipales sont un triomphe pour la gauche et, par là même, un désaveu éclatant pour le roi. Les ministres abandonnent sans tarder leur charge, au point que Miguel Maura, bientôt ministre de l'Intérieur du nouveau gouvernement, a pu dire : « Ils nous ont fait cadeau du pouvoir » ! Le 14, la Seconde République de l'histoire espagnole était donc proclamée à l'issue d'une « révolution de velours ».

La « République des intellectuels » (1931-1936)

Cette révolution douce, sans effusion de sang, forme un net contraste avec les passions et la violence politique qui marqueront en revanche de leur sceau la parenthèse républicaine. L'étude de cette période heurtée ne peut donc que suivre les méandres de l'évolution politique scandée par le suffrage universel : la tentative de république réformiste du premier *bienio*, auquel succède le *bienio negro* après la victoire d'une coalition de droite aux élections de 1933, le succès du *Frente Popular* à celles de 1936, enfin, « veillée d'armes » à l'aube de la guerre civile.

On a coutume d'appeler la première période le *bienio* réformateur parce que la rénovation de l'Espagne fut l'ambition de ses dirigeants, le politicien modéré Alcalá Zamora, premier chef du gouvernement avant qu'il ne démissionne en octobre 1931,

José Ortega y Gasset (1883-1955), philosophe et essayiste,
maître à penser de la République.

puis l'intellectuel de gauche Manuel Azaña, pivot de la République. La génération de 1898 n'avait su faire le choix déchirant entre l'exaltation du casticisme et l'ouverture européenne. Désormais, ce débat est dépassé, et l'intelligentsia comme le gouvernement entendent créer une nouvelle société espagnole selon la norme européenne. Le premier pas ne pouvait qu'être la réforme institutionnelle. Les élections des représentants aux Cortes constituantes, en majorité des hommes de gauche et centre gauche, en mai, devaient conduire à l'institution d'un système politique susceptible de fonder la démocratie espagnole. La Constitution de décembre 1931, élaborée sur le modèle de celle de la république de Weimar, proclama une « république démocratique des travailleurs de toutes les classes », et institua un parlementarisme absolu : chambre unique, élue par le suffrage direct de tout(e)s les Espagnol(e)s, devant laquelle le gouvernement était responsable. Pour éviter l'instabilité ministérielle que pouvait laisser craindre ce fort pouvoir législatif, le président de la République pouvait à deux reprises dissoudre l'Assemblée durant son mandat de six ans. Alcalá Zamora, élu à cette charge en décembre 1931, ne se fit pas faute d'utiliser cette prérogative. Enfin, un tribunal des garanties se faisait juge de la constitutionnalité des lois.

Tout au long de l'année 1932, un train de réformes fut voté dans l'enthousiasme, tant pour poser les bases d'un avenir démocratique que pour éradiquer les obstacles majeurs à cette entreprise de rénovation. Les revendications autonomistes, qui s'exprimaient avec particulièrement d'âpreté en Catalogne, imposaient un premier choix politique urgent : les élections municipales de 1931 avaient été un succès notable pour le mouvement fédéraliste de la gauche catalane, l'*Esquerra republicana de Catalunya*. Aussi, conformément à la Constitution qui admettait le principe autonomiste mais n'envisageait pas d'évolution fédéraliste, une Généralité régionale, dotée d'un gouvernement et d'un parlement, fut-elle instituée en septembre 1932, à la présidence de laquelle fut élu Francesco Macía, le leader du parti vainqueur. Encore ses pouvoirs ne furent-ils pas précisés nettement, ce qui déçut les uns et inquiéta les autres !

Le même reproche peut sans doute être adressé à l'attaque

frontale conduite par Manuel Azaña, membre de la gauche modérée mais républicain intransigeant, à l'encontre des piliers de la société d'Ancien Régime, armée et Église. Certes, la première comptait dans ses rangs nombre de partisans de la solution monarchiste, mais son divorce d'avec la dictature de Primo de Rivera donnait toutes ses chances à l'éventualité d'un ralliement à un régime républicain, pour peu qu'il garantisse l'ordre. N'était-ce pas le chef de la Garde civile, le général Sanjurjo, qui avait fait comprendre au roi l'inéluctabilité de son départ, au lendemain du scrutin du 12 avril 1931 ? Or les décrets d'Azaña d'avril 1932 prétendaient résoudre sans transiger ce problème épineux : ils proposaient à l'encadrement une mise à la retraite prématurée sans restriction de solde, ce qu'acceptèrent 10 000 gradés, non sans aigreur toutefois ; les autres devaient prêter serment de fidélité au nouveau régime. Le pronunciamiento tenté en août de la même année par ce même général Sanjurjo met clairement en évidence qu'une frange croissante de l'armée, après être restée dans une prudente expectative, avait désormais choisi son camp, tandis que les pré-retraités meublaient leurs loisirs forcés en fomentant des complots ! Pour le reste, afin de diminuer le danger particulier posé par la Garde civile, le gouvernement préféra créer une Garde d'assaut, formée d'éléments républicains, pour lui faire contrepoids. Quant à la rupture avec l'Église, elle n'était pas non plus courue d'avance. Certes, le cardinal-primat Segura s'était prononcé dès le 1er mai 1931 pour le retour du « Trône et de l'Autel », conformément à la tradition militante et intégriste du clergé ibérique, et le conflit avait conduit à son expulsion le 15 juin. Mais la majorité des clercs et des fidèles, à l'image de leur quotidien *El Debate*, étaient prêts à envisager le ralliement à un régime républicain soucieux d'ordre. Une minorité d'intellectuels, représentée notamment par José Bergamín (1894-1983) et sa revue *Cruz y Raya*, marquait même le renouvellement de la pensée catholique, son ouverture au libéralisme et au jeu démocratique. Or la politique ouvertement anticléricale du gouvernement Azaña facilita la structuration idéologique de l'opposition de droite autour de la défense du catholicisme. « L'Espagne a cessé d'être catholique », s'exclama Azaña après la proclamation de la

Constitution. L'article 3 y posait le principe de la séparation de l'Église et de l'État, avec suppression dans les deux ans à venir du budget dévolu aux cultes, tandis que l'article 26 fermait les écoles congréganistes et dissolvait l'ordre des Jésuites. L'Espagne républicaine rompait avec son univers de traditions, pour instaurer une société laïque. Modification du code pénal ; légalisation du divorce ; laïcisation de l'espace social par la suppression des croix des cimetières, des écoles et des lieux publics, et par l'interdiction des processions ; création d'une école laïque et gratuite, pour réduire l'analphabétisme (tel est encore le cas de 44 % des Espagnols) et mettre fin à l'autarcie culturelle de la péninsule en l'ouvrant à la modernité européenne, à l'image de son élite intellectuelle : mise en chantier de 27 000 écoles primaires, réorganisation et rénovation de l'enseignement secondaire et supérieur sur le modèle de l'*Institución libre...* Malgré quelques initiatives intéressantes – ces missions pédagogiques itinérantes, par exemple, où étudiants et professeurs présentaient à l'Espagne profonde les divers médias culturels, livres, mais aussi cinéma et radio –, le programme demeura inachevé, par manque de maîtres et de professeurs susceptibles de prendre la relève des religieux interdits d'enseignement, et par carence budgétaire ! Au total, les élites traditionnelles avaient été heurtées par la politique engagée, au demeurant assez maladroite parce que prématurée, sans que les masses n'en tirent directement profit.

Comment le prouver mieux que par la question agraire, sans doute le plus aigu de tous les ferments d'agitation, ne serait-ce qu'en raison de l'aggravation de la « faim de terre » des paysans par la croissance démographique (entre 1931 et 1935, le taux de croissance fut de 1,25 %) ? La réforme agraire du 15 septembre 1932, dans l'esprit de ses concepteurs, constituait la base d'un projet social global, ainsi défini par J. Beyrie : « sensible renforcement de la classe des petits propriétaires terriens et mise en œuvre d'un système cohérent d'instruction publique, axe majeur de la voie qui avait conduit, en particulier, à la France de la Troisième République ». Elle prévoyait une prolongation des contrats de fermage assortie d'une diminution des droits, tandis que les journaliers bénéficiaient d'une augmentation de leur salaire par journée de travail, désormais limitée à huit heures, et d'une priorité d'emploi auprès des propriétaires locaux. Par ailleurs, pour les régions de *latifundios*, une expropriation avait été décidée au-dessus d'un seuil variable selon la qualité des sols, appelé « minimum agro-social » ; une indemnisation était prévue, sauf pour les Grands, tandis que les terres n'étaient redistribuées qu'en usufruit inaliénable. Un Institut de réforme agraire était chargé de mettre en train cette réforme dont le processus complexe laissait présager la lenteur. En 1933, il était à peine engagé, au grand mécontentement des paysans qui devaient aussi constater que les mesures sociales prises en leur faveur demeuraient dans bien des cas des vœux pieux : à cette date, seuls 90 000 hectares avaient été répartis ; de toute façon, l'IRA ne disposait que d'un budget lui permettant d'installer 50 000 paysans par an, ce qui sous-entendait qu'il faudrait cinquante ans pour régler définitivement le problème agraire sur ces bases !

Cette première analyse le laisse deviner, les élans réformateurs se brisèrent sur l'ampleur des problèmes à résoudre, tant conjoncturels que structurels. L'économie européenne se trouvait en effet au creux de la vague dans ces mêmes années, ce qui ne fut pas sans entraver les bouleversements induits par les réformes entreprises. Moins que prévu néanmoins, en raison de la faible ouverture internationale de larges secteurs de la vie économique, la céréaliculture vivrière, par exemple, ou l'industrie textile. La péninsule fut surtout pénalisée par la chute dramatique de ses exportations agricoles – le volume des exportations de 1932 ne représentait plus que 33 % de celles de 1928 –, et l'arrêt temporaire, pour toute la période républicaine, de la soupape de sécurité qu'était l'émigration. On a pu chiffrer à 200 000 travailleurs la surcharge momentanée de population active. Ces contraintes économiques expliquent donc le marasme et la chute des investissements, accrue par la crainte des possédants qui, parfois, expatriaient leurs capitaux ou restreignaient leurs activités. Jointes aux troubles politiques, elles réduisent les usines péninsulaires au statut de « musée technique », selon l'expression de G. Hermet ; il est désormais loin, le temps des limousines Hispano-Suiza ! Les 600 000 chômeurs, dont 400 000 travailleurs agricoles, laissés pour compte de la république réformiste, se tournèrent vers l'action révolutionnaire.

Or, si nombre des réformes envisagées dans le premier état de grâce restèrent en partie lettre morte, ce fut surtout parce que le relatif consensus politique d'origine avait rapidement implosé. Il suffit pour le confirmer de rappeler que la coalition gouvernementale, qui s'étendait tout d'abord de l'ancienne droite monarchiste à la gauche socialiste, avait rapidement pris ses distances avec son aile droite. Alcalá Zamora n'avait-il pas démissionné de son poste de chef du gouvernement en octobre 1931 pour protester contre les articles de la Constitution et les violences populaires ? Miguel Maura lui avait emboîté le pas. Bien plus, les républicains de gauche étaient eux-mêmes divisés entre la Gauche républicaine de Manuel Azaña, les radicaux d'Alejandro Lerroux, outre les radicaux-socialistes de Marcellino Domingo et l'Union républicaine de Martínez Barrio, deux émanations du parti radical qui refusaient la dérive de celui-ci vers la droite. PSOE et UGT, quant à eux, avaient adopté avec l'avènement de la République une stratégie réformiste, soutenant le gouvernement dans lequel ils étaient représentés par trois ministres (Prieto aux Finances, Largo Caballero au Travail, De los Rios à la Justice), et tentaient par là même de détourner les paysans insatisfaits de la violence libertaire grâce à leur Fédération des travailleurs de la terre, forte de quelque 445 000 membres, près de la moitié des troupes de l'UGT. Toutefois, irrités par le libéralisme du programme réformateur et la lenteur à le réaliser, et peu désireux de cautionner la politique répressive à l'encontre des anarchistes, de plus en plus nombreux étaient les dirigeants tentés d'en revenir aux méthodes révolutionnaires que bien des militants continuaient à pratiquer en parallèle à la surenchère anarchiste. Effectivement, la CNT, sous la pression de la Fédération anarchiste ibérique – cette société à demi secrète qui, depuis sa création en 1927, prônait le recours à l'activisme terroriste et le choix du communisme libertaire –, opposait un refus constant à la république bourgeoise et réformiste des intellectuels. Là est la double cause de l'échec de cette dernière. Du côté de l'anarchisme, d'une part, pour avoir, par son terrorisme libertaire, tué dans l'œuf les chances d'évolution vers la démocratie en provoquant la radicalisation de toutes les forces politiques, de droite comme de gauche ; ainsi les tentatives insurrectionnelles se succédaient-elles, dans le Haut Llobregat minier en 1932, en Andalousie l'année suivante, avec mise en place d'une société communiste et libertaire. De celui de la République, de l'autre, pour n'avoir pas su intégrer un prolétariat marginalisé dont elle combattit constamment la principale force représentative, quitte à adopter une législation répressive : en octobre 1931, la loi de défense de la République suspendait certaines libertés constitutionnelles ; en juillet 1933, une loi d'ordre public devait même être adoptée. Mais le début de cette même année avait surtout vu l'envoi de la Garde d'assaut républicaine en Andalousie pour y mettre fin aux troubles. Aussi le massacre de Las Viejas fut-il directement imputé au régime ; il scinda en deux la gauche, expliquant le retour des socialistes vers la stratégie de la prise du pouvoir révolutionnaire, et entérina le divorce entre les masses agricoles, plus que jamais tentées par l'abstentionnisme anarchiste, et la république bourgeoise. Quant au parti communiste espagnol, créé en 1923 et adepte de la lutte « classe contre classe », il demeurait marginal, même si sa critique parallèle du réformisme socialiste et de l'« apoliticisme » anarchiste commençait à faire mouche.

Ces divisions à gauche ne pouvaient que servir l'opposition de droite, pourtant pareillement divisée. Mais certaines régions, comme le pays basque, maintenaient vivant ce courant conservateur et populaire dont la première forme d'expression politique avait été le carlisme. La Confédération des droites autonomes de José-María Gil Robles pouvait recueillir leurs suffrages ; ce parti avait été créé à l'instigation du clergé que les émeutes antireligieuses (cent églises et couvents furent notamment incendiés en 1931), tout comme la politique anticléricale, avaient conforté dans sa volonté de faciliter le regroupement des conservateurs dans un parti de défense catholique. Son inspirateur, Angel Herrera Oria, président de l'Action catholique dont provenait aussi Gil Robles, voulait en faire un parti démocrate chrétien sur le modèle du parti populaire italien de don Sturzo, mais l'« esprit des années trente », la volonté d'efficacité, conduisirent à l'adoption d'un style fascisant : organisations de jeunesse (JAP) para-militaires tentées par l'activisme, chef charismatique qui se fait appeler « Jefe »... Pourtant, quelle que soit cette imprégnation fasciste, le popularisme de Gil Robles ne renonça pas à jouer la carte du parlementarisme. L'attrait du fascisme est en revanche incontestable pour les nouvelles formations apparues à l'extrême droite : les *Juntas de Ofensiva Nacional Sindicalista* de Ramiro Ledesma Ramos avaient adopté les flèches et le joug, armoiries des Rois Catholiques, comme symbolisme politique, ce qui montre qu'elles avaient remplacé le racisme, constitutif à leur modèle hitlérien, par une mystique impériale proprement ibérique. En 1934, elles fusionnaient avec la Phalange créée l'année précédente par José Antonio Primo de Rivera, le fils du dictateur, mais demeurèrent néanmoins marginales jusqu'à l'avènement du *Frente Popular*, tant que demeura donc envisageable le recours légaliste de la CEDA pour l'électorat conservateur.

Aux élections de 1933, consécutives à la dissolution des Cortes, les modérés rassemblèrent justement la majorité des suffrages, aidés en cela par l'éclatement de la coalition gouvernementale et les consignes d'abstention des anarchistes. Dans leurs bastions, la Catalogne, l'Andalousie..., le pourcentage d'abstentions dépassait 40 % ! Le radical Lerroux prit la tête du nouveau gouvernement modéré ; son anticléricalisme et son passé d'homme de gauche ne suffirent pas à contrebalancer sa dérive vers la droite, que plusieurs de ses anciens amis politiques, au nombre desquels Martínez Barrio, ne purent accepter. En 1934, la CEDA, qui soutenait la coalition gouvernementale, y participa. Le *bienio negro* vit l'amorce d'une politique de réaction, qui conduisit à l'arrêt des réformes entreprises. Le ministre « cediste » Manuel Giménez Fernández, illustrant les préoccupations du catholicisme social, avait pourtant voulu poursuivre la réforme agraire. Mais, quand il avait tenté de faciliter l'installation des *yunteros*, ces journaliers *extremeños* propriétaires d'un attelage, un député monarchiste lui avait répondu : « Si vous essayez de nous déposséder avec vos encycliques, nous nous ferons schismatiques » ! Lors de cette « contre-réforme agraire », les expropriations furent arrêtées, les Grands indemnisés, la législation sur les baux et les salaires remaniée, les « tribunaux paritaires » – destinés à trancher en cas de conflit entre patrons et ouvriers – aménagés... De la même façon, les jésuites et les religieux interdits d'enseignement purent recommencer à professer à condition de revêtir des vêtements civils. La décentralisation des pouvoirs au profit de la Généralité catalane fut interrompue, ce à quoi le nouveau président Lluis Companys répliqua en proclamant, le 6 octobre 1934, l'autonomie totale de la Catalogne. Cette insurrection politique, doublée d'une grève générale, à Barcelone comme à Madrid, avait été décidée par les instances socialistes qui, à l'exception notable de Prieto, avaient emboîté le pas de Largo Caballero, le « Lénine espagnol », qui redécouvrait avec enthousiasme les saintes écritures marxistes et la maximalisation révolutionnaire. La CNT n'avait pas soutenu cette tentative insurrectionnelle, d'où son échec. En revanche les deux centrales syndicales furent à l'origine, toujours en octobre 1934, de l'insurrection asturienne qui permit la mise en place d'un pouvoir révolutionnaire durant une quinzaine de jours. La répression de cette « Commune » par la Légion et des unités marocaines dirigées par le général Franco, bientôt chef d'état-major du ministre de la Guerre Gil Robles, fut féroce (4 000 morts, 30 000 arrestations) ; elle scande la première étape de la veillée d'armes avant la guerre civile.

C'est contre le danger représenté par le chef de la CEDA – n'a-t-il pas dit, lors d'une manifestation à l'Escurial, début 1936, « nous prendrons le pouvoir quand nous le voudrons » ? –, que l'ensemble des forces de gauche s'unirent pour présenter un front électoral unifié aux élections entraînées par une nouvelle dissolution des Cortes en janvier 1936. Le PCE – converti à la stratégie d'alliance avec les forces bourgeoises en lutte contre le danger fasciste depuis le VIIe Congrès du Komintern d'août 1935 –, le parti ouvrier d'unification marxiste (POUM) – créé en 1935 et d'obédience trotskiste –, le PSOE, la Gauche républicaine, l'Union républicaine, et l'*Esquerra*, ne proposaient certes qu'un programme vague et modéré, mais axèrent leur campagne sur l'amnistie pour les condamnés politiques. La

CNT, quant à elle, levait ses consignes d'abstention, ce qui favorisa la très nette victoire électorale de la gauche. L'aggravation du *bienio negro* en 1935, les scandales autour de Lerroux et ses collaborateurs – entachant à tort d'opprobre ses alliés de la CEDA – avaient aussi facilité le glissement du peuple vers la gauche. Malgré l'allégresse populaire, le « printemps tragique » fut l'antichambre de la guerre civile. La déliquescence politique était à son comble – en dépit des efforts des nouveaux ministres, tous issus des partis « bourgeois » de la coalition –, comme en témoigne la destitution du président de la République Alcalá Zamora. La poussée révolutionnaire entraînait une vague de violences libertaires et d'occupations de terres. Dans le même temps, les partis ouvriers se disloquaient, pour se restructurer autour du noyau communiste. Le PCE lui-même attirait en mai 1936 102 000 militants inscrits, contre 35 000 trois mois avant ; surtout, les Jeunesses socialistes unifiées et le parti socialiste unifié de Catalogne traduisent la fusion des organisations socialistes et communistes, au grand bénéfice de ces derniers et de leur stratégie révolutionnaire. La CEDA se disloquait, et nombre de ses militants, surtout les jeunes de la JAP, avaient rallié la Phalange à qui l'échec électoral, qu'elle attribuait à la faillite du légalisme cediste, avait donné un coup de fouet ; ses *pistoleros* faisaient régner la violence contre-révolutionnaire. En six mois, 269 Espagnols furent victimes d'attentats de tous bords, contre 45 durant toute l'année 1935. En juillet 1936, la mort violente d'un officier des Gardes d'assaut provoqua en représailles l'enlèvement et l'assassinat du monarchiste Calvo Sotelo. Ce fut le prétexte au déclenchement du pronunciamiento des généraux.

Jusqu'en 1975, l'Espagne ne devait pas renouer avec la démocratie. Cette parenthèse en est d'autant plus fondamentale, et son échec, après les convulsions de l'agonie durant deux ans, avait entaché de suspicion toute éventualité d'un retour harmonieux au parlementarisme. Or G. Hermet, dans son ouvrage fondamental sur *l'Espagne au* XXe *siècle*, souligne que, malgré les apparences, la République n'est pas vraiment morte de la tentation autoritaire. L'Espagne, malgré la force de la menace révolutionnaire qui aurait pu polariser les masses conservatrices autour de la Phalange, ne réunissait pas les conditions favorables à l'essor du fascisme : sa neutralité durant la Première Guerre mondiale lui épargnait tant les revendications d'anciens combattants déçus que l'expression politique du révisionnisme à propos des traités de paix ; la crise économique, atténuée, n'avait pas entraîné la radicalisation de classes moyennes prolétarisées... Il peut donc parler d'une autodestruction des républicains qui ont sapé leurs propres assises en choisissant « de privilégier par leur action et leur discours l'exaltation d'un concept de démocratie sans compromis qui mettait en péril sa recevabilité dans les milieux traditionalistes assez étrangers aux grands principes républicains et désireux surtout d'être laissés à leurs habitudes ; ceci sans garantie de séduire le prolétariat anarchisant rebelle à toute espèce de démarche politique rationnelle... Qui plus est, les dirigeants républicains sont tombés dans l'erreur tactique consistant à proclamer le changement sans le concrétiser, à faire passer le discours ou l'énoncé législatif avant l'action... Ils... traduisaient de la sorte... l'ambiguïté de leurs propres intentions, leur déchirement entre leur élan égalitaire sublime et leur confiance plus terre à terre dans des institutions libérales et parlementaires ». Cette analyse rejoint le diagnostic porté sur la difficulté à réussir des expériences de gauche durant l'entre-deux-guerres, pour reposer sur l'alliance traditionnelle entre la gauche radicale, réformiste, et le socialisme, malgré l'incompatibilité de nombre de leurs options. Bien plus, la particularité espagnole tient à la force populaire d'un courant anarchiste et jusqu'au-boutiste, ferment constant de déstabilisation pour la république bourgeoise, moteur de maximalisation révolutionnaire pour les socialistes. Par ailleurs, la politique idéologique du gouvernement du *bienio* réformateur en fit l'instrument partisan du peuple de gauche, heurtant de plein fouet les conservateurs, déjà effrayés par les violences populaires, et les rejetant vers l'ordre et la tradition. Il s'était certes inspiré du modèle français de république jacobine et laïque, mais c'était oublier que les républicains étaient peu nombreux dans une Espagne sans tradition démocratique : ouvriers socialistes des grandes usines, classe moyenne des villes et intellectuels. Le centre de l'*Ateneo*, que dominait Manuel

Azaña, comme l'*Institución libre*, avaient été un vivier pour les intellectuels républicains, sous la houlette des maîtres à penser que furent José Ortega y Gasset, le directeur de la prestigieuse *Revista de Occidente*, l'animateur du *Sol*, ou Miguel de Unamuno. Or le jugement de G. Hermet est certainement à mettre en parallèle avec l'influence de cette élite, « *minoría selecta* » aux dires même d'Ortega y Gasset. Certes, ils avaient réfléchi, depuis la charnière du siècle, sur la nécessaire rénovation de leur pays. La République, qui les portait aux affaires ou les transformait en caution morale, leur donna les moyens du *regeneracionismo*, mais elle mit cruellement en évidence qu'ils ne répondaient pas aux aspirations du corps social, situés qu'ils étaient aux antipodes des traditionalistes sans pour autant avoir la capacité de mobiliser un prolétariat qu'ils méconnaissaient. Comme le Cartel des gauches en France, la République est pour la péninsule l'acte de baptême de l'intellectuel en politique, dont elle souligne donc l'idéalisme. « L'heure de la grande tâche à sonné pour l'intellectuel espagnol », prévoyait Ortega y Gasset en 1922. Peu après, Antonio Machado confirmait ce choix de la modernité, aux dépens du folklore et du passé, par ce credo : « *se fue toda la España de Mérimée* » (« toute l'Espagne de Mérimée a disparu »). Pourtant, beaucoup, désappointés par la violence des luttes politiques, finirent bientôt par se réfugier dans leur tour d'ivoire, loin de l'amertume de l'engagement. Ainsi le projet d'édifier une nouvelle société espagnole mourut-il, étouffé sous la violence des passions politiques.

Il n'en demeure pas moins que la République fut un printemps pour la vie de l'esprit et des arts. Renouvellement pictural, avec le surréaliste Joan Miró (1893-1983) – après le cubiste Juan Gris (1887-1927) –, Salvador Dalí (1904-1989) et Pablo Picasso (1881-1973). Épanouissement poétique, aussi, avec la génération de 1927 qui réconcilia avant-garde européenne et tradition formelle du Siècle d'Or : Jorge Guillen et son verbe pur, Vicente Aleixandre, Pedro Salinas et l'intimité de son œuvre amoureuse, Luis Terruda, Rafael Albertí et la virtuosité andalouse de ses premiers poèmes, Federico García Lorca (1899-1936) et son inspiration jaillissante qui puise aux sources de la tradition et de la Grenade gitane. La force de leur engage-

Le village de *Montroig* de Joan Miró, vers 1919.

L'église de la Sainte-Famille *(Sagrada Familía)* à Barcelone, dont la construction débuta en 1884 sous la direction du catalan Antonio Gaudí y Carnet.

ment politique nous conduit à insister sur ces deux derniers auteurs. Albertí fit de ses œuvres un combat révolutionnaire à partir de 1929 où il se tourna vers le PCE ; « poète dans la rue », il y récitait ses textes ; dramaturge, il fit de *Fermín Galan*, la première pièce engagée du théâtre espagnol, l'hagiographie d'un martyr de la République. La défaite républicaine, en 1939, le conduisit à s'exiler, comme l'ensemble de l'intelligentsia, dispersée aux quatre coins du monde. De même, Federico García Lorca avait-il choisi de lutter pour la justice aux côtés « de ceux qui n'ont rien et à qui on dénie jusqu'à la tranquillité du néant » ; il leur apporta l'enrichissement du théâtre grâce à la compagnie universitaire itinérante de La Barraca. Son exécution à Grenade, sa patrie, par les troupes franquistes, symbolise le tragique déchirement fratricide de la guerre civile.

La guerre civile, l'affrontement des deux Espagnes

Deux États en guerre

En 1983, une enquête du journal *Cambio 16* posait la question suivante : « Quel est le fait historique qui vous paraît le plus important pour comprendre l'Espagne contemporaine ? » 57 % des personnes interrogées ont répondu : « la guerre civile », traduction sanglante de l'affrontement des deux Espagnes, la « noire » et la « rouge », et point focal de l'histoire tourmentée de plus d'un siècle. Dans le même temps, il est bien évident qu'elle ébranla les certitudes du monde entier, faisant rejouer les clivages de la Croisade anticommuniste et ceux du Grand Soir révolutionnaire, tout en devenant le mythe fondateur de la lutte internationale contre le fascisme. C'est enfin le tournant des relations européennes des années trente, véritable répétition générale du second conflit mondial. Aussi une immense bibliographie s'est-elle accumulée, livres historiques, témoignages littéraires et journalistiques, enrichie par le poids de la création et du reflet cinématographiques. La gageure est donc ici d'évoquer en peu de pages trois années où l'histoire espagnole bascule, sans omettre leur part de légende et de mythe.

Le putsch militaire des 17 et 18 juillet 1936 devait être pour ses acteurs l'un de ces pronunciamientos qui ont scandé le XIXe siècle de leur promenade militaire. L'assassinat du monarchiste Joaquín Calvo Sotelo, maître à penser de la droite, lui avait servi de détonateur, même s'il s'insère dans la spirale de violence politique qui marque ce début d'été 1936. « Le sang de Sotelo noiera le gouvernement », prophétise Gil Robles. Déclenchée au Maroc le 17, là où étaient cantonnées les meilleures troupes, celles du *Tercio* et des auxiliaires maures, l'insurrection se généralisa au territoire péninsulaire le 18, des régions comme la Navarre – où des volontaires, les *requetés* au béret rouge, se mobilisent « *por Dios, por la Patria, por el Rey* » –, le León et la Vieille Castille se ralliant presque sans combattre, d'autres, comme l'Andalousie, tombant dans l'escarcelle des rebelles du fait de la prise de position de leurs gouverneurs militaires et de leurs autorités civiles. Ainsi, à Séville, le général Queipo de Llano s'empara-t-il avec un simple détachement de l'émetteur radio, faisant croire qu'il disposait de troupes nombreuses, ce qui tua dans l'œuf la résistance ouvrière. A plusieurs reprises, les autorités se portèrent garantes du loyalisme des troupes, désamorçant l'insurrection populaire, avant de se démasquer – ainsi le général Cabanellas à Saragosse. Toutefois, le mouvement connut des échecs, non tant stratégiques – puisqu'il prive l'État de l'essentiel de sa force militaire – que politiques. Il ne parvint pas à gagner la marine et l'aviation de guerre, malgré le ralliement de leurs officiers ; la Garde d'assaut restait aussi une force décisive pour la République. Bien plus, les troupes insurgées, médiocrement préparées, échouèrent devant la résistance populaire, massive et inattendue, qui embrasa le pays basque, les Asturies, Barcelone et la Catalogne, et enfin Madrid. Les grandes métropoles, les régions industrielles, en bref les deux tiers du territoire national, lui échappent. A Barcelone, la population se procure les armes que la Généralité n'a pas voulu lui distribuer, et contraint le chef de l'insurrection, le général Goded, à se rendre au terme de deux jours de combat acharné. Là où le soulèvement a échoué, il est clair que c'est le peuple en armes qui est l'artisan de cette résistance républicaine, sous la conduite des organisations ouvrières qui, transformées en « comités », se sont attribué tout le pouvoir. Selon la formule de P. Broué, « l'initiative de la contre-révolution a déclenché la révolution ». Le gouvernement, dirigé par José Giral, son troisième chef en quelques jours, n'est désormais plus qu'une façade sans autorité ni représentativité réelle, un « monument d'inactivité », qui se borne à légitimer et à légaliser le sursaut révolutionnaire dans les zones acquises à la République. Il ne s'est toutefois pas avoué vaincu, face au pronunciamiento, et lutte avec le peuple. C'est ce dernier qui a frustré les généraux « nationaux » d'une victoire rapide, c'est l'internationalisation du conflit qui le prolongera. Trois ans d'opérations militaires vont parsemer l'Espagne de « grands cimetières sous la lune ».

Le territoire espagnol est scindé en deux dès les premiers succès nationalistes. Les républicains « loyalistes » tiennent au nord pays basque et Asturies, à l'est une vaste zone englobant Catalogne, Aragon, pays valencien et madrilène ; les deux régions sont toutefois isolées. Quant aux nationalistes, ils se sont rendus maîtres d'une large bande occidentale qui va de la Galice à l'Andalousie ; l'Estrémadure et Badajoz ont été conquises début août, première victoire des insurgés dans ce qu'on a coutume d'appeler la bataille des liaisons. La prise d'Irun, le 15 septembre, avait pour eux l'avantage d'accroître l'isolement du pays basque et des Asturies face au reste de la zone républicaine. En ce qui les concernait, seules quelques poches de résistance en secteur loyaliste se trouvaient dans la même situation, la plus importante étant l'Alcazar de Tolède qui fut délivré par le général Franco à la fin septembre. Mais il est incontestable que, de part et d'autre, les forces n'étaient pas suffisantes et les pouvoirs trop émiettés pour conduire des opérations sur tous ces fronts et de façon décisive. Deux armées désordonnées et démunies s'affrontent dans une guerre menée comme au XIXe siècle ; jusqu'en octobre, on réquisitionne autobus, camions et tramways pour aller combattre ; les généraux nationaux eux-mêmes ne disposent que d'une carte Michelin pour se repérer ! Rappelons que c'était l'aide matérielle des Allemands et des Italiens qui leur avaient permis d'unifier leur zone.

Le 9 novembre, les nationalistes lancèrent le combat pour la prise de la capitale, qui leur paraissait la plus sûre garantie de victoire éclair. Or les assauts échouèrent, tant en raison de l'héroïsme de la résistance populaire dirigée par le général Miaja et encadrée par les Brigades internationales – leur arrivée à temps avait été permise par le délai de grâce involontairement octroyé par Franco en libérant Tolède avant d'attaquer la capitale – que de l'inexpérience des troupes insurgées dans les combats de rues où elles s'épuisèrent. Aussi la bataille de Madrid, entre octobre 1936 et février 1937, est-elle le symbole du peuple en armes et l'annonce que la guerre serait longue... Dès lors, les forces nationalistes, abandonnant l'objectif madrilène, se lancèrent dans la réduction des bastions républicains, en concentrant leurs forces sur un seul point et en pratiquant la stratégie de la guerre de mouvement. Même si une carence en matériel et en cadres – moindre cependant que pour les républicains – les empêcha de transformer des victoires ponctuelles en offensive décisive, ils remportèrent d'indéniables succès en 1937. Les milices populaires, où les militants politiques étaient encadrés par quelques officiers loyaux, les « techniciens », étaient effectivement mal préparées à ces combats : autant leur enthousiasme et leur héroïsme leur avaient permis de remporter des victoires inattendues dans les combats de rues – pour lesquels les Maures étaient en revanche novices –, autant leur absence d'articulation, de formation et de discipline les rendait peu aptes à la guerre moderne. Les efforts du parti communiste pour créer une armée efficace, avec des régiments modèles – les 70 000 hommes du célèbre Ve régiment – et des généraux populaires – Enrique Lister, Juan Modesto Guilloto – aboutirent à des résultats spectaculaires mais trop tardifs pour contrebalancer l'érosion républicaine. Entre temps, malgré leurs tentatives de diversion, les loyalistes avaient perdu dans ces batailles pays basque et Asturies : le front nord était résorbé, malgré la confiance mise dans la « ceinture de fer » de Bilbao, sorte de ligne Maginot locale. Le 26 avril 1937, la division Condor détruisait Guernica, à la vive émotion de l'opinion internationale. Le célèbre tableau en noir et blanc de Pablo Picasso est un cri contre ces « désastres de la guerre ». Les bombardements ravagent en effet toutes les villes républicaines, aggravant des conditions de vie placées sous le signe de la pénurie, de la malnutrition, voire de la famine, tant les difficultés de

Guernica de Pablo Picasso, épopée funèbre en noir et blanc réalisée en commémoration du bombardement du port de Biscaye par des avions allemands de la Légion Cordor, le 5 mai 1937.

ravitaillement sont aiguës dans une zone surpeuplée au regard de sa capacité agricole. L'hiver suivant, les loyalistes lancèrent pourtant une vaste contre-offensive sur Teruel, où se déroule *l'Espoir* d'André Malraux. La ville est prise le 9 janvier mais perdue dès le 22 février. Épuisés, ils ne furent pas capables de contrer l'attaque nationaliste de mars 1938 en Aragon ; la Catalogne était à nouveau séparée du reste de la zone républicaine. La défaite semblait irrémédiable, malgré la courageuse offensive de l'été 1938 sur l'Èbre, qui retarda l'estocade. Celle-ci eut lieu en janvier 1939, selon la stratégie éclair de la *Blitzkrieg* qui dérouta les républicains. Bientôt Barcelone et la Catalogne tombaient ; le gouvernement Negrín, des milliers de Catalans, fuient vers la frontière française dans le froid et le dénuement. A Madrid la confusion est totale : les efforts de la Junte nationale de Défense, qui, regroupant des représentants de toutes les forces politiques et syndicales, à l'exception des communistes, s'est soulevée contre le gouvernement sous la direction du colonel Casado, visent à négocier une capitulation honorable par l'entremise britannique. Mais les militants du PCE tentent une dernière résistance désespérée dans la ville assiégée. Le 28 mars, elle devait céder. Le 1er avril, la radio nationaliste annonçait officiellement la victoire franquiste.

C'est l'enclenchement de ce mécanisme fatal, qui, début 1937, avait mis dos à dos deux forces sensiblement égales, une fois perdues leurs illusions quant à leur victoire rapide, et les a poussées à organiser l'arrière. La guerre civile se traduit donc par la constitution de deux États antithétiques, convaincus d'incarner la légitimité nationale. Or, dans la première « illusion lyrique » et populaire, pour reprendre le mot de Malraux, le régime républicain s'est désagrégé. On y voit fleurir des juntes révolutionnaires qui apparaissent spontanément partout : souvenir, certes, de la tradition des juntes cantonalistes du XIXe siècle, nouvelle irruption de l'Espagne « invertébrée » ; reprise, aussi, du modèle des soviets bolcheviques. Ces « comités-gouvernements », étroitement contrôlés par leur base, se sont attribués les fonctions législative et exécutive, et sont la plate-forme d'organisation des pouvoirs régionaux. Leur composition politique varie beaucoup selon les cas, dans le désordre révolutionnaire des cas d'espèce : les communistes et les socialistes modérés, lorsqu'ils sont majoritaires (à Madrid, en Castille), tentent d'organiser un pouvoir cohérent, susceptible de diriger la défense républicaine, ce qui suppose de ne pas laisser la bride sur le cou aux « outrances révolutionnaires », de crainte d'effrayer les sympathisants modérés, à l'intérieur comme à l'extérieur. Extrêmement minoritaire il y a peu, le PCE poursuit en effet son ascension, dynamisé par la stratégie d'alliance avec les démocrates bourgeois prônée par le Komintern depuis 1934, et se rapproche de socialistes modérés comme Indalecio Prieto ou Juan Negrín. Les anarchistes et les socialistes radicaux, en revanche, pour qui la révolution totale et prolétarienne est une condition de la victoire, cautionnent en Aragon, en pays valencien, en Catalogne, les mesures révolutionnaires adoptées dans la confusion, en raison de la multiplication des pouvoirs locaux, ceux des syndicats, des quartiers... Des comités émanent en effet des commissions de sécurité qui, avec les milices de l'arrière ou brigades populaires – forces de police révolutionnaires – et les tribunaux d'exception, font régner la « terreur de classe ». La lutte des classes et la rupture révolutionnaire avec le monde ancien sont aussi les maîtres mots de leur action pour une société nouvelle. L'anticléricalisme populaire de l'Espagne rouge s'exprime dans les persécutions dont sont victimes clercs et religieuses, dans la fermeture des édifices de culte et des

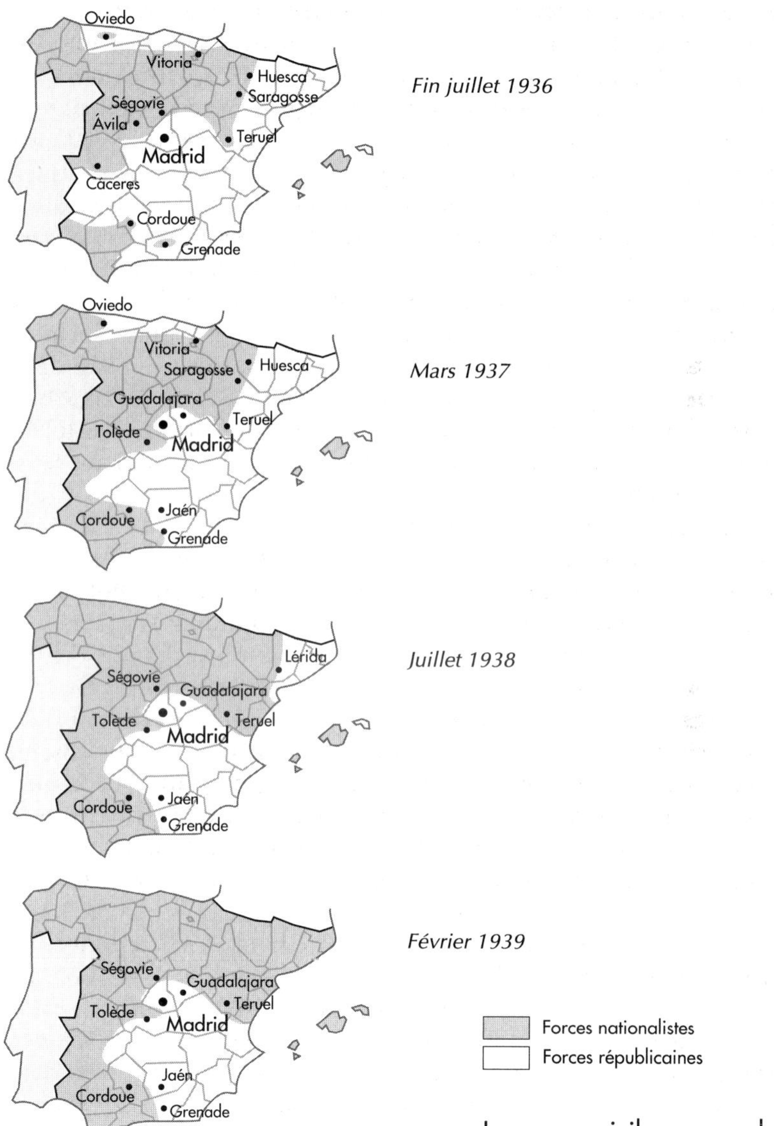

La guerre civile espagnole

écoles confessionnelles, dans la confiscation des biens. La faim de terre, l'aspiration à l'autogestion, se traduisent dans les collectivisations des entreprises et des banques, gérées par des comités ouvriers élus en Catalogne, dans les Asturies, en pays valencien... et dans celles des domaines agricoles d'Aragon. Soulignons ici que le pays basque représente une exception, puisque ni l'Église ni la propriété n'y furent l'objet d'attaques, tandis que l'ordre y était garanti par le respect dont jouissait le nouveau pouvoir autonomiste de José Antonio Aguirre. C'est certainement la conviction qu'ont eue les Basques d'obtenir plus aisément leur statut d'autonomie dans le camp républicain qui le leur a fait choisir, malgré tout ce qui, aux plans social et politique, les rapprochait des nationalistes. Dans le reste de la zone républicaine, toutes ces communautés – apparues spontanément ou à l'initiative des comités libertaires locaux, soucieux d'assurer l'égalité totale par le collectivisme à outrance – se replient sur elles-mêmes, dans une autarcie totale qui va jusqu'à la disparition de la monnaie remplacée par des bons. Les agriculteurs parviennent à survivre, mais la production industrielle s'étiole, faute de matières premières et de débouchés. C'est « l'apocalypse de la liberté » dont parle Malraux. Comment la République pourrait-elle se défendre sans un embryon d'État, aussi réticents qu'y soient les anarchistes ?

Aussi les échecs de l'armée révolutionnaire durant l'été 1936 et, par conséquent, la prolongation de la guerre, imposent-ils la réorganisation du pouvoir politique, seule chance d'assurer la victoire. C'est la thèse de la « guerre avant tout » des communistes ; ils soulignent que celle-ci, plus que confrontation entre contre-révolution et révolution, est la lutte entre démocratie et fascisme, ce qui impose la poursuite de la stratégie de *Frente Popular* d'alliance avec les républicains bourgeois, et le respect des formes légales de démocratie parlementaire. Leur poids – plus déterminant avec l'arrivée de l'aide soviétique et des conseillers envoyés par Moscou (les Soviétiques Mikhaïl Koltsov et Alexandre Orlov, l'Argentin Codovilla dit Medina, le Bulgare Milnev dit Stepanov, les Italiens Vitali dit Carlos Contreras et Palmiro Togliatti...) – permit cette unification des pouvoirs républicains. Plusieurs décisions furent prises afin de restaurer l'État. Avant tout lui donner un gouvernement représentatif par la présence de modérés, socialistes, communistes et anarchistes : cette coalition de Front populaire était dirigée par Largo Caballero et transférée à Valence ; unifier les formes institutionnelles, choix soutenu à contrecœur par les dirigeants libertaires : suppression des pouvoirs révolutionnaires locaux, les comités-gouvernements, remplacés par des conseils représentant toutes les mouvances politiques républicaines ; organisation des milices insurrectionnelles de l'arrière en forces de police contrôlées par des commissaires politiques sous la tutelle du ministère de l'Intérieur ; reconstitution d'une armée populaire disciplinée et hiérarchique – les termes militaires désignant les unités, les grades, réapparaissent – à partir des milices ; mise sous tutelle des tribunaux populaires par les magistrats, dont le corps avait été sévèrement épuré. Dans le même temps, les conquêtes révolutionnaires étaient légalisées. Cette reprise en main ne se fit toutefois pas sans mal, d'autant que le poids croissant des conseillers soviétiques, et donc du PCE, attisaient les querelles partisanes et idéologiques. Elles s'exprimèrent tragiquement en Catalogne, bastion libertaire : les militants de la CNT et du POUM répondirent par une insurrection armée, le 3 mai 1937, à la tentative de récupération du central téléphonique qu'ils détenaient, jusqu'à ce que les dirigeants de la centrale anarchiste n'interviennent pour mettre fin à cet affrontement fratricide et meurtrier. Le 6 mai, il était incontestable que les tenants d'un pouvoir central fort avaient pris l'ascendant sur la minorité révolutionnaire et maximaliste. La mémoire de la gauche espagnole en conservera une amertume durable. Le POUM est dissous pour trotskisme et collusion avec l'ennemi fasciste, ses militants arrêtés et condamnés pour atteinte à l'ordre établi, son chef, Andrès Nín, disparaît en prison. C'est le conseiller hongrois Ernest Gerö, celui-là même qui contribua à rétablir l'ordre à Budapest en 1956, qui eut la haute main sur ces purges. Largo Caballero, réticent devant la répression, quitta la direction de l'UGT et celle du gouvernement. Le socialiste modéré Juan Negrín, soutenu par le PCE et l'UGT, prit alors la tête de l'exécutif ainsi normalisé ; il ordonna une pause dans la transformation révolutionnaire de la société (fin des persécutions religieuses, de la collectivisation), recréa un État de droit tout en le dotant des moyens d'une véritable dictature stalinienne : Service d'investigation militaire (SIM) créé par le socialiste Prieto et contrôlé par les communistes et conseillers soviétiques, plus police politique que section du contre-espionnage ; tribunaux de guerre... Les dissensions ne firent toutefois que s'aigrir au sein de cette coalition hétéroclite, déjà privée des anarchistes, et à laquelle seule la volonté de vaincre donnait encore un ciment unificateur. Les défaites le firent se dissoudre, ainsi que l'atteste le départ de Prieto du gouvernement au mois de mars 1938. Après avoir été l'allié du PCE dans la lutte contre la minorité révolutionnaire, il dénonçait les menées des communistes espagnols, incontestablement le bras armé de l'Internationale stalinienne. Amères, ces dissensions devinrent tragiques dans l'agonie républicaine : quelques unités communistes fidèles à Negrín, devenu le tenant de la résistance à outrance, se heurtèrent en effet aux anarchistes ralliés à la Junte du colonel Casado entre le 5 et le 10 mars 1939 dans Madrid en ruines. Les combats firent deux mille morts. Le langage des armes adverses mit fin à cette crise ultime par la capitulation.

L'Espagne républicaine n'est donc jamais vraiment parvenue à résoudre les rivalités entre ses pouvoirs rivaux et émiettés. A l'inverse, les nationalistes, privés de leur chef, le général monarchiste Sanjurjo, mort dans un accident d'avion deux jours après le soulèvement, se dotèrent d'une administration militaire, sous la conduite de leur doyen, le général Cabanellas, républicain et franc-maçon, dans l'improvisation mais la rapidité. La Junte de défense regroupait en fait les généraux rebelles, responsables d'un territoire, Mola dans le nord, Franco au sud, à la tête de l'armée d'Afrique, Queipo de Llano en Andalousie... L'état de siège et sa rançon (répression violente à l'encontre des forces de gauche, épuration, justice d'exception, censure, suspension des libertés syndicales et politiques) étaient en fait des mesures provisoires prises par les militaires peu soucieux d'être distraits de la conduite des opérations par la mise en place d'un pouvoir dans les régions contrôlées. Ceux qui auraient pu jouer ce rôle, le général Sanjurjo, Joaquín Calvo Sotelo, José Antonio Primo de Rivera (exécuté dans sa prison d'Alicante le 20 novembre 1936), étaient morts. Il ne s'agissait pas non plus de se laisser affaiblir par l'hétérogénéité des buts poursuivis par les forces politiques qui soutenaient les insurgés : démocrates chrétiens issus de la CEDA ; monarchistes alphonsins, représentant l'oligarchie foncière, industrielle et financière, partisans d'une royauté constitutionnelle ; monarchistes carlistes, traditionalistes et intégristes, défenseurs des libertés forales, forts de leur indéniable assise populaire et du soutien des courageux *requetés* navarrais, soldats d'élite ; phalangistes fascisants, membres des classes moyennes ou *señoritos* aisés, certainement la force militaire et politique la plus importante du Mouvement...

Le 21 septembre 1936, Franco – parce que, chef des troupes les plus efficaces, il était respecté sans être l'homme d'un camp – fut choisi comme nouveau général en chef, puis désigné comme chef du gouvernement provisoire installé à Burgos ; le 1er octobre il s'auto-proclamait chef de l'État, mettant fin aux espoirs des monarchistes. L'homme est alors une énigme. Né en 1892, en Galice, dans une famille d'officiers de marine, il avait été formé à l'Académie militaire de Tolède pour devenir officier d'infanterie, la suspension du concours de l'École navale ayant contrarié sa vocation. La guerre marocaine donna à son ambition, lasse de la triste vie de garnison, les moyens de s'employer ; remarqué pour ses hauts faits, il était chargé en 1920 de former la prestigieuse Légion dont la création venait d'être décidée, bientôt fer de lance du combat dans le Rif. A 34 ans il était nommé général, puis directeur de l'Académie militaire de Saragosse, enfin commandant des forces marocaines après qu'il eut réduit par les armes la rébellion asturienne de 1934. Le Front populaire l'écarta de son poste de chef d'état-major et l'exila aux Canaries, d'où il hésita beaucoup à participer à la conspiration. Le 12 juillet, il faisait encore part de ses incertitudes... Ambitieux et isolé de ses pairs par sa modeste origine sociale, malgré un brillant mariage et une carrière fulgurante, il était peu aimé. Distant, peu démonstratif, il était mal connu, et en joua avec une indéniable capacité de dissimulation. Cet opportuniste et cet intuitif avait une capacité manœuvrière qui lui permit de profiter des circonstances. De même parvint-il à faire du soutien des pouvoirs de fait qu'étaient armée et Église, l'assise idéologique du régime, ce qui avait l'avantage de minimiser la référence phalangiste. Aussi abolit-il les mesures de sécularisation de la société qui avait été prises sous la République, tout en renonçant à sa propre indifférence religieuse. De même – après les généraux carlistes, toutefois – employa-t-il le premier, le 24 juillet 1936, le terme mythique et religieux de « croisade patriotique ». Dès le 23 août, l'évêque de Pampelune lui emboîtait le pas : « Nous ne livrons pas une guerre mais une croisade ». Ce dernier est pourtant une relative exception dans un épiscopat fort prudent, même si le bas clergé cautionna avec enthousiasme cette démarche. Ce n'est que le 1er juillet 1937 que la hiérarchie catholique prit officiellement position dans sa *Lettre collective des évêques espagnols*, apportant sa caution à la quasi-unanimité puisque seules deux signatures manquaient. L'écrasement du pays basque républicain, dont les positions modérées étaient soutenues par un grand nombre de clercs, avait levé les dernières hésitations de l'Église espagnole. Le Vatican, qui craignait que l'unification politique et syndicale ne nuise aux mouvements catholiques, ne fut toutefois représenté par un nonce qu'à partir de juin 1938. Cérémonies religieuses, processions, prières collectives, bénédiction de troupes... confortent désormais le caractère sacré de la lutte que résume cette formule d'une brochure de l'Action catholique, qui reprend la thèse exprimée pour la première fois par le primat d'Espagne en novembre 1936 : « cette guerre cruelle est, dans le fond, une guerre de principe, une guerre idéologique, celle qui oppose une conception de la vie et de la société à une autre, une civilisation à une autre... C'est la guerre de l'espoir chrétien et espagnol contre le matérialisme marxiste ».

Le régime mit néanmoins longtemps à être défini, et les premiers mois semblent marqués par le provisoire. Après de longues tractations secrètes entre phalangistes et monarchistes, le décret du 19 avril 1937 instituait un parti unique dont le titre complexe illustre l'amalgame de ses composantes, la *Falange española tradicionalista y de las JONS*, flanqué d'une milice, et dirigé par un Conseil national du parti imité du Grand Conseil du fascisme italien. Cette coexistence forcée en son sein l'indique, jamais le parti n'aura la dynamique idéologique de régir le fonctionnement étatique ; il se contentera d'être la conséquence institutionnelle de la dictature franquiste. C'est sur ces bases que le généralissime Franco, chef du Mouvement, *Caudillo del Movimiento* – titre charismatique des chefs militaires médiévaux –, fonde une autorité absolue proclamée dans un texte du 4 août 1937, et incontestée dans l'armée, le parti, le syndicat – unifié par la Charte du travail du 9 mars 1938 –, et dans le gouvernement. En 1938, la Junte se transforme en ministère. Le programme de ce dernier n'a pas répondu en matière sociale aux attentes révolutionnaires et anticapitalistes des phalangistes de la première heure, *las camisas viejas*, les chemises vieilles, dont la défaite est patente avec l'arrestation de Manuel Hedilla, le successeur de Primo de Rivera. Bien au contraire, sa philosophie contre-révolutionnaire, comme sa politique d'« ordre moral », lui ont permis de trouver ses meilleurs appuis dans les classes dirigeantes dont le poids social n'a pas été modifié. Les populations, en majorité rurales dans les zones contrôlées, parvenaient à survivre sans difficulté. Elles subissaient avec moins d'âpreté que les zones républicaines les conséquences de l'état de guerre, et, si les hommes étaient au front, les familles en étaient éloignées. Rassurées par la normalisation franquiste, sensibles au charisme du Caudillo, elles adhéraient à son patriotisme conservateur et mystique. Plus encore qu'un affrontement militaire, la guerre civile est en effet le heurt déchirant de deux Espagnes qu'un siècle et demi d'affrontements avait éloignées l'une de l'autre.

Deux peuples en armes

Mourir à Madrid. Si le film de Frédéric Rossif consacré en 1963 à la guerre d'Espagne s'intitule ainsi, c'est certainement en raison de l'accession à la légende de la bataille de Madrid. La population, réquisitionnée, se mobilise pour que « Madrid (soit) le Verdun de la démocratie », « la tombe du fascisme »... La capitale est un symbole où se confondent l'histoire et la légende de la résistance populaire, de l'hiver 1936 à la chute finale. C'est l'incarnation par excellence du peuple en armes, le peuple espagnol, mais aussi les démocrates venus dans les Brigades Internationales – dont c'est la première intervention, en novembre – défendre dans la solidarité les valeurs universelles de la démocratie. Dès le 19 juillet, tous ont été galvanisés par l'appel de Dolorès Ibarruri et sa certitude, « *no pasaran* ». « Le fascisme ne passera pas, les bourreaux d'octobre ne passeront pas !... Ils ne passeront pas ! » Cette évocation rapide de Madrid en armes résume pour nous cette guerre fratricide, conflit idéologique et moderne, qui a focalisé l'attention et l'engagement du concert international.

L'Espagne « rouge » et l'Espagne « noire » ont mythifié un combat que toutes deux ont fondé sur le sursaut national. Pour les républicains, le nationalisme puise aux racines du passé ibérique. Nombre d'orateurs rappellent l'émergence et la mobilisation spontanées du peuple lors de la guerre d'indépendance devant l'envahisseur français, en soulignant qu'il ne fut pas incompatible avec la libre expression des personnalités régionales. Quant aux généraux, ils avaient décidé leur putsch de juillet 1936 pour régénérer l'Espagne, la sauver du désordre et garantir son unité nationale menacée par les séparatismes régionaux. Aussi la mémoire nationaliste puise-t-elle aux mêmes sources pour en retenir l'idée de croisade, où le combat pour la religion et la patrie est mené au nom de la tradition espagnole. Comment oublier les *partidas* conduites par les prêtres brandissant la bannière du Christ-Roi ? Cette référence, constitutive à l'idéologie traditionaliste, avait joué à nouveau sous la République ; la guerre civile ne pouvait que lui donner une nouvelle actualité. « Les soldats nationalistes sont les croisés du Christ et de l'Espagne. » Des brochures fournies par l'Action catholique aux soldats franquistes s'en font écho, justifiant le combat du Bien contre le Mal dont ils trouvent une nouvelle incarnation dans les exactions anticléricales des loyalistes. Saint Jacques de Compostelle est appelé en recours, particulièrement en 1937, année jubilaire. Cet affrontement idéologique a été exalté et orchestré par la propagande. A ce titre aussi, c'est une guerre moderne et totale, préfigurant 1939-1945, qui utilise affiches, presse, et, pour la première fois, actualités cinématographiques et radio... L'engagement militant des intellectuels est à cet égard décisif. La normalisation franquiste passe par le ralliement du compositeur Manuel de Falla, des poètes Eugenio d'Ors et José Maria Peman, de Pio Baroja... Les poètes Antonio Machado, Miguel Hernández, Rafael Albertí, Emilio Pradós, l'écrivain catholique progressite José Bergamin, les peintres Pablo Picasso et Joan Miró... ont rejoint les rangs républicains et mettent leur plume et leur talent à leur service. La presse madrilène traduit la mobilisation de l'élite intellectuelle : *El mono azul* – du nom du bleu de travail, uniforme des miliciens dans une Espagne républicaine où le complet-veston bourgeois a disparu –, en premier lieu, revue de propagande qui veut réconcilier le peuple et les intellectuels dans un même combat pour la liberté et la culture espagnoles, contre le danger fasciste ; mais aussi *Hora de España,* revue littéraire et engagée d'excellente qualité. Toutes deux publient des poèmes qui, avec la ferveur populaire du *romance*, exaltent les héros populaires, la lutte universelle et solidaire pour la liberté. Le *Romancero general de la guerra española* les a rassemblés ; les signatures les plus illustres y alternent avec celles de poètes-soldats, miliciens ou humbles combattants.

L'Espagne est aussi le lieu de la cristallisation du militantisme politique international. Les témoins qui s'y rendent sont tous engagés dans un camp ou dans l'autre, et se font les échos d'une vérité : Mikhaïl Koltsov, le correspondant de la *Pravda,* Arthur Koestler, Ernest Hemingway, Klaus Mann, Robert Brasillach... Les intellectuels, en France comme à l'étranger, sont concernés par les valeurs universelles qui sont en jeu. Paul Claudel, Robert Brasillach, se rangent sous la bannière franquiste ; le second consacra avec Henri Massis un ouvrage aux légendaires cadets de Tolède, martyrs nationalistes, et publia avec Maurice Bardèche la première histoire française de la guerre civile. La plupart ont plutôt été conduits à la défense républicaine au nom de la démocratie, et leurs œuvres en témoignent : *Spanish Earth*, le film-document de Joris Ivens et Ernest Hemingway, mythifie pour la première fois en 1937 le héros républicain. Suivront en 1939 *l'Espoir*, film et livre d'André Malraux, puis en 1940 *Pour qui sonne le glas ?*... Mais, après avoir été un choix aisé – tant pour chacun le bien et le mal avaient leur camp – la guerre civile ouvrit en fait les grands débats intellectuels contemporains. La gauche, au moment même des procès de Moscou, fut confrontée, avec la répression menée à l'encontre des trotskistes, à l'intransigeance et au totalitarisme staliniens ; les yeux d'Orwell, de Koestler, étaient dessillés. La droite catholique eut à choisir entre sa foi et les valeurs démocratiques. Mauriac, Maritain, Bernanos... revinrent de leurs sympathies premières pour les nationaux au vu de leurs exactions. Après avoir constaté la férocité de la répression à Majorque, Georges Bernanos s'exclamait en 1938, dans *les Grands cimetières sous la lune* : « Ne parlez pas de croisade ! »

En effet, l'opinion occidentale a suivi par ses médias une guerre dont la sauvagerie lui a semblé être une des principales caractéristiques. La mort gratuite de Federico Garcia Lorca à Grenade, les corps déterrés des carmélites de Barcelone, exposés au sacrilège de la foule sur le parvis de la cathédrale, autant d'images qui ont frappé les esprits. Il est certain que la terreur de classe en zone républicaine, le régime d'exception militaire en secteur nationaliste, se sont traduits par les arrestations, les exécutions sommaires et en masse, les excès de la répression politique. Chez les loyalistes, la confusion qui a prévalu dans un premier temps a incontestablement déchaîné la fureur justicière et révolutionnaire, les exactions incontrôlées, les règlements de compte personnels... La violence anticléricale a fait quelque 7 000 morts, quiconque reconnu comme religieux étant passé par les armes, parfois tué avec sauvagerie. On viole les sépultures, on se livre à des mascarades sacrilèges, on incendie les églises au grand dommage du patrimoine artistique espagnol. Toutefois, la « terreur rouge » a aussi atteint les militaires, les notables, les militants de droite... surtout dans les premiers mois de terreur massive où les comités se sont dotés de commissions d'enquête, les Tchekas... Leur sinistre mémoire est celle du sang des *paseos*, ces randonnées en camion terminées par un massacre. Cette violence républicaine a diminué à la mi 1937, et les évaluations les plus crédibles en chiffrent le bilan à 75 000 morts. La « terreur blanche » nationaliste a été plus durable – car elle ne s'est pas terminée avec la guerre – et par là même plus difficile encore à chiffrer : « nettoyages » sanglants de Saragosse, Badajoz, Merida ou Málaga ; épuration meurtrière par les tribunaux de guerre ; répression sans clémence jusqu'à 1944, au moins. Plusieurs centaines de milliers de prisonniers pourrirent durant toutes ces années dans des camps de concentration, au nombre desquels les « soldats d'Alicante » qui furent capturés dans le dernier réduit républicain alors qu'ils y attendaient de pouvoir embarquer sur le navire affrété par le PCF. En 1941, Lluis Companys, ancien président de la Généralité de Catalogne, était extradé de France et exécuté.

La guerre civile espagnole, lutte fratricide des deux Espagnes, concernait les démocraties européennes. Elle fut ressentie par elles comme le coup de grâce porté à un équilibre international déjà bien compromis par le nationalisme agressif des dictatures fascistes. Or les forces nationalistes bénéficièrent du soutien matériel de ces dernières dès le début du conflit, ce qui leur permit de surmonter leurs échecs initiaux dans l'aviation et la marine. Ainsi Hitler livra-t-il aux conjurés les navires qui, malgré le blocus maritime des républicains, leur permirent de faire passer leurs troupes du Maroc en Andalousie. Son aide, ainsi que celle de l'Italie, fut massive à partir de l'hiver 1936 quand tous deux, comme le Portugal, reconnurent le nouvel État nationaliste. L'échec devant Madrid avait toutefois amené Franco à ne plus seulement solliciter des armes et du matériel mais aussi des hommes. Le 26 novembre 1936, il signait à Salamanque un pacte secret avec l'ambassadeur italien prévoyant l'envoi d'un corps expéditionnaire de volontaires. 10 000 à la fin de l'année, ils furent renforcés par les miliciens du *Corpo truppe volontarie*, le CTV, qui seront bientôt quelque 70 000 et auront un rôle décisif. A leur retour dans la mère patrie, les faits de guerre en Espagne de ces « volontaires » seront comptabilisés au titre de la défense nationale. La participation allemande fut moins importante numériquement, mais les 10 000 soldats d'élite de la Légion Condor, créée pour l'occasion en novembre 1936, furent un appoint de qualité dans une stratégie qui devenait de plus en plus celle de la guerre moderne. La bataille de Catalogne n'a-t-elle pas été la première offensive motorisée ? Il est bien connu qu'Hitler disposa ainsi d'un champ de manœuvre grandeur nature, auquel il fit payer sa participation par des livraisons en matières premières qui continuèrent à lui être particulièrement utiles durant le conflit mondial. Si l'on ajoute l'aide inconditionnelle du Portugal de Salazar, comment nier que la guerre d'Espagne ait été un enjeu international ?

Or les gouvernements des démocraties européennes refusèrent de l'admettre, et multiplièrent les manœuvres dilatoires. Giral s'était pourtant tourné dès le 20 juillet 1936 vers le gouvernement français de Front populaire pour solliciter une aide en matière d'armement. La sympathie idéologique de Léon Blum pour les républicains, la crainte de voir s'établir à la frontière un régime dictatorial, expliquent l'envoi rapide d'avions de combat et de techniciens. Le Comité international d'aide au peuple espagnol, créé le 31 juillet, soutient cette décision, et réclame par la bouche de son président, Victor Basch, « des canons et des avions pour l'Espagne ». André Malraux, dans la péninsule pour créer l'escadrille internationale *España*, a été l'intermédiaire pour ces livraisons. Mais, lié par l'alliance anglaise, confronté aux dissensions de l'opinion hexagonale et aux menaces d'éclatement de sa coalition par le départ des radicaux, le gouvernement décida le 8 août de souscrire au pacte de non-intervention proposé par Londres, pour qui les deux camps espagnols étaient aussi étrangers l'un que l'autre aux valeurs démocratiques. Le 9 septembre, Allemagne, Italie, Portugal et URSS les rejoignaient dans un comité élargi de non-intervention, prônant l'embargo sur les livraisons de matériel, ce qui est bien le comble de l'hypocrisie et du double jeu ! La mise en place en mars 1937 d'un contrôle naval n'allait pas plus que les vérifications terrestres compenser l'inefficacité de ces décisions. Seules la France et l'Angleterre maintinrent à peu près le cap, même si du matériel soviétique parvint à être acheminé en « contrebande » par le PCF, grâce à des contrôles peu convaincus sur la frontière pyrénéenne. L'URSS envoyait en effet depuis octobre 1936 du matériel lourd, chars, tanks et avions – qu'elle entendait ainsi expérimenter et qui fut payé grâce à l'or de la Banque d'Espagne – ainsi que des conseillers militaires. Bien vite, la guerre devint en fait le terrain d'essai des matériels modernes, une répétition générale avant la conflagration mondiale. Les nationaux y bénéficièrent donc d'une aide plus décisive, car les livraisons de matériel moderne ne connurent pas d'arrêt. En revanche l'apport soviétique cessa en 1938, quand l'URSS tira les leçons de Munich pour sa stratégie internationale et préféra se désengager d'Espagne afin d'avoir les mains plus libres pour se rapprocher de l'Allemagne nazie.

Le 15 novembre 1938, les Brigades internationales quittaient le sol espagnol. Créées par le Komintern pour être le bras armé du combat antifasciste et de la défense de la liberté, elles avaient eu un rôle militaire considérable. 30 à 35 000 au maximum, venus de France, exilés italiens et allemands, originaires de Belgique ou d'Europe centrale, ces « Volontaires de la liberté » appartiennent à une légende qui n'a pas pâli. Connus (Pietro Nenni, Palmiro Togliatti, Tito, André Marty, Arthur London, Laszlo Rajk, Egon Erwin Kisch, Klaus Mann, Rol-Tanguy, colonel Fabien) ou inconnus, ils bénéficient de l'auréole de l'engagement révolutionnaire – leurs bataillons prennent le nom de héros de la révolution – et du sacrifice. « Vous pouvez partir avec fierté. Vous êtes l'histoire. Vous êtes la légende. Vous êtes l'exemple héroïque de la solidarité et de l'universalité de la démocratie ». Tel fut l'adieu qu'ils reçurent de la *Pasionaria*, symbole du peuple espagnol en armes.

Les combattants républicains vont payer cher leur engagement et leur défaite. Capturés, ils s'entassent par centaines de milliers dans les geôles franquistes. D'autres, peut-être 500 000, ont pris la route de l'exil, vers la France (métropole – quitte à y retrouver le combat antifasciste dans les maquis – ou colonies d'Afrique du Nord), l'URSS, l'Amérique latine... Une autre Espagne vit désormais hors du territoire national, avec son gouvernement, ses représentations, sa fidélité et ses querelles politiques dérisoires. Déjà ébranlée par la trahison soviétique de 1938, les stigmates de l'ordre stalinien – encore accrus par les purges dont furent ensuite victimes les brigadistes d'Espagne, comme Mikhaïl Koltsov ou Arthur London –, elle ne s'est pas remise de la rupture de la guerre froide, qui a dramatisé ses clivages et normalisé la situation internationale du régime franquiste dans l'orbite occidentale. Pour cette génération de l'exil, la guerre a ouvert une parenthèse qui ne se refermera qu'en 1975. Les porte-drapeaux de l'art et de la culture hispaniques, Pablo Picasso, Pablo Casals..., ne fouleront plus le sol national.

L'Espagne de Franco

La *noche negra* de la dictature franquiste

Peu d'hommes ont autant marqué l'histoire de leur pays que Francisco Franco, et peu ont, comme lui, imposé leur nom comme seule définition de la période où ils ont tenu les rênes du pouvoir. C'est dire qu'il est malaisé de fractionner les trente-six années de l'« ère franquiste », marquées par la continuité et l'immobilisme d'un pouvoir personnel et absolu. L'image de *noche negra* est couramment admise pour évoquer la quarantaine subie par le régime jusqu'aux années cinquante ; elle montre toutefois à quel point il est indispensable de prendre en compte l'évolution des rapports de force internationaux pour situer son histoire, du « splendide isolement » originel à la légitimation au travers de la lutte anticommuniste en période de guerre froide entre les blocs. Mais elle pourrait tout autant s'appliquer à ce qui doit être l'autre versant de l'étude, l'évolution interne du régime dans les mêmes années ; fascisant, crispé sur une idéologie contre-révolutionnaire et manichéenne qu'il défend avec une grande brutalité au moins jusqu'en 1945, il adopte ensuite des formes moins agressives, en quête d'une respectabilité extérieure.

C'est dans la zone qu'il contrôlait durant la guerre civile qu'ont été posées les bases juridiques du nouvel État national, progressivement étendu à tout le territoire au fil des victoires. Le franquisme y apparaît comme un régime d'exception fondé sur le pouvoir absolu d'un homme. Nous avons vu avec quelle souplesse et quelle capacité manœuvrière Franco est parvenu à profiter de la carence d'autorité dans le camp nationaliste, en raison des circonstances et des divergences, pour investir la totalité du pouvoir. Chef de l'État et généralissime depuis le 1er octobre 1936, président de la Phalange dès son institution comme parti unique le 9 avril 1937, le Caudillo est « l'épée de Dieu contre le mal », l'incarnation de l'unité nationale. C'est à ce titre que se justifie la répression des autonomismes ; en 1938, Franco ne déclare-t-il pas : « l'Espagne s'organise dans un grand projet totalitaire... Le caractère des régions sera conservé... mais sans préjudice pour l'unité nationale que nous voulons absolue avec une seule langue, le castillan, et une seule personnalité espagnole » ? L'unicité du parti et du syndicat sont donc les forces mises au service d'une vérité intangible et manichéenne : l'Espagne authentique, qui brille par la spécificité hispanique de son passé, son casticisme orgueilleux, qui est catholique avec l'intransigeance et le mysticisme de la Contre-Réforme, doit être défendue contre les forces du mal qui l'agressent, libéralisme, athéisme, communisme et maçonnisme. La Croisade continue !

Aussi la contre-révolution passe-t-elle par l'élimination de l'Espagne rouge. Le 9 février 1939, la loi des Responsabilités politiques permettait aux tribunaux militaires d'exception de juger les délits d'opinion, ainsi que de poursuivre rétroactivement tous les suspects de collusion avec le Front populaire. Les militants de gauche, les anciens combattants républicains, sont activement recherchés dans le cadre de la répression féroce de la « terreur blanche », emprisonnés ou exécutés. La population pénitentiaire, qui tournait ordinairement autour de 10 000 détenus, atteint 230 000 en 1941 ; chiffrée à 74 000 en 1944, elle connut un nouvel essor dans les années 1947-1948, marquées par un regain de répression. Quant au nombre d'exécutions, il est difficile à évaluer, mais le chiffre de 105 000, évaluation basse, est jugé crédible. A l'exception de voix isolées et étouffées, comme celle du cardinal-primat Goma dont la lettre pastorale de 1939, qui parle de pardon, est censurée, peu de protestations s'élevèrent contre pareil acharnement. L'administration, l'enseignement, les entreprises sont épurés : des dizaines de milliers d'instituteurs sont licenciés, 6 000 fusillés et 7 000 emprisonnés. Les 200 000 Espagnols qui ont fui la victoire nationaliste et décident ensuite de rentrer sont accueillis avec circonspection et défiance. Les vides creusés dans les secteurs professionnels sont comblés, tant bien que mal, par les militants phalangistes dont les rangs se sont en revanche peuplés, au lendemain de la victoire nationaliste, des représentants des piliers sociaux du régime, oligarchie certes, mais surtout bourgeoisie et paysannerie. Au manichéisme de l'idéologie franquiste, répond désormais la dichotomie de la société, divisée entre vainqueurs et vaincus.

Les années d'installation du régime virent la Phalange jouir d'un privilège incontesté. Les ministres et la haute administration sortent de ses rangs. Elle gère la vie administrative et sociale par le biais du syndicat et des organismes sociaux et culturels qu'elle contrôle exclusivement. Le *Frente de Juventudes* lui permet d'encadrer la jeunesse. Elle a le monopole des piliers autoritaires du système, la police politique, la censure et la propagande par le biais du ministère de l'Information. Aussi peut-on avoir l'impression d'un encadrement fasciste du nouvel État par le canal du parti unique qui fournirait au régime son armature idéologique et son dynamisme politique, comme c'est le cas dans l'Italie mussolinienne ou dans l'Allemagne hitlérienne. La tentation existe incontestablement d'en faire l'axe du système. C'est le cas de Salvador Merino, le chef du syndicat, qui subit l'attraction du modèle ouvriériste du syndicalisme national-socialiste. Ramón Serrano Suñer, le tout-puissant « *cuñadissimo* » – on lui donne le surnom de beau-frérissime ! – influent au parti, défend l'orientation pro-allemande de la politique étrangère. Quelles que soient ces apparences, l'Espagne franquiste n'est pourtant pas un totalitarisme phalangiste. Le Caudillo entend limiter le parti unique au rôle d'instrument docile de l'État. Aussi ses leaders trop remuants sont-ils disgrâciés ; en septembre 1942, Serrano Suñer lui-même est remplacé aux Affaires étrangères par le général Jordana, anglophile et hostile à la Phalange. En 1941, celle-ci avait été dessaisie du contrôle du ministère de l'Information. Il y a certes une légitimation de politique étrangère à ce revirement – nous y viendrons –, mais

Franco poursuit aussi sa stratégie qui consiste à diviser pour mieux régner, à jouer d'un clan politique contre l'autre pour les neutraliser. Or ils sont nombreux – l'hétérogénéité de la coalition conservatrice qui avait soutenu le putsch nationaliste suffit à le rappeler –, et cette diversité permit à Franco d'en décider la répartition ministérielle en un savant dosage. Aussi, en dépit de cette moindre influence, la présence phalangiste n'en resta-t-elle pas moins forte au sein des gouvernements jusqu'à 1957.

Néanmoins, l'Église fournissait un cadre de pensée concurrent, et plus adéquat à l'idéologie contre-révolutionnaire et religieuse du Caudillo. Les liens étroits tissés entre l'Église et l'État bloquent donc la dérive totalitaire qu'aurait pu engendrer le poids du parti unique, et permettent de parler plutôt d'un « national-catholicisme ». Il y a certes des réticents : l'irréductible cardinal Segura, au nom de son intégrisme réactionnaire, ne mit-il pas sur le même plan les dangers du modernisme et ceux du totalitarisme raciste ? Mais, malgré de rares voix dissonantes, l'Église justifia d'un même chœur le pouvoir du chef de l'État, « Caudillo par la grâce de Dieu », et transforma le régime en une sorte de théocratie archaïque. En 1941, le Vatican ne restaure-t-il pas l'antique droit de patronage, assorti d'un « serment de fidélité à l'État espagnol » prêté par les nouveaux évêques ? Bien plus, la volonté de la hiérarchie de lutter contre les thèses laïcisantes que la Phalange pourrait diffuser dans la jeunesse grâce à son monopole d'encadrement l'amène à entrer en conflit ouvert avec cette dernière. Arguant du caractère purement religieux et spirituel des organisations d'Action catholique, elle parvint à en obtenir le maintien. La politique d'« ordre moral », déjà amorcée dans la zone nationaliste, est une autre illustration claire de cette considérable influence ; le catholicisme, religion d'État, bénéficie d'un budget public ; la politique de sécularisation prônée par la République est enterrée par l'interdiction du divorce, le rétablissement du mariage religieux obligatoire. L'atmosphère est propice à la reconquête religieuse, remarquable dans l'essor de la pratique, la fréquence des vocations, ou l'affirmation de stricts conformisme moral et rigorisme sexuel. L'enseignement lui sert de vecteur, sur lequel la hiérarchie catholique a la haute main ; le ministère de l'Éducation est donc confié à un catholique venu de la CEDA, Ibánez Martín, échappant ainsi à la Phalange. Il en est de même pour la Justice. La continuité, voire la réaction, l'emporte sur la révolution phalangiste.

Toutefois, si l'idéologie contre-révolutionnaire et intégriste inhérente au franquisme l'empêche d'être un totalitarisme fasciste, son modèle organisationnel n'en est pas moins parafasciste, comme le manifeste l'organisation corporatiste de la société. Le *Fuejo del Trabajo* du 9 mars 1938 institue la collaboration de classe dans un syndicat « vertical ». Les Cortes consultatives créées par la loi du 17 juillet 1942 en émanent. De même la politique économique, définie en ce sens par les lois de 1939, a-t-elle repris le nationalisme autarcique des puissances fascistes. L'Espagne est pourtant sortie affaiblie de la guerre civile. Les destructions sont considérables : 40 à 70 % du parc immobilier, 30 à 50 % du bétail... L'indice général de la production, de 109 en 1935, n'est plus que de 75 en 1942. Au plan industriel, on ne fabrique plus en 1942 que l'équivalent, en valeur, de la moitié de 1936. La production d'acier est encore en 1945 inférieure à celle de la veille du déchirement fratricide. La pénurie est reine, la misère généralisée, la famine indiscutable en 1944, le rationnement dure jusqu'en 1951, et la politique de refermement économique national ne fait que ralentir le redémarrage. Le recours aux capitaux étrangers pour soutenir l'industrie est prohibé, importations et exportations sont contingentées, les changes sont contrôlés. Des organismes étatiques et dirigistes sont mis en place pour relever le défi de la remise en route de l'économie. L'INC, Institut national de la colonisation, installe de nouveaux villages sur des terres appartenant à l'État ; cette politique vise à apporter des satisfactions à la paysannerie, clientèle primordiale du régime. Il en a été de même de la loi de 1942 qui instituait un régime de fermage relativement favorable, alors que la contre-réforme agraire de 1940 avait surtout satisfait l'oligarchie foncière. L'Institut national industriel, l'INI, a été mis en place en 1941 sur le modèle de l'IRI italien. Son but est à la fois d'aider les entreprises privées en difficulté et de gérer directement celles qui répondent aux besoins vitaux et stratégiques de l'État. Aussi a-t-il l'ambition de constituer un vaste secteur public de relance économique. Les résultats ne pouvaient qu'être modérés, tant les destructions et le sous-développement rendaient peu crédible ce choix du rétablissement dans l'autarcie. Aussi peut-on sans doute y déceler la transposition idéologique faite par le régime d'une réalité incontestable, la quarantaine. Ne s'en affranchira-t-il pas dès que le rétablissement de sa situation internationale le lui permettra ?

Assez paradoxalement, la montée des périls internationaux a pourtant aidé à consolider la dictature franquiste. Français et Anglais, peu désireux de subir un encerclement de puissances dictatoriales hostiles, avaient rapidement reconnu le régime nationaliste de Burgos, dès février 1939. Paris y envoya comme ambassadeur le maréchal Pétain dont on sait qu'il eut de bonnes relations avec Franco. Alors que l'Europe s'embrasait, ce dernier plaça pourtant sa politique étrangère, conduite par le germanophile Serrano Suñer, sous le signe d'une incontestable ambiguïté. Il avait adhéré au pacte antikomintern en mars 1939, mais proclama sa stricte neutralité dès le début du conflit. En juin 1940, devant la défaite française, il y renonçait pour se placer dans la situation originale de non-belligérance, manifestant ainsi une sympathie nette à l'Axe dont son nationalisme agressif, lorsqu'il s'empare de la ville internationale de Tanger et revendique Gibraltar, donne une autre illustration. Mais il parvint à éviter l'entrée en guerre, se justifiant sans doute, lors de ses entrevues avec Hitler à Hendaye, le 23 octobre 1940, et avec Mussolini à Bordighera, le 12 février 1941, par la mise en évidence de l'indéniable faiblesse ibérique au sortir d'une guerre douloureuse. 50 000 « volontaires » de la Division *Azul* n'en allèrent pas moins combattre sur le front russe où l'Espagne franquiste voyait une poursuite de sa croisade anti-bolchevique. La modification du rapport de force en 1942, le débarquement allié en Afrique du Nord, notamment, l'ont néanmoins convaincu de revoir son choix et de faire pencher le balancier dans le camp des vainqueurs potentiels, comme en témoigne le remplacement de Serrano Suñer par l'anglophile Jordana. Cette prudence manœuvrière avait été confortée, le 4 décembre 1942, par une déclaration d'Eden lui garantissant officiellement la non-intervention internationale dans les affaires intérieures de l'Espagne, ce qui revenait à lui assurer la survie, pour peu qu'il donne des gages de bonne volonté aux Alliés. Aussi, le 1er octobre 1943, quittait-il les rivages désormais dangereux de la non-belligérance pour un retour à la stricte neutralité. Dans le même temps, l'État négocia un virage indéniable vers des formes de gouvernement moins suspectes de contagion fasciste. La mise au pas de la Phalange autour de 1942 doit aussi s'interpréter sous cet angle. En 1943, les troupes de la Division *Azul* étaient retirées du front russe.

A l'issue de la seconde guerre mondiale et au lendemain de l'effondrement de l'Axe, le contexte international n'en demeurait pas moins plus que défavorable au régime franquiste. Sa situation face à l'étranger était si précaire que M. Gallo l'a donc qualifiée de l'expression imagée de *noche negra*. La défaite fasciste semble sonner le glas du régime franquiste. Les républicains exilés – la Junte d'union nationale d'obédience communiste, dont les maquis lancent en 1944 une opération sur le Val d'Aran, la Junte espagnole de libération, socialiste et modérée, regroupées en 1945 en un gouvernement en exil sur le modèle des gouvernements alliés réfugiés à Londres durant la guerre – se préparent à rentrer. Les Alliés, quant à eux, justifient de trois accusations leur rejet du franquisme. Ils condamnent un régime issu irrégulièrement de la guerre civile grâce à l'appui des puissances fascistes, compromis avec l'Axe, doté d'un pouvoir dictatorial. Les conférences internationales de l'après-guerre ont sanctionné cette réprobation : exclusion de l'Espagne franquiste de la future ONU approuvée le 19 juin 1945 à la conférence de San Francisco (à laquelle le régime franquiste n'est pas représenté, à l'inverse des républicains en exil), officialisée à Potsdam et renouvelée à la conférence de Londres début 1946. Toutefois, si cette réprobation était unanime, elle n'excluait nullement des divergences théoriques quant à la politique à suivre. Américains et Anglais manifestaient déjà le désir quelque peu utopique de laisser agir le temps et le peuple espagnol qui finiraient par rendre insoutenable la position du général Franco ; adeptes à nouveau de la non-intervention pour éviter que l'Espagne ne fasse figure de victime internationale, pour ne pas intervenir dans les affaires étrangères et faire primer la reconstruction économique sur l'idéologie, ils s'opposaient à la France, partisane de l'action pour forcer Franco au départ, et à l'URSS irréductible. La France du tripartisme avait pourtant conduit une politique prudente et attentiste dans les mois qui suivirent sa libération ; certes, elle manifestait une sympathie active envers les républicains dont témoignent l'accueil qui leur est fait, les nombreuses preuves de soutien au gouvernement en exil et l'octroi du statut de réfugié prévu par la SDN... Mais dans le même temps, le réalisme lui faisait maintenir des relations correctes avec le gouvernement en place dans l'attente d'événements internationaux susceptibles de lui donner une orientation définitive. C'était tenter une stratégie d'équilibriste, rendue d'autant plus délicate par la mobilisation générale de l'opinion et de la majorité des dirigeants politiques, résolument antifranquistes. En janvier 1946, les exécutions de quatorze opposants créèrent une forte émotion internationale, et les réactions françaises furent notamment très vives à l'annonce de la mort de Cristino García, libérateur du Gard et de l'Ardèche. Le gouvernement français, conforté par la mobilisation populaire, décida de fermer la frontière franco-espagnole pour le 1er mars, présentant cette mesure comme une application des condamnations de Potsdam. Aussi s'intègre-t-elle dans l'offensive diplomatique menée pour obtenir l'agrément international à des sanctions économiques, ce qui la transformerait en une première étape vers l'intervention. Le 5 mars 1946, Français, Anglais et Américains rappelaient que « tant que le général Franco continue à gouverner l'Espagne, le peuple espagnol ne peut espérer une association cordiale et entière avec les nations du monde ». Au début avril, la délégation polonaise saisissait le Conseil de sécurité des Nations unies du problème espagnol, porté en décembre devant l'Assemblée de l'ONU. La résolution du 12 décembre 1946 préconisa l'exclusion du gouvernement franquiste des institutions et conférences internationales reliées aux Nations unies et recommanda le rappel des ambassadeurs. Nouveau rejet international du système franquiste, elle n'est toutefois qu'une condamnation morale, qu'une sanction limitée sans précision quant à une éventuelle suite à lui donner. Elle est donc plus à l'image de la politique définie par les Anglo-Saxons – non-intervention, mais persuasion soutenue afin d'obtenir un changement politique de l'intérieur, quand la dictature franquiste sera tombée comme un fruit mûr sous le poids de l'opprobre internationale – que de l'ultimatum et des sanctions en faveur desquelles la France et les pays de l'Est s'étaient engagés. Dans le même temps, la presse franquiste avait beau jeu de les poursuivre de son acrimonie pour leur position en flèche. Blessés dans leur fierté nationale par cette pression extérieure, les Espagnols ainsi bafoués se sont tout d'abord rassemblés plus étroitement derrière le Caudillo. Même si elle est exagérée, une formule à l'emporte-pièce de Churchill s'en fait l'écho : « Franco doit être on ne peut plus reconnaissant au gouvernement français de lui avoir permis de prolonger l'existence de son régime. » Il est certain que la stratégie de la minorité interventionniste a méconnu la réalité de la situation espagnole et l'équilibre réel des forces politiques après six ans de dictature, sans doute mal informée sur la réalité du soutien de l'armée, des oligarchies, et surtout des petits propriétaires fonciers. Par ailleurs, Franco était parvenu à nouer de nouveaux liens avec des États sud-américains (l'Argentine de Peron) et arabes, desserrant ainsi l'étau international et évitant l'asphyxie, d'autant que de plus en plus nombreux étaient les gouvernements qui faisaient désormais la part entre hostilité idéologique et réalisme économique. Enfin, le déclenchement de la guerre froide permit au Caudillo de se targuer d'être le précurseur de l'orientation anticommuniste occidentale. Les États-Unis et l'Angleterre en devenaient d'autant moins soucieux de mettre à mal l'équilibre méditerranéen. Quant aux Français, il leur fallait prendre acte des retombées politiques des impératifs stratégiques que le bloc occidental devait étendre à ses relations avec la péninsule Ibérique ; renonçant à prôner l'ostracisme économique et politique, elle réouvrait la frontière pyrénéenne le 1er mars 1948. La minorité interventionniste réduite aux puissances communistes, s'ouvrait la réhabilitation internationale de l'Espagne, allié, certes un peu compromettant mais indispensable, de Washington et de l'Occident. Aussi lui fallut-il cinq ans pour sortir de l'isolement. Le rapprochement bilatéral avec les États-

Unis fut inauguré par l'octroi d'un crédit de 62,5 millions de dollars au régime franquiste qui avait été exclu de l'aide Marshall. Il se traduisit par le traité d'assistance économique et militaire de 1953 ; plusieurs bases américaines furent dès lors installées en Espagne. Son passif international fut levé à l'ONU en 1950, date à laquelle elle participait au FAO. Admise en novembre 1952 à l'UNESCO, elle entrait en décembre 1955 à l'ONU.

Le régime franquiste avait su jouer du contexte international, qui le transformait en un allié précieux de l'Occident. Mais, devant la victoire des démocraties sur les fascismes, il avait aussi pris soin de se doter d'une façade plus respectable par un simulacre de démocratisation. Dès 1945, les milices paramilitaires de la Phalange avaient été dissoutes et le salut fasciste – au demeurant déjà obsolète – officiellement supprimé. Le nom particulièrement voyant du parti unique fut remplacé par celui, plus neutre, de Mouvement. Le *Fuero de los Españoles*, promulgué le 19 juillet 1945, garantissait les droits fondamentaux du peuple dont il proclamait aussi les devoirs. Mais le texte se superposait à la législation répressive existante sans l'annuler, et « l'exercice des droits ne (devait) pas porter atteinte à l'unité nationale et sociale de l'Espagne » ! Une loi du 22 octobre de la même année prévoyait des consultations populaires par referendum. Enfin, la « loi de Succession » d'avril 1947, approuvée par plébiscite, consolidait le régime en en rappelant le caractère monarchique déjà manifeste dans le drapeau. Monarchie sans roi, dont Franco était en quelque sorte le régent à vie.

Cette normalisation apparente – qui tient plus de l'ordre du vocabulaire que du politique ! – avait été conduite par une nouvelle équipe gouvernementale installée aux commandes de l'État. Alberto Martín Artajo, nommé ministre des Affaires étrangères en juillet 1945, est le premier représentant de cette alternative politique à la Phalange, issue de l'Action catholique dont il a été président. Tous les protagonistes de cette nouvelle orientation, entre 1945 et 1956-57, venaient en effet d'une même association universitaire catholique créée au début du siècle par les jésuites, l'*Asociación catolica nacional de propagandistas*, dans le but de réunir une élite d'intellectuels catholiques autour de la réflexion doctrinale en matière politique et sociale tout en les formant à leur tâche de futurs cadres de l'Action catholique. G. Hermet, qui a étudié ceux qu'il appelle les « démocrates-chrétiens franquistes » dans son ouvrage sur *les Catholiques dans l'Espagne franquiste*, souligne qu'ils espéraient concilier leur fidélité au Caudillo et à l'idéologie de la croisade anticommuniste avec un certain libéralisme politique et social. L'ambition de ce nouveau personnel politique était donc d'investir le régime de l'intérieur pour le faire évoluer. Or leurs acquis furent plus superficiels que réels. Ils ont blanchi la respectabilité extérieure du régime par l'institutionnalisation apparente de germes de démocratie, ce que la normalisation internationale – au demeurant leur succès majeur – a avalisé, mais se sont compromis avec la dictature. Il en fut de même, notons-le, du Vatican, puisque le Concordat de 1953, en reconnaissant l'existence de l'État confessionnel où « la religion catholique, apostolique et romaine, continue à être la seule de la nation », légitimait le pouvoir autoritaire. Bien plus, les tentatives de libéralisation culturelle et intellectuelle engagées par Joaquín Ruiz Jiménez, ministre de l'Éducation à partir de 1951 et futur opposant démocrate-chrétien, ont abouti à la crise qui a amené leur disgrâce. La réhabilitation d'intellectuels de la gauche modérée, la résurgence d'un certain pluralisme de pensée à l'Université, la diminution de la censure, propice à une floraison culturelle, la réforme des structures de l'enseignement et du syndicalisme estudiantin, surtout, qui mettrait fin au monopole du parti, a suscité l'hostilité du *Movimiento*. Les heurts entre le SEU phalangiste et l'Union démocratique des étudiants, sur ce dernier point, ont conduit en 1956 au désavœu des phalangistes les plus intransigeants, mais aussi au renvoi des « catholiques de gouvernement ». L'heure est désormais au changement de cap politique...

L'« *aggiornamento* » : vers la dixième puissance économique mondiale

Le remaniement ministériel de 1957 marque en effet une césure majeure dans l'histoire intérieure du franquisme. Ce que l'on a coutume d'appeler la solution technocratique est en fait l'arrivée aux commandes de l'État d'une équipe de techniciens de l'économie qui va permettre le développement espagnol. Le régime, après avoir cherché sa voie dans l'idéologie fascisante et sociale de la Phalange, puis dans le conservatisme modéré des catholiques de gouvernement, trouve une nouvelle légitimité dans la modernisation économique : c'est le New Deal du *desarrollo*, la nouvelle donne du développement. L'amélioration du niveau de vie par le libéralisme économique compensera en quelque sorte le maintien d'un pouvoir dictatorial, lui donnant ainsi une caution populaire élargie... avant d'en saper les bases.

L'importance des problèmes économiques qu'une politique autarcique n'avait pu résoudre, la montée des oppositions, imposaient ce pari. L'amélioration du revenu national, très légère, avait suffi à augmenter la consommation, et donc les importations, ce qui entraînait un déficit de la balance commerciale chiffré à un milliard de pesetas-or en 1956. Joint à l'inflation (15,5 % cette même année), il faisait fondre les réserves d'or de l'État, qui avaient diminué de moitié entre 1956 et 1958. Les inégalités sociales étaient flagrantes, encore accrues par les amorces de croissance. L'exode rural, net après 1950, ne diminuait pas vraiment le problème du sous-emploi dans le Sud surpeuplé en raison de l'amorce de mécanisation dans les grands domaines. En revanche, il avait permis l'apparition d'une classe ouvrière misérable, mal payée, qui s'entassait dans les bidonvilles aux périphéries des villes industrielles, les *chabolas* du pays basque, des Asturies et de Madrid, les *barracas* de Barcelone. Ces masses rurales déracinées étaient dépolitisées. Plusieurs faits y contribuaient ; les souvenirs de la guerre civile, la faiblesse de leurs revenus qui les contraignait au pluriemploi, la politique gouvernementale, enfin, qui donnait à l'enthousiasme populaire un caractère festif, celui des corridas (c'est le temps de Luis Miguel Dominguín, Manolete, et autres Antonio Ordónez) ou du football, devenu une passion nationale depuis la création en 1947 de la *quiniela*, l'ancêtre avec le Totocalcio italien de notre loto sportif ! La contestation ouvrière n'en réapparut pas moins en 1956 par le biais notamment des HOAC, l'Action catholique ouvrière. De Catalogne, elle fit tache d'huile dans toutes les régions industrielles. Enfin, il faut rappeler que l'Espagne continuait alors à vivre à un autre rythme que le reste de l'Europe, celui du passé. La population rurale, largement majoritaire, conservait ses cadres mentaux archaïques en raison de l'isolement ibérique et de l'absence de progrès : on ne dénombre en 1957 que 30 000 tracteurs... Si la disette a disparu avec le rationnement, à la fin des années quarante, la malnutrition et les carences alimentaires sont incontestables. L'eau courante, l'électricité et le chauffage central sont des luxes peu répandus. Au total, il est incontestable que l'Espagne stagne dans le sous-développement. L'aide économique américaine, dont on attendait monts et merveilles, n'avait donc pu entraîner qu'un développement sectoriel, freiné, dans une structure économique archaïque, par la subsistance de goulots d'étranglement, ainsi que par la politique de facilités incohérentes qu'elle avait suscitée.

Or les années 1958-1963 sont justement celles où l'Espagne entra dans une croissance de type occidental. Laureano López Rodó devint secrétaire de la présidence du gouvernement en 1956, bientôt suivi d'autres représentants de cette nouvelle génération de techniciens, comme Alberto Ullastres et Marino Navarro Rubio, chargés respectivement du Commerce et des Finances en 1957. Il se trouve qu'ils avaient tous été en contact avec l'Institut séculier de l'Opus Dei, fondé en 1928 par l'abbé Escriva de Balaguer et reconnu par le Vatican en 1943. Or celui-ci avait pour but de donner aux laïcs une formation spirituelle et doctrinale susceptible de leur permettre d'exercer un apostolat dans leur vie professionnelle et leurs relations sociales, sans que les modalités en soient précisées. Aussi ne convient-il pas de schématiser en l'occurrence le rôle politique de l'Opus Dei, mais plutôt l'intérêt qui est le sien pour la maîtrise des élites, vecteur d'une sanctification de la société. Soulignons aussi les conséquences de l'encadrement idéologique et social rempli par l'Église, qui amènent les militants catholiques à jouer un rôle important dans la vie civique. Quoi qu'il en soit, ce nouveau personnel politique a été formé à l'IESE, Institut d'études supérieures de l'entreprise de l'Opus Dei, lié à la Harvard business school, et traduit l'apparition d'hommes nouveaux, compétents et technocrates à la façon des énarques français. Le plan de stabilisation et d'assainissement financier qu'ils proposaient ne fut adopté qu'en 1959, en raison de la force des oppositions contre ce nouveau courant, notamment de la part des phalangistes adeptes du dirigisme économique. Il prévoyait un redressement du budget de l'État par la réduction de ses dépenses et l'augmentation de ses recettes fiscales, une dévaluation de la monnaie de 30 % et une libéralisation du commerce extérieur. Version espagnole, en quelque sorte, du plan Pinay-Rueff français. C'est à la seule condition de cette stabilisation – première étape délicate, car synonyme de déflation et de récession de la demande – que l'OCDE avait admis l'Espagne parmi ses membres, cette même année, tout en lui octroyant un prêt de 420 millions de dollars. La sortie du ghetto économique s'est plus généralement traduite par la réinsertion de Madrid dans les institutions économiques internationales, le FMI en 1958 puis le GATT en 1963. En 1962, elle posait sa candidature à la CEE, dont l'une des clés d'entrée était justement l'économie.

La voie technocratique de l'« *aggiornamento* » économique espagnol a entraîné de tels résultats que l'on parle couramment de « miracle » pour le désigner. Elle repose sur trois moyens : l'ouverture au capital étranger, source d'un décollage industriel dont les techniciens sont conscients qu'il va entraîner une détérioration des termes de la balance commerciale ; aussi parient-ils sur l'équilibre de la balance des comptes grâce à l'essor du tourisme et à l'incitation à l'émigration économique pour la main-d'œuvre en excédent.

En premier lieu, le gouvernement décida donc de fonder la croissance économique sur le capital étranger dont une refonte du système bancaire, libéralisant les créations privées et séparant banques de dépôt et d'affaires, décidée en 1962, visait à faciliter l'entrée. Il ne pouvait de toute façon qu'être attiré par les profits que laissaient présager l'ampleur de la demande nationale, au sortir d'une période de pénurie, et le bas niveau des charges salariales. Dans les secteurs de la chimie, de la mécanique, de l'électricité et de l'électronique, la participation étrangère était bientôt supérieure à 50 %, et à 30 % pour la sidérurgie. Le gouvernement facilita aussi l'installation de

L'Espagne des « quinze Glorieuses » : consommation (*El Corte Inglès* est la chaine de grands magasins ibériques), tourisme...

filiales de grandes firmes étrangères, notamment automobiles : Fiat, qui créa Seat en 1960 dans la région barcelonaise, mais aussi Renault ou Ford... Dès 1972, la production automobile espagnole était de 500 000 unités annuelles. La Seat 600 n'a-t-elle pas représenté pour beaucoup d'Espagnols le premier pied dans la société de consommation ? Cette emprise du capital étranger – majoritaire pour trente des cent plus grandes entreprises nationales – explique l'échec relatif du système de planification indicative adopté sur le modèle français. Il signifie aussi une dépendance dommageable du tissu industriel espagnol, qu'il cantonne dans les activités de production destinées au marché local – au grand dommage de sa balance commerciale – tout en limitant de façon dramatique sa capacité d'innovation technologique. Autres faiblesses, à mentionner dès l'abord : l'importance excessive des PME, le passif du secteur public où l'INI est désormais réduit à la « socialisation des pertes » des secteurs déficitaires. La réussite n'en reste pas moins exceptionnelle, et l'on a pu parler de « croissance à la japonaise ». Au début des années soixante-dix, en effet, le taux de croissance industrielle, de 11 %, est immédiatement inférieur au taux japonais. La croissance du PNB entre 1960 et 1966 a été la plus élevée des pays industrialisés. Si l'on adopte l'indice 100 de production industielle en 1962, celle-ci se situe à 164 en 1966, 237 en 1970 et 357 en 1974. Les réussites sectorielles sont remarquables : la production d'énergie électrique a par exemple été multipliée par plus de quatre entre 1960 et 1965, celle d'acier par cinq entre 1960 et 1975...

La rançon de ce type de développement est cependant le déficit de la balance commerciale, qui, selon les années, s'échelonne entre la valeur et le double du montant des exportations. Comme prévu par les techniciens, le développement de l'infrastructure touristique permit en revanche d'équilibrer la balance des comptes, puisqu'il occasionna de fortes entrées de devises. Trente-trois millions de touristes ont en effet visité l'Espagne en 1972, alors qu'ils n'étaient qu'1,4 million en 1955 à admirer les charmes des Baléares, des Canaries, de la Costa Brava, des littoraux valencien et andalou, ou des cités riches de leurs joyaux historiques. En 1974, les recettes touristiques représentaient 22 % de la valeur totale des importations. L'Espagne attire essentiellement une clientèle d'aisance moyenne, désireuse de trouver un dépaysement point trop onéreux. A cet égard, le slogan « *España es diferente* » est une réussite. Toutefois la première entreprise nationale a son revers : le développement anarchique d'installations touristiques a provoqué une urbanisation excessive, aux dépens parfois d'une riche agriculture, comme ce fut le cas à Majorque ou sur la Costa del Sol, ou de la pêche côtière. Le gigantisme des installations, au demeurant

L'Espagne de la modernisation économique, symbolisée par la SEAT 600 produite notamment dans les usines de la firme à Barcelone.

bien coûteux au regard des profits, a parfois entraîné un véritable désastre écologique... ou architectural !

Enfin, les revenus envoyés par les Espagnols émigrés dans les États du Marché commun à partir de la fin des années cinquante constituent des rentrées financières importantes. En 1973, ils représentaient 913 millions de dollars, près du triple des devises de la même provenance en 1966. Nombre de ces émigrants proviennent des régions agricoles touchées par l'exode rural qui affecte l'Espagne. C'est la rançon de la croissance agricole, moindre que l'essor industriel – puisque le produit agricole est passé, en dix ans, du tiers du produit global au cinquième – même si l'État l'a facilitée en étant à l'origine d'opérations de remembrement ou de plans d'irrigation. La mécanisation (on compte un tracteur pour 45 hectares cultivés en 1970 contre un pour 228 en 1962), le recours aux fertilisants (l'utilisation d'engrais a doublé en quinze ans), sont les garants de l'augmentation de la production. Ne donnons que quelques chiffres : les récoltes d'agrumes et de vin ont augmenté de 50 %, celles d'olives de 30 %, la production de viande a doublé...

Comment ne pas imaginer qu'entrant de plein pied dans le développement économique après de longues décennies de sous-développement, la structure sociale de l'Espagne ne subisse pas une profonde mutation ? Le secteur primaire, encore important au regard du poids économique de l'agriculture, s'érode : regroupant 50 % des actifs en 1950, 40 en 1960, il en concerne 21 en 1976. Le prix de la modernisation a en effet été la croissance des prix industriels compensée par la stagnation des prix agricoles, contrôlée par l'État, préjudiciable à la paysannerie dont l'érosion des revenus a favorisé la concentration foncière et le départ des régions agricoles surpeuplées. Ainsi a disparu durant les années soixante l'un des problèmes sociaux les plus aigus en Espagne, l'existence d'un prolétariat agraire sous-employé. Mais les petits propriétaires fonciers, fidèle clientèle du franquisme tant ils avaient craint les effets de la collectivisation, pilier du régime par l'adhésion au parti, soutien de l'Église à qui leurs fils avaient fourni des recrues dans la ferveur de la première décennie de l'ère franquiste, en avaient été les premières victimes dès les années cinquante. Cette érosion des masses conservatrices nous ramène à notre premier constat, la mise en évidence de la nécessité pour le régime de trouver de nouvelles clientèles, en tentant de fidéliser les catégories sociales montantes par les succès économiques du *desarollo*. Le secteur tertiaire progresse en effet lentement : 40 % des actifs y travaillent en 1975 contre 27 % en 1960. Cette évolution se double d'une modification des équilibres régionaux, ou plus exactement d'une accentuation des déséquilibres hérités des premières formes d'industrialisation, au XVIIIe siècle. Le contraste entre un centre archaïque et des périphéries développées est une constante que le développement économique libéral n'a pas corrigée, bien au contraire, d'autant que les effets de la dynamique touristique ont été dans le même sens. Entre 1961 et 1970, 13 % des Espagnols ont donc changé de province ; les régions du Sud-Est se vident au profit des concentrations urbaines et industrielles, Madrid et Barcelone, dont les banlieues s'étendent comme des tentacules, recevant plus de la moitié des migrants. Les tentatives de décentralisation, pour éviter la désertification économique du Centre – à laquelle échappent les régions de Saragosse et Valladolid – et la congestion des périphéries, n'ont pas vraiment été couronnées de succès.

Mais l'essentiel est certainement l'entrée des Espagnols dans la société de consommation moderne grâce à l'essor des revenus qui ont été multipliés par deux et demi entre 1960 et 1975. Machines à laver, réfrigérateurs (4 % en possèdent en 1960, 63 % en 1970), télévision (1 % en 1960, 62 % en 1970), voitures (27 % en 1969, 75 % en 1975)... font partie des biens d'équipement que la frénésie consumériste des « quinze glorieuse » a vulgarisés. Aussi cette société, dont la croissance économique a bouleversé la physionomie, rompt-elle avec ses traditions. Le conformisme moral est moins tyrannique, l'indifférence religieuse progresse tandis que les vocations se raréfient. Le cinéma critique, celui de Juan Antonio Bardem, de Luis Buñuel, de Luis Berlanga ou de Carlos Saura, lui ouvre de nouveaux horizons sur elle-même. Enfin, l'ouverture sur le monde lui fait entrevoir les charmes de cette démocratie dont la dictature la prive.

L'« *aggiornamento* » économique ne fut pas synonyme de libéralisation politique. S'ils ont pris en charge la première, les ministres technocrates se sont en revanche peu souciés de la seconde, au moins avant le milieu des années 1960. C'est en effet le ministre de l'Information issu du *Movimiento*, Manuel Fraga Iribarne, qui fut à l'origine de la loi sur la presse de 1966, levant la censure préalable, et qui, quelques années auparavant, avait contribué à desserrer la chape culturelle qui pesait sur l'Espagne. C'est toutefois dans ces mêmes années que les technocrates ont pris conscience des conséquences du décalage entre l'immobilisme politique et l'ouverture économique. Aussi s'attelèrent-ils au serpent de mer de la succession monarchique dans l'espoir d'y remporter un succès décisif sur la Phalange et d'initier ainsi une dynamique de libéralisation. Or, si Juan Carlos, assistant en 1964 au défilé de la Victoire, y fit figure d'héritier présomptif, il fallut toutefois attendre 1969 pour que les

Cortes approuvent sa désignation comme successeur de Franco. Quant à la libéralisation, elle se limita à la réforme constitutionnelle de novembre 1966 : séparation des pouvoirs entre le chef de l'État et le chef du gouvernement, dont le premier avait toutefois toute latitude pour décider du moment opportun de la nomination éventuelle du second ; élargissement des Cortes à des membres élus par les chefs de famille et les femmes mariées. La loi de juillet 1967 sur la liberté religieuse entend, quant à elle, prendre acte de l'évolution ouverte par Vatican II, en autorisant le culte public aux Espagnols non catholiques. Quoi qu'il en soit, les années soixante se sont terminées sur l'apogée des responsables technocrates, dont le poids a été à tel point accru lors du remaniement ministériel de 1969 que l'on parle de « gouvernement monocolore ».

Ce triomphe s'accompagna pourtant de l'usure d'un pouvoir dont l'immobilisme politique n'accompagnait pas les mutations sociales, et qui se trouvait par là même confronté à une contestation croissante. Les mouvements ouvriers avaient réapparus lors de la grève des Asturies en 1962 ; ils s'amplifient, comme en témoignent les vagues de contestation de 1966-1967 et de 1971. Le rôle décisif, face à un syndicat discrédité, revient aux Commissions ouvrières (CCOO), organisations revendicatives clandestines, organisées par branche industrielle et secteur géographique, qui s'étaient constituées sur la base légale des comités d'entreprise autorisés par les conventions collectives de 1958. Du fait du poids croissant qu'y prirent les communistes, les socialistes choisirent bientôt de ressusciter l'UGT. L'opposition politique de gauche se faisait aussi de plus en plus manifeste. Le PCE, sous la direction de Santiago Carrillo, son secrétaire général depuis 1961, se souciait de se rapprocher de l'Espagne réelle en favorisant la réconciliation des composantes démocrates. Le choix de l'eurocommunisme et la distance prise avec Moscou après 1968, malgré les mises en garde orthodoxes de la *Pasionaria* et de Lister, lui donnèrent une nouvelle popularité. Au sein du PSOE, la ligne des « rénovateurs » de l'intérieur l'emporta en 1974 sur la direction exilée, nous y reviendrons en évoquant la trajectoire personnelle de Felipe González. Il faut enfin mentionner le *Frente de liberación*

Juan Carlos, dans l'ombre du dictateur vieillissant, reste encore en 1975 une énigme.

popular, apparu en 1958 dans les milieux catholiques progressistes tentés par le marxisme, et qui jouissait d'un grand prestige auprès des intellectuels. Le monde catholique cessa en effet d'être un appui inconditionnel du régime. En 1971, l'Assemblée ecclésiastique critiqua ouvertement la physionomie antidémocratique du régime et le caractère archaïque et préjudiciable de sa protection de l'Église. Cette fracture était l'aboutissement d'une longue évolution à deux composantes. L'*aggiornamento* de Vatican II, d'une part. Le renouvellement des générations, de l'autre. Cette lassitude exaspérée de la jeunesse est certes sensible dans les autres formes de contestation. Elle est particulièrement perceptible chez les clercs et les militants catholiques qui, n'ayant pas participé à la guerre civile, étaient peu sensibles à l'idéologie de la croisade. Jean XXIII et Paul VI, moins complaisants que Pie XII face au monolithisme franquiste, vont accélérer l'évolution démographique de la hiérarchie en nommant de jeunes évêques auxiliaires – exclus donc du droit de présentation étatique – qui vont œuvrer pour le pluralisme démocratique. Ils auront souvent à défendre face au pouvoir les jeunes prêtres tentés par l'activisme politique et par la radicalisation marxiste. Tel était notamment le cas en pays basque : l'ETA (*Euzkadi ta Azkatusana*, pays basque et liberté) créé en 1959, bénéficiait en effet du soutien du clergé dans sa lutte armée pour l'autonomisme et les libertés, et même, après 1969, de celui de l'épiscopat. Des prêtres figuraient parmi les condamnés à mort du procès de Burgos de 1970 que la pression internationale et l'intervention pontificale convaincront Franco de grâcier. Le conflit ouvert de 1974 à propos de Mgr Anoveros, évêque de Bilbao, que le pouvoir voulait expulser en raison d'une homélie prononcée en faveur du « peuple basque », est en revanche une des explications de son absence de clémence lors des procès de 1975. Notons pour finir que, si le clergé soutenait aussi les revendications autonomistes catalanes dont le monastère de Montserrat était un haut lieu, il y jouait à l'inverse un rôle modérateur. Par ailleurs, le soutien des élites économiques et intellectuelles – différence majeure avec le pays basque – y avait entraîné l'échec du régime dans sa bataille culturelle, patent dans la renaissance culturelle catalane, brillante et multiforme.

Le remaniement ministériel de 1973 mit fin à l'expérience technocratique et ouvrit en fait la fin de règne, ses intrigues et ses incertitudes, sur fond de crise économique. En raison de l'aggravation de l'état de santé du Caudillo, Carrero Blanco, promu amiral, devenait le premier chef du gouvernement, chargé de gérer une éventuelle succession dans une perspective autoritaire. Le 20 décembre, il était assassiné en plein Madrid par l'ETA, et remplacé par Carlos Arias Navarro, premier civil à occuper un poste de cette importance. Le 12 février 1974, celui-ci annonçait un plan de libéralisation comportant l'élection des maires et des conseillers municipaux, l'élargissement de la fraction élue des Cortes, la libéralisation des associations politiques et syndicales... Pour une grande part, le projet resta néanmoins lettre morte. Le *Movimiento* était en effet déchiré de courants contradictoires, dont le « bunker » des franquistes intransigeants, que le précédent de la révolution portugaise remplissait d'inquiétude, et qui en bloquèrent la réalisation. La même explication peut certainement être avancée pour le raidissement ultime du second procès de Burgos de septembre 1975. L'avenir demeurait en effet une inconnue que l'interim assuré par Juan Carlos lors de l'hospitalisation de Franco, entre juillet et octobre 1974, n'avait pas contribué à lever. Les hypothèques sur la succession étaient telles, lorsqu'une attaque terrassa le Caudillo en octobre 1975, que son entourage tenta de le prolonger médicalement pour retarder l'échéance. De fait, les dernières années de la dictature avaient permis de constater que la modernisation économique avait aussi entraîné une nouvelle donne sociale et politique, irréversible, quoique le regain de répression des derniers mois ait tendu à le nier. Comme le souligne G. Hermet, « en œuvrant au bouleversement de la structure matérielle de l'Espagne pour mieux se justifier, le régime franquiste a pris le risque non médité de saper les bases sociales d'une sorte de fatalité autoritaire qui le servait jusqu'alors. » Ne dit-on pas du franquisme qu'il a été destructeur d'idéologie ? En lavant l'Espagne de son dualisme séculaire, par la disparition naturelle – du fait de la modernisation économique et de son corollaire social – de l'oligarchie terrienne traditionaliste et du sous-prolétariat anarchiste, la dictature franquiste a posé les bases modernes de l'acceptation démocratique. De même l'ironie du sort veut qu'elle se soit dotée comme successeur de celui qui allait devenir l'artisan majeur du processus de démocratisation !

L'Espagne d'aujourd'hui, une démocratie européenne

Une *Transición* politique réussie

Le 20 novembre 1975, Francisco Franco mourait après une longue agonie. Dès 1976, après avoir mis fin au ministère « continuiste » de Carlos Arias Navarro – qui, assurant une transition dans la continuité, avait démontré à son corps défendant que le franquisme était obsolète –, le roi Juan Carlos entamait, avec l'aide de son nouveau premier ministre, Adolfo Suarez, une opération de démocratisation réussie.

Juan Carlos de Bourbon, né en exil le 5 janvier 1938, est le fils de don Juan, comte de Barcelone, troisième fils d'Alphonse XIII et héritier de la couronne. Le général Franco, monarchiste de principe, avait surtout pour but de modeler à sa convenance un successeur fidèle lorsqu'il était convenu avec le prétendant, le 28 août 1948 au large de San Sebastian, de laisser le fils de ce dernier venir poursuivre ses études dans la mère patrie. Le prince ne sortit toutefois de l'isolement de son palais qu'en 1955, au terme de sept ans de controverses entre le Caudillo et don Juan – qui aurait voulu voir dans cette ouverture faite à son fils un hommage à sa propre dignité royale. Il suivit alors la préparation des Académies militaires des trois armes, y liant un compagnonnage avec les jeunes officiers de sa génération, certainement un atout majeur pour sa stratégie politique ultérieure face au « pouvoir de fait » de l'armée. En revanche, son cursus universitaire à Madrid fut vite bouclé, avant qu'il n'épouse Sophie de Grèce en 1962 et ne s'installe au palais de la Zarzuela, proche de la résidence de Franco. Pendant les années 1960, il apprit à mieux connaître son pays et ses rouages politiques, tout en acquérant une stature internationale par de fréquents voyages à l'étranger. Le 22 juillet 1969, il était solennellement proclamé successeur de Franco, après avoir dénoncé les droits historiques de son père à la couronne et prêté serment devant les Cortes franquistes. Dès lors, le « prince d'Espagne » faisait plus figure de dauphin du dictateur que de futur restaurateur de la dynastie bourbonienne. Par ailleurs, son laconisme, parfois assimilé par certains à de la médiocrité intellectuelle, sa passivité obéissante, notamment lors de l'intérim qu'il assuma quand la maladie de Franco éloigna celui-ci des affaires durant l'été 1974, laissaient l'opposition perplexe ; en revanche, ils avaient l'avantage de lui avoir permis de composer avec les caciques du régime, sans vraiment décourager les espérances démocratiques des Espagnols. Intronisé roi d'Espagne le 27 novembre 1975, il ne devait pas décevoir ces dernières tout en faisant accepter la monarchie !

Les conditions pouvaient pourtant apparaître aussi peu favorables que lors de la proclamation de la Seconde République, puisqu'il y avait à nouveau coïncidence avec une crise économique commune à tous les pays industrialisés... et les observateurs, sur le moment, ne s'étaient pas fait faute de le souligner ! Celle-ci était, en l'occurrence, particulièrement défavorable à la jeune industrie espagnole, issue de la modernisation franquiste ; détérioration des balances extérieures, fermetures d'usines, retour de la main-d'œuvre qui, émigrée chez les voisins industrialisés, y avait été licenciée (entraînant une surcharge de population active de 7 à 8 %)... il était à craindre que ces contraintes économiques n'handicapent la *Transición* politique. En revanche, l'institution monarchique devait s'avérer un vecteur efficace : les larges prérogatives constitutionnelles dont les lois franquistes l'avaient dotée lui ont d'autant mieux permis de franchir la porte étroite de la démocratisation que le prestige royal – et bientôt la popularité personnelle du souverain – aidaient à convaincre les plus réticents de l'inéluctabilité de l'évolution.

Le premier acte décisif du processus de démocratisation fut le renvoi d'Arias Navarro et son remplacement par Adolfo Suárez. Encore que l'image d'ancien de la Phalange, de secrétaire du *Movimiento* et de technocrate ambitieux issu du sérail qu'avait ce dernier, ait alors fait naître les plus vives inquiétudes ! Or c'est lui qui parvint à conduire sans à-coups la *Transición* entre plus de trente ans de franquisme et la démocratie. La « loi de réforme politique » du 17 novembre 1976 mit fin à la dictature, les Cortes franquistes, en l'adoptant, votant leur propre dissolution au profit de deux chambres, le Congrès et le Sénat ! Elle fut approuvée par le plébiscite de 94 % des 77 % d'Espagnols qui se rendirent aux urnes lors du referendum, tandis que seulement 2,6 % suivirent la consigne négative du « bunker » des franquistes intransigeants. Cette caution populaire permit la poursuite du processus : légalisation des partis politiques (et d'abord le PSOE en décembre 1976, qui tint immédiatement son premier congrès sur le sol national depuis 1932, en présence de responsables de l'Internationale socialiste), ce qui donne sa pleine signification à la décision de prochaines élections démocratiques ; autorisation des syndicats ; octroi de privilèges pré-autonomistes à la Catalogne et au pays basque... Le gouvernement avait surtout entamé un dialogue avec le maquis complexe des forces politiques (deux cents partis et organisations selon la presse !). La Coordination démocratique unissait pourtant depuis mars 1976 l'opposition de gauche, sans résoudre néanmoins la contradiction entre ses deux composantes, puisqu'au contraire le fossé s'était creusé devant les mesures de libéralisation de la fin de l'année : la Plate-forme de convergence démocratique, réunie autour du PSOE, soutenait la thèse de la « rupture démocratique », autrement dit le rejet d'une démocratie entachée par ses origines au nom de la maximalisation révolutionnaire, tandis que la Junte démocratique s'organisait autour du PCE – que sa propre légalisation convaincrait de jouer le jeu d'une transition vers la démocratie. Aussi la Coordination éclata-t-elle au printemps 1977. Il faut à ce propos souligner le rôle prépondérant de Santiago Carrillo qui, rentré clandestinement d'exil en février 1976, devint rapidement le garant d'un processus de démocratisation dont il assurait doublement la légitimité : son propre parti y gagnait la respectabilité démocratique, puis la légalisation en avril 1977, tandis qu'en faisant du gouvernement Suárez la légitime cheville ouvrière du changement, il le mettait sur le même plan que les démocrates historiques qui avaient lutté contre le franquisme. Le PCE se situait ainsi en flèche par rapport à la ligne eurocommuniste que Santiago Carrillo défendit notamment dans son livre *l'Eurocommunisme et l'État* paru en juin 1977, voie étroite – et espagnole... – de la révolution socialiste dans l'Occident contemporain, fondée – puisque le modèle révolutionnaire bolchevique est caduc – sur le choix nécessaire de l'alliance avec les autres forces progressistes, dans le cadre d'une démocratie pluraliste où la volonté populaire s'exprime lors des élections, pour hâter la transformation politique et sociale. Aux élections législatives de juin 1977, le PSOE s'affirma pourtant comme la principale force de gauche, avec 29 % des suffrages, contre seulement 9 % au PCE, handicapé tant par l'image négative qu'il a héritée de la guerre civile – celle-ci a vacciné la majorité des Espagnols de l'extrémisme politique ! – que par la volonté de la majorité de voter utile. L'*Unión del Centro Democratico* (UCD), parti de gouvernement créé pour l'occasion par Adolfo Suárez, ne dépassait finalement que de relativement peu le parti socialiste, avec 34 % des suffrages et 165 sièges sur 350 à la Chambre, et ne remplissait donc pas pleinement son pari, asseoir sa liberté d'action sur un succès électoral incontestable. Autres enseignements de ce scrutin : la stabilité de la carte électorale, qui juxtapose toujours les votes conservateurs des provinces rurales de l'intérieur et les votes de gauche dans les zones périphériques et méridionales, ainsi qu'à Madrid ; la déroute de l'extrême droite, qui enterrait définitivement le franquisme...

Une époque était révolue, et l'UCD, parvenue à constituer un gouvernement sans la participation de l'*Alianza Popular* de Manuel Fraga Iribarne – qui comprenait de nombreux anciens ministres de Franco –, avait la tâche historique d'en faire prendre acte à l'Espagne, en s'appuyant sur le soutien populaire pour consolider la démocratie retrouvée. A cet égard, le gouvernement Suárez prit deux mesures hautement symboliques. Le 29 septembre, il rétablit la Généralité de Catalogne, créée par la

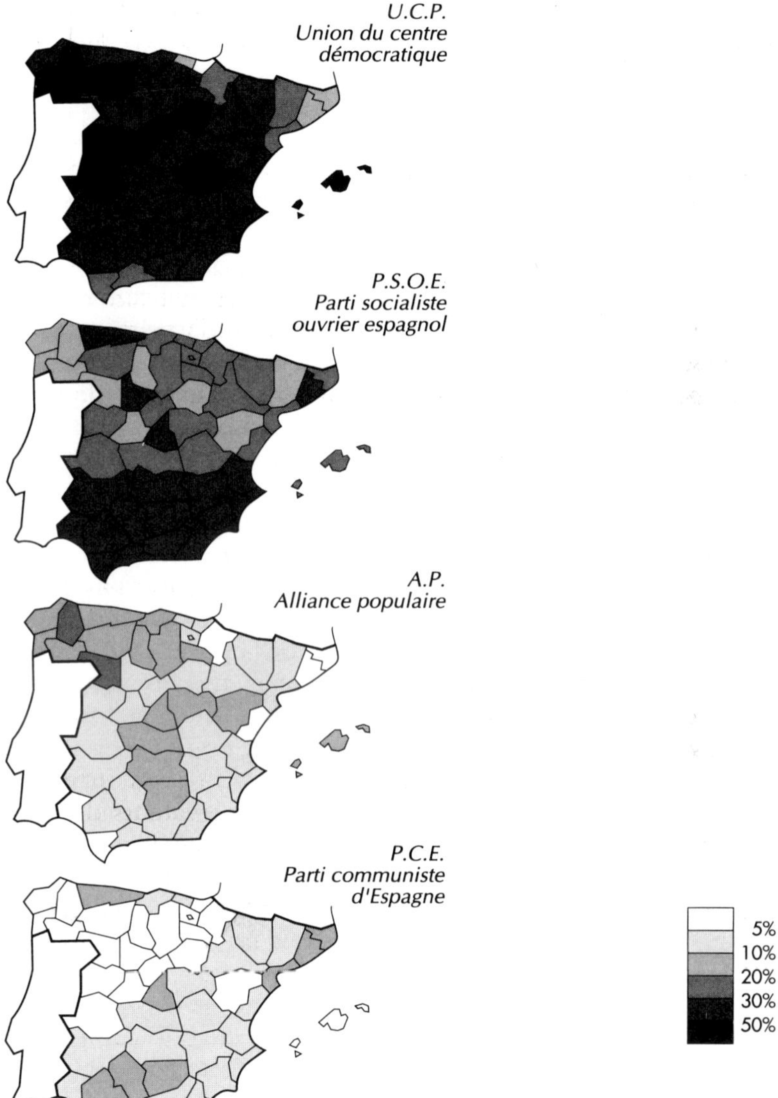

L'Espagne en 1977

République, après avoir rappelé d'exil son ancien président, Josep Tarradelas ; celui-ci devait constituer un gouvernement d'union nationale, de la droite au parti communiste, première traduction effective, pour ce dernier, de la stratégie de « compromis historique ». Le pays basque était quant à lui doté d'un conseil général. Le 14 octobre, une loi d'amnistie générale fut par ailleurs adoptée à une quasi-unanimité : elle permit le retour des exilés, au premier rang desquels Dolorès Ibarruri, *la Pasionaria*, ou Enrique Lister, porte-drapeaux de toute une génération de révolutionnaires, et la reconstitution de l'unité nationale. Le rétablissement démocratique ne pouvait en effet qu'être l'affaire de tous, comme le manifestait l'attitude consensuelle des forces politiques. Toutes étaient en effet conscientes que le pire qui pourrait arriver à la fragile démocratie ibérique serait de retomber dans l'affrontement idéologique hérité de la Seconde République, avant que, ancrée par le maintien de la paix civile, meilleur garde-fou contre un putsch militaire, elle n'ait eu le temps de s'intégrer dans les mentalités politiques. Tirant les leçons d'une histoire douloureuse, elles préférèrent l'installation de la démocratie par une transition réaliste à la rupture fondée sur l'intransigeance des principes. Aussi le pacte de la Moncloa – du nom de la résidence de la présidence du gouvernement – fut-il signé en octobre par toutes les formations parlementaires : charte politique, il annonçait le plein rétablissement démocratique ; plan économique et social, surtout, devant la gravité de la situation économique (35 % d'inflation, un million de chômeurs...), il décidait d'un programme de rigueur et de déflation, dévaluant la peseta, limitant de 10 % les dépenses de l'État et à 15 % les augmentations de salaire, afin de tenter de ramener l'inflation à 15 % pour l'année suivante, tout en envisageant les modalités d'un redressement sans interventionnisme excessif de l'État.

L'élaboration de la nouvelle Constitution fut une autre illustration de cette stratégie consensuelle et du « compromis historique » : le projet constitutionnel souhaité par le gouvernement fut en effet élaboré par une commission représentant l'ensemble des forces parlementaires, soucieuses de définir un cadre institutionnel acceptable par tous ; après étude, les Cortes

Divisions administratives

l'approuvèrent le 31 octobre 1978, suivis par 88 % des 78 % de votants lors du referendum du 6 décembre. Ce texte, qui consacre les principes démocratiques en légitimant leur cadre monarchique – dont la gauche républicaine admet donc qu'il est devenu en trois ans le meilleur facteur de cohésion nationale –, se veut une « constitution du consensus » ; aussi laisse-t-il en suspens les modalités pratiques de la vie politique, économique et sociale, jusqu'au vote de lois organiques spécifiques. Les principes sont en revanche clairement affirmés : monarchie parlementaire où le président du gouvernement, nommé par le roi après consultation des forces parlementaires et investi après le vote de l'assemblée, est le chef de l'exécutif ; énoncé des libertés et droits individuels, sociaux et politiques ; après quarante ans de négation, acceptation de la diversité régionale héritée de l'histoire, sanctionnée par la constitution de dix-sept « communautés autonomes », dotées d'un Parlement élu au suffrage universel, d'un président choisi par l'assemblée, et d'organes juridictionnels. Le dispositif distingue les régions à longue tradition autonomiste, la Catalogne, le pays basque, la Galice, dont le statut spécial laisse de larges possibilités d'élargissement des compétences communautaires au regard de celles de l'État, des régions à statut ordinaire. C'était faire preuve de réalisme que de conjuguer la possibilité institutionnelle de doter les régions, à des degrés divers, de privilèges gouvernementaux, avec la garantie de l'unité nationale, sur le modèle constitutionnel italien. En 1979, Catalogne et pays basque acceptèrent par le verdict des urnes leur statut d'autonomie, la Galice en 1980. Mais ce moyen terme entre régionalisme et fédéralisme ne le cédait en rien à l'ambiguïté qu'il y avait à placer sur le même pied des régions-nations et de simples découpages administratifs d'aménagement ; ceci noyait les autonomismes, d'autant que le maillage départemental était maintenu, voire renforcé, puisque ce découpage administratif était gratifié d'une relative autonomie et devenait le niveau d'exécution des mesures étatiques. C'était aussi courir le risque de banaliser les revendications nationalistes, voire d'en créer là où elles n'existaient pas, comme en Andalousie – encore qu'elles y furent feu de paille. Ces réserves ne sont néanmoins que la rançon du consensus et ne doivent pas masquer la modernité et la capacité innovatrice de ces dispositions. En revanche, le texte constitutionnel comportait certaines dispositions fermes et radicales quant à l'abolition de la peine de mort ou la laïcité de l'État qui « tiendrait compte des croyances religieuses de la société espagnole et maintiendrait des relations de coopération avec l'Église catholique et les autres confessions ».

Les élections législatives de mars 1979 confirmèrent l'hégémonie relative de l'UCD, qui, avec 37 %, devait néanmoins gouverner avec l'*Alianza Popular*, grâce notamment aux divisions de la gauche : tandis que l'eurocommunisme de Santiago Carrillo était contesté, le PSOE hésitait toujours entre stratégies marxiste et réformiste et rééditait son score de 1977.

C'est à ce divorce entre un discours maximaliste et une conduite politique modérée – adoptée depuis ce même scrutin de 1977, parce que l'appareil socialiste avait déduit, au vu des résultats, qu'elle lui permettait de s'élargir vers le centre, enjeu majeur, désormais, des batailles électorales – que Felipe González attribua cette déception relative. Né à Séville en 1942, d'un père fervent républicain et d'une mère catholique pratiquante, il s'était initié à la politique par le militantisme chrétien-social. Membre du PSOE depuis 1964, il incarnait la relève socialiste issue de l'intérieur, face aux chefs historiques exilés et coupés de la réalité nationale. La bataille entre les deux tendances s'étant soldée à l'avantage des « rénovateurs », il était devenu secrétaire général du parti au congrès de Suresnes en 1974. Il abandonna son poste au congrès de mai 1979 avant de le reprendre en octobre, spectaculaire coup de tonnerre pour imposer une ligne réformiste aux dépens des maximalistes marxistes. Désormais, toute référence au marxisme-léninisme était exclue de la charte socialiste. C'est sur ces bases rénovées et dynamiques qu'entre 1979 et 1982, le parti socialiste fit la conquête de presque toutes les mairies. Cette conversion idéologique devait contribuer à consolider une démocratie qui, quoique toujours fragile, était désormais ouvertement celle de tous, à droite comme à gauche. Le 31 janvier 1981, Adolfo Suárez démissionnait toutefois devant la force du désenchantement populaire, traduite par les pourcentages d'abstentionnistes – de législatives (23 % en 1977 mais 35 % en 1979) en municipales (40 % en avril 1979) – et la dislocation de son propre parti. Nombre d'observateurs ont mis en parallèle l'échec des expériences centristes française et espagnole, confrontées à l'éclatement de leur coalition et à la contestation de leur politique libérale en matière de mœurs, la légalisation du divorce dans le cas qui nous occupe. Suárez passa le relais à Leopoldo Calvo Sotelo qui représentait l'aile conservatrice de l'UCD. Le 23 février, le commandant Tejero occupait les Cortes, révélant le malaise de l'armée et ses tentations putschistes, tout en soulignant la carence politique : seuls Adolfo Suárez, Santiago Carrillo, et le ministre de l'Armée, le général Guttiérez Mellado – qui prouvait ainsi l'existence incontestable d'une aile convertie à la démocratie au sein de cette dernière –

restèrent debout devant la menace. C'est au roi qu'il revint de rétablir l'ordre ; il appela dans la nuit tous les capitaines des régions militaires pour les ramener à la raison. Ces faits convergent tous pour démontrer que l'enchantement de la démocratie naissante s'était brisé, et le pouvoir érodé sous le feu roulant des problèmes politiques, économiques et régionaux qu'il ne parvenait pas à résoudre...

La dissolution des Cortes, le 28 août 1982, demeurait la seule issue. Elle annonçait un nouveau scrutin législatif auquel l'UCD était donc mal préparée, minée par la désertion de certains de ses membres devant sa réorientation conservatrice, au premier rang desquels Suárez pour fonder le *Centro Democratico Social*. Le PCE, en pleine décomposition, n'était guère mieux armé. Le PSOE, quant à lui, décida de ne pas souscrire un programme commun de la gauche, à la française, et proposa un programme social – démocrate axé sur le défi que « l'Espagne fonctionne » et change. Les seuls engagements précis furent la création de 800 000 emplois, outre l'organisation d'un referendum sur le maintien dans l'OTAN. Les élections virent son triomphe, avec 46 % des suffrages et 202 sièges, d'autant plus net que la participation avait été particulièrement forte, de près de 80 % des inscrits. L'échiquier électoral fut dans le même temps profondément modifié : l'UCD disparaît quasiment (7,3 %), relayé par l'*Alianza Popular* comme première force de droite (25,3 %), le PCE est laminé (3,9 %) ; les principaux artisans de la démocratisation, Adolfo Suárez et son ancienne formation qui l'ont conduite, Santiago Carrillo qui l'a légitimée, s'effacent, et avec eux, peu ou prou, toute une génération d'hommes politiques qui a fait ses armes sous le franquisme ; Felipe González n'est-il pas un homme nouveau, affranchi des pesanteurs idéologiques ? L'essentiel du scrutin n'en demeure pas moins que l'alternance est désormais possible dans une démocratie qui a prouvé sa viabilité. La *Transición* politique a vécu, les socialistes au pouvoir auront en charge la transition vers la modernité et la norme européenne.

Le commandant de la Garde Civile Tejero lors de sa tentative de coup de force contre les Cortes le 23 février 1981.

La décennie socialiste

Le défi économique était incontestablement le plus urgent. Jusqu'alors, en effet, le gouvernement espagnol avait, par nécessité, privilégié la stabilisation politique à la lutte contre la crise économique ; ce n'est qu'à la fin de l'année 1983 qu'il prit cette dernière à bras-le-corps. Il est certain que la situation l'exigeait, d'autant que le pays négociait dans le même temps son adhésion à la CEE : importance des déficits budgétaires, taux de chômage et d'inflation les plus élevés d'Europe, développement d'une économie souterraine... Sous la tutelle du puissant ministre de l'Économie, Miguel Boyer, la loi de restructuration économique adoptée fut synonyme de rigueur et d'austérité : dévaluation de la peseta de 8 % par rapport au dollar, drastiques suppressions d'emplois dans les chantiers navals, la sidérurgie, le textile... pour assainir le tissu industriel, dont plusieurs décennies de protectionnisme avait laissé perdurer l'archaïsme, et rationaliser la production ; en parallèle, des créations étaient prévues à terme pour dynamiser les secteurs de pointe et les zones d'urgente réindustrialisation – les ZUR (Asturies, baie de Cadix, ports galiciens, zones industrielles de Bilbao, Barcelone et Madrid). L'austérité de ce plan d'assainissement répondait à l'invite à « la patience historique » de Felipe González, à laquelle les leçons des tourmentes passées rendaient ses compatriotes réceptifs. La fragile démocratie espagnole n'aurait pas pu se relever du dérapage économique qu'aurait entraîné une politique de relance incontrôlée sur le modèle de celle menée par les socialistes français entre 1981 et 1983. Aussi González se définit-il lui-même comme un « hétérodoxe » cherchant à « maintenir un point d'équilibre entre le néo-libéralisme et la philosophie socialiste ». La rançon de la restructuration et de la flexibilité de l'emploi fut cependant l'importance des licenciements, qui fit monter le chômage à 2 640 000 travailleurs en 1984, soit 21,6 % de la population active, contre seulement 16 % en 1982. Loin d'avoir créé 800 000 emplois, le gouvernement les avaient supprimés... En revanche, l'inflation fut jugulée dès 1984, où elle atteignit son niveau le plus bas depuis une décennie, 9 %, avant de poursuivre un déclin régu-

Felipe González, premier ministre espagnol depuis 1982.

lier. De même, le déficit commercial baissa-t-il de moitié entre 1982 et 1984.

Le nouveau ministre de l'Économie, Carlos Solchoga, nommé en 1985, poursuivit ces efforts en assainissant le secteur public. L'INI, l'organisme d'État, connaissait en effet un perpétuel déficit, alourdi qu'il était d'entreprises peu rentables. Le gouvernement pratiqua en conséquence une politique de privatisations totales (30 entreprises de l'INI sur 180 entre 1985 et 1988) ou partielles. « Le mythe de la gauche selon lequel l'étatisation signifie le progrès est bien mort », déclarait González dès 1984. Comment mieux résumer cette politique qu'en rappelant la vente du groupe automobile Seat à Volkswagen en 1986 ? Ainsi écrémé, l'INI était bénéficiaire dès 1988, et, malgré la libéralisation des prix, l'inflation stabilisée, en dépit d'un léger dérapage. Depuis lors, la croissance économique espagnole, « à la japonaise », fait bien des envieux en Europe ! Le taux d'investissement industriel (14 % en 1988), le taux de croissance annuelle du PIB (5 %), ne sont-ils pas sans équivalent dans la Communauté ? Il faut certes insister sur la lourde facture sociale, même si le pouvoir d'achat perdu semble avoir été rattrapé en 1987, tandis que le taux de chômage n'était plus que de 17,3 % de la population active en 1989. Toutefois le revenu espagnol par tête n'est que de 74 % de la moyenne communautaire, avec une différence du simple au double entre la région la plus riche et la plus pauvre. Le bilan de l'emploi n'est pas vraiment plus satisfaisant, comme le soulignent les syndicats : précarisation croissante (le quart des travailleurs avaient un emploi temporaire en 1989 contre 16 % en 1987), poids des chômeurs de longue durée (les deux tiers des travailleurs sans emploi ne reçoivent aucune allocation) ou des jeunes sans travail. Les conflits sociaux se sont donc multipliés à partir de 1985, d'abord dans les zones sinistrées par la restructuration de l'industrie dominante, puis au niveau national. La grève générale de décembre 1988 – tout comme celles de mai 1991 – illustre cette mobilisation croissante du monde du travail devant le risque d'érosion de ses revenus, d'autant que le gouvernement essaie de rationaliser la perception fiscale. Le léger déclin des résultats socialistes aux élections de 1989, puis aux municipales de 1991, en est certainement une autre traduction. Plusieurs faits contribuent néanmoins à ne pas en surestimer les conséquences. L'indéniable conscience qu'ont les Espagnols du bond spectaculaire accompli par leur économie, en premier lieu. Le fait qu'aucune formation politique ne semble susceptible d'assurer l'alternance, en second lieu : l'*Alianza Popular*, trop marquée à droite, plafonne à 25 % tandis qu'aucune formation centriste de poids ne parvient à se dégager, comme le prouve l'échec des tentatives en ce sens d'Adolfo Suárez. Nombre d'analystes ont souligné les dangers de cette situation, la comparant à celle des pays scandinaves – hégémonie sans contestation du socialisme réformiste –, voire au « bipartisme imparfait » de l'Italie, où blocage et usure politiques viennent de l'absence d'alternative. La symbiose entre le profil sociologique du parti socialiste et la société espagnole moderne, enfin, puisque les sympathisants issus des nouvelles couches moyennes et urbaines l'emportent désormais sur ceux issus du monde ouvrier.

« Sans efficacité économique, il ne peut y avoir d'efficacité sociale ». Aussi le gouvernement socialiste a-t-il dans le même temps lancé une charge sans concession contre traditions et mentalités héritées du passé ibérique. Nous avons souligné comment il avait fait bon marché de l'idéologie pour lancer les réformes économiques, au risque de mécontenter les doctrinaires de l'aile gauche du PSOE et de l'UGT et de rompre le consensus social. Il n'hésita pas, de même, à heurter de front les forces conservatrices et le « pouvoir de fait » de l'Église – déjà confronté en 1981 à la légalisation du divorce – en faisant passer, en octobre 1983, une loi dépénalisant l'avortement sous certaines conditions, puis, en mars 1984, un texte restructurant l'enseignement et limitant les facilités accordées aux écoles confessionnelles. De même s'est-il attaqué au corporatisme, par des réformes de la fonction publique (afin d'y éviter les cumuls d'emploi), de l'armée (pour en faire un corps démocratique, restructuré et modernisé), des professions de santé... Ces mesures, jointes aux effets du décollage économique, expliquent que l'Espagne change, tournant le dos à l'« ordre moral » franquiste. Le modèle familial évolue : les mœurs suivent le chemin ouvert par les pays industrialisés, comme en témoigne la baisse du nombre de mariages et de naissances – même si les taux espagnols demeurent relativement élevés, les réticences au divorce ou à l'avortement assez fortes, ce en dépit de la sécularisation de la société ; les relations familiales ne sont plus fondées sur l'autorité paternelle et l'obéissance filiale, mais sur la tolérance et la liberté, même en matière de morale et de mœurs ; la femme défend son égalité... Exit l'amère certitude franquiste : « *España es diferente* » ! La péninsule connaît par ailleurs une véritable explosion culturelle, à l'image du dynamisme de sa presse de qualité, du renom de son cinéma gratifié de nombreux prix internationaux (pour Carlos Saura, José Luis Garcí, ou Mario Camus...), de la reconnaissance de sa littérature par le prix Nobel accordé en 1989 à Camilo José Cela... Peut-on mieux évoquer, toutefois, cette mutation que par la *movida,* cette image débridée et superficielle de l'Espagne « dans le vent » ? Nous la connaissons en France par l'un de ses porte-drapeaux, Pedro Almodovar, dont le cinéma dépeint la libéralisation des mœurs, avec sexe et drogue sans tabou, le noctambulisme madrilène, le cosmopolitisme, le consumérisme et la frénésie de la vie sociale. C'est la *Transición* qui a bien sûr permis à la jeunesse espagnole d'adopter les dernières modes étrangères, l'éclectisme de la post-modernité, en les exacerbant et les adaptant sous le pétillement de la vitalité espagnole.

Comment terminer cependant ce bref tableau de l'Espagne durant cette décennie socialiste sans insister sur la pierre d'achoppement de la politique gouvernementale, les revendications autonomistes en pays basque. Nous avons déjà vu que le processus de démocratisation s'était immédiatement appuyé sur les garanties accordées en la matière, avant même que la Constitution ne les légitime. La loi organique d'harmonisation du processus autonomiste (LOAPA), définissant la répartition des compétences entre les différentes communautés et l'État, ne fut toutefois soumise à négociation qu'à partir de 1981, dans des conditions telles qu'elles mécontentèrent autant les tenants du centralisme que les mouvements autonomistes exclus des conversations ; en 1983, ces derniers soumirent le projet à l'avis du Conseil constitutionnel, qui trancha négativement pour plus d'une dizaine d'articles, rendant l'ensemble définitivement caduc. Les Catalans avaient toutefois élu le modéré Jordi Pujol à la présidence de leur Généralité. En revanche, le radicalisme basque ne s'est pas satisfait des réelles concessions faites aux nationalismes régionaux ; le maximalisme terroriste de l'ETA-militaire, justifié par sa branche politique et légale, *Herri Batasuna*, créée en 1977, repose sur l'idée que le pouvoir de l'« oppresseur espagnol » n'est qu'un franquisme masqué qu'il convient de combattre et de déstabiliser par la lutte armée. L'engrenage de la violence est d'autant plus dramatique, au-delà

Affiches révolutionnaires en pays basque.

des tragédies humaines, que l'armée, première victime des coups des terroristes, a été chargée du maintien de l'ordre, ce qui lui concède un rôle qu'elle aurait dû perdre dans un État démocratique. Dans le même temps, la surenchère activiste empêche l'aboutissement de toutes les négociations tentées depuis 1986. Le gouvernement dispose néanmoins d'indiscutables atouts. La lassitude populaire, tout d'abord. Certes *Herri Batasuna* peut toujours compter sur le soutien d'environ 15 % des Basques ; mais la condamnation du déchaînement de la violence aveugle est de plus en plus ferme par ailleurs, au moins pour 76 % d'entre eux selon un sondage récent. Le pouvoir compte, en outre, sur sa stratégie tripartite, dont il recueille déjà les premiers résultats : resserrer les mailles du filet policier, tant national qu'international, d'une part. Ce n'est en effet qu'en 1984 que le pays basque français a cessé d'être un « sanctuaire » pour les terroristes espagnols, et le litige basque une épine dans les relations entre les deux voisins pyrénéens ; auparavant, les premiers – que Gaston Defferre, alors ministre de l'Intérieur, avait malencontreusement comparés aux résistants au nazisme – bénéficiaient dans l'hexagone du statut de réfugié politique et n'étaient jamais extradés, malgré les pressantes demandes du gouvernement espagnol. Ce refus français de coopérer prit fin en 1984, peut-être sous l'effet de la crainte de la contre-violence terroriste du GAL, le Groupe antiterroriste de libération, et la coopération policière, particulièrement étroite durant la période de cohabitation en France, permit des coups de filet impressionnants. Le gouvernement a d'autre part initié une politique de réinsertion sociale des séparatistes repentis, pour peu qu'ils n'aient pas été coupables de crimes de sang. Il a enfin isolé politiquement les activistes basques en dynamisant le PNV, le parti nationaliste conservateur, ainsi qu'en témoigne le pacte conclu entre ce dernier et le PSOE en 1984. Certes les négociations entamées en 1986, par l'entremise algérienne notamment, ont échoué en 1989. La guerre révolutionnaire de l'ETA, sa thèse selon laquelle la démocratie n'est qu'un écran, que la violence fera éclater, devant le pouvoir de fait des militaires, n'en sont pas moins de plus en plus marginalisées.

Du « splendide isolement » aux Jeux Olympiques de 1992 !

L'Espagne a vécu ses premières années de démocratie avec l'attention rivée sur le modèle et la norme européenne. Or sa légitimité démocratique a bien sûr entraîné son plein rétablissement international, et ses relations diplomatiques se sont normalisées dès 1977 comme le symbolise alors le rétablissement des liens diplomatiques avec le Mexique, le seul État au monde à n'avoir jamais reconnu que la République. Cette même année, l'Espagne s'était fixée comme priorité pour sa politique extérieure son intégration aux instances européennes, qui prendrait acte tant de sa légitimité historique que de la réussite de la démocratisation. Elle avait posé pour la première fois sa candidature à l'entrée dans la CEE en mars 1962. La nature de son régime politique n'avait pas alors permis de donner suite à cette demande. En 1970, toutefois, le gouvernement franquiste avait conclu un accord commercial préférentiel avec la Communauté, qui s'ouvrait à ses produits en abaissant les droits d'entrée de 60 à 70 % contre une réciproque de 25 à 30 % ; c'est la raison pour laquelle l'opinion publique et les milieux d'affaires ibériques se prononcèrent pour l'adhésion au Marché commun, qui s'était avérée si favorable au développement, quand la démocratisation donna une nouvelle pertinence à la candidature, en juillet 1977. Le pays était étroitement lié à la Communauté puisqu'il lui destinait 48 % de ses exportations ; quatre membres figuraient alors parmi ses dix premiers fournisseurs, six parmi ses dix plus gros clients. L'origine des investissements étrangers confirme cette intégration. Or les négociations mirent en évidence combien l'élargissement méditerranéen de la Communauté – la Grèce comme le Portugal frappaient aussi à sa porte – allait s'avérer délicat. Il intervenait tout d'abord dans une conjoncture économique peu favorable à l'approfondissement des politiques communautaires ; de plus, il s'agissait d'intégrer des États présentant un moindre niveau de développement industriel ainsi que des productions agricoles concurrentes, au risque de mettre en difficulté les producteurs du Midi de la France et du Mezzogiorno. L'Espagne n'était-elle pas un défi particulier ? Certes, le miracle économique franquiste avait atténué la différence entre elle et le reste de l'Europe, mais les différences régionales traduisaient encore l'inégalité et l'insuffisance du développement ; si les pays catalans et basco-cantabriques s'inséraient dans la couronne des revenus européens les plus élevés, les Canaries, l'Andalousie et l'Estrémadure relevaient des plus bas ; aussi, pour une population regroupant 18 % des dix États de l'Europe communautaire, ne représentait-elle que 8,5 % de son produit intérieur brut. D'un autre côté, les responsables européens avaient mésestimé le poids économique d'un État de bientôt quarante millions d'habitants, dont la superficie équivaut à près d'un tiers de celle des Dix. Sa production agricole, occupant une part importante de la population active (18 % contre 8 % pour la France en 1982), n'allait-elle pas augmenter d'un tiers la capacité agricole de la Communauté, ce qui supposerait de mieux organiser l'ensemble des productions méditerranéennes dans le cadre de la PAC ? Les secteurs industriels compétitifs, comme la sidérurgie – à un niveau record en 1984 avec 13,5 millions de tonnes d'acier, dont deux tiers exportés – ou le textile..., ne présenteraient-ils pas une concurrence dangereuse pour certaines branches vieillissantes de l'Europe industrielle ? C'est la raison pour laquelle, au début des années quatre-vingts, la Communauté affirmait toujours haut et fort sa volonté de voir adhérer les États péninsulaires, tout en ne souhaitant pas en hâter le processus. La France, notamment, ardente protagoniste du recentrage méditerranéen de la Communauté dans les premières années du septennat de Valéry Giscard d'Estaing – qui y voyait une chance de faire jouer à l'hexagone le rôle d'un centre de gravité entre les pôles septentrionaux et méridionaux de la CEE –, craignait désormais le peu d'enthousiasme de ses agriculteurs et demanda en 1980 une « pause » dans les négociations. Cette réticence fut un point d'achoppement supplémentaire dans les relations délicates entre Paris et Madrid, déjà envenimées, jusqu'en 1984, par l'accueil des terroristes basques sur le sol français. En 1985, encore, seuls 26 % des Espagnols considèrent la France comme un pays ami (alors que la réciproque est de 73 %), tandis que 55 % la jugent hostile ; 61 % trouvent par ailleurs en elle un voisin incommode ! Les portes européennes s'ouvrirent néanmoins le 1er janvier 1986, après un accord signé le 29 mars 1985 à Bruxelles. Des périodes transitoires étaient prévues avant l'abaissement total des droits de douane, dix ans pour l'agriculture, sept ans pour l'industrie.

C'est pour compenser cette réticence européenne à l'admettre dans son sein et manifester ouvertement son appartenance au concert occidental que le gouvernement de Leopoldo Calvo Sotelo avait adhéré en 1981 à l'Alliance atlantique et à l'OTAN. Le PSOE avait ouvertement manifesté son désaccord par la bouche de Felipe González : « Il est clair que je suis contre l'entrée de l'Espagne dans l'OTAN... Je crois que c'est une erreur historique... Et quand ce sera possible, nous les socialistes nous organiserons un referendum. Je m'y engage. » Or le problème du maintien, dont ils avaient effectivement fait un de leurs chevaux de bataille lors des législatives de 1982, ne fut

Juan Carlos Ier et la reine Sophie votent à l'occasion du referendum sur le maintien de l'Espagne dans l'OTAN, le 12 mars 1986.

finalement posé à referendum que le 12 mars 1986. En effet, les positions officielles étaient bien vite devenues contradictoires en la matière, sans doute après la prise de conscience des conséquences internationales d'un tel retrait. Aussi, pour se sortir de ce passage épineux, le pouvoir avait-il fait le choix de gagner du temps jusqu'à ce que le contexte soit propice à un vote favorable, ce que l'adhésion à la CEE lui semblait garantir autant que faire se peut. La campagne gouvernementale ne se fit pas faute de le souligner, la mettant en parallèle avec la participation naturelle à la sécurité de l'Europe. Il est intéressant de citer le texte même qui fut proposé au vote : « Le gouvernement considère approprié pour les intérêts nationaux que l'Espagne reste membre de l'Alliance atlantique, et décide que le maintien doit s'établir dans les termes suivants : 1) la participation... n'incluera pas son incorporation à la structure militaire intégrée ; 2) l'interdiction d'installer, de stocker ou d'introduire des armes nucléaires sur le territoire espagnol sera maintenue ; 3) la présence militaire des États-Unis en Espagne sera progressivement réduite. Considérez-vous approprié(es)... les conditions déterminées par le gouvernement ? » Tels étaient en effet les jalons qu'il avait posés à son virage atlantiste, annoncé en 1984. Pourtant, l'opinion demeurait peu favorable et, la veille du scrutin, les sondages annonçaient une majorité de non, demandée par communistes et pacifistes. Les partis conservateurs, quoiqu'atlantistes, prônaient l'abstention pour ne pas faire du scrutin une victoire personnelle de Felipe González. Or tel fut pourtant le cas puisque 53 % des suffrages exprimés (60 % des inscrits) se prononcèrent pour le oui. En 1988, le démantèlement de la base américaine de Torrejón, particulièrement impopulaire parce que située près de la capitale, manifeste que le gouvernement a vraiment gagné la bataille de l'OTAN.

L'Espagne d'aujourd'hui, tout comme ses partenaires européens, tournent désormais le dos aux vieux démons concernant l'identité espagnole et son appartenance à l'Europe occidentale, et quel meilleur symbole en trouver que l'année 1989 ? Madrid a été pour la première fois la voix de la Communauté en la présidant durant le premier semestre. Membre à part entière, elle y garde néanmoins sa spécificité, quand elle défend notamment la cause palestinienne ou se fait l'avocat des États d'Amérique latine. En juillet de la même année, Enrique Barón présidait le parlement européen, tandis qu'en juin la peseta entrait dans le SME. En quelque sorte, en quinze ans et sous nos yeux, l'Espagne a enfin « fermé le tombeau du Cid à double tour » et renoncé aux délices de la « spécificité ibérique » pour s'ancrer fermement à l'Europe. Elle y trouve la meilleure chance de sa démocratie, tandis que s'effacent des mémoires les déchirements du passé, et le meilleur soutien face aux enjeux du monde moderne.

1992, année où Séville accueille l'Exposition universelle, Barcelone les Jeux Olympiques, et où Madrid est élevée au rang de « capitale culturelle de l'Europe », permet avec éclat à des visiteurs et des téléspectateurs du monde entier de mieux mesurer le défi que l'Espagne lance à l'avenir !

Chronologie

13 000-11 000 av. J.-C. : Magdalénien moyen, apogée de l'art pariétal (Altamira)

VIIe siècle av. J.-C. : les premiers navigateurs grecs et phéniciens atteignent les côtes ibériques. La colonisation se développe au siècle suivant

535 av. J.-C. : bataille d'Alalia qui divise le territoire péninsulaire entre les deux impérialismes grecs et phéniciens

221 av. J.-C. : Hannibal attaque Sagonte, déclenchant la seconde guerre punique

205 av. J.-C. : fin de la présence carthaginoise en Espagne

III et IIe siècles av. J.-C. : conquête romaine de la péninsule

411 ap. J.-C. : partage de la péninsule ibérique entre les envahisseurs barbares

554 : Tolède devient la capitale d'un royaume wisigoth recentré sur la péninsule

586 : conversion de Reccared au catholicisme, officialisée au concile de Tolède en 589

711 : défaite du roi Rodrigue à la rivière Guadalete, près de Cadix, qui met fin à la domination wisigothique

713 : installation du califat omeyyade d'Occident

718 : installation du premier royaume chrétien, la monarchie asturienne du roi Pélage

756 : fondation de l'émirat de Cordoue

912 : les royaumes chrétiens atteignent le Douro

929 : califat de Cordoue

997 : sac de Saint-Jacques-de-Compostelle
1030 : chute du califat, remplacé par l'émiettement des *taifas*
1037 : unification de la Castille et du León
1080 : adoption du rite liturgique romain au concile de Burgos
1085 : prise de Tolède
1137 : le comté de Portugal est autonome
1140-1160 : reconquête sous l'impulsion castillane, qui progresse du Douro à la cordillère centrale ; l'Aragon et la Navarre vont jusqu'à l'Ebre
1212 : Victoire chrétienne de Las Navas de Tolosa
l'Andalousie s'ouvre devant les reconquérants
1229 : les Aragonais prennent Majorque
1369 : la dynastie trastamare s'installe sur le trône castillan
1412 : une branche cadette de la dynastie castillane reçoit la couronne d'Aragon
premières mesures discriminatoires à l'encontre des juifs ibériques
1462-1472 : guerre civile entre la Catalogne et le roi Jean II d'Aragon
1474 : Isabelle reine de Castille
1479 : Ferdinand roi d'Aragon
1492 : fin de la Reconquête par la victoire sur la Grenade nasride
début des Grandes Découvertes
expulsion des Juifs d'Espagne
1494 : traité colonial de Tordésillas qui partage le monde entre Espagne et Portugal
1502 : conversion forcée des musulmans de Castille
1512 : rattachement de la Navarre à la couronne de Castille
1516 : Charles 1er roi de Castille et d'Aragon
1518 : découverte du Mexique, devenu en 1521 la Nouvelle Espagne
1519 : Charles Quint est élu empereur
1520-1522 : mouvement *comunero*
1524 : création du Conseil des Indes
1526 : conversion forcée des musulmans d'Aragon
1535 : découverte du Pérou, bientôt Nouvelle Castille
1538 : découverte de la Nouvelle Grenade

1556 : abdication de Charles Quint, Philippe II lui succède
1561 : Madrid est choisie comme capitale
1565 : découverte des Philippines
1568 : révolte des morisques de Grenade
1571 : victoire de Lépante sur les Turcs
1580 : union dynastique avec le Portugal
1588 : défaite de l'Invincible Armada
1598 : Philippe III roi d'Espagne
1609-1614 : expulsion des morisques
1621 : avènement de Philippe IV
1640 : sécession portugaise
1643 : défaite de Rocroi devant les Français
1659 : paix des Pyrénées avec la France
1665 : avènement de Charles II
1668 : indépendance portugaise
1700 : mort de Charles II
1701-1713 : guerre de succession d'Espagne
1733 : pacte de famille entre les différentes branches des Bourbons, renouvelé en 1761
1746 : Ferdinand VI roi d'Espagne
1759 : Charles III, « despote éclairé », lui succède
1788 : avènement de Charles IV
1793-1795 : guerre des Pyrénées avec la France
1796 : traité d'alliance entre les deux ennemis d'hier, renouvelé en 1800
1801 : guerre des Oranges avec le Portugal
1805 : défaite espagnole de Trafalgar devant l'Angleterre
1808-1814 : guerre d'Indépendance contre la France, déclenchée le 2 mai par la révolte du peuple madrilène. Joseph Bonaparte est nommé roi
1812 : rédaction d'une constitution libérale par les *Cortes* de Cadix
11 décembre 1813 : le traité de Valençay scelle le retour de Ferdinand VII, effectif en 1814
1810-1825 : indépendance des colonies américaines
1820 : révolution libérale jusqu'en 1823
1833 : avènement d'Isabelle II, sa mère assume la régence
1833-1840 : première guerre carliste

1840-1843 : dictature militaire du général Espartero
1846-1849 : deuxième conflit carliste
1851 : concordat
1868 : révolution, la *Gloriosa*
1870-1873 : règne d'Amédée de Savoie
1873-1875 : première république
1875 : restauration bourbonienne par Alphonse XII
1876 : constitution
1885 : Alphonse XIII succède à son père, sa mère assume une longue régence
1888 : création de l'UGT, syndicat d'obédience socialiste
1898 : guerre hispano-américaine à Cuba
1911 : création de la CNT, syndicat d'obédience anarchiste
1917-1920 : « Triennat bolchévique »
13 septembre 1923 : coup d'état de Primo de Rivera, au pouvoir jusqu'au 30/1/1930
14 **avril** 1931 : proclamation de la seconde république et abdication d'Alphonse XIII
décembre : élection d'Alcala Zamora à la présidence
octobre1934 : insurrection asturienne
février1936 : victoire électorale du Front Populaire
mai : Azaña élu à la présidence
13 **juillet** : assassinat de Calvo Sotelo
17-18 **juillet** 1936 : *pronunciamiento* des généraux « nationaux »
1936-1939 : guerre civile
1 **octobre** 1936 : le général Franco se proclame chef de l'État
décembre 1936 : la Junte de Burgos est reconnue par l'Allemagne et l'Italie
octobre 1936-**février** 1937 : bataille de Madrid
26 **avril** 1937 : bombardement de Guernica
3-6 **mai** : insurrection anarchiste en Catalogne
28 **mars** 1939 : Madrid républicaine se rend
mars 1939 : l'Espagne adhère au pacte antikommintern
juin 1940 : l'Espagne renonce à la neutralité pour la non-belligérance
23 **octobre** : rencontre de Franco et Hitler à Hendaye

1 octobre 1943 : retour à la neutralité
19 juin 1945 : à la conférence de San Francisco, l'Espagne n'est pas admise à l'ONU
1 mars 1946 : fermeture de la frontière franco-espagnole
12 décembre : résolution de l'ONU condamnant le régime franquiste
avril 1947 : « Loi de Succession »
1 mars 1948 : réouverture de la frontière française
1950 : levée des sanctions de l'ONU
1952 : l'Espagne entre à l'UNESCO
1953 : elle signe avec les États-Unis un traité d'assistance politique et militaire
concordat
1955 : l'Espagne entre à l'ONU
1958 : l'Espagne est admise au FMI
mars 1962 : candidature espagnole à la CEE
novembre 1966 : réforme constitutionnelle
juillet 1967 : loi sur la liberté religieuse
1969 : Juan Carlos est désigné comme successeur de Franco
1970 : accord économique préférentiel avec la CEE
20 octobre 1973 : l'amiral Carrero Blanco, chargé de régir l'après-franquisme, est assassiné par l'ETA
20 novembre 1975 : mort de Francisco Franco
17 novembre 1976 : loi de réforme politique
juin 1977 : élections législatives
14 octobre 1977 : loi d'amnistie générale
octobre : Pacte de La Moncloa entre le gouvernement et l'opposition
31 octobre 1978 : la constitution démocratique est adoptée
31 janvier 1981 : démission d'Adolfo Suarez, remplacé par Calvo Sotelo qui fait entrer l'Espagne dans l'OTAN
23 février 1981 : tentative de coup d'état du commandant Tejero
1982 : succès socialiste aux élections législatives
1 janvier 1986 : l'Espagne est membre de la CEE
12 mars 1986 : l'Espagne reste dans l'OTAN à la suite d'un référendum organisé sur le sujet

Lexique

Qu'il me soit permis d'exprimer ici tout ce que ce glossaire doit au *Lexique Historique de l'Espagne d'Amalric* de Bennassar, Pérez et Témime (Colin, 1976) ainsi qu'aux travaux de B. Bennassar ! Tout lecteur qui cherche des renseignements complémentaires devra y avoir recours.

Abbàssides : deuxième dynastie califale de l'Islam, qui règna de 750, date du renversement des Omeyyades, à 1258, quand Bagdad fut prise par les Mongols et le dernier calife tué.

Afrancescados : les Espagnols qui, depuis l'installation de la dynastie des Bourbons, ont contribué à faire pénétrer dans leur pays l'influence française.

Al Andalus : ce terme, aux origines mal définies, désignait dans le monde islamique la partie musulmane de la péninsule ibérique.

Alcabala : impôt sur les transactions d'origine arabe, d'un montant théorique de dix pour cent mais en fait presque toujours inférieur, en usage du règne d'Alphonse XI à 1845.

Alcade : magistrat ou juge, puis, au XIXe siècle maire.

Alcazar : mot d'origine arabe qui désigna une forteresse puis une résidence royale.

Alfaqui : chef des communautés musulmanes espagnoles.

Almohades : dynastie berbère qui régna au Maghreb et

en Espagne de 1130 à 1269, et se fonde sur un réformisme religieux.

Almoravides : dynastie berbère rigoriste qui régna au Maghreb occidental et en Espagne de 1056 (1086 dans le second cas) à 1147.

Arbitrista : auteur d'un *arbitrio*, projet de réforme portant sur l'économie et ses vecteurs d'amélioration, le politique et le social, en réaction au constat de décadence fait à la fin du XVIe siècle et au XVIIe.

Asiento : contrat financier entre la monarchie et les hommes d'affaires, à la fois opération de crédit et de transfert de fonds. Privilège de la Traite des Noirs.

Autodafé : terme d'origine portugaise qui évoque la cérémonie inquisitoriale où les hérétiques étaient « réconciliés » avec l'Église.

Auto sacramental : Pièce de théâtre allégorique destinée à illustrer le mystère de l'Eucharistie que l'on jouait surtout le jour du *Corpus Christi*, la Fête Dieu.

Caballero : de chevalier, le mot devint synonyme de la moyenne noblesse qui accapara les charges urbaines.

Caballero de privilegio : qui a reçu lors de la Reconquête le droit de combattre en chevalier, accompagné de l'exemption fiscale. De ce fait, ses descendants peuvent accéder à la noblesse.

Cacique : mot d'origine indienne, appliqué en Espagne aux personnes influentes qui, au XIXe siècle, parvinrent à contrôler les élections par le biais de leur clientèle.

Cadi : juge musulman.

Casa de Contratación : fondée en 1504 et installée à Séville, cette administration reçut le monopole du commerce avec les Indes. Transférée à Cadix vers 1720, elle perdit son droit exclusif au cours du XVIIIe siècle.

Caudillo : chef politique. Le terme s'est plus particulièrement appliqué à Franco.

Censos : rente hypothécaire. Toutefois le *censo de poblaciòn* est un recensement.

Chuetas : descendant des *conversos* de Majorque.

Churrigueresque (style) : style architectural qui doit son nom à l'architecte royal José Churriguera (1665-1725). Les formes les plus ornementées sont pourtant dues à ses disciples, dans la première moitié du XVIIIe siècle.

Cientos : contribution ajoutées à l'*alcabala* au XVIIe siècle.

Colegio mayor : établissement d'enseignement supérieur (San Bartolome à Salamanque, Santa Cruz à Valladolid, San Ildefonso à Alcala de Henares...).

Concejo : municipalité bénéficiant d'une autonomie administrative.

Converso : juif converti.

Corregidor : représentant du pouvoir royal dans les villes.

Cortijo : grand domaine andalou, *latifundio*.

Désamortizacion : mise en vente des terres de mainmorte de l'Église et des municipalités, désamortissement.

Dhimmî : chrétien ou juif protégé par l'Islam, et donc soumis à l'impôt.

Encomienda : juridiction accordée à un conquérant sur des Indiens d'Amérique, qu'il pouvait utiliser comme main d'œuvre gratuite à condition de les éduquer dans la religion chrétienne.

Fuero : franchise concédée à une ville de repeuplement lors de la Reconquête. Au pluriel, privilèges juridiques et politiques accordés à certains royaumes espagnols.

Grandesse : rang le plus élevé de la noblesse espagnole, qui a le privilège de rester couvert en présence du roi.

Hidalgo Hijo de algo : fils de quelque chose, autrement dit noble bénéficiant de l'exemption fiscale. Le terme a fini par désigner le dernier rang de la noblesse, l'*hidalguia*.

Huerta : plaine irriguée, à cultures maraîchères, le long de la côte méditerranéenne.

Ifrikiya : déformation arabe d'Africa, qui désignait la Berbérie, autrement dit le Constantinois et la Tunisie actuels, autour de Kairouan.

Illustración : mouvement des Lumières.

Juro : rente sur les revenus de l'État, assignée à un revenu précis, dit *situado*.

Kibla (ou quibla) : direction de la Mecque indiquée dans une mosquée par le mur du fond, vers lequel se tournent les croyants, appelés parfois « gens de la *kibla* ».

Levant : région de l'Est de l'Espagne, autour de Murcie, Valence, Alicante.

Limpieza de sangre : pureté de sang, qui définit le statut « vieux-chrétien ».

Mainmorte : bien foncier inaliénable, ecclésiastique et laïc, par la pratique du majorat.

Majorat : pratique codifiée par les lois de Toro, au début du XVIe siècle, qui réserve l'essentiel de l'héritage familial, désormais inaliénable, à l'aîné en général. Elle fut supprimée en 1820.

Marrano : terme péjoratif, qui signifie porc utilisé pour désigner les Juifs d'origine portugaise.

Millones : impôt indirect extraordinaire.

Mihrâb : niche symbolisant la présence du Prophète, creusée dans le mur *kibla* d'une mosquée.

Mita : corvée incaïque. Système de travail adopté dans les mines d'Amérique.

Morisque : c'est un musulman converti de force.

Mozarabe : chrétien vivant sous domination musulmane.

Mudéjar : musulman vivant sous domination chrétienne.

Omeyyades d'Occident : dynastie d'émirs et de califes qui régna en Espagne de 756 à 1029, et fut fondé par 'Abd al-Rahmân 1er qui avait échappé au massacre des Omeyyades d'Orient à Damas.

Pactisme : pacte conclu entre la monarchie espagnole et les royaumes de la Couronne d'Aragon : cette conception d'une monarchie limitée par les pouvoirs représentatifs se heurta au centralisme castillan.

Parias : contribution en or payées par les roitelets des *taifas* pour acheter la paix aux chrétiens.

Pasos : scènes de la Passion du Christ, sculptées grandeur nature en bois polychrome, et portées en procession durant la Semaine sainte ou pour la Fête Dieu.

Plateresque (style) : style caractéristique de la Renaissance espagnole, qui travaille les façades à la façon des orfèvres (*plateros*).

Presidios : places fortes espagnoles en Afrique du Nord.

Poblador : colon.

Quinto Real : prélèvement de 20 % sur les produits en provenance des Amériques (essentiellement les métaux précieux).

Realango : villes et villages dans la dépendance du domaine royal.

Regidor : magistrat municipal castillan.

Repartimiento : distribution des terres reconquises.

Requetes : groupes armés carlistes.

Sanbenito : tunique infamante portée par les condamnés par l'inquisition, puis pendue dans les églises locales.

Servicio : impôt direct extraordinaire.

Sitio Real : résidences royales autour de Madrid, le Pardo, Aranjuez, La Granja, Riofrio, et surtout l'Escurial.

Taifa : petits royaumes constitués au XIe siècle, à la faveur de la dislocation du califat de Cordoue.

Tercio : troupes espagnoles de grande réputation à l'époque moderne. Légion étrangère organisée au Maroc pendant la guerre du Rif.

Éléments bibliographiques

Cette rubrique ne prétend en effet qu'ouvrir quelques pistes de lecture au travers des nombreux ouvrages consacrés à tel ou tel aspect de l'histoire espagnole, et mentionner à quel point ce travail leur est redevable. Bien plus, elle ne comprend que des travaux français, aussi injuste que soit ce choix.

Signalons toutefois les histoires générales d'Espagne publiées récemment dans la péninsule et en France :

Historia de España « Alfaguara », dirigée par M. Artola, éd. Alianza Editorial.

Historia de España, dirigée par M. Tuñon de Lara, éd. Labor.

Histoire des Espagnols, dirigée par B. Bennassar, éd. Colin.

BATAILLON Marcel, *Erasme et l'Espagne. Recherches sur l'histoire spirituelle du XVIe siècle*. Droz, 1937.

BENNASSAR Bartolomé, *Valladolid et ses campagnes au Siècle d'Or.* Mouton, 1967.

BENNASSAR Bartolomé, *L'Homme espagnol. Attitudes et mentalités, XVIe/XIXe siècles*. Hachette, 1975.

BENNASSAR Bartolomé, *Un siècle d'Or espagnol.* Laffont, 1982.

BENNASSAR B. et BESSIERE B., *Le défi espagnol.* La Manufacture, 1991.

BENNASSAR B. et coll., *L'Inquisition espagnole, XVe/XIXe siècles.* Hachette, 1979.

BENNASSAR B. et coll., *L'Espagne de l'immobilisme à l'essor.* CNRS, 1989.

BONNASSIE Pierre, *La Catalogne au tournant de l'an mil.* Albin Michel, 1990.

BRAUDEL Fernand, *La Méditerranée et le monde méditerranéen à l'époque de Philippe II.* Colin, 1966.

BROUE Pierre, *La révolution espagnole,* Flammarion, 1973.

BROUE P. et TEMIME E., *La révolution et la guerre d'Espagne.* Éd. de Minuit, 1961.

CARDAILLAC Louis et coll., *Les Morisques et l'Inquisition.* Publisud, 1990.
CHAUNU Pierre, *Séville et l'Atlantique.* SEVPEN, 1959/1960.
CHAUNU Pierre, *L'Espagne de Charles Quint.* SEDES, 1973.
DEDIEU Jean-Pierre, *L'administration de la foi. L'Inquisition de Tolède (XVIe-XVIIIe siècles). Casa de Velasquez, 1989.*
DEFOURNEAUX Marcelin, *La vie quotidienne en Espagne au Siècle d'Or.* Hachette, 1964.
DEFOURNEAUX Marcelin, *Pablo de Olavide ou l'Afrancesado (1725-1803).* PUF, 1959.
DUFOURCQ Ch.-E., *La vie quotidienne dans l'Europe médiévale sous domination musulmane.* Hachette, 1978.
DUFOURCQ Ch.-E. et GAUTIER DALCHE J., *Histoire économique et sociale de l'Espagne chrétienne au Moyen Age.* Colin, 1976.
FONTAINE Jacques, *Isidore de Séville et la culture classique dans l'Espagne wisigothique,* Paris, 1959.
FONTAINE Jacques, *L'art préroman hispanique.* Zodiaque, 1977.
GALLO Max, *Histoire de l'Espagne franquiste.* Laffont, 1969.
GOULEMOT MAESO Maria, *L'Espagne de la mort de Franco à l'Europe des Douze.* Minerve, 1989.
HERMAN C. et MARCADE J., *La péninsule ibérique au XVIIe siècle.* SEDES, 1989.
HERMET Guy, *La politique dans l'Espagne franquiste.* Colin, 1971.
HERMET Guy, *Les communistes en Espagne.* Armand Colin, 1971.
HERMET Guy, *Les catholiques dans l'Espagne franquiste.* PFNSP, 1980.
HERMET Guy, *L'Espagne au XXe siècle.* PUF, 1986.
HERMET Guy, *La guerre d'Espagne*. Seuil, 1989.
LAPEYRE Henri, *Géographie de l'Espagne morisque*. SEVPEN, 1959.
LAVROFF Dimitri, Le régime politique espagnol. PUF, 1985.
LEROY Béatrice, *La Navarre au Moyen Age.* Albin Michel, 1984.

LEROY Béatrice, *L'aventure sépharade.* Albin Michel, 1986.
LEROY Béatrice, *L'Espagne au Moyen Age.* Albin Michel, 1988.
LEROY Béatrice, *L'expulsion des Juifs d'Espagne.* Berg international, 1990.
Les deux éveils de l'Espagne : 1492, 1992. CNRS, 1991.
LÉVI-PROVENÇALE, *Histoire de l'Espagne musulmane,* Paris, 1950/1953.
LOUPES Philippe, *L'Espagne de 1780 à 1802.* SEDES, 1985.
MOLINIE-BERTRAND Annie, *Au Siècle d'Or, l'Espagne et ses hommes. La population du royaume de Castille au XVIe siècle.* Economica, 1985.
PEREZ Joseph, *La révolution des Comunidades de Castille 1520-1521,* Bordeaux, 1970.
PEREZ Joseph, *L'Espagne du XVIe siècle.* Colin, 1971.
PEREZ Joseph, *Isabelle et Ferdinand. Rois Catholiques d'Espagne.* Fayard, 1988.
STIERLIN Henri, *L'essor ibérique.* Arthaud, 1990.
TEMIME E., BRODER A. et CHASTAGNARET G., *Histoire de l'Espagne contemporaine.* Montaigne, 1979.
VILAR Pierre, *La guerre d'Espagne.* PUF, rééd. 1990.
VILAR Pierre, *La Catalogne dans l'Espagne moderne.* SEVPEN, 1962.

Index

CRÉDIT PHOTOGRAPHIQUE

Cartographie : Victoire Zalacain.

Imprimé en Italie par G. Canale & C. S.p.A. - Borgaro T.se - TURIN